OCCULT CHRONICLE

奇妙な事件
奇妙な出来事
奇妙な人物

オカルト・クロニクル

松閣オルタ［著］

洋泉社

はじめに——信奉者はタフなロマンを！ 信奉者の敵は懐疑論ではなく安易な否定論だ！

つまらないＵＦＯを見たことがある。小学校低学年のころだったと思う。

友人たち数人と空気銃をかついで広大な空き地に行ったときだった。戦争ごっこの合間——昼下がりの休戦時に近くの自動販売機まで歩いて行くと、自販機を設置した商店の主が空を指さして「あれＵＦＯじゃないか」と我々に訊ねてきた。指さされた先には確かに何かが浮いていた。ほとんど雲のない青空に、角が鋭利でない——失敗したオニギリのような形状をしたソレが停滞し、やや回転しているように見えた。

ジュースを飲みながら戦場に戻るあいだ、戦友たちはみなソレを凝視していたし、戦場に戻ってからも観察は続いた。やがて明日の新聞に載るに違いない、ソレで確認しよう、というコンセンサスが仲間たちのあいだで生まれ、それが再戦の契機となった。こうやって子どもたちが飽き、関心が失われてしまっても上空のＵＦＯは何をするわけでもなく、ただ空に浮かんでいた。

若かれし日の筆者は早々に撃たれたことにして、戦死者として草地に寝転んで上空のソレをじっくり眺めることにした。ソレは飛行機雲よりも低い高度に位置しているように見え、気球だのアドバルーンだのとは明らかに異質の雰囲気を放っていた。みなは興味を失ってしまったけれど、自分だけは監視の目を緩めまい——今に着陸を試みるに違いないのだ。地球を侵略するために、人類を奴隷にするために。自分はその兆候を捉えしだい警察に通報し、撃退しよう。地球を守ろう。そんな使命感があった。空気銃を握る手に力が入った。

だが、5分経とうが10分経とうが、ソレは高度を下げるワケでもなく、光線だの怪音だので存在をアピールするワケでもなく、ただポツンとそこにあるだけだった。

なんてつまらないやつだろう、と思った。何をしている、早く侵略しろ、と。テレビのUFO特集が正しければ基本的にUFOは着陸し、中から大きな黒目のグレイタイプ宇宙人が出てきて、シャーッとやや分身気味に地表で活動を始めるハズなのだ。そう、人間に金属片を埋め込むために。あるいは人の記憶を操作するために。時には牛を殺すため、あるいはやがて、侵略するために——。それがUFOなり宇宙人に課せられた数少ない役割なのだ。

だが、上空のソイツはその素振りさえ見せず、ただフワフワ浮いているだけ。なんてつまらないヤツだろう。情けないヤツだろう。私はその怠慢を批難したい気持ちに駆られ、握りしめた空気銃をUFOに向けると、引き金を絞った。射出されたプラスチック製の弾丸が青空のどこかに消えてしまうと、私は立ち上がり戦線に復帰した。

どのくらい時間が経過したのかわからないが、夕方が近づいたころ、もう一度空を見上げれば、もうそこにUFOはなかった。プラスチックの弾丸で撃墜したのであれば人類初の快挙であるかもしれない。が、翌日の新聞に墜落を報じる記事はなかったし、そもそもUFO目撃の記事さえなかった。最後までつまらないUFOだった。

つまらない幽霊に襲われたことがある。中学生になったころだったと思う。

夜、寝苦しさに目を覚ますと、外から下駄の音が聞こえた。遠く、カランコロンと乾いた音を立てて、家の前の道路を歩いているらしい。このご時世に下駄履きとは珍しいとは思ったが、世の中には変わった人が少なくないから——と気にしないようにした。

だが、下駄の音が近づいてくる。遠くかすれたように聞こえていたソレが、少しずつ大きくなって、私が寝ている部屋の前まで来た。ヤツ——「下駄の人」が掃き出し窓のすぐ前にいる気がする。これはおかしい。当時の筆者の部屋は敷地中ではいちばん道路からは近い場所だったが、掃き出し窓の前まで来るには、ブロック塀とささやかな庭を越えなければならない。これはやや不法侵入に類する行為ではないか。

なんだか怖いなぁ、いやだなぁ、と稲川淳二の怪談にあるような感想のまま布団に閉じこもったが、瞬間、下駄の音が「質」を変えた。今までカランコロンと鳴っていたモノが、ヒタリ、ヒタリ――そう下駄を脱いで、部屋に入って来たのだ。これはもう完全に不法侵入だった。

足音はフローリングの上を歩き、すぐに私が横たわるベッドの脇にまで来た。もう、怖いなぁ、いやだなぁどころの話ではなく、ほとんどパニックを起こしそうだった。

そこで、私は自分が金縛りに遭っていることに気がついた。身体がまったく動かない。瞬間、身じろぎすらできない私の耳元で大きな音が鳴り響いた。

幽霊が人間様を脅すときにやりがちな、ささやき声だの悲鳴だのではなかった。鼓膜を刺激したのは「音楽」だった。聞いたこともない、インダストリアルないしエレクトロニカを逆再生したような不安定な音楽だった。

不可解な状況になんとか活路を見いだそうとするも、できることは何もない。ここで意識を失って翌日の朝――となれば怪談らしい怪談となるのであるが、そんなことはなかった。少なくとも丸々1曲、その良くもない好みでもない音楽を聴かされ、ソレが終わると下駄の人はまたヒタリ、ヒタリと足音を聞かせてベッドから離れた。やがて部屋から出て足音もカランコロンに変わり、尾を引き、かすれ、消えていった。いつの間にか金縛りは解けていた。

ほかにも「つまらない何か」にまつわる不可解な体験をいくつかしてきたが、あれらはいったいなんだったのだろう? つまらないUFOなどは、市街地から風で流れてきた気球だったのかもしれないし、つまらない幽霊などはレム睡眠が引き起こした幻――あるいはまったくの夢だったかもしれない。

多少知恵をつけた今となっては、こう人様に馬鹿にされない程度の「妥当と思われる推測」ができるが、当時は「近くにUFO基地がある」という友人の言葉に胸を躍らせたし、幽霊に関しても「近所の小山を切り崩して駐車場にしたから、小山に住んでいたヘビの神様が怒ったのだ」と近所の古老に言われて腹を立てた。化けて出るなら地主のところに行くべきであって、無関係な近所の中学生に迷惑をかけるなど、筋違いもいいところ。神などとおだてて祀られても、その程度の筋道がわからぬとはしょせんは畜生のたぐいであるな、と。そもそも土地に執着するタイプの幽霊だか神様だかが、定められた固定資産税も払ってないくせに「出て行け」だの「帰れ」だのと、さも自分の土地であるかのように振る舞うのがちゃんちゃらおかしい。

本書では、こんな取るに足らない個人的な体験ではなく、少なくない人たちが「いったいなんだったのだろう？」と首を傾げた事件を取り上げている。

捏造されたモノは別として、少なくとも実際に起こり、少なくない人が体験ないし被害に遭った不可解な事件群である。本書に収録された記事はこれらさまざまな事件にまつわる散らかった資料を集め、精査し、時には拙い現地取材をし、真相や裏側に少しでも迫らんとする試みであり、その内容は雑多——いわゆる「超常現象ケース」から「未解決事件」まで扱っている。

こと不思議な出来事や超常的なものに向き合うとき、大きく分けてふたつの立場が存在する。まず信じてかかる「信奉派」いわゆるビリーバーという立場、そして疑ってかかる「懐疑派」という立場で、このふたつの潮流はコトの真偽をめぐってたびたび衝突を見せる。そんな潮流を傍目に見ながら、関心はあるものの懐疑派になるには知性・知識が足りず、信奉派になるには純粋さや信仰心が足りない、でもカヤの外は嫌だから仲間に入れて欲しい——というワガママな立場から、本書ではなるべく両方の意見・仮説を取り上げるようにしている。

多くの場合、「正確な情報」であったり、「真相と考えるに妥当」と思われる情報は懐疑的な視点を持つ者からもたらされ、端的に言うなら「はい、ビリーバー残念でした」という結末に至る。こうして不可解だとされてきたモノがネタバレされ陳腐化する——という有史以来繰り返されてきた営みを「ロマンがない」と煙たがり批難し敵視さえする向きもあるが、これは軟弱な意見である。デタラメや誇張、デッチ上げや捏造、それらを排した——懐疑的視点を乗り越えた先にある「本物」の探求にこそ、信奉者はタフなロマンを持ってほしい。信奉者の敵は懐疑論ではなく安易な否定論なのだから。

そのために超能力者はシノゴノ言わず検証に協力してほしいし、予言者は地震が起こる前に予言してほしいし、地球人とコンタクトしたい宇宙人はホワイトハウスの庭にこそ着陸すべきであるし、UMAはいかにも贋物くさい足跡以外の証拠を残す努力をしてほしいし、幽霊は税金を払ってほしい。

恨み言はともかく、鳥と獣との間に生じた戦争で、毛が生えているから獣です、羽があるから鳥なのです、とどちらの陣営にも属さなかった、あるいは属せなかったコウモリの童話がある。

この「卑怯なコウモリ」からは、どちらにもいい顔をする者は誰からも信用されず爪弾きにされる——という教訓を得るべきなのだろう。が、こと本書で取り上げた不可思議な事件において、読者諸兄にはコウモリがごとくフラットな立場から情報を吟味し、優勢と思われるもの、あるいは自身が正しいと思うものを取捨選択していただければと思う。筆者が荒唐無稽と断じた話が真相かもしれないし、真相と推定した仮説がまったくの見当違いかもしれない。もし興味を持たれたなら、ぜひ自身で調べ、考え、発信してみてほしい。それほど長くもない人類史を振り返れば、笑われようが疎まれようが、新しい着想、柔軟な視点、そして静かな情熱がそれぞれの事象に新しい展開や見解を生んできた。

多くの奇妙なケースや不思議な事象が陳腐化してきたとはいえ、調べが進んだことによって、さらに謎を深めたモノも少なからず存在し、本書でも過去の記事公開から新事実が発覚したモノについて多少の加筆修正を加えている。それが皆の疑問符——「いったいなんだったのだろう？」であったり、「何が起こったんだろう？」のすべてに解を与えるものではない。が、デタラメや誇張、デッチ上げや捏造が判明しているものは把握できるかぎり除外されているので、正しい推測へ到達するための正しい前提、あるいはそのヒントになってくれれば、と思う。筆者は情報の中継器にすぎない。

この、優秀な先人たちが調べ、残してくれた情報が、謎を解き得る優秀な誰かに届けば——幸いである。

2018年6月28日

著者・**松閣オルタ**

オカルト・クロニクル――目次

カバー・総扉写真◉提供：Everett_Collection_アフロ
カバー表4・章扉アイキャッチ◉作成：松閣オルタ
編集協力◉青山典裕

ディアトロフ峠事件

——ロシア史上最も不可解な事件の謎

捜索隊が目にした「異様な光景」

1959年（昭和34）1月――。

9人の大学生からなる登山隊がロシアのウラル山脈へ向けて出発した。

向かう先はホラート・シャフイル山――原住民のマンシ族が「死の山」（Kholat Syakhl の直訳）と呼ぶ山だ。

そこを楽しくスノー・トレッキングし、戻ってくる。おおよそ100キロの行程――そんな計画だった。

楽しく、とは語弊があるかもしれない。季節は雪が深く、踏破の難易度および危険性は決して低くなかった。だが参加する者たち全員が長距離トレッキングや登山の経験を積んでおり、この探検計画に反対する者はいなかった。

ヴィジャイの村からホラート・シャフイル山をまわり、別のルートを経由して行程15日前後でヴィジャイへ戻ってくる――予定だった。

だが、彼らは予定どおりに戻らなかった。

だが、誰も気にとめなかった。

登山という――大自然を相手にするタフな遊びである以上、予定どおりに事が進むほうがマレであるからだ。警察も予定どおりのほうがマレだと思ったし、住民もやはりマレだと思っていた。

そうして日々は過ぎ、帰還予定日から10日ほど経過した2月20日、「いくらなんでもこれは遅すぎる――マレにしてもアレすぎる！」という判断により救助隊が結成され、山の捜索が開始された。

そして、捜索開始から数日後の2月26日、救助隊は彼らのテントを発見する。

テントは破損し、空っぽで、誰も残っていなかった。そしてなぜか内部から引き裂かれていた。

以下、のちに公開された調査資料から引用。

入り口の前に一対の縛られたスキー板あり。入り口の内側に炉があった。

アルコール瓶、バケツ、ノコギリ、手斧。

テントの遠いコーナーにマップバッグ、ディアトロフのフォトカメラ、ジーナの日記。お金。

準備された2対の靴が入口の右にあった。反対側の入り口にほかの6つがあった。
テントの中央には毛皮の雪靴が3・5組。
乾燥したパンの近くに前のキャンプから持ってきた薪あり。
パックの上に綿のジャケットと毛布。
毛布の上に暖かい衣類が置かれている。

ディアトロフ隊のテント。ふたつのテントを縦につなげた改造テントで、片側からストーブの煙突が出ている

半開きになった入り口にパンくずと「koreika」（註：ロシアの肉料理？ たぶん肉で野菜をくるむ、実に美味そうなやつ）の皮が散らばっている。

なんだか、これはただ事ではなさそうだ。

子細に調べてみれば、テントから逃げ出した足跡は8人、ないし9人分。そしてそのほとんどが裸足、よくても靴下を履いただけだった。前者と後者の間をとって、片方だけ靴下を履いた者もいた。それらがいくつかのグループを作って、方々へ逃げている。

そして、足跡の先には遺体があった。

そこで、捜索隊は異様な遺体を目にすることになる。

衣服を脱ぎ捨てた遺体。死んだ仲間の衣服を着込んでいた遺体。

火傷を負った遺体。頭蓋骨が陥没した遺体。

舌を失った遺体。眼球を失った遺体。

そして衣服が自然界では存在し得ないほどの放射能を浴びていた遺体。

一説によれば**オレンジ色に変色した遺体**もあったという。

なんだ、これは。何があった。

では何があったか？ これは当時の捜索隊にはわからなかったし、現代でもわかっていない。

ただ解釈だけが存在する。

発見当時、この悲劇は平凡な殺人と考えられた。

そして事件から60年近くが経過した現在、あと出しされた奇妙な証拠をもとに、さまざまな解釈だけが生まれ続けている。

そして、彼らが亡くなった場所は、彼らの隊長であった23歳の青年の名を冠し、「ディアトロフ峠」と呼ばれるようになった。

死の山、ディアトロフ峠で何があったのか。

残された資料を元に事件を追えば、何かつかめるかもしれない——。

「死の山」をめぐる因縁

ここまで読んで、きっと諸兄諸姉らは呟くのでしょうね。

「**おそロシア**」と。

そしたらオカルト・クロニクルは言うのです。

「**おソ連な**」と。

冗談はともかく、この事件が起こったとき、「平凡な殺人」だと考えられたのにはワケがある。

この地域に住んでいる原住民のマンシ族が彼らを襲撃したのだと考えられたからだ。もちろん、この説はすぐに撤回された。現場に残っていたのは逃げ出したディアトロフ隊のものと思しき足跡だけで、殺人者の足跡は残されていなかったからだ。

もし現場に部外者の足跡が認められたのなら、マンシ族は冤罪を被っていたかもしれない。マンシおこ。

しかし足跡がないとなると、殺人の線は薄くなる。

これは憶測でしかないが、捜査に当たった者が当初マンシ族を疑ったのは、「死の山で9人が亡くなった」という事実を聞かされたときのマンシ族の動揺に端を発していたのかもしれない。

間違いなく彼らは動揺したはずだ。

彼らの呼ぶ「死の山」では、このときより遥か以前に同じような惨劇が起こっていたからだ。

マンシ族の言い伝えによれば、遥か昔、死の山ホラート・シャフイルでマンシ族の狩人9人が狩猟の旅の道中、ディアトロフ峠付近で1泊のキャンプをすることになった。

そして翌朝、全員が謎の死を遂げているのが発見される。9人は不可解な大洪水に見舞われ、逃げ場所を探していたという話になっている。

そしてそれ以来、ホラート・シャフイル山の山頂近くには誰も近づかなくなったのだと。

ちなみに、ディアトロフ隊がテントを張った場所はホラート・シャフイル山頂から300メートルの位置だった。

そして伝説は続く――。

1991年（平成3）にはウラル山脈に航空機が墜落し、9名の死者を出した。その墜落現場がディアトロフ峠付近であった、と。

個人的な意見を言わせていただけば、この「ディアトロフ峠付近への航空機墜落」に関しては、デマである可能性が高い。ソースがオカルト系のサイトに余談ないし豆知識として書かれる「飛行機が落ちて、9人死んだんだぜ！　マジヤバくね!?」しか存在しないのだ。信じたいけど、どうもね。

彼らの死は不可解だった。

そして不可解だっただけに、さまざまな説が飛び交うことになる。

諸兄らの大好きな「UFO」介入説、陰謀論者が大好きな「軍」の介入説、そして「イエティ／ビッグフット」（この地域にいるものはMenkviと言う。マンシ語？）の介入（？）。

諸説紛々というやつであるが、その諸説については真面目なモノから不可解なモノまで後半で扱うことにする。

では、事実に目を向けて、ディアトロフ隊の面々をリストにしよう。

ロシア名は長く、覚えにくい。だが固有名詞が頻繁に出てくるのでロシア名アレルギー（類似病：ギリシア名アレルギー）の諸兄諸姉らにもなるべくわかりやすいよう、愛称（太字）を併記し、以後は愛称で表記することにする。

なお、本稿の最後にメンバーの略歴や検死報告などの細かい情報を記載した。気になる諸兄は参照されたし。

●イーゴリ・アレクセーエヴィチ・**ディアトロフ**

登山隊の隊長。当時23歳。ディアトロフ峠は彼の名にちなんで名づけられた。

慎重で思慮深い人物。

グループメンバーのジーナに言い寄っていたが、ジーナもマンザラじゃなかったため、亜リア充と評価できる。

登山経験豊富な優秀なアスリート。遺体発見時になぜかメンバーのドロシェンコの服を着ていた。

●ユーリー・ニコラエヴィチ・**ドロシェンコ**
当時21歳。ウラル工科大学の学生。

ジーナの元彼。

恋愛関係が解消された以後も、ジーナやディアトロフと良好な関係を維持していた。

クマを地質ハンマーだけで追い払ったという武勇伝あり。

杉の下で発見されたとき、彼の服は一緒に発見されたディアトロフに取られていた。

●ユーリー・アレクセーエヴィチ・クリヴォニシチェンコ
〝ゲオルギー〟

当時24歳。ウラル工科大学を卒業したばかり。

ムードメーカー。ジョークを言い、マンドリンを奏で、いつも友人たちを楽しませた。

放射能についての高度な知識を持っていた技術者でもあった（放射能技能についての詳細は最後のページの資料を参照）。

杉の下でドロシェンコとともに見つかる。

遺体はほとんど下着姿で、靴すら履いていなかった。足に火傷。

●ジナイダ・アレクセーエヴナ・コルモゴロワ **〝ジーナ〟**
当時22歳。ウラル工科大学4回生。

経験豊富なハイカーだった。

毒蛇に噛まれてもトレッキングを完遂するほどの精神力の持ち主。性格は極めて外向的で、活動的。

アイデアに溢れ、さまざまな物に関心を寄せ、敬意を持って人と接していたので自然と愛された。

発見時の服装は比較的まとも。ドロシェンコの元カノ。

●**ルステム**・ウラジーミロヴィチ・スロボディン
当時23歳。ウラル工科大学卒業生。

非常に優れたアスリートで物静かな人物。

ルステムを知る人物は、彼を「バランスマン」と評した。

楽しいときも苦難のときも冷静に同じアプローチができる人物だったという。

発見時、右足にだけブーツを履いていた。

格闘した際によく見られる挫傷あり。頭部に外国の鈍器で叩かれたような損傷があった。

●リュドミラ・アレクサンドロヴナ・ドゥビニナ **〝リューダ〟**
当時20歳。ウラル工科大学3回生。

リューダ以降に発見される遺体は、損壊が酷くなり奇妙な事実が混じり始める。

リューダは活発な性格で、歌ったり踊ったり、何かを撮影するのが好きだった。ジーナ同様タフガール。

遺体からは舌がまるごと失われている。眼球も失われている。

胃に残っていた血液の状態から、彼女は生きたままの状態で舌を失ったとされた。そして衣服からは放射能が検出されている。

●セミョーン・アレクサンドロヴィチ・**ゾロタリョフ**〝サシャ〟
当時37歳。謎の多い不可解な人物。

仲間たちには「サシャ」または「アレキサンダー」と呼ばせていたが、本名はセミョーンであるとされ、それすらも本名ではない可能性がある。

ロシア語、ポーランド語、ウクライナ語そしてドイツ語に通じたバイリンガル。

仲間たちに内緒でカメラを所持していた。ネガが破損したため被写体は不明。

眼球は失われている。骨折多数でリューダと似たような損傷。


事件が彼に起因すると考える者もいる。

●アレクサンドル・セルゲーエヴィチ・**コレヴァトフ**
当時24歳。ウラル工科大学で物理学を学ぶ4回生。インテリ枠。

優秀な学生として評価されている。原子力関連の研究室に身を置いたこともある。

「明白な統率力を持ち、勤勉、衒学的、論理的であった」と評される。

遺体が回収されたときにはすでに腐敗・分解が著しく、解剖からも詳細な情報は得られなかった。

●ニコライ・ウラジーミロヴィチ・チボ＝ブリニョーリ〝**コリャ**〟
当時23歳。ウラル工科大学を1958年に卒業。

父親が処刑されるという不幸な生い立ちにありながらも、ユーモアに溢れた明るい人物だった。

その率直で優しい人柄により、先輩・後輩を問わず愛された。

コリャは母親に「これを最後のトレッキングにする」と約束していたが、結局彼は帰らなかった。

捜索後期に発見されたリューダ、ゾロタリョフ、コレヴァトフ、コリャの4人は、それぞれ骨への損傷が激しく、かつそれが広範囲にわたっていたため、剖検はそれを車に轢かれたような、と表現した。

●ユーリー・エフィモヴィチ・ユージン

当時21歳。イケメン枠。

体調不良のため1月28日に引き返し、難を逃れた。ディアトロフ隊の持ち物や、内情に関するいくつかの貴重な証言を残している。

以上の10人から最後のユージンを除いた9名がディアトロフ峠で謎の死を遂げた。

ちょうどディアトロフ峠付近は針葉樹が生長できる限界高度——樹木限界線と重なっており、テント付近は草木もまばらな高原となっている。

1キロほど山を下れば森があり、キャンプを設営するに都合がいいはずだが、そうはしていない。

生き残ったユージンは「ディアトロフは戻ることで行程に遅れが出るのを嫌い、ここにテントを張ったのだろう」と推測した。そして、なだらかな斜面での宿営経験も積みたかったのではないかとも。

1月27日に村を出発してから5日後、2月2日の夜。彼らに何があったのか。

のちに回収されたカメラには、運命の夜までの軌跡が収められている。

楽しげに笑い、じゃれ合い、いかにも仲良しサークルといった雰囲気が写真からは感じ取れる。

だが、写真に写っている者たちは、このあと全員死んだ。彼らが楽しげであればあるほど、この後の陰惨な展開に心が痛む。

人生はどこでどうなるかわからない——彼らの写真がそれを教えてくれる。

特に、文明から離れた大自然にあって、その雄大なる自然はただ人間を無視する。

そして、峠の大自然は事件に残された様々な謎や疑問にも答えてくれない。

ゆえに我々が資料や証拠をもとに考えるしかない。もちろん、当時の捜査官もそうした。

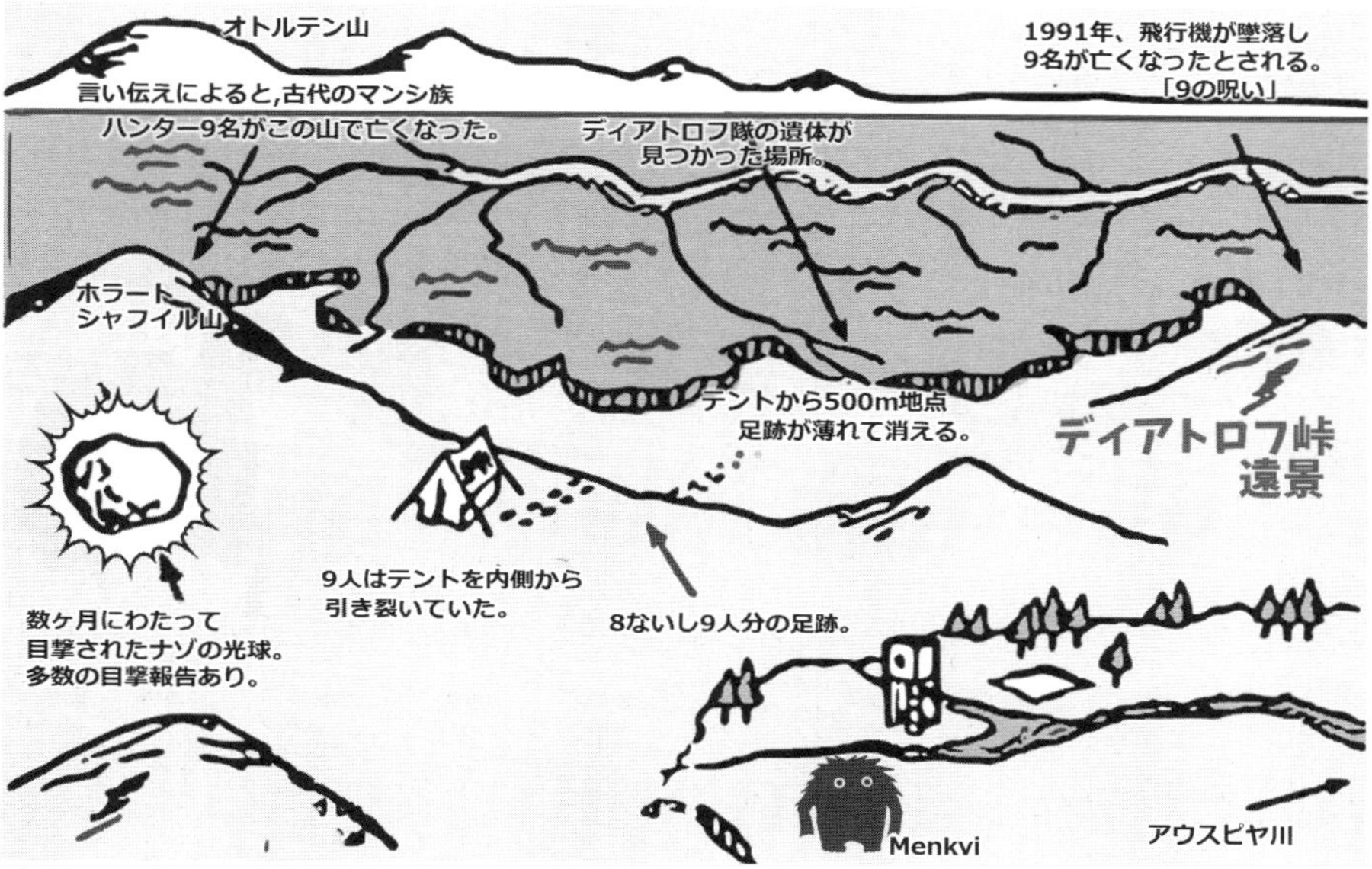
オトルテン山
言い伝えによると,古代のマンシ族
ハンター9名がこの山で亡くなった。
1991年、飛行機が墜落し
9名が亡くなったとされる。
「9の呪い」
ディアトロフ隊の遺体が
見つかった場所。
ホラート
シャフイル山
テントから500m地点
足跡が薄れて消える。
ディアトロフ峠
遠景
9人はテントを内側から
引き裂いていた。
8ないし9人分の足跡。
数ヶ月にわたって
目撃されたナゾの光球。
多数の目撃報告あり。
Menkvi
アウスピヤ川
ディアトロフ峠、遠景図。未確認生物Menkviは個人的趣味で追加した

極寒のなか、なぜ服を脱いだのか――そして、「奇妙な光球」

調査に当たった捜査官とともに事件の流れを追ってみよう。

この怪事件の捜査に当たったのは、地元の警察官レフ・イワノフとファシーリ・テンパロフだった。

捜索隊とともにディアトロフたちのあとを追い、ようやく発見したテントを観察してみれば、どうもディアトロフ隊はパニックに陥り、荷物も――靴さえも履かずに逃げ出したのだと推測できた。

そして、テントから５００メートルほど離れた場所で、最初の遺体を発見する。

ドロシェンコとゲオルギーだ。

特に大きな外傷は見当たらず、凍死――つまりは低体温症での死亡とわかる。

この２人の遺体は、ほとんど下着を身につけただけの姿だったので、捜査官テンパロフはこう推理した。

「吹雪になって、彼らの耳に轟音が聞こえた。彼らは雪崩だと思い、慌てて逃げた。逃げる間に集団はちりぢりバラ

ディアトロフのカメラから復元された写真。向かって左からリューダ、ゲオルギー、抱きつかれているコリャ、抱きついてるルステム。リューダも笑顔で写っており、隊の明るい雰囲気が感じられる貴重な1枚だ

バラに分かれ、暗くてテントに戻れなくなった。そこで火をたいて暖まろうとしたが、身体は冷え切り、低体温症になって——服を脱いでしまった。そして死亡した。これしかない。真実はいつもひとつ」

低体温症になって服を脱ぐ——寒いのになぜ？　と思われるかもしれないが、これは決して珍しいことではない。

人は低体温症になると認識能力が低下し正常な判断ができなくなる。

そして生理的な反応として、低体温になると手足の血液を胴体にまわして臓器を守ろうとする反応がある。だがそのうち身体が疲労してくると、血管が開いて血液が一気に手足へと戻ってくる。そうなると暖かく感じ、自ら服を剥ぎ取ってしまう。

「**そこまでの状態になって生き延びた人はいない。したがって服を脱ぐのは死のサインと言えるでしょう**」

とペンシルバニア州立大学のダン・シャピオ博士は言う。これを「**矛盾脱衣**」（paradoxical undressing）という。

凍死者は時に着衣を脱いだ状態で発見される。これはアドレナリン酸化物の幻覚作用によるとも、体温調節中枢の麻痺による異常代謝によるとも説明されている。また狭い空間に潜り込んだ状態（タンスの中や火のついていない掘りゴタツの中など）で発見され、捜査員を困惑させることがある。これも終末期の異常行動によるものでhide-and-die syndromeと呼ばれる。

（『法病理講義ノート』２０１７年度版／青木康博／名古屋市立大学大学院医学研究科法医学分野）

矛盾脱衣という意味深な響きから、女性が寂しさに負け

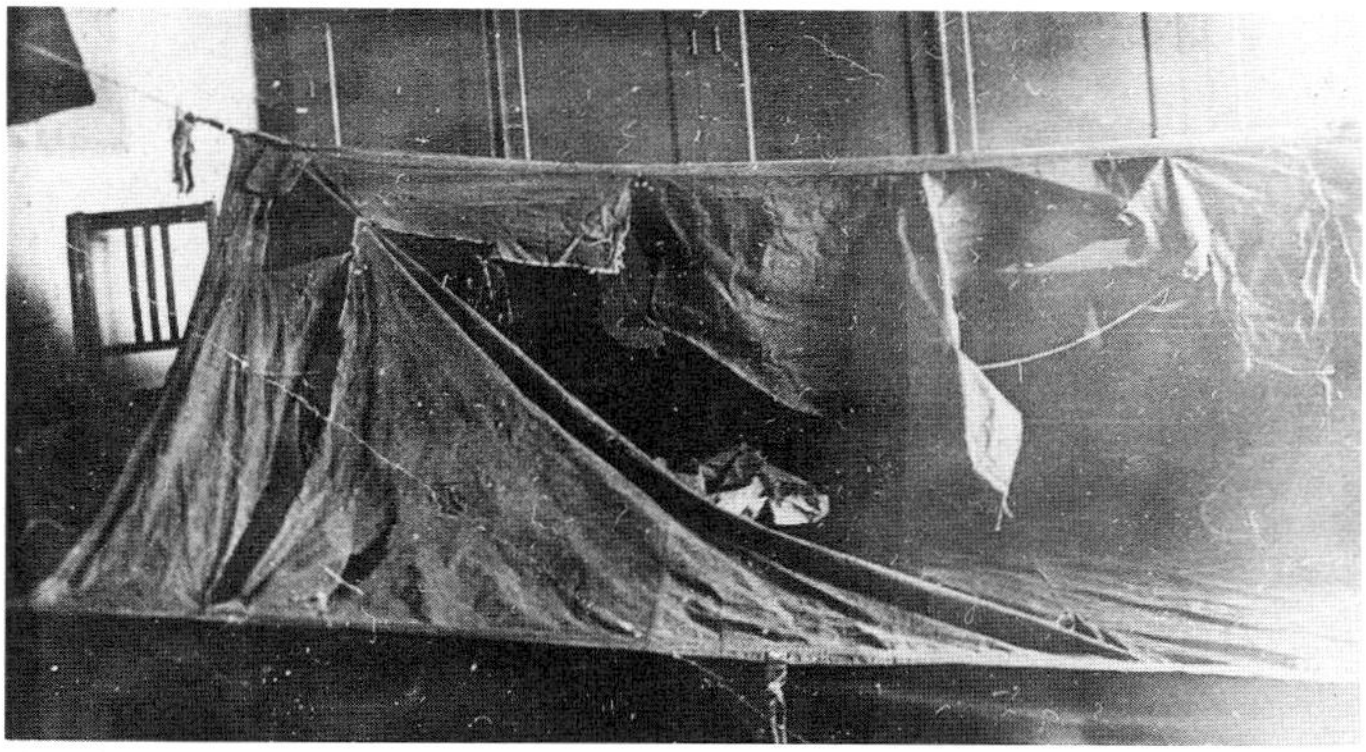

発見されたテント。調べてみると、テントは内側から引き裂かれていた

――好きでもない男に身体を許すこと――を想像しがちであるが、それは諸兄らの想像力過多というものである。我々がこの科学的事実から学ぶべきことは、ただひとつ。

童話『北風と太陽』は間違っていたということだ。つまり「**部屋に女性を呼ぶときはとびっきり寒く**」なのである。

　冗談はともかく、この矛盾脱衣によって不可思議な死は説明がつくと思われた。だが、捜査官テンパロフの説は、捜査官イワノフには響かなかった。

「**同志テンパロフ。実に興味深い説だが、服はどこにある？**」

　それに残りのメンバーはどこへ？

　これはどうしたことだろうか、と2人して首を傾げる。じゃあ、と捜査官テンパロフはさらなる推理を披露した。

「**こういうのはどうだろう、同志イワノフ。喧嘩になったんだ。男女のグループには喧嘩はつきものだ**」

　まず、男女の考え方の違いから、言い争いに発展する。それはだんだんと熱を帯び、短気なメンバーの頭はヤカンよりも沸騰する。

　そしてライフルを構えると、女性と――それに味方した仲間に銃口を向ける。

　怒りのままに「服を脱げ！」と懲罰的な意味合いを込めて命令する。

　そして脱衣を強要された者たちは極寒の中、少しずつ死んでゆく――。

　ディアトロフ隊がライフルを所持していたかについて、多少の議論があったことは確かだ。

　メンバーがライフルらしきモノを持った写真が存在し、それが動かぬ証拠とされる。彼らがライフルを所持していたなら、推理や推測にさまざまな方向修正が必要となるが、現在では「実際には所持していなかった」とされている。

　だが「仲間割れ仮説」もその後に確認される事実によっ

て、根拠が曖昧となっていく。

そして定まらない推理をよそに捜索は続き、しばらくのち、発見が遅れていた最後の4人も見つかった。もちろん遺体で、だ。

この時に発見された4人、つまりリューダ、ゾロタリョフ、コレヴァトフ、コリャの遺体の損壊具合は、それ以前に発見された5人よりも悲惨なモノだった。

「**この遺体……目がない。……こっちのは舌がなくなっている**」

頭蓋骨が陥没している者、外傷はさほどないにもかかわらず、肋骨のほとんどが砕けている者。そして放射能を帯びた者。

なんだこれは。なぜこうなった。

謎が謎を呼び、捜査官テンパロフもイワノフも、頭を抱えるしかない。そしてテンパロフはディアトロフ隊の日記からひとつの閃きを得た。

そこには「最近、こんな話が話題になっている――」と始まり、雪男&イエティに似た生物について触れられていたのだ。そして、その生息地がウラル山脈だということも。

彼らは雪男に襲われたに違いない！　じっちゃんの名にかけて！

そう力説するテンパロフに、捜査官イワノフは頷いてニヤリと笑う。

「**その発想はなかったよ、同志テンパロフ。なるほど。いますぐ局長に報告しよう。捜査は終了だ。これで俺たち……シベリア送りだな**」

同僚の冷笑をものともせず、事件にのめり込んだ捜査官テンパロフは、新しい可能性にも目を向ける。

それは、この地域の住民たちが見たという「**奇妙な光球**」についてだ。

その日の夜、「謎の光を見た」という住民の証言は何かしら重要なヒントになるのではないか――。

この光球を「軍事的な何か」と考えたテンパロフは、次のように想像をふくらませた。

あの夜、グループはふたつに分かれ、一方は谷へ下りて、もう一方はテントに残った。

谷へ下りたグループは轟音を聞き、ひとりが何事かと音のした方向を見ると、近くでミサイルが爆発し、ひとりは頭を打ち砕かれ、他のメンバーも激しく地面に叩きつけられた。彼らは意識を失って凍死し、野生動物が遺体を食べた――。

テントでは衝撃波によって入り口が塞がれ、パニックに陥ったメンバーはテントを破って脱出。

そして山道を逃げるも、あえなく凍死した。

これしかない！　真実はいつもひとつかふたつ！

推理の穴はともかく、ソ連政府はテンパロフの「ミサイル爆発説」に難色を示した。

難色だけでなく、当局はテンパロフに事件を「**なんのことはない、ただの遭難と低体温による死亡**」として処理することを命じた。

むろん、テンパロフは反発した。

なぜ真実を闇に葬ろうとするのか。ただの遭難と低体温で説明できるわけがない——と。だが、抵抗も虚しく、反抗的なテンパロフは当局により捜査の任を解かれた。

そして残ったイワノフは「なんのことはない、ただの遭難と低体温による死亡」として事件を処理した。

『本当にあった奇妙な科学実験史』（ディスカバリーチャンネル）では、そのときのやりとりを次のように表現している。

「**真実はどうなる！　真実が失われてもいいのか！**」

そう詰め寄ったテンパロフに、イワノフは言う。

「**いいか、ここはイブデリという小さな町の警察にすぎない。その上にはスヴェルドロフスク州党委員会があって、さらにその上にはウラル地域の党委員会がある。そして、その上には最高機関である中央委員会があって、フルシチョフ第一書記をはじめとするお偉方がいる。俺にとって重要な真実はソレだけだ！　それがわからないやつは……！　……愚かだよ……**」

翌日イワノフは昇進している。

テンパロフは任を外されてからも密かに捜査を続け、事件はやはり秘密兵器の実験だと確信するに至ったという。

一方のイワノフは１９９０年にようやく重い口を開き、当局からの圧力があったことを認めた。そして本人は何かしらの超常現象の発生——具体的にはＵＦＯの関与を疑っているという。

捜査資料やその他の報告書は機密文書保管庫に送られ、事件は何十年も闇に葬られてきたが、90年代になってようやく情報が公開された。

だが資料の一部はなぜか失われており、今なお発見されていない。ただの散逸なのか、あるいは隠蔽なのかはわからない。

かくしてディアトロフ峠事件には無数の「なぜ？」が残

された。今となってはそのすべてを合理的に説明することは難しい。

テンパロフの提示したさまざまな仮説も含め、どのような出来事が9人を襲ったのか。

残されたさまざまな謎

謎が多く、すこぶる奇妙、そして衝撃的――かつ未解決。多くの場合、これだけの材料に恵まれた事件は、良くも悪くも映像化される。やはりこのディアトロフ峠事件も例外ではない。

2013年には映画『ディアトロフ・インシデント』が制作された。

ディアトロフ峠事件に興味を持った学生たちが、自主制作ドキュメンタリーを作るためディアトロフ峠へ赴き、そしてそこで……一応ネタバレは避けておく。

しかし、少しだけ言わせてもらえば、この映画のハイライトは開始5分でやってきたように思う。こんなディアトロフ峠だったなら、誰も悲しまないで済んだのに。

そして、映画は進み、オカルト・クロニクルでたびたび登場する駆逐艦エルドリッジが――。


とまぁ、なかなか興味深い内容でした。

映画の影響か、この数年で「Wikipedia」のディアトロフ峠事件の項が充実してきている。映画の出来はともかく、これは大きな功績だと思う。

情報が増えれば増えるほど、不可解な事件であることがわかるからだ。

ここで、事件に纏わるさまざまな謎を取り上げておく。

●なぜ、彼らはキチンと服を着ていなかったの？

下着だけだった者、裸足だった者、仲間の服を着ていた者。

いちばん凄惨な死を遂げたリューダは、隣で死んでいたゾロタリョフがほぼ完全防備だったにもかかわらず、セーターを破り、それを自らの足に巻き付けていた。

これを読んで諸兄らは「**なんだよ、それは矛盾脱衣だってコトさっき聞いたよ！　寒すぎたら脱ぐんだろ！　俺のは被るけどな！**」と憤慨されたかもしれない。やはり矛盾脱衣はディアトロフ峠事件でほぼ定説のように語られている。

だが、これに対し映画では知性派の男にこのように反論されていた。

「オー、カモーン。彼らは冬山登山の経験を多く積んだベテランだぞ？　それが、無知な素人みたいに脱いだっていうのか？　誰も矛盾脱衣に気づかず、同じ時、同じ場所で、ベテラン9人が？」

●なぜ、「車に轢かれた」かのように損傷していたの？

リューダ、ゾロタリョフ、コリャ、ルステムなどがこれに該当する。

「ほとんど外傷もなく」と書かれていることが多いが、それはおそらくリューダとゾロタリョフを指すと思われる。2人は肋骨のほとんどが砕け、それが内臓に刺さっていた。ルステムは頭部が「**外国の鈍器で殴られたような**」陥没損傷を受けている。

検死報告書によれば「**岩など、高台からの転落によって受けた損傷である可能性は低い**」とある。

●なぜ、テントを内側から破ったの？

冬山でテントを損壊すれば、それは自分たちの首を絞めることも同じ。なのになぜ彼らは大きく裂いたのか。そしてなぜ、マイナス30度という極寒の世界でテントを放棄し、その場を去ったのか。

●なぜ、ほとんど何も持たず、バラバラに散らばって死んでいたの？

テントから500メートル離れたヒマラヤスギを中心にして、半径100メートルほどに分かれて死んでいた。そのため発見も手間取り、3段階を経ることとなった。最後のグループの発見は遭難から3ヶ月後である。遺体の位置を示したわかりやすい図がロシア語のモノしか見当たらなかったので、頑張って作成してみた。

●なぜ、放射能に汚染されていたの？

これはリューダとゾロタリョフだ。

遺体発見後、スベルドロフスク州の放射線研究室にリューダ、ゾロタリョフ、コレバトフ、コリャの衣服が持ち込まれて鑑定されている。

コレバトフの心臓からは基準値を大きく超えた放射線が検出された——など、この放射能に関してさまざまな意見が散見されるが、これはのちに触れる。とりあえず、鑑定した専門家の言葉を置いておく。

茶色のセーターは、150平方センチ上で1分につき9900のベータ線をカウントした。

洗浄後、それは1分につき5200になった。現在（註：1959年5月18日と思われる。最後のグループの遺体発見から2週間ほど）の衛生基準では、1分につき5000を超えたら基準オーバーだ。本来は洗浄後に、環境放射線程度しか残ってないはず。ちなみにこの標準は、放射性物質を扱う労働者のための基準である。

ゲオルギーからも放射能が検出されたという話があったが、これはソースが確認できず真偽は不明。

●なぜ、リューダの舌は切り取られ、ゾロタリョフの眼球は失われていたの？

舌が切り取られていたという表現がまま見られたが、誠

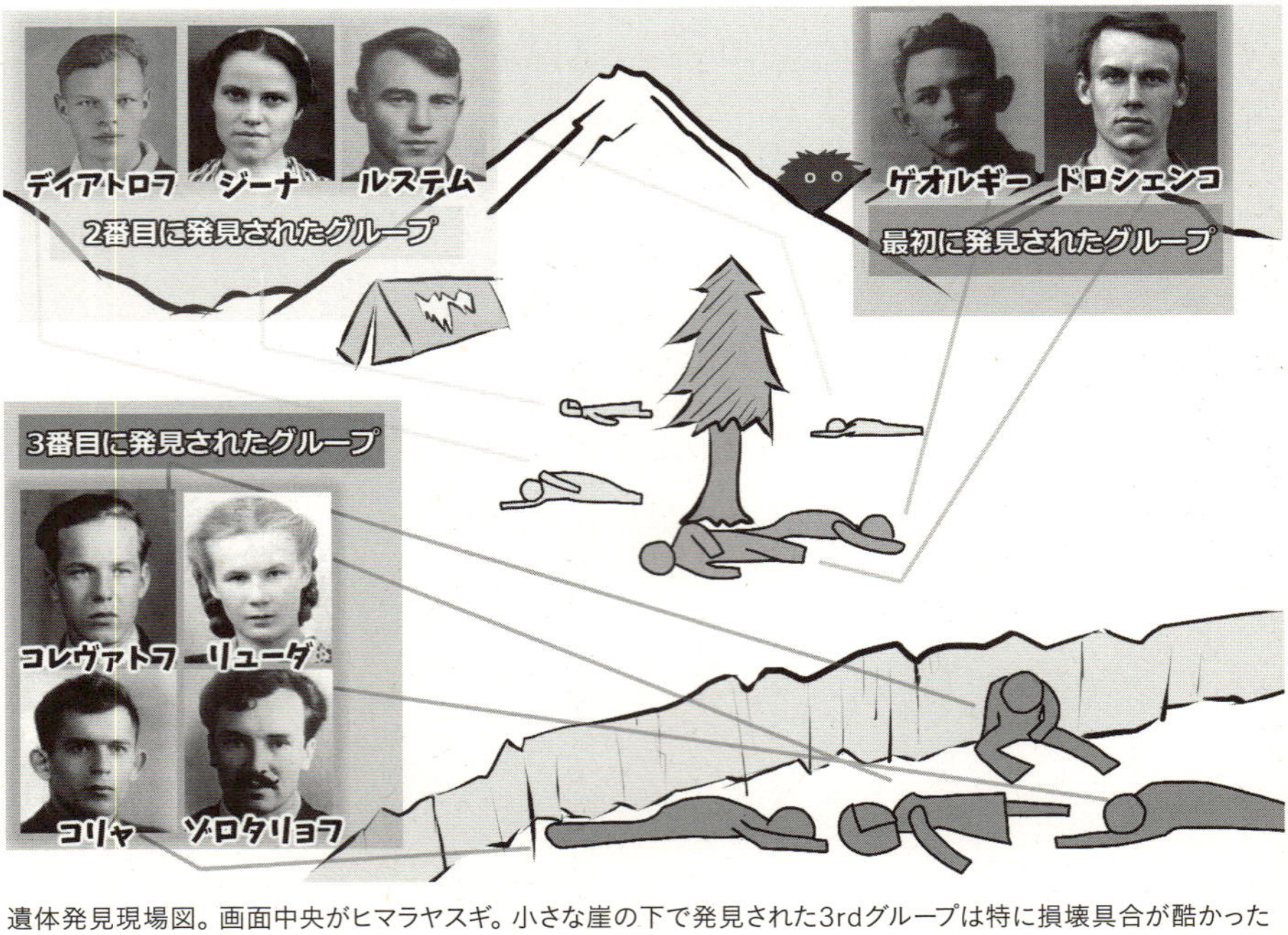

遺体発見現場図。画面中央がヒマラヤスギ。小さな崖の下で発見された3rdグループは特に損壊具合が酷かった

実ではない。「無くなっていた」というのが正しい。ただし根本からごっそりと。口腔内は空っぽだった。眼球も眼窩から無くなっていた。

「Aquiziam.com」というサイトに〈ディアトロフ峠の答え〉という記事があり、そこでは次のように書かれている。

3ヶ月も野ざらしだったことから、自然の営みのなかで失われたと考えるのが妥当

動物による補食や腐敗によって舌は失われたと。だから何も不思議なことではない——と。だがオカクロはそうだろうかと訝ってしまう。

本当に腐敗なりで自然に無くなったのならば、同じ場所で見つかったほかの3rd組、ゾロタリョフ、コリャ、コレヴァトフも同じような状態なり兆候なりがあって然るべきなのではないのかなと。

それにリューダの検死報告によれば「**胃が約100グラムの凝固血を含む。これは舌が抜かれた、ないし噛み切った時点で心臓は動いていたことを意味する**」とされている。

●遺体がオレンジ色になっていたとか、髪が灰色、ないしシルバーになってたって聞くけどどうなの？

これは、どうやら噂の域を脱しないようだ。

テレビ番組『UFOハンターズ』でのビル・バーンズ先生をしても、オレンジ肌については「……という噂も」と触れる程度だった。（コアな）諸兄にマジキチぶりで遺体の写真を見る限りでは、特筆すべきコトもないように思われる。

あえてオカクロでは遺体写真は掲載しません。気になる諸兄は『dyatlov corpse』で検索して下さい。

ただ、一部の目撃者と被害者家族は、遺体の皮膚色について「アフリカ系の人々のそれ」と比喩した。

●光の球はなんだったの？

これは空を横切っていたソ連製のミサイルないしロケットだった考えるのが定説となっている。

たしかに2月から3月にかけて軍による発射が行なわれていたことがアマチュア研究家によって証明されている。

ただ、「**すべてを〝ロケットやミサイルの発射〟で説明す**

るのは不誠実だ」――と考える者もいる。住民などは「いや、ミサイルって空中で停止したり、急に軌道を変えたりするもんなのか？　見分けぐらいはつくよ。バカにすんなよ？」と少しおこ。

実際、住民が「トローリーバス」と表現するほど、ロケットの発射は日常的に目撃されていたようだ。

把握できたモノをすべて書こうかと思ったが、謎が多すぎて、全部に触れていたらそのうち〝ディアトロフ博士〟とか呼ばれてしまいそうなので、以降はサラッと疑問点だけ箇条書きにする。

■ディアトロフとルステムはどうして喧嘩したような拳をしていたの？
■コレバトフの消えた日記はどこへ行ったの？
■捜査官イワノフが後に言及した杉の焼けた痕はどうやってできたの？
■どうしてゾロタリョフは仲間たちに偽名を名乗っていたの？
■ゾロタリョフは秘密のカメラで何を撮っていたの？
■1st組のゲオルギーとドロシェンコはどうして木に登ろうとしたの？
■どうして木が焦げてたの？
■そもそも、なぜ放射能測定をしたの？

説明は情報量が多すぎて原稿が冗長になるので割愛。ただ首を傾げるべき疑問点が多いことは把握してもらえたかと思う。これらを踏まえたうえで、諸説について触れてみよう。

神秘の土地がもたらした災いか

このディアトロフ峠をして、〝神秘の土地だ〟と言うモノがいる。

この峠について触れる者には災いが降りかかるだろう――と、どこかの長老が旅人に言うようなことを書いていたサイトもあった。

なんでも、そのサイトのディアトロフ峠記事を書いた記者がそれ以降、不可解な心霊現象やポルターガイストに悩まされたのだそうだ。

もうね、そういうことは先に言っておいていただきたい。筆者の部屋における今月の電気代が高かったのは、霊のせいかもしれない。実害だ。
せこい話はともかく、この不可解な事件にはさまざまな説が存在する。それらのなかに真実はあるのだろうか？

●もちろん雪崩のせい説

「Wikipedia」では、この雪崩が原因だったのだろうとしている。

雪崩によってテントが埋まり、パニックに陥った9人がテントを裂いて、取るモノもとりあえず逃げ出し、あえなく外で凍死した――とする説だ。

この説がいちばんシンプルで説得力があるのは確かだ。だが疑問点のすべてをフォローするものではない。そして反論も少なくない。

9人がテントを設営した場所は捜索隊によって写真に収められている。その写真を分析し、「**この雪の深さや立地条件から見て、すべてを捨てて裸足で逃げ出す規模の雪崩が発生するとは思えない**」と雪崩説に懐疑的な立場を取る者もいる。

これに対して、「**一度目の軽い雪崩に遭い、少しだけテントが埋まり、二度目を警戒してパニックに陥った**」と言う者もいるが、どうだろうか。

峠の勾配は、約15度。

この角度で絶望的な雪崩が起こり得るのか。雪山の知見に乏しいオカルトクロニクルにはわからない。

「**ディアトロフ隊はテントを設営するために雪を掘り、斜面にほぼ水平な床面を形成した――ゆえに削られた雪の断面から雪崩れが起きた！**」という説明はなんとなく説得力

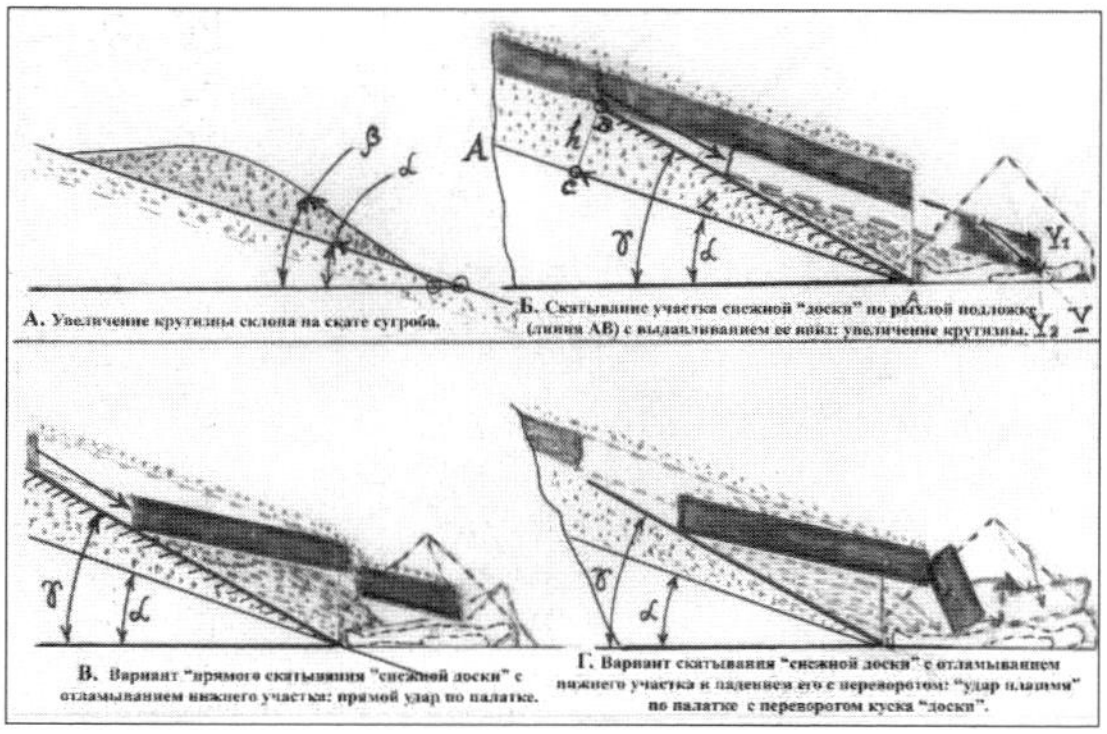

こんな感じならテントが埋もれるぐらい雪崩れんじゃね？の図

がある。

だがもちろん、雪崩だけではこの事件にまつわる謎の全て——不可解な怪我や放射能——をフォローできない。

●やっぱマンシ族が襲撃してきたんじゃね？説

おそらく、ない。足跡が無かった点を無視しても、説明できない点が多すぎる。

●これはインフラサウンドによって引き起こされたのだよ説

超低周波音——人間の耳に聞こえないほど低い周波数の音により、この悲劇は引き起こされたとする説。

ディアトロフ峠へつながる頂上の形状は、カルマン渦が発生するための理想的な条件にあり、その超低周波音に晒された9人はえもいわれぬ恐怖とパニックに陥った。

これらの低周波は、鼓膜が内耳の有毛細胞を振動させる。これは明確な音としては聞こえないかもしれないが、内耳内の励起有毛細胞が脳に刺激を与えることにより、その影響下にある者になんらかの精神異常を与える可能性がある。

混乱したからこそ服も着ないでテントから飛び出し、殴り合い、舌を噛み切り、ヒマラヤスギに登り、凍死した。

なんだかありそうな気もするが、そうでない気もする。

そもそも、低周波により外傷なく肋骨が折れるというのはあり得るのか。低周波によって引き起こされた雪崩によって圧迫骨折したということなのだろうか。

無理やりこの説を補強するならば……「死の山」という呼称は本来、「動物がいない山」という意味でつけられた名称だったそうだ。

これをして、「時折発生する低周波を嫌って、動物たちが近寄らなくなった——ゆえに死の山となった」と考えることもできる。

でも放射能は？

●落雷ないしはプラズマなら、色々と焦げてたのも説明できんじゃね？説

ディアトロフ峠についての本を書いたアレキサンダー・ポポフが主張。

服も燃えたんじゃね？　などという。

そりゃあ捜査官イワノフの報告によれば、スギの木などが焦げていたけども、オカルトクロニクルとしてはどうかなぁと。

仮に落雷があったとしても、そもそも木が焦げていた件については、9人の亡くなった2月初頭以前ないし捜索が始まる直前までに落雷した可能性もあるので、必ずしも重視すべき問題ではないかと思う。

オカクロとしては、一応、球電現象の可能性も指摘しておきたい。

●ミサイルに決まってるだろ説

これに関してはさまざまなバージョンが存在する。

先に挙げた捜査官テンパロフによる「ねぇ、イワノフ。間近でミサイルが爆発したんじゃないかな」説もこれに含まれる。

ミサイル説バージョンは多岐にわたるが、ディアトロフ峠事件という出来事の根本にミサイルの空中爆発があったという点で一括りにさせていただく。

大きな流れとしては、

■ミサイルが峠付近を飛ぶ。
↓
■近隣住民がそれを目撃「光球だ!」
↓
■ミサイルの轟音（ないし1発目の爆発）により、衝撃波が発生。
↓
■衝撃波により雪崩が発生。
↓
■テント埋まる。
↓
■ディアトロフ隊、ワケがわからないまま避難を始める。
↓
■この時点で怪我をしている者もおり、パニック。
↓
■先行して避難した3rdグループの間近で再度の空中爆発。
↓
■衝撃波により内臓に致命的な損壊。
↓
■もしかしたら、核をなんらかの形で使用されていたのではないかなぁ。
——という流れになる。

このエリアで軍事実験が行なわれていたのは事実であり（上空の通過含む）、説得力は高いように思われる。内部的な破壊、焦げ、見慣れぬ光球、捜査官への圧力、新聞で検閲された事実、放射能、多くの疑問にシンプルにアプローチできる。

ミサイル説はその痕跡ともされる金属片やパーツの一部が見つかった——ということで、いかにも「ありそう」な話としてまことしやかに語られる。ディアトロフ峠で事件が起こったのが冷戦まっただ中という時期でもあることから、雪崩説と並んで現実味がある仮説に思われる。だいいち軍による秘密実験というのはどこか男の幼稚な部分を刺激するモノである。

が、ASIOS『映画で読み解く「都市伝説」』の調査によれば、金属片は峠で事件が起こった以降に生産されたものに由来し、事件とは関係なかった。

さらに1999年の調査では、ミサイル説を支持する人たちが、ミサイルが爆発した場所だと示す場所の土壌サンプルを取って徹底的に分析がされた。ところが爆発を示す分析結果は何も出なかった。なお近年発見されたというロケットの部品だとされるものについては、古いレーダーの部品だという指摘が出ている。

（『映画で読み解く「都市伝説」』）

こう、自説に不利な証拠であっても、調査結果をキチンと開示する姿勢は調査者として敬意を表したい。大事なのは真相であって、調査者のプライドではない。オカルト界隈では事実を伏せたり隠匿することによってミステリーを永続ないし増加——ひどいモノでは捏造までして、少しでも多く本を売ろうとする手合いが少なくないが、どのみち時代的にも界隈的にも本は売れないご時世なのだから、つまらない悪あがきは止めるべきなのである。

また敵を作りそうな冗談はともかく、ミサイル説にしても確固たる証拠は存在しない。

バージョン違いで、「秘密実験あるいは秘密兵器による空中爆発を目撃したため、軍に消された」というモノもある。シベリア大爆発の前例もあり、なんだか空中爆発の多い土地柄だと思う。

●UFOに攻撃されたに決まってるだろ説

やはり、こうでないと張り合いがない。

「光球＝ＵＦＯ」というのは、怪現象に造詣が深くない者でもフッと脳裡をよぎるハズだ。

９人の奇怪な行動、そして奇怪な死に様。

焦げた樹木、そして放射能。

これでＵＦＯでなかったらなんなんだ、というコアな論者もいる。調査ジャーナリストのミハイル・ガーシュタインの発言はこうだ。

テントはナイフを使って内側から切り裂かれていましたから、野生動物や人間から襲われたワケでないことは明らかです。このような事からも、地球上の生物からではなく、別のものから襲撃を受けた事が考えられるのです。

未知の力が一行を襲ったのです。それは周囲の雪や木にはまったくダメージを与えず、人間だけを狙って攻撃できるものだったと思われます。

すぐに地球外のモノのせいにする。

『UFO Case Files of Russia』を書いた作家、ポール・ストーンヒルも言う。

（捜査を外されたテンパロフに言及して）**徹底的に捜査する人物だったため、事実が明らかになるのを防ごうとしての処置だったのでしょう。これは旧ソ連で起こった最も不可解な殺人事件です。これは殺人だと私は確信していますが、その犯人は私たちの知らない未知のものであっただろうと思われます。**

ロシア各地の歴史を調べたところ、このような荒涼とした地域をはじめ、さまざまな場所に光球が現れていたのです。住民もその存在に気づいていました。生活の一部となっていましたから、さして気にとめることもなく、ただ災害がもたらされないよう祈っていました。というのも、こういった遭遇で被害が加えられることは殆ど無いものの、時折今回の事件のような大惨事が起こることがあったからです。

そしてマジキチＵＦＯ調査の大御所ビル・バーンズもニヤリだ。

火の玉は、意図的に攻撃したのではなく、一帯を調査していただけで、そこに入り込んだだけで巻き添いで被害にあった可能性もあります。おそらく、この玉

から膨大なエネルギーが発せられていたために、人体は急激に老化して、その光線を浴びることで様々な生物学的損傷が引き起こされ――死に至ったのでしょう。

なんだか、いつの間にか、急激に老化したことになっている。

真面目にディアトロフ峠事件の真相を追っている研究家たちは、こんなUFO説をまともに取り合わない。

「その可能性を排除するわけではないが、UFOのせいにすればすべてを簡単に説明できてしまう。それで良いとは思わない」

というスタンスのようだ。なんだか科学のほうが思考節約の原理を逆で行くようで面白い。

あまり真面目でないオカルトクロニクルとしてはこういう話は興味深く、面白いので、延々と聞いていたいが、そうもいかない。次に進めよう。

●雪男に決まってるじゃないか、Menkviだよ Menkvi説

オカクロとしては、この可能性を排除するわけではないが、これで良いとは思わない。

マンシ族の神話によれば、ウラルの山中にはイエティなどに似た未確認生物「Menkvi」がいるそうだ。

猿人型というより、獣人型？　狼男のような容姿であるというが詳しくはわからない。

マンシ族はホラート・シャフイル山をして「あの山はふたつの世界が混じり合う場所。こちらから向こうへ移ることができる。魂の世界へゆくことができる」としており、妙な生き物がこちら側にやってくることもあり得るだろう――と言う。

でも「Menkvi」に襲撃されたとしても、足跡も無かった。ロマンはあるが説得力のない説だ。

だいたい、「Menkvi」の読み方がわからない。

●ゾロタリョフが工作員だったに違いないだろ？説

確かに、3rdグループに属するゾロタリョフは、調べれば調べるほど奇妙な点が浮かび上がる。

皆に偽名を名乗っていたこと。皆に内緒でカメラを所持していたこと。自分ばっかり厚着して死んでいたこと。1人だけさまざまな経歴を有する37歳だったこと。放射能を浴びていたこと……。

これをして、ゾロタリョフがなんらかの使命を持った工作員で、何かしらのとばっちりを食ってほかの8人まで殺された——という話だ。

この説によれば、3rd組がテントからいちばん離れた場所で発見されたこと、そしてリューダの舌が無かったことも説明できるという。つまりは拷問を受けた、とする。

ゾロタリョフのスパイ仲間と勘違いされてのことかどうかはわからない。

ゾロタリョフが山中でどこかしらの工作員と何かしらの接触をする予定で、それによって生じたトラブルにディアトロフ隊が巻き込まれた——と。

西側スパイ説もこれと似たようなモノであるので割愛。

●シベリアの囚人を忘れるなよ説

シベリアの強制収容所から逃げ出した一派がこの山中に潜伏しており、ホイホイやってきたディアトロフ隊を官憲の追っ手だと勘違いして殺害した。

リューダはやはり拷問された。という説だ。

しかし逃亡者とはいえ、マイナス30度の極寒のなか、食物となる木の実も動物もいないような死の山に潜伏するモノだろうか。

収容所のほうが、よほど待遇がよろしいのではないかとオカルトクロニクルは思う。

●その他、コマゴマとした諸説

- きっとクマに襲われたんだよ説。
- ミニ竜巻に襲われたんだよ説。
- 隕石が落ちたんじゃね説。
- いけないお薬でパーティ説。
- ロケット燃料の中毒になったんだよ説。
- 仲間割れで殺し合ったに違いない説。

諸説紛々である。

ただ、どの説でも、やはり放射能の説明が難しいようだ。

残された「放射能」の謎

放射能について、博覧強記たる諸兄は「**ウラル核惨事**」を思い浮かべたかもしれない。

これは、1957年（昭和32）9月29日、ソ連はウラル地方チェリャビンスク州マヤーク核技術施設で発生した原子力事故だ。

兵器（原子爆弾）用プルトニウムを生産するための原子炉5基および再処理施設を持つプラントであり、プラントの周囲には技術者が居住する都市が造られ、「チェリャビンスク65」という暗号名を持つ秘密都市として形成された。

そこで起こった事故がこのディアトロフ峠事件の放射能に関連しているのではないか、とオカクロは考えた。

そしていろいろ調べた結果、オカルトクロニクル特捜部は関連する可能性をイエスであり、ノーでもあると濁させていただく。


ウラル核惨事はチェルノブイリ、フクシマについで3番目の規模の事故であったと聞く。

だが、事故のあった「チェリャビンスク65」からディアトロフ峠まで、直線距離にして600キロほども離れており、基準値以上の放射能が検出されたという事実の裏づけになるとは思えない。

だが、その一方で、1stグループのゲオルギーは核についての高度な知識を有した技術者であり、ウラル核惨事にも除染技術者として赴いている。

だから彼の服が汚染されていた――などというのはあまりにも短絡的であるが、少なくとも関連ゼロとは言い難いと思う。亡くなった9名のなかにウラル核惨事の関係者がいたというだけでも、それだけ事故が身近なモノだったのだと言えるのではないだろうか。


共産主義政策のもと、物資が貧窮していたのは事実。

もしかしたら、その世情にあって、リューダとゾロタリョフはどこかで古着を購入ないし譲り受けたかもしれない。何も知らずに、ウラル核惨事で汚染された古着を。

目に見えず、臭いもしない汚染なのだから気づくわけもない。


とはいえ「洗浄することである程度は落ちる」と鑑定した科学者が言っていたので、これも可能性としては薄いではあろうが。

ほかにも、彼らが使用していたランタンが放射線を出すもので、検出された放射能はそれに起因する、という意見もあるが、それならばリューダとゾロタリョフ以外の者、なによりテントから多量に検出されて然るべきなんじゃないかなと思う。

ちなみに「Wikipedia」のウラル核惨事の項に興味深いことが書かれていた。

1950年代当初のソ連では、一般には放射能の危険性が認知されていない、もしくは影響を低く考えられていたため、放射性廃棄物の扱いはぞんざいであり、液体の廃棄物（廃液）は付近のテチャ川（オビ川の支流）や湖（後にイレンコの熱い湖、カラチャイ湖と呼ばれる）に放流されていた。

やがて付近の住民に健康被害が生じるようになると、液体の高レベルの放射性廃棄物に関しては濃縮してタンクに貯蔵する方法に改められた。

この汚染された川なり湖なりで衣服を洗濯した——という可能性もあると思う。もっと言えば、この辺りの地域では、気づかれなかっただけで放射能汚染された衣服が大量に流通していたのではないか——とも思う。

余談ではあるが3rdグループが発見された場所は小さな渓谷となっており、汚染された衣服を着ていたリューダとゾロタリョフはその小川に浸かっていたそうだ。それをして、その小川の泥が汚染されていたのではないか、という話もある。

だが、やはりこれも弱いように思われる。

ディアトロフ峠が「チェリャビンスク65」の川下に位置していたならともかく、まがりなりにも山頂近くの小川が川下であるとは思えないし、強烈に汚染されているとも思えない。

研究者たちを悩ませる放射能について、ロシアのテレビ局が制作した『ディアトロフ峠の謎』から、捜査官と鑑定した専門家の問答を掲載しておく。

通常よりも高いレートが発見され、衣服の薬量測定分析は実施された。大きく偏った数値が衣服に散見される。

茶色いセーター毎分9900カウント。ズボン毎分5000カウント。洗浄後、毎分2600。ちなみに洗浄は3時間の冷たい流水にさらす方法で実施。浄化パーセンテージは30パーセントから60パーセントまでの間にある（主席放射線専門家による結論）。

ナレーション——**多くの一般大衆にとってこの数値**

は実感を伴わない。
ひとつ、分析されたオブジェクトは放射性物質を含む。
ふたつ、オブジェクトのいくつかは、ベータ線を放出する放射性物質が幾分高い。
みっつ、放射性物質は、物体から洗い流すことができる。
放射能は、中性子線または濃縮放射能ではなく、粒子を放出するベータ線の放射能汚染に起因しないことを意味する。
ナレーション――調査に当たった捜査官と放射線学の専門家との対話は視聴者に『何があったのか』について理解する手助けになるかもしれない。
捜査官「分析されたオブジェクトの汚染のレベルって？」
専門家「茶色のセーターは、150平方センチ（2・5の正方形）上で1分につき9900のベータ線をカウントしたのはさっき言ったよね？　洗浄後、それは1分につき5200の数をした。現在の衛生基準じゃあ、1分につき5000を超えたらアウトなのだ」
専門家「本来は洗浄後に、環境放射線程度しか残ってないはず」
捜査官「では、服が放射性の塵や粒子のせいで汚染されたりすることはあるだろうか？」
専門家「もちろん。衣服は大気をただよう放射性の塵や――死の灰によっても汚染される、もしかしたら、これらの衣服は、なんらかの仕事に従事している時に放射性物質で汚染されたのかもしれない。とはいえ、汚染されすぎている」
捜査官「分析の前にこれらの衣服は最大15日間、川水に晒されていたかもしれない。これを考慮した上で、汚染レベルを見ると？」
専門家「一部は他よりもずっとヘヴィに汚染されていたと仮定することも可能である。我々は衣服が均等に洗浄されていない可能性があることも考慮しなければならない」

さまざまな説を説明するに、やはり放射能汚染については外せない話題である。
だが、前述した「心臓から基準値を大きく上回る放射線が検出されたコレバトフ」に関しての、興味深い話が『怪奇秘宝「山の怪談」編』で、やはりASIOS代表 本城氏の調査によって判明している。

それによれば、対照群として事件とはまったく関係ない――交通事故で亡くなった男性も分析されたのだが、この人物からもコレバトフに匹敵する数値が検出された。これは冷戦時のロシア人男性の多くが放射線を浴び、アメコミヒーローよろしくミュータント化していた事実が浮き彫り――というよりも実験そのものに問題があったのだろうと指摘されている。具体的にはなんらかの要因によるサンプルの汚染が疑われる。

「拷問されたリューダ」に関しても、やはり野生動物による仕業であったのだろうとする説が強い。地元のマンシ族によればクズリ（イタチの一種）が人間の遺体を食べるのだという。この小動物は柔らかい部位から食べるので、リューダから目玉や舌が失われていたとしても不思議ではなく、小動物ゆえにリューダだけで満腹になり、他のメンバーには手をつけなかった――というのはいかにも説得力のある話になる。もう少し遺体の発見が遅れていれば、遺体の損壊はますます進み、柔らかい部位をキレイに失った――さながらキャトル・ミューティレーション事例の牛にも似た遺体になり果て、UFO研究者界隈に混乱を生じさせたかもしれない。

ちなみにリューダの胃から「血の塊」が見つかり、拷問の痕跡だと疑う向きもあったが、それはどうも胃の内容物が変化したモノで、同様の内容物が他の死亡者からも見つかっているという。

どの説にも頷くべき点があり、首を傾げるべき点がある。そのせいで軽く書くつもりがかなり冗長になってしまった。だが、真相究明に取り組む諸兄にまずまずの情報量を提示できたのではないかと思う。

不思議に思うのが、これほど不可解で諸説が飛び交う事件であるのに、UFO信奉者の勢いが弱く感じられることだ。

もっとグイグイ攻めてもいいのではないかと思うが、ビル・バーンズをしても「火の玉」という表現に留めており、露骨に宇宙人がどうのとは言っていない。

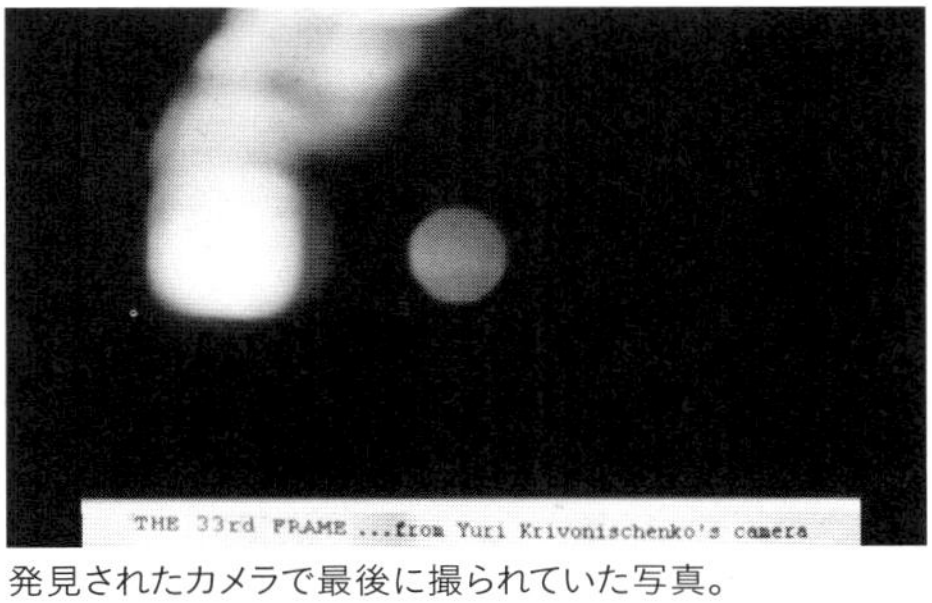

発見されたカメラで最後に撮られていた写真。
何か重要なものが写っているのか、そうでないのか。
我々にできることは想像力を働かせることだけだ

真のミステリーを前にすれば、みな立場や思想を捨て去ってしまうのかもしれませんね。

オカルト・クロニクルとしては、この事件は軍の兵器実験に起因するものだというミサイル説に一票投じておきたい。

もちろん、そのミサイルはディアトロフ峠を徘徊するＵＦＯやMenkvi、シベリアの囚人そしてマンシ族をまとめて屠るため放たれたモノである、と。

足跡や証拠は爆風で消し飛んだに違いない。

と、軽薄な推論はともかく。

１９５９年２月。このディアトロフ峠で、いったい何があったのか。今も昔もわかっていない。

懐疑派も信奉者も、陰謀論者もフォーティアンも、皆が仲良く首を傾げるしかない。なんだろうね、これは、と。

１９５９年２月、ディアトロフ峠事件。

解き明かすのは、あなたかもしれない。

【参考資料】

●『Dead Mountain: The Untold True Story of the Dyatlov Pass Incident』（Donnie Eichar／Chronicle Books／２０１３年）

●『映画で読み解く「都市伝説」』（ＡＳＩＯＳ／洋泉社／２０１６年）

●『法病理学ノート』（青木康博／名古屋市立大学大学院医学研究科法医学分野／２０１７年）

●『ディアトロフ峠の謎 Тайна перевала Дятлова』（ＴＡＵ／２０００年）

●『Dark Matters: Twisted But True』（輸入版ＤＶＤ／Science Channel／２０１３年）

●『Ancient Aliens Season 3』（輸入版ＤＶＤ／Lionsgate／２０１２年）

●『ディアトロフ・インシデント』（ＤＶＤ／ワーナー・ホーム・ビデオ／２０１４年）

●「investigators' documents including termination of criminal case act」（https://fotki.yandex.ru/next/users/aleksej-koskin/album/１３４３２０/view/２９８５９０?page=０）

●「Иванов Лев :“Тайна огненных шаров”」（http://www.dyatlovcreek.ru/load/pdf/ivanov_l_tajna_ognennykh_sharov/1-1-0-2）

●「murders.ru」（http://murders.ru/Dyatloff_group_1.html）

●「skeptoid.com」（https://skeptoid.com/episodes/4108）
●「ディアトロフ峠事件：Wikipedia」（https://ja.wikipedia.org/wiki/ディアトロフ峠事件）
●「ウラル核惨事：Wikipedia」（https://ja.wikipedia.org/wiki/ウラル核惨事）
●「旧ソ連における南ウラル核兵器工場の放射線事故」（http://www.rist.or.jp/atomica/data/dat_detail.php?Title_No=09-03-02-07）
●「ufodigest.com」（http://www.ufodigest.com/goldenwoman.html）
●「failuremag.com」（http://failuremag.com/article/return-to-dead-mountain）●「Complete photo gallery including search party photos」（http://infodjatlov.narod.ru/fg4/index.htm）
●「unexplained-mysteries.com」（https://www.unexplained-mysteries.com/column.php?id=271057）
＊ほか多数

ディアトロフ隊・メンバー詳細データ

Igor Dyatlov "Igor"

イーゴリ・アレクセーエヴィチ・ディアトロフ

トレッキング・グループのリーダー。当時23歳。ディアトロフ峠は彼の名にちなんで名づけられた。ウラル工科大学の5回生。エンジニアリングの能力に秀でる。

彼はサヤン山脈に登山した1956年、登山しながらラジオを組み立てた——その必要があったかどうかは別として、優秀なエンジニアであったことは確かなようだ。1958年以来ディアトロフ自身が愛用し、最後のトレッキングでも使用されたミニストーブも彼のお手製である。

ディアトロフを知っていた人々は、彼を慎重で思慮深い人と評した。ディアトロフは今回の旅にも加わったジーナに言い寄っていたが、ジーナもマンザラでなく、微妙な両思いだったらしい。グループ内でディアトロフは今回のようなトレッキングに熟練しているアスリートのうちのひとりであった。

【発見状況と検死】

●発見日時：1959年2月26日

●発見場所：森とキャンプ場の間（**2番目に発見される**）

死亡時は無帽。ポケット付きの毛皮コートを着用も、ボタンは外れていた。その下にセーター、長袖シャツ、パンツの上のスキーパンツを履いている。履き物はなし。ソックスあり——右は羊毛、左は綿。所持品はポケットナイフとジーナの写真。

・額の軽い擦傷。左の眉毛より上に擦傷。茶色——赤色。
・両方頬にも擦り傷。茶色——赤色。
・唇に乾燥した血液付着。下顎からは切歯が失われているが、粘膜の状態から歯はこのトレッキングの以前に失われたと思われる。
・右前腕の下1/3および 掌に無数の小さなひっかき傷。赤暗色。
・右手の中手指節関節は、茶色の赤い挫傷。これは、格闘した際に見られる損傷である。
・左手は茶色がかった紫の打撲傷、また二番および五番の指に表在性創傷。膝には内出血を伴わない打撲。右脚の下1/3が挫傷。両足首関節に擦傷、明赤色、大きさ1×0・5センチと3×2・5センチ。下の組織に出血。
・内部損傷はなし

●死因：低体温

●特記事項：ドロシェンコの服を着ていた。

＊体調不良でトレッキングの初期で脱落して村へ戻ったユージンは、ディアトロフの着ていた長袖シャツを見て、それがユージンのものであったと証言した。奇妙なことにユージンはそれをドロシェンコにプレゼントしたはずだった。これはシャツをプレゼントされたドロシェンコが死亡したあと、ディアトロフが遺体から服を剥ぎ取ったと考えられる。

Yuri Doroshenko “Doroshenko”

ユーリー・ニコラエヴィチ・ドロシェンコ

当時21歳。ウラル工科大学の学生。一時期、ジーナと恋仲にあり、彼女の両親に会うために、ロストフ州カメンスクまで出向いている。

恋愛関係が解消された以後も、ジーナやディアトロフと良好な関係を維持していた。キエフに親戚が住んでいるというが、ほかに彼に関しての情報は少ない。

以前のトラッキングでは、クマを地質ハンマーだけで追い払うという武勇伝を残したらしい。豪の者かもしれない。

【発見状況と検死】

●発見日時：1959年2月26日

●発見場所：ゲオルギーとともに森林のはずれの大きなヒマラヤスギの下（**最初に発見される**）

ドロシェンコは、ヒマラヤスギの下で見つけられたふたつの遺体のうちのひとり。彼のズボンは損傷が激しく、右側に1つの大きな穴（長さ23センチ）、左にも穴があった（長さ13センチ）。大腿の内側に裂け目あり。足にはウールのソックス、うち左ソックスには燃焼の痕跡が認められた。靴は履いていなかった。

毛髪は、頭部の右側で燃やされている。

耳、鼻、唇は血液に覆われている。右腋窩には2×1・5センチの挫傷。右肩に出血のないふたつの擦傷2×1・5センチ。右前腕の上1/3、茶色――赤色の挫傷4×1センチ、2・5×1・5センチ、5×5センチ。

両手の指は、皮膚を裂いていた。両下肢の上1/3の皮膚に打撲傷。

顔面と耳の凍瘡。右頬に、口から出たとおぼしき灰色の泡状分泌物。

＊右頬に見つけられた泡だらけの灰色の流体は、何人かの医師によれば、死の直前に誰か――または何かが、彼の胸腔を圧迫したのではないかと推測された。これはヒマラヤスギに登ろうとして、あるいは登って落下した結果でもあるかもしれない。だがこれらは最終報告書において無視された。

●死因：低体温。

●特記事項：薄着だったとされる。

Yuri Krivonishchenko “Georgy”

ユーリー・アレクセーエヴィチ・クリヴォニシチェンコ “ゲオルギー”

当時24歳。ウラル工科大学を卒業したばかりだった。

ゲオルギーは宮廷道化師と揶揄されるほどいつもジョークを言い、マンドリンを奏で、友人たちを楽しませた。

1957年チェリャビンスクで核再処理施設が稼働中、キシュテム事故（ウラル核惨事）として知られる事故が起こった。これはディアトロフ峠事件にも少なからず影響する事柄なので、他サイトから引用させていただく。

> 1957年9月29日に、南ウラルのチェリャビンスク－65（チェリャビンスク市の北北西71km、キシュテムの東15kmに位置するマヤク核兵器生産コンビナート）の再処理施設で、高レベルの硝酸アセテート廃液の入った液体廃棄物貯蔵タンクの冷却系統が故障したために、加熱による化学的な爆発がおこり、タンク内の核種7.4E17Bq（2,000万キュリー）のうち、約9割が施設とその周囲に、約1割にあたる7.4E16Bq（200万キュリー）が環境中に放出され、チェリャビンスク州、スヴェルドロフスク州、チュメニ州などのテチャ川の下流の町を300kmにわたり汚染した。このため34,000人が被ばくしたといわれる。（引用元：旧ソ連における南ウラル核兵器工場の放射線事故）

ゲオルギーはそれを除染するために送られた技術者のひとりだった。その際にゲオルギーが被爆し、服も微量の放射能を帯びた——それがディアトロフ峠で回収された放射能汚染された着衣——という可能性もなくはない。だがゲオルギーは放射能についての高度な知識を持っていた技術者であり、その彼が汚染されているかもしれない2年前の服をトレッキングに着ていくか——と考えると可能性は薄いように思われる。

【発見状況と検死】

●発見日時：1959年2月26日

●発見場所：ドロシェンコとともに森林のはずれの大きなヒマラヤスギの下（最初に発見される）

ゲオルギーはヒマラヤスギの下で見つかったふたつの遺体のうちのひとり。遺体はほとんど下着姿だったと言われ、靴は履いていなかった。手の傷とスギの木の状態から、木に登ったのではないかと推測される。

＊額に0・3×1・8センチの打撲傷。左側頭骨周辺に挫傷。側頭筋の損傷、右側頭および後頭部で出血。

鼻の先端が欠落。耳は凍傷。右胸部に挫傷7×2センチと2×1・2センチ。

手の打撲傷、あざ。2センチの幅で左手背面にある表皮が剥離。右手表皮の一部は、死亡者の口内で見つかる。

大腿の打撲傷およびひっかき傷。左腰部の打撲傷10 x 3センチ。左下肢の外側に擦傷6×2センチと4×5センチ。左下肢の打撲傷2×1センチ、2×1・5センチと3×1・3センチ。左下肢に火傷10×4センチ。

●死因：低体温。

Zinaida Kolmogorova “Zina”

ジナイダ・アレクセーエヴナ・コルモゴロワ“ジーナ”

当時22歳。ウラル工科大学ラジオエンジニアリング専攻の4回生。

彼女も経験豊富なハイカーだった。過去のトレッキングで毒蛇に噛まれたとき、痛みに苦しみながらもグループの仲間に負荷をかけまいと荷物持ちの申し出を断り、そのままトレッキングを完遂するほどの精神力の持ち主。

性格は極めて外向的で、活動的。彼女を知るものは彼女を『大学のエンジン』と評した。アイデアに溢れ、さまざまな物に関心を寄せ、人には敬意を持って接していたので自然と人々は彼女に惹きつけられ、愛された。

【発見状況と検死】

●発見日時：1959年2月26日

●発見場所：森とキャンプ場の間（2番目に発見される）

ヒマラヤスギの下で見つかったふたり（ドロシェンコとゲオルギー）と比較して、服装はまともだった。

ふたつの帽子を所持。長袖シャツ、セーター、もう1枚ずつのシャツとセーター（袖の裂けたもの）は彼女がそれを自分で裂いたか、あるいは別の誰かによるものかは不明。

ズボンは着用していた。綿のアスレチックパンツ・三つ穴の開いたスキーパンツ。3対のソックスを履いているが、靴は履いていない。

髄膜（脳と脊髄をカバーしている膜）の腫脹。低体温症でよく見られる特徴。

指骨の凍瘡。手と手掌に多数の打撲傷。

胴体右側で身体を囲むような長い挫傷29×6センチ。

●死因：低体温。

＊ジーナは悲劇的なアクシデントによる低体温症で亡くなったと宣言された。検死の結果、彼女が死亡時に性的不活発（not sexually active）であったことも判明する。

Rustem Slobodin “Rustik”

ルステム・ウラジーミロヴィチ・スロボディン” Rustik”

当時23歳。1959年にウラル工科大学を卒業。非常に優れたアスリートであったが物静かでもあった。

正直で折り目正しく、長旅の時はしばしば持参したマンドリンを弾いて皆を楽しませた。ロシアのテレビ局が2000年に制作した番組『The Mystery of Dyatlov Pass』のインタビューで、ルステムを知る人物は彼を「バランスマン」と評した。

楽しいときも苦難のときも冷静に同じアプローチができる人物だったという。彼はどんな状況でも落胆しなかった。奇妙なドングリ帽子がシャレオツ。

【発見状況と検死】

●発見日時：1959年2月26日

●発見場所：森とキャンプ場の間（**2番目に発見される**）

長袖シャツ、別のシャツ、セーター、2対のズボン、4対のソックスを履いていた。ほかの遺体と違い、ルステムは右足にだけブーツを履いていた。

ポケットには310ルーブルとパスポート。さらにナイフ、ペン、鉛筆、櫛、靴下を片方だけ、マッチ箱などを所持。

額に褐色がかった赤い擦傷、ふたつのひっかき傷は、0・3センチの間隔で長さ1・5.センチ。

眼瞼に褐色がかった赤い打撲傷、内出血を伴う。鼻からの血液分泌物の痕跡。

腫れた唇。顔面右半分に不規則な形状の無数の小さい擦傷、腫脹。

右前腕から表皮の裂け。両手の中手指節関節の挫傷、類似の挫傷は、格闘した際に見られる。これはディアトロフと同様。

左腕と左の手掌の内側側面に茶色いサクランボ形のあざ。左の脛骨の打撲傷2・5×1・5センチの大きさ。

側頭筋に損傷、頭蓋骨、前頭骨骨折。これは、外国の鈍器で叩かれたような破壊。

●死因：低体温。

●特記事項：頭蓋骨骨折。

＊右記頭部への強烈な打撃が遺体から読み取れるが、解剖所見ではこれ自体は直接的な死因ではなく、やはりルステムも低体温症で死んだ。ただ頭部への打撃が低体温症の進行を早めたことは疑いないとする。

そしてルステムがどのようにして手足頭に怪我をしたか、まったくの不明である。ルステムの遺体は奇妙な事が多いと所見では述べられている。以下原文のまま引用する。

> It is still somewhat unclear how he managed to harm his exterior hands and legs.When a person falls, even in an irrational state, it is usually the palms that suffer the most as well as medial aspects of the legs. Injury to the head is less common, especially bilateral ones. It is also usual to harm the face and sides of the skull while the back of the head has no damage. In case of Slobodin body we see the opposite. His injury pattern is a reverse of what we would usually see in injuries suffered by a freezing man in the last minutes of his life.

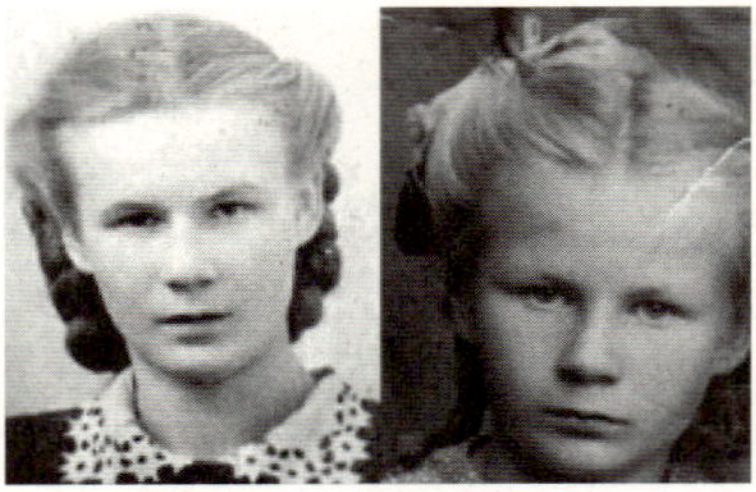

Lyudmila Dubinina “Lyuda”

リュドミラ・アレクサンドロヴナ・ドゥビニナ “リューダ”

当時20歳。ウラル工科大学生、工学と経済学を学んでいた大学3回生。これ以降に発見される遺体は、損壊が酷くなり、奇妙な事実が混じり始める。

リューダは活発な性格で、歌ったり踊ったり、何かを撮影するのが好きだった。今の時代に生まれていれば、「ニコニコ動画」なり「You Tube」なりにリューダの『○○を歌ってみた』などが溢れ、諸兄らを複雑な気持ちにさせたに違いない。

ディアトロフ峠事件で見られる当時の写真の多くは彼女によって撮影されている。

彼女もジーナ同様タフだった。イースタン・サヤン山脈への遠征の際、他人がライフルの手入れをしている際に誤射し、その弾は近くにいたリューダに当たった。だが彼女はトラブルとなることをよしとせず、不満も文句も言わず、ただ耐えて乗り越えた。ジーナ同様、ロシア女をなめてはいけない。おソ連オンナは、おそロシア。女の子なのになんだか強面の表情ばかりだったので、幼少時のリューダの写真も用意してみました。諸兄の溜飲を下げると思う。ちなみに、リューダは熱心な共産主義者。

【発見状況と検死】

●発見日時：1959年5月4日

●発見場所：大きなヒマラヤスギから75メートル離れた小さな峡谷（3番目に発見される）

半袖シャツ、長袖シャツ、2着のセーターを着用。小さい帽子、2対の暖かい靴下、片方だけの靴下、下着、長靴下、2対のズボン。外側のズボンは燃焼によるダメージがあり、裂けていた。

リューダはセーターをふたつに裂いて、それで足の保温を行なおうとした痕跡がある。その片方は左足をくるんでいたが、もう片方は雪の上に落ちていた。ゲオルギーのズボンをはいていた。

舌は口底からまるごと失われている。

眼窩周辺から柔らかい組織が失われている。眉毛そして、左側頭領域の骨が部分的に露出。

眼球は失われている。

鼻の軟骨が折れ、平坦になっている。

右側2番 3番 4番、及び5番の肋骨が骨折。2本の骨折線が見える。

左側2番 3番 4番 5番 6番、および7番の肋骨が骨折。2本の骨折線が見える。

上唇の軟部組織は失われている。歯と上顎が露出。

心臓、右心房に大量出血。中間の左大腿の挫傷、大きさ10×5センチ。

左側頭骨周辺に組織の損壊、大きさ4×4cm。

●死因：心臓の致命傷。ないし低体温。

●特記事項：衣服から高いレベルの放射能が検出される。

＊所見によれば、胃が約100グラムの凝固血を含んでいた。つまり、舌が抜かれた、ないし噛み切った時点で心臓は動いていたとされる。死因は右心房の大量出血。複数の折れた肋骨により引き起こされた可能性が高い。舌は見つかっていない。

Alexander Zolotaryov “Sasha”

セミョーン（アレクサンドル）・アレクサンドロヴィチ・ゾロタリョフ “サシャ”

当時37歳。彼のふたつ名は「不可解」だ。

最年長で、ガイドのようなことで生計を立てていたとされ、仕事として今回のラストトレイルに参加したものと思われる。

ふたつ名、などと上で表現したが、ゾロタリョフの名はふたつでは収まらない。仲間たちには「サシャ」または「アレキサンダー」と呼ばせていたが、本名はセミョーンであるとされ、それすらも本当かどうかわからない。

彼が毎度異なる名で自己紹介した理由はいまだに判然としていない。多言語を話すことができ、確認できただけでも ロシア語、ポーランド語、ウクライナ語そしてドイツ語に通じていた。

見た目は穏やかで、なんだか婚活に本気を出し始めたチャップリン——のようであるが、『For the Defense of Stalingrad（スターリングラードの防衛のため）』『 For the capture of Konigsberg（ケーニヒスベルクの捕獲のために）』『For the Victory over Germany（ドイツの勝利のために）』『Red Star』という4つの勲章を授与されているタフな軍人でもあった。服の下にはさまざまな入れ墨も彫られており、人は見た目ではないと我々を諭してくれる。

【発見状況と検死】

●発見日時：1959年5月4日

●発見場所：大きなヒマラヤスギから75メートル離れた小さな峡谷（3番目に発見される）

ゾロタリョフのふたつの帽子とともに発見された。身につけていたのはスカーフ、シャツ、長袖シャツ、黒いセーター、上部のボタンが外れたコート。

ゾロタリョフはどうやら低体温症で死んだわけではない。下半身は下着と2対のズボン、スキーパンツによって保護されていた。

所持品は、新聞のコピー、硬貨、コンパスほか。

彼の足は、「ブルカ」として知られているソックスと暖かい革の手製の靴によって 保護されていた。そして、首からカメラをさげていた。

これには途中で帰還したユージンは驚いたらしい。普段から使用していた物と別に、ゾロタリョフはもう1台カメラを所持していたことになるが、そんなことは隊の誰も知らなかったと。しかし2台目のカメラは内部が水浸しになっており、残念ながらゾロタリョフが何を撮影していたかは永遠に謎となった。

眼球は失われている。

左眉周辺の柔らかい組織は失われ、骨が露出。大きさ7×6センチ。

動揺胸郭。右側2番 3番 4番 5番 6番の肋骨が骨折。2本の骨折線。

頭蓋骨の右側上部に開放創。骨が露出、大きさの8×6cm。

●死因：致命的な内部の破壊、ないし低体温。

●特記事項：ジーナのコートと帽子を着用。リューダとゾロタリョフは体型に大きな違いがあるにもかかわらず、似たような損傷をしている。衣服から放射能が検出される。

Alexander Kolevatov "Kolevatov"

アレクサンドル・セルゲーエヴィチ・コレヴァトフ

当時24歳。ウラル工科大学で物理学を学ぶ4回生。

鉄金属の冶金学なども学び、優秀な学生として評価されている。原子力関連の研究室に身を置いたこともある。

彼の友人はコレヴァトフを「明白な統率力を持ち、勤勉、衒学的、論理的であった」と評する。

【発見状況と検死】

●発見日時：1959年5月4日

●発見場所：大きなヒマラヤスギから75メートル離れた小さな峡谷（3番目に発見される）

眉および眼窩周辺の軟組織が失われている。頭蓋骨の露出。

鼻の骨折。

耳に開放創耳、大きさ3×1・5センチ。

頸部が変形。

●死因：低体温と推察される。

●特記事項：コレヴァトフの解剖に関して、遺体が回収された時点ですでに腐敗・分解が激しく、詳細な情報が得られなかった。

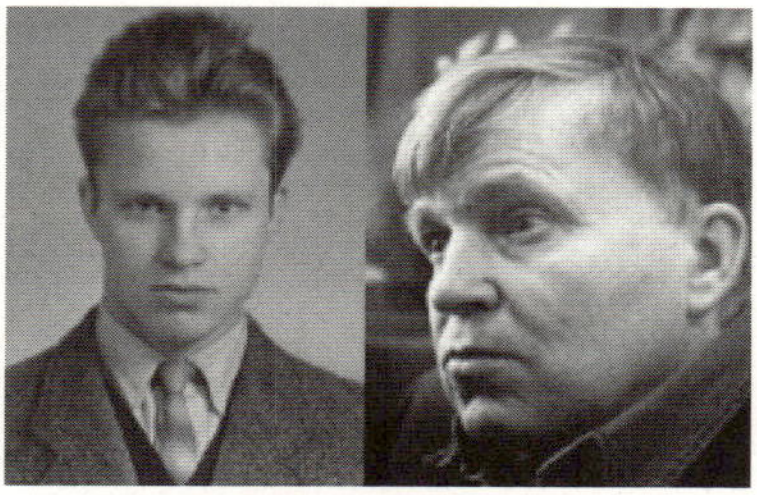

Yuri Yudin "Yudin"

ユーリー・エフィモヴィチ・ユージン

当時21歳。イケメン枠。

体調不良のため1月28日に引き返したため、難を逃れた。

ディアトロフ隊の持ち物や、内情について貴重な証言を残している。

2013年4月27日死去。

Nikolay Thibault-Brignoles "Kolya"

ニコライ・ウラジーミロヴィチ・チボ＝ブリニョーリ"コリャ"

当時23歳。ウラル工科大学で土木工学を学び、1958年に卒業。

共産党員の息子で、父親は スターリンの暗黒時代に処刑され、コリャは強制収容所で生まれた。

そんな暗い境遇を跳ね返すかのようにエネルギッシュでユーモアに溢れた明るい人物で、その率直な人柄や優しさで友人たちにとても愛された。彼は気を配り、誰にも不快な思いをさせないことを誰もが知っていた。若く、体力のないメンバーがトレッキングに参加していると、その者の荷物を持ってやったり、いつも皆が快適に過ごせるように配慮する優しい人物だった。

コリャはこれを最後のトレッキングにする、と母親に約束していが、結局彼は帰らなかった。

【発見状況と検死】

●発見日時：1959年5月4

●発見場所：大きなヒマラヤスギから75メートル離れた小さな峡谷（3番目に発見される）

頭蓋骨の側頭骨に対する多発骨折。拡張が正面のおよび蝶形骨に対して見られる。

左側上唇の打撲傷。

下部の前腕の出血、大きさ10×12センチ。

●死因：重度の頭蓋骨骨折、ないし低体温。

＊剖検によれば、コリャの広範囲に及ぶ不可思議な骨折の理由は明確にできないが、岩からの偶発的な転倒は除外すべきとした。

＊捜索後期に発見されたリューダ、ゾロタリョフ、コレヴァトフ、コリャ、以上の4人に関して、それぞれが骨への損傷が激しく、かつそれが広範囲に至っていたため、剖検は「車に轢かれたような」と表現した。

熊取町七名連続怪死事件

——日本版『ツイン・ピークス』の謎

不可解な死の連鎖

1992年——日本はゆるふわだった。

前年に終焉を迎えた平成バブル景気の余韻に浸り、来るべき大不況の萌芽に目もくれず、ただ終わった祭りの感傷に楽観ムードを重ねていた。

「次なるフロンティア」を探していた時代だったのかもしれない。

琵琶湖畔から「風船おじさん」が大空に飛び立ち、宇宙から帰還した毛利衛氏が「**宇宙からはいっさい国境は見えません**」と発言しヒューマニストたちを喜ばせている。もっとも、国境線が見えないからこそ問題が発生するのではあるが、それはいい。

この年は「失われた10年」の起点であり、時代の節目であった。

その熱狂と冷静の間で、事件は大阪府熊取《くまとり》町で起こった。

4月29日水曜日、A（当時17歳）がため池で溺死する。

これはシンナーで酩酊状態に陥り、誤ってため池に落ち

すべての謎は、この池で溺死したA君の死から始まった……

熊取町にはいたるところに「タマネギ小屋」が点在している

たモノと判断された。

それからちょうど1ヶ月後の5月29日金曜日、今度はB（17歳）が自宅で急性心不全を起こし、亡くなった。

AやBの死は、当時人口3万8000人という、さほど人口の多くない熊取町においてショッキングな出来事ではあった。

だが彼らは重度のシンナー中毒者であり、この段階では町内でのシンナー吸引者に対する警戒を高めようとする啓発があった程度で、大きな騒ぎにはなっていない。

Bの死後から1週間ほど経過した6月4日の木曜日。今度はA、Bの先輩にあたるY（17歳）がタマネギ小屋で自殺しているのが発見される。

熊取町のある大阪府泉南地方ではタマネギの生産が盛んに行なわれており、収穫したタマネギを乾燥させる小屋が町内に点在していた。その中で、ひっそりと首を吊っていた。

Yの葬儀には地元の仲間たちが参列し、その突然すぎる死を嘆き悲しんだ。Yがなぜ極端な手段に出たのか、誰も動機がわからなかった。

Yの親友が「**なんで死んだんや**」とその死を悲しみ、集まった仲間たちに「**俺たちは頑張って生きてゆこう**」と前向きに呼びかけた。

だが、Yの死から1週間後の6月10日水曜日、その前向きだった親友K（18歳）も死んだ。納屋で首を吊っていた。

誰もが言葉を失った。また1週間が経過した6月17日木曜日、今度はYの葬儀に参列するため地元に帰ってきていたT（17歳）が農作業用の小屋で首を吊った。

そして死は続く。

また1週間が経過した6月25日木曜日、熊取町在住の公務員F（22歳）が町内に隣接する森で首を吊っているのが発見される。

またその1週間後の7月2日木曜日、町内の大学に通っていた女子大生G（19歳）が町営グラウンドの側溝で胸から血を流した状態で発見された。

発見時、Gにはまだ息があり、意識が朦朧とした状態で「違う、違う」と繰り返していた。

これで7名の死者が出た。

その誰にも「自殺にいたる明確な動機」がなく、もちろん意志を告げる遺書もなく、残された遺族を困惑させた。

配偶者との結婚を間近に控えた者、陸上競技で新記録を出したばかりの者、仲間の死に直面したことで、むしろ前向きに生きることを公言した者――という積極的に死を選択するとは思えない者たちだった。

自殺した場所が半径1・2キロ以内に集中し、動機も判然としないことから、さまざまな噂が飛び交った。

「全部で、9人死ぬことになっている。だから、あと2人死ぬ」

「次はアイツだって聞いた」

「死んだ仲間が寂しくて連れて行った」

「これは祟りだ」

「ヤクザに殺された」

「通り魔が横行している」

「原発の陰謀だ」

不可解な事件に、無責任な噂が飛ぶことは珍しくない。これは恐怖なり恐慌なりという病にかかった社会が生み出すひとつの症状だとも言える。

実際に、一連の死を自殺ではなく他殺だと考えた同世代の者は夜間の外出を控えていた。

警察はこれらの不可解な死を、「事件性のない事故と自殺」と判断した。だが、本当にそうだったのだろうか。

「白い車に追われている」「黒い車に追われている」という死者の残した言葉。

ひとりは後ろ手に手首を縛って首を吊った。

ひとりは手が届くはずもない高枝にシャツをかけて首を吊った。

そしてひとりは、まだ人目につく午後8時に、道ばたで自分を刺し殺した。「**違う、違う**」と最後に呟いて。

これらは何を意味するのか。

資料を洗い直し、もう一度、事件全体の謎に光を当ててみよう。

7人のプロフィール

連続殺人などの凶悪犯罪が発生した場合、FBIの心理分析官はまず被害者の共通点を探すという。

この熊取町の自殺者たちに共通点を探すなら、ひとつ。それは言うまでもなく、全員が熊取に住んでいたということ。

Yの葬儀に参列するために帰ってきていたTも、半年ほど離れていただけでホームタウンは熊取だ。

そして、公務員F、女子大生Gを除いた残り5人は、地元で密接につながっていた。いわゆるヤンキーコネクション、〝ヤンコネ〟である。

ここで7人のパーソナルなデータをチェックしてみよう。

●Y（17）無職〈3番目の自殺者・6月4日（木）〉

6月4日木曜日、タマネギ小屋にて首を吊っているのを発見される。

警察がマークしていた暴走族グループである『風（KAZE）』をKとともに旗揚げする。地元では有名なワル。翌週に自殺するKとは中学の同級生であり、親友であり、バイク仲間であり、シンナー仲間であった。

中学3年ごろからほとんど学校に顔を見せず、仲間とダべったり、パチンコなどに興じていた。

中学卒業後、美容師の専門学校に入学するも、1年も経たずに中退しており事件当時は無職だった。愛車はHONDAのCBX400。父親が某学会員。

4日午前0時ごろ自宅に帰り、同2時ごろ再び外出。その3時間後に遺体で見つかった。

ポケットの中に「借金を返して欲しい」という折り込み広告の片隅に書かれたメモを所持していたが、遺書らしき遺書は発見されていない。自宅の仏壇にはYが金を借りたとみられる友人ふたりの名前と「10数万円」と記したメモが残されていた。

生前に「白い車」に追われていた。以下は関係者の証言である。

「金を返すよう言われていたらしいが、そんなことで死ぬとは考えられない」（グループの先輩）

「Y君は（先だって亡くなった板金工）Aとは別グループ。Aの死はそんなにショックではなかったはず」（同窓生）

●K（18）建設作業員〈**4番目の自殺者・6月10日**（**水**）〉

警察がマークしていたグループ『風（KAZE）』のリーダー。上記の無職Y同様、地元では有名なワルだった。やはりシンナー常用者で補導歴もあり、シンナーをキメているときに公務執行妨害で逮捕されたこともある。愛車はHONDAのCBR400。

駅前にワンルームマンションを借りており、そこが仲間たちの溜まり場になっていた。

駅前の住民の証言によれば、バイクや自転車の盗難はおろか、自動販売機や公衆電話を破壊するので迷惑していたという。

親友であった無職Yの葬式で、「**なんで死んだんや**」と泣いて憤り、そのとき参列した仲間たちに「**悩みは相談し合おう。Yの分まで俺たちが頑張って生きよう**」と訴えかけるなど前向きな姿勢を示していた。

ヤンチャではあったが、人望は厚かったようで、当人が自殺した際、その葬儀には彼を慕っていた後輩や、近隣のグループからも参列者がつめかけ、その数は400名にもおよんだほどだった。

K少年が命を絶った納屋は事件後に取り壊され、空き地となった

中学卒業後、旅館従業員T（翌週に自殺）とともに父親の会社を手伝っていたが、1991年にその会社が倒産した。それと同時に住家を手放すことになったのだが、それをとても悔しがっていたという。

なすすべもなく家を手放したあとも、一生懸命働いて家を買い戻そうとしており親孝行でもあったとされる。

自分が会社を再建させ、母親を早く楽にしてやりたいと常日頃から公言しており、本人も自身をして「マザコン・ヤンキー」と評していた。

彼の通っていた中学校の校長は次のように証言している。

「仲間と一緒に校舎の窓ガラスを49枚も割ったり、卒業式にバイクに乗って現れたりということもあったようですが、卒業してからは、仕事帰りに2回ほど遊びに来てくれて、給食室のドアを修理してくれたり、スズメバチの巣を持ってきて理科の先生を喜ばせたこともあります」

　窓ガラス49枚というのは尾崎豊を彷彿とさせるタフな枚数であるが、その一方で優しい人柄を覗かせる部分や、教師に「**体に響くから、シンナーはやめろ**」と諭され「**うん**」と頷く素直な部分もあり、これらが人望につながっていたと思われる。

　尾崎豊同様、繊細な面があったのかもしれない。尾崎豊も変死であるし。

　ともかく、近所でもキチンと挨拶をする子という評判で、「**ヤンチャはするが、弱い者いじめはしないKのことだから、いずれは人の上に立つひとかどの人間になるだろう**」——と教師は見ていた。

　当時付き合っていた女性が妊娠していたため、「**いよいよ生まれるんや、お祝いくれよ、お祝い**」などと笑って話しており、近々結婚する予定で新居も探していた。

　だが彼は死んだ。

　恵林寺という古寺の、参道脇の納屋で首を吊って。

「**自殺する前々日には仕事先に持っていく保温式のランチボックスを買っておいてくれるよう頼まれていたんです**」

と母親は息子の死を信じられないでいた。

　現場に駆けつけた母親は、ロープにぶら下がる息子の姿をして、「**あり得ない様子だった**」と主張している。

「肩を怒《いか》らせて、前のほうを睨むようにして、こぶしをギュッと握りしめとったんですよ。ふつうは体はダラリとなるでしょう。警察の人に私言うたんです。『これでも自殺なんですか』って。『いや最近はこう言うのも多い』とか言われましたけど、首吊った体に最近とか昔とかあるんですかね。

　あの夜は（註：息子が亡くなった前日に当たる6月9日）夕方、私と一緒に食事をしたんですよ。友達と何かの約束があって、『あんまり腹一杯やと具合悪い』いうて、御飯も少なめに食べてね。出かけていって、そのまま……普段と全然かわらへんかったし……」

（『不思議ナックルズ　VOL.5』）

　何やら重大な事実が示唆されているような気がする証言であるが、ここでは深く触れず先に進めよう。

　母親はKが生前「白い車」について話していたことにも

言及している。

「息子は確かに言うてました。カローラやったと思うけど、白い車にいつも付け回されて『俺ヤバイんだよ』とか。息子だけやなくて、友達のY君も集会の時、ふと後ろを見るといつもおるんやって……。運転しとるオッサンの顔がどうとか、息子と話してたこともありますわ」

（『不思議ナックルズ VOL．5』）

「白い車」の噂は周知の事実であったようだ。

●T（18）旅館従業員〈5番目の死者・6月17日（水）〉

高知県出身。元野球少年で、野球で有名な私立高校を中退後、大阪に出てきて事件前年までKの父親が経営していた土建会社で建設作業員Kと一緒に働いていた。

事件当時は三重県鳥羽市の旅館従業員。

無職Y、建設作業員Kのバイク仲間で『風』のメンバーだった。

斜面になった畑の側にあった小屋で手を縛り首吊り自殺を遂げる。

鳥羽市の職場には「**友達の葬式に出るので休みが欲しい**」と告げ2日間の休暇を取り、建設作業員Kが自殺した2日後の6月12日に熊取へ戻った。だが葬儀には間に合わなかった。

そして帰郷後は友人宅を転々としたのちに自殺。

農作業小屋で首吊り自殺をしたが、**両手がビニール紐で後ろ手に縛られていた**。

検死官が来て調べたが、現場に争った形跡がなく、自分でも縛れる縛り方であったため、警察は自殺と断定。すぐ近くの民家の人も物音をまったく聞いていない。首吊りの紐をほどかないよう、自分で縛ったものとされている。

Tが勤めていた旅館の支配人によれば、Tの評価は悪くない。

勤務態度は真面目で、服装もきちんとしており、ヤンキー風のところはまったく見られなかった。

金を貯めて18歳になったら自動車の免許を取るんだと話していたという。

亡くなる5日前にあたる6月13日の昼、勤めている旅館に「**明日帰ります**」と電話をしているが、帰らず、そのまま自殺している。

16日昼。帰郷して半年ぶりに会ったかつての恋人に「**近く結婚する**」という話を聞かされ、その直後から「**ロープはないか**」と自殺する素振りを見せていたという話がある。これをして自殺の根拠と考えることもできるが、これに関して「**あくまで冗談ぽく言っていた**」という証言もある。

そしてやはり「白い車」を知っていた。

T少年が命を絶った小屋の跡地。
T少年は、両手がビニール紐で後ろ手に縛られていた

自殺という警察発表に納得できない建設作業員Kの母親が、Tが自殺する2日前にTに電話で問いただしている。

母親が「**息子が白い車に追われていたと言っていたが本当なのか？**」と問うと、Tは「**うん、俺とKは見た**」と答えたという。

このことから、Tが三重県へ働きに出る前に「白い車」の話が持ち上がっていたことがわかる。一連の自殺騒動の半年前だ。

●F（22）公務員〈6番目の死者・6月25日（木）〉

熊取町在住だった岸和田市職員。『風』連中とは交流があった形跡なし。

熊取と隣接する貝塚市との境にある山林で、ピンク色のカッターシャツをロープ状にして首を吊る。

仕事はゴミの回収が主で、Fは粗大ごみの担当だった。無断欠勤もなく真面目な勤務態度、好青年だったと同僚は評する。

マラソンが趣味で市役所の陸上サークルに所属していた。当日も弁当を持って自宅を出ている。

不可解とされるのがFの死の状況だ。

熊取と貝塚市の境にある山林で発見されたFは、栗の木の幹にシャツをかけて首を吊っていたのだが、その幹の場所は、到底手が届く高さではなかった。

結局、警察はFの死を自殺と判断したが、「他殺」の可能性を捨てきれない地元の者たちはその判断に首を傾げた。

●G（19）女子大生〈7番目の死者・7月2日（木）〉

鳥取県米子市出身。事件のあった年の4月から町内の大阪体育大学に通い、陸上競技に励んでいた。

『風』連中との接点はなし。前述の公務員Fとも接点はない。無理やりこじつけるなら、ふたりとも「陸上競技」に励んでいたということぐらいか。シンナーもなし。

7月2日午後8時40分ごろ、下宿近くの町営グラウンド脇で血まみれで発見される。

発見時、グラウンド横の側溝に倒れ込んでおり、左胸に致命傷、首筋4カ所に切り傷があった。近くに落ちていた果物ナイフが凶器だった。

発見直後は生きており、しきりに「**違う、違う**」と訴えていた。

病院へ緊急搬送されたが、日付の変わった3日午前2時10分、出血多量で死亡している。

死の2日前に1000メートル走の自己新記録を出して大喜びしていたこと、8月には鳥取に帰省するつもりで、テレビ番組『北の国から』『大相撲ヨーロッパ巡業』の録画を実家の者に自殺の3日前に電話で頼んでいたこと。こうした点から自殺するほど思い詰めていたとは考えにくい。

異性関係はなく、4月から始めた寮での新生活でもトラブルはなかった。

発見された当日の7月2日の夕方にはスーパーで買い物している姿を友人が目撃している。

目撃した友人曰く、「**彼女は普段どおりで、なんら変わったところはなかった**」そうで、やはり自殺する動機は見あたらない。

発見された現場付近は午後8時の時点で人通りもあり、自殺に適した場所とは言い難い。

だが、左胸の致命傷のほかに首筋に切り傷を認めた警察は、これを「ためらい傷」(註:自殺者が自殺を吹っ切れないまま自身に刃物を向けることで生じがちな、致命的ではない傷)として、自殺と断定。

生前、怯えた様子でしきりに「**黒い車に追われている**」と友人にもらしており、ナイフで胸を刺した日も近くに車が止まっていた——が、彼女を車が追い回していたという事実は確認できていない。

彼女の父親は、「**殺されたんじゃないかと思う**」と、はっきりと娘の自殺を否定している。

●A(17) 板金工〈1人目の死者・4月29日〉

紹介する順番が前後するが、Aが最初の死者。「7人」の起点とされる。

当時17歳の板金工。無職Y、作業員Kのバイク仲間だった。そして彼らの中学校の後輩でもある。

仲間とシンナー遊びをした直後、「**泳ぐ**」と宣言してひとり池に飛び込み、遊泳中に死亡。心不全だった。

●**B（17）無職〈2人目の死者・5月29日〉**

無職。自室でシンナーを吸引し、心不全で死亡。1ヶ月前に死亡した板金工Aと同様、Y、Kのバイク仲間だった。部屋でうつぶせになって死んでいるところを母親が発見。母親はBに対し、以前からからシンナーをやめるように言い聞かせていたが無理だった。家庭内不和アリ。

シンナーを乱用していたせいか肝臓が弱く、死亡する時分にはギスギスに痩せていた。

作業員Kはこの後輩たちの葬儀に参列している。

以上である。

奇妙な事件である。

関連性があるか無いかは別として、7人が短い期間に連続して自殺。しかも、動機がよくわからないという。

しかし、7人のうち5人が暴走族関係者であり、シンナーをやっていたのも確かなようだ。となるとシンナーの影響を疑わないわけにもいかない。シンナーの影響、そしてウェルテル効果、そのあたりを原因とするのが当たり障りのない結論になるだろう。あと、コメンテーターの十八番である「病んだ現代社会の閉塞感のせい」か。

とはいえ諸兄は言うのでしょうね。

「なんだよ！　そんなありきたりな結論で許されると思ってるのか！　もっとこう、いろいろあるだろうが！　暴力団の介入とか、原発利権の闇とか、七人塚の祟り、もっといえば告発の書も！」

さすが、お詳しい。

というわけで、ここからは「真相」とされたさまざまな説を見てゆこう。

暴力団、祟り、原発――浮上した数々の説

前記の詳細を見て、気になった諸兄もおられるかもだが、この事件「**全員が自殺**」というわけではない。

最初に亡くなった板金工のA、その次に亡くなったB。彼らふたりはともに「事故死」である。Aに関して言えば、1ヶ月以上も先行して亡くなっており、「連続」と評価してい

少年6人連続怪死を結ぶ「点と線」
大阪熊取町の怪事件
シンナーで父親と取っ組み

ミステリー事件を追う 大阪・熊取町7人、仙台3人。次々と自殺する少年たち
"連鎖自殺"は10代を蝕む
『寂しさが怖い』シンドロームだ
症候群

町民が怯えた連続首吊り自殺
日本版『ツイン・ピークス』!?
そして誰もいなくなった!

事件当時、不可解な連続死を
週刊誌は「ミステリー事件」として報じた

いかも微妙なところである。とはいえ、B以降は1週間ごとに死者が出ており、5人全員が自殺ということになっている。

不可解な出来事が起きたとき、その原因が追求されるのは当然の成りゆきで、この熊取連続怪死についてもさまざまな原因が唱えられた。ひとつずつ見ていこう。

●「閉塞した社会のせい」説

うかつなことを言えない大人は、この説を唱えるしかない。

時は平成バブルがはじけた時期と重なり、社会不安が多くあった。それが「出口のない閉塞感」となり、感受性の高い若者たちが自ら命を絶ったのだ、という。

不謹慎ながら、うかつなことを言えるオカルト・クロニクルとしては、このような論説は「**新味に乏しく、毒にも薬にもならない**」と言わせていただく。

そのうち、ボタンを押したら「**社会ノ閉塞感ガー！　全体ノ問題トシテー！**」とケレン味たっぷりに解説してくれるロボットが登場して、量産型コメンテーターを駆逐してくれるはずだ。何十年も同じ言説で通用するため、アップデートする必要もない。池上さんは別として。

……生意気言ってすいませんでした。

「閉塞感」だけに原因を求めるというのなら、力があり、暴走族をやっていた彼らより、もっと息苦しい環境にあった若者もいたと思うのですがどうでしょう。ともかく、そんなマクロな話じゃなく、もっとミクロに事件を見てみよう。

●「暴力団介入」説

この熊取連続怪死事件の真相だと、まことしやかに語られている説である。

この事件を調べる者は、必ず「**ヤクザに殺された**」という言葉をどこかで拾うことになる。

ライターの鶴見済氏が現地取材しており、そのルポが収録されている『無気力製造工場』には当地の青少年（？）たちが、何かに怯えている様子も描写されている。

流布されている噂の内容としては、少年たちが暴力団組長の娘を集団で暴行し、その報復としてひとりずつ殺されたのだという。いつかどこかで聞いたような話ではある。

当時、熊取を含むこの地域では、関西新空港の利権目当てで暴力団関係者が増えていた。少年たちのシンナーを都合したのも、暴力団だったという。

では実際に暴力団によって消されたのか？ 今まで得た情報を元に考えれば、どうも怪しい。

①『風』のメンバーだけならあり得ない話ではない。だが、生前の彼らの口から「ヤクザに殺される」という言もなく、後追いした者たちも、自分より先に死んだ仲間の死を不思議がっている。思い当たるフシがあれば、少しは言及するのではないか。「白い車」にしても、それを不審がりはするものの、ヤクザだと疑っていたという様子はない。

②死に至った状況を振り返れば、Aは仲間と池の中、Bは自宅の自室において、それぞれ心不全で亡くなっており、どうにもヒットマンがヒットするにしても難度の高い場所と死因である。

暴力団が関与した可能性があるとすれば、作業員K、無職Y、旅館従業員Tの3人。女子高生Gと公務員Fの死は偶然ということになる。熊取3人怪死。

③暴力団にしては、回りくどい方法を取っているように思える。事後の状況からして殺害が「見せしめ」にもなっておらず、ヤクザものの意図がわからない。町内では人目につく可能性もあり、報復として「見せしめ抜き」で消したいだけなら、誘拐して山中で処理するのがスマートなのではないだろうか。闇金ウシジマくんでは、そうしてましたよ。

④「白い車」の関与が疑われたのは事実であるようだ。鶴見氏のルポにも警察も白い高級車を中心に聞き込みをしていたという記述がある（結局、関連性ナシとして処理された）。もし「白い車」が暴力団だったと仮定しても、犯行に至るまでに時間をかけすぎているように思える。

⑤公務員Fと女子大生Gが暴行に関与したとは考えがたい。

と、なんだか上手くはまらないピースが多い。とはいえ、暴力団説がデマだと切り捨てる根拠もない。オカクロも頑張って考えたので、仮説を聞いて下さい。

事件に無関係だったと思われていた公務員Fと女子大生Gは、実は共通点があった。それは「陸上競技」である。ふたりはトレーニングのために、同じようなコースをジョギングしており、その際にたまたまTの殺害現場を通り、見てはならぬ、聞いてはならぬことを――。

イマイチであるし、ほんとは暴力団説に懐疑的なのでやめておく。

似た噂で、「少年たちがヤクザものの車から、違法な薬物を盗んで追われていた」というものもある。

だが、これも前述の⑤同様、ヤクザのアクションが遅すぎる。資金&ビジネス&メンツに関わることであろうに、車から見つめるだけで半年も手を出さないとは考えにくい。

ヤクザものが、「冤罪を起こさないよう、合法的に、キチンと、地道に『盗難ないし暴行』の証拠を集め、ヤンキーグループの容疑を固めようとしていた」というならあるいは、である。

●「七人塚の祟り」説

やはり、こうでなくてはいけない。

オカルト的視点でネットを見れば、熊取に関連して拾えるキーワードが「七人塚」「自殺村」「皆殺しの館」「首吊り山」、少し離れて「犬鳴峠」となかなか充実したラインナップとなっている。

この事件に関連するのは「七人塚」だ。まがりなりにもオカルトサイトとして、真摯に向き合いたいと思う。

七人塚というのは落ち武者など非業の死を遂げた者を祀るために立てられた塚である。ちょうど、この事件の死者も7人。これは、偶然なのか。それとも……これに関して面白いことを書いているサイトを見つけた。

「文殊菩薩と慧光童子の痣授かる四乃四四こと真言密教僧

殊慧が悟りを教える」というサイトだ。とにかく、長い。「コピペ厳禁！　したら祟られる！」と書いてあるので引用もできないが、このサイトの管理人である文殊菩薩と慧光童子の痣授かる四乃四四こと真言密教僧殊慧さんによれば、熊取の七人塚の周囲には霊的なものがウヨウヨいるらしい。

熊取で撮れたとおぼしき心霊写真も沢山貼ってありますので、興味ある諸兄はどうぞ。長い髪の女の心霊写真ソレっぽい。

ちなみに「取り憑かれれば必ず死ぬ」って書いてます。「法要しなきゃまた誰か死ぬ」とも書いてます。熊取の7人もこの祟りにやられたのだろうか……。

と、ちゃんとしたオカルトサイトっぽく煽っておいて申し訳ないが、別に七人塚は熊取だけでなく、全国に点在する。その七人塚すべてで七人の死者が出ているならミステリーであるが、そんなことはない。

そしてコトバンクに引用されている渡辺昭五『七塚考』によれば七人塚よりも多い八人塚や、十三塚というモノもあるそうだ。祟りのエネルギーを数だけで単純に考えれば、十三塚は七人塚の2倍近く強い。

サッカーにおいてピッチからひとり抜けるだけで大幅に不利になることを思い返していただければ、数の論理は言うまでもないだろう。

ともかく、死んだ彼らが肝試しに行って塚に悪さをした——などのストーリーがあれば調べる側として奮起するのだが、資料を当たったかぎり特にそういった事実はなさそうだ。

あえて、もっとオカルト的見地に踏み込んで、この事件を「七人ミサキ」の呪いと考えるのはどうだろう？

七人ミサキとは、水難で亡くなった者たちの怨霊で、七人が一列になってやってくる怪異だ。

そして、誰かひとりを祟り殺すと、先頭の者が成仏し、祟り殺された者が今度は最後尾に並ぶという。そしてひとりも増えず、ひとりも減らず、七人組のまま永遠に彷徨い続ける。実に怖い。

実際、最初に亡くなったAは水難事故である。ちなみに、浅学なオカクロ特捜部は知らなかったが、前述のサイトによればブログにも結界が張れるらしい。なんだか原理がよく解らないが、オカクロもそのうち張ろうかなと思う。サーバーのレベルから張るのだろうか。それともPHPやCSSに記述しているのだろうか。すごく興味深い。

とはいえ幽霊でもアクセスしてくれたら嬉しいから、やっぱり結界はやめておきます。

こんなこと書いて、オカクロ特捜部は祟られるかもしれませんね。

この項を最後にオカルト・クロニクルの更新がパッタリ途絶えたら、「ああ、オカ番まつかく、『野垂れ死に』ならぬ『たたれ死に』したな。馬鹿だけど、イイ奴だった」と数秒の黙祷ぐらいは捧げてやって下さい。最後尾で待ってます！

●「**七の儀式**」説

前述の「祟り」がライトなオカルト話だとすると、こちらはヘヴィかつディープである。

『告発の書』というのをご存じだろうか。

これはネットで読める怪文書で、出所はハッキリしない。オウム真理教の機関誌編集部宛に送られてきたともあるが、真偽は不明である。現在は阿修羅さんで公開されているので、我こそはという諸兄は読んでみてはいかがだろうか。

この告発の書は、ザックリ言うと「**この世界は悪によって支配されている**」という内容で、さまざまな事件を引き合いに出してその論証を行なっている。いわゆる陰謀論だ。執筆したという岩永天佑なる人物は、自身をして「**オウム関係者ではない**」と本文のなかで明言しているが、オカクロ特捜部はオウム関係者が書いたモノだったのではないかと疑っている。ともかく凄まじい熱量を持って書かれているので、胸焼けは必死である。

その『告発の書』のなかで、この態取の連続自殺が触れられている。記述によれば、これは「儀式殺人」であり、そのヒントが「殺した側」からキーワードとなって示唆されているという。それが「七」だ。この7という数字がこの事件を解き明かすヒントとなる。では書で取り上げられている事件と、登場する『七』を告発の書を元に簡単に整理してみよう。


〈松野愛子ちゃん行方不明事件〉

1988年12月4日、福岡県飯塚市で松野愛子さんが行方不明となる。当時**7**歳、潤野小学校1年。左記の飯塚事件で死刑となった久間三千年の関与が疑われた。「白い車」が目撃されている。


〈飯塚事件〉

1992年2月20日、福岡県飯塚市で中川藍さん梅野裕莉さんのふたりが誘拐、殺害された。ふたりとも当時7歳で上記の松野愛子さんと同じ潤野小学校に通っていた。久間三千年の犯行とされる。冤罪の可能性が指摘されるが真偽は不明。中川藍さんの父親が「(娘は) 7年7月7日しか生きれなかった」。

告発の書では、この松野愛子ちゃん事件と飯塚事件をまとめて、『七山路線バス連続象徴殺人』としている。

〈仙台高校生連続自殺事件〉

1992年2月~3月、仙台市立七郷中学の同窓生3名が相次いで自殺。

〈熊取町7人連続怪死事件〉

1993年4月~熊取七山、七山病院前で7人が不審死

〈忍野村ガス中毒死事件〉

1993年5月、山梨県南都留郡忍野村忍草のリゾートマンションにて7人の男女がプロパンガスによる酸欠死。飯塚事件で行なわれた儀式の延長とする。キーワードは「7」「8海」「藍」『○○○○○○』(註:伏せ字は原文ママ)。

亡くなったなかに16歳の堀江藍子さんがいる。

〈海南市保育園児水難事故〉

1993年8月、和歌山県海南市七山の貴志川で、遊びに来ていた近くの『ななさと保育所』児童4人が水死。

〈宮城県汚職事件参考人変死〉

1993年9月、宮城県刈田郡七ケ宿町の砂利採取をめぐる贈収賄事件で、参考人聴取を受けていた同町の収入役が、七ケ宿ダム湖の橋付近で水死体となって発見される。

〈愛媛母子4人無理心中〉

1993年9月、愛媛県伊予郡砥部町川登の銚子ダムの外周道路で、軽乗用車の中で、母子4人が無理心中。近接する路線バスの停留所が七折。

〈千葉県富里男女児童水死事故〉

1995年7月、千葉県富里町七栄の町立ごみ処理場にて付近に住む児童2人が水死。周囲は七栄の名を冠したバス停留所が散在。

と、以上のようなことになっている。実に疲れた……。

どうだろうか。これは偶然だろうか。いや偶然ではない。これは儀式殺人なのだから——という主張である。

『告発の書』という怪文書は**『ポエド委員会〝7山（路線バス）連続象徴殺人〟報告書』**という名の怪文書を引用しているが、怪文書を引用する怪文書というのもなかなか趣深いものである。趣はともかく、真偽はいかに。

これに関してオカクロ特捜部は真摯にいろいろと調べたが、やはり怪文書の域を出るモノではなかった。提示された事件についていくつかの事実の歪曲が認められる。ひとつだけ触れておくと、『七山路線バス連続象徴殺人』というのは歪曲である。

たしかに北九州に『七山路線』は存在するが、事件のあった飯塚周辺には通っていない。1990年代の当時の路線がどうであったかキチンと調べる必要はあるものの、「七山」自体が福岡県でなく、佐賀県に位置しており、事件のあった場所とかなり距離がある。

ここでマッピング大好きなオカルトクロニクルとしては、北九州の地図を用意した。九州大好き。

どうだろうか。これはバス停に停まるような路線バスが行き来するには、少しばかり遠すぎやしないだろうか。

揚げ足を取るようなマネで心苦しいが、もうひとつ。告発の書では「七」という数字が入るバス停や路線、地名をキーワードとして随所に登場させている。だが、「七」が含まれるバス停は福岡県内で22カ所。全国では579カ所ある。

市名がダメなら、町名、町名がダメなら字、字がダメならバス停、バス停がダメなら人名、年齢、建築物——と探してゆけば日本で起きた事件の10%ぐらいには「七」を見つけることができるのではないだろうか。

熊取の事件にしても、確かに「熊取七山」は存在する。が、そのようなわからん組織が儀式として「七」にこだわるなら、熊取での最後の死者であるGさんが亡くなる日付をなんとしても、「7月2日」ではなく「7月7日」にするのではないだろうか。

そして、告発の書では事件現場を「七山病院前」としているが、七山病院は「自殺が連鎖した1・2キロ圏内」から大きく外れた場所に位置しており、最も近い自殺現場でも2キロ以上は離れている。2キロの距離を「病院前」とするのはいささか鷹揚すぎやしませんか。

……とまぁ、揚げ足取りでしかないが、この『告発の書』は今ひとつも今ふたつも信憑性に欠ける文章であった……イマイチな点を数えていったら『今ななつ』になるかもしれないが、検証はしない。

飯塚周辺に住んでおられる方で、「適当なことを言うな！七山路線はあったぞ！」という情報をお持ちの諸兄がおられましたら、ご連絡下さい。訂正して謝罪し、再度リサーチします。

いやーしかし怪文書っていいですね。えもいわれぬロマンがある。2、3興味深い事実もあるので、いずれ『告発の書』に関してはキッチリ検証するかもです。

●「原発の闇」説

熊取には、原子炉実験所がある。その名のとおり、原子炉についての研究を行なう施設で1963年4月に設立されている。

そこに所属する「熊取6人衆」と呼ばれる研究者たちが有名で、「**原発は安全！　クリーンである！**」と他の学者たちが声高に叫ぶなかで、その6人は原発の危険を訴え続け、異端の研究者とまで言われた。結果として東日本大震災の以後「良識派の学者」として注目を集めている。

この「原発」が怪死事件とどうつながるのか。これを見ていこう。

ちょうど、この熊取怪死事件が起こった少し前、愛媛県は西宇和郡伊方町で原発誘致を巡ってのイザコザが起こっていた。

誘致に反対する地元住民と、安全性を主張する賛成派の間の対立は、法廷に持ち込まれることになる。

熊取6人衆はこの争いに反対派陣営に協力する形で深く関わっていた。

最高裁まで持ち込まれた争いは、1992年に判決が出されることになっており、ちょうど熊取連続怪死事件の時期と重なる。

小池壮彦氏に言わせれば、

まるで熊取の原発反対派を恫喝するようなタイミングで怪死事件が勃発していたのである。

（『怪奇事件の謎』）

ということだ。

日本の注目が原発問題に集まっている時期に熊取で連続怪死事件が発生し、週刊誌や新聞がそちらを大きく報じたため、相対的に原発問題への注目が薄れた。

その流れが影響したかどうかは別として、結果、裁判は原告側（反対派）の敗訴に終わり、伊方原発は稼働する。時を同じくして1992年。熊取の原子炉研究所も存置と廃炉をめぐってモメている。

地元住民は廃炉にすべきという強硬姿勢であったが、ちょうど7人目の死者が出た1992年4月、京都大学が運転継続を決めている。熊取の怪死がなんらかの圧力であったのではないかという話だ。

伊方でも誘致派による買収劇に起因する人間関係のトラブル、自殺、警察による不当弾圧などがあったとされ、闇の存在をうかがわせる。

ここで『怪奇事件の謎』で触れられている斉間満著『原発の来た町　原発はこうして立てられた』を紹介しておく。

この著作は南海日日新聞社から刊行され近年には絶版となっていたが、反原発運動全国連絡会の「多くの人に読んで欲しい」という働きかけで、本人の許可を得た上でネット上に公開されている。

「なんだよ！　原発の陰謀とか、馬鹿なヨタ話なんて聞きたくない！」と諸兄は憤るかもしれない。だがコレを読む限り、裏工作は行なわれていたようだ。
・原発誘致の記事を書いた他社に先立って書いた記者が記者クラブから出入り禁止。どこからの指示かは不明だが、行政＋四国電力の発表をもって一斉に報じなければならないという協定があった。内密に現地調査などが行なわれていた。
・反対派の雄であった漁師Aが急に態度を軟化させ、仲間から「金を掴まされた！」と非難される。
もちろん事実無根の噂だとされていたが、のちに流出した四国電力の極秘資料に反対派全員の個人情報が事細やかに書き込まれており、そのなかのA氏の記述が「△▽の弟、◎といとこ、反対共闘委との結び付きが強く最後まで反対すると思われる。自分の存在を認めてもらいたい性格で、簡単には後には引かない。最終的には金と考えられる」……

……書き出したらキリがないので、この辺にしておく。

当時の記者たちが追った「出来事の裏」が淡々と書かれており、なかなか興味深いので、時間があるときにでもどうぞ。

少なくとも、「クリーン」なやり方ではなかったようだ。熊取6人衆も結構な嫌がらせを受けていたらしく、原発利権の闇は深そうだ。

ご存じ「福島女性教員宅便槽内怪死事件」や「東電OL殺人事件」も原発がらみという指摘がある。ちょうど、原発に問題が発生した時期に、スケープゴート的な事件が起こるという。

ちなみに、熊取では2003年5月に「吉川友梨ちゃん行方不明事件」（未解決）が起こっているが、この時期も原発事故隠しが発覚したため、全原発が停止になる事態が発生している。

では、熊取町7人連続怪死事件に原発利権が関係するか？

残念ながら、わからない。何かしらそれを示唆する資料が流出すれば調査もできようが、現状で物証はなく、あくまで推論なり噂なりの域を出るモノではない。

とはいえ「福島女性教員宅便槽内怪死事件」や「東電OL殺人事件」のように、当事者が原発関係者だったならあるいは、であるが完全に無関係な7人の命を奪ってまで行なわれた裏工作があるとは、にわかには信じ難い。

こんなこと書いて、またオカクロ特捜部は消されるかも知れませんね。

この項を最後にオカルト・クロニクルの更新がパッタリ途絶えたら。「ああ、オカ番まつかく、消されたな。馬鹿だけど、イイ奴だった」と数秒の黙祷ぐらいは捧げてやって下さい。

涅槃で待ってます！

通常の理屈からは量れない論理

この事件を偶然として片づけるなら、次のようになる。

A＝事故。

B＝事故。

Y＝自殺。仲間たちが成長、変わっていくなかで、先に進めない自分を悲観。

K＝相次いで仲間を失った事によるウェルテル効果、悲観、突発的自殺。死に場所に選んだのが「いつか買い戻そう」としていた、以前住んでいた土地である事に注目。

T＝ウェルテル効果。仲間の死と失恋に直面したことにより突発的な抑鬱に包まれる。

F＝まったく無関係な自殺。

G＝……。町内で自殺が連続したことによるウェルテル効果？

Kの母親が首を吊ったKの状態をして「**あり得ない様子だった**」と主張するのは、つまり、「**死後硬直によって体が固まってから何者かによって吊されたのではないか**」という事を意味するのだろうが、これはなんとも言い難い。

不自然に思えるほど体が硬直していたとすると、死後15時間以上は経過していると考えるのが自然で、死亡推定時刻の「10日午前1時ごろ」から計算すると、硬直に要する時間が足りない。

それより前に死んでいたならば、あるいは、であるのだがKは「9日午後11時」に父親と電話で通話しており、死亡推定時刻はさかのぼれない。

「第三者による殺害」の可能性を否定するわけではないが。

『風』の3人、無職Y、作業員K、旅館従業員Tに関して、当時のシンナー仲間による次の述懐がある。

「あれ（シンナー）をやると、普通では考えられんような理屈に動かされることがある」と、彼は言った。たとえば塀の外にこちらからは見えないが、「人が死んどる」ような「感じ」がする。そこへたまたまカラスが飛んできたりすると、「やっぱりや」と思い込んでしまうようなことがある。

それと同じパターンで、YやKやTには「**どないに頑張って仕事しても、俺ら結局あかんのと違うか**」みたいな「感じ」があって、シンナー仲間の一人が死んだとき、頭に飛び込んできたその「やっぱり」に動かされてしまったのではないかと。

（『不思議ナックルズ　VOL.5』）

調べてみれば、シンナーに起因する奇妙な自殺はたびたび起こっている。

1987年北海道白老町でシンナー仲間5人が連続自殺しており、熊取の事件と同年の1992年12月には茨城県水戸市で女子中学生5人が、マンション7階から次々に飛び降りた。そのうち3名が死亡している。

この事例ではリーダー格の少女がある施設を抜け出し、仲の良かった仲間たちを呼び出してシンナーを吸っていた際「救護施設に戻ったら罰を受ける」と悲観し始め、「それならみんなで死のう、ということになった」という。

ほかにも前後5年だけでも結構な数のシンナー自殺が起きている。

さまざまな自殺を取り上げた『十代の遺書　昭和〜平成・自殺流行史』に同じようなシンナー起因の事例が多々紹介されている。

どの事例を見ても、**通常の理屈からは量れない論理**に支配されたことがうかがえる。

旅館従業員Tも熊取に戻ってきてシンナーをやっていた。そこにショックを受ける出来事が重なり、心をむしばんだ悲観がシンナーによって倍加された——と考えるのは不自然ではないだろう。

後ろ手に縛られた手も、「**通常の理屈からは量れない論理**」によるものと考えることができる。

だが、女子大生Gは毛色が違う。

自殺を図った状況、環境、パーソナリティ。それが『風』連中とは明らかに異なっている。

シンナーの影響下になく、人通りのある場所で自刃自殺、「**違う、違う**」という最後の言葉。これはまったくもって不可解だ。違和感アリアリである。

「ためらい傷」が自殺の根拠とされたようだが、最後の女子大生Gだけは、連続自殺として片づけるべきではなかったのではないだろうか。

彼女は7月2日の自殺当日、事に至る数時間前にはスーパーで買い物をしており、このスーパーで果物ナイフを買ったというなら自殺の根拠にもなろうが、もちろんそういう話は伝わっていない。

警察は遺族のためにも閉じた事件の捜査資料を公開してほしいモノである。この最後の女子大生だけは、別の事件であるように思われてならない。

最後に発せられた「違う、違う」という言葉の意味は「私は、連鎖自殺じゃない」という意味に捉えてしまうのはオカクロだけではないはずだ。女子大生も自殺が続いていることは知っていたであろうし、疑念は深まるばかり。

とはいえ、もちろん証拠があるわけではなく、根拠は「違和感」だけしかないが。

と、なるべく常識的に事件を組み立てても、「白い車」「黒い車」「違う違う」「高枝のシャツ」といういくつかの不可解な謎は残ってしまった。まったくもって謎である。何か情報がありましたらお寄せ下さい。

最後になったが、この事件の資料を眺めていて、興味深かったのが「証言」だった。

怪奇探偵こと小池壮彦氏や週刊誌がこの事件をして「**日本のツイン・ピークス**」と表現していたが、そう言いたくなる気持ちもわかる。

『ツイン・ピークス』は1990年に放送された海外ドラマで、遺体となって見つかった被害者ローラ・パーマーを調べていくと、優等生だった彼女が人々に見せていなかった闇の部分が、次第に明るみになってゆくという筋書きだ。

そんなツイン・ピークスを熊取事件に重ねたのは、ちょうど流行していたからという理由だけかもしれないが、少し重なる部分もある。

亡くなった7人に関する証言を追っていくと、首を傾げたくなる証言が散見されるからだ。

たとえば、作業員Kの姉は、「**弟KとYは別に仲の良い友人じゃなかった**」と言い、その一方で「**大親友だった**」という証言があり、「**K、Y、T、A、Bは、いつでもつるんでいた**」という証言もあれば「**バイク仲間ではあるが、遊びはそれぞれ別のグループだった**」ともいう。

誰が正確に彼らのことを証言しているか、今となっては調べようもない。

人はさまざまな面を持っていて、それらを使い分けて生きている。「**誰かのことを知っている**」と考えるのは傲慢なのかもしれない。

同時に、自分のことを理解してもらえているというのも空想なのだろう。あなたが死んだとき、誰が正確にあなたのことを語るだろう。

悲しいけれど、孤独だけれど、そうやって社会は回っている。

それを閉塞感と言うのならば、頷けなくはないけれど。

【参考資料】

●『事件のはじまり　現在という出来ごと』（朝倉喬司／王国社／1993年）
●『無気力製造工場』（鶴見済／太田出版／1994年）
●『自殺者　現代日本の118人』（若一光司／幻冬舎／1998年）
●『10代の遺書　昭和～平成・自殺流行史』（下川耿史／作品社／1996年）
●『怪奇事件の謎』（小池壮彦 著／学研パブリッシング／2014年）
●『あの事件・事故に隠された恐怖の偶然の一致』（T

BSテレビ番組スタッフ［編著］／二見書房／2006年）
●『日本人を震撼させた未解決事件71』（グループSKIT［編著］／PHP研究所／2012年）
●『コールド・ケース 未解決File 1「連続児童自殺事件」』（石井光太［原案］、内水融［漫画］／秋田書店／2014年）
●『完全自殺マニュアル』（鶴見済／太田出版／1993年）
●『平成日本を震撼させた重大事件未解決ミステリー』（グループSKIT［編著］／PHP研究所／2013年）
●『日本〝怪奇〟伝説』（不思議ナックルズ編集部［編］／ミリオン出版／2008年
●『熊取町史』（熊取町史編さん委員会［編］／熊取町／1995年、2000年）
●『「事件」を見にゆく』（吉岡忍／文藝春秋／1992年）
●『熊取六人組　反原発を貫く研究者たち』（細見周／岩波書店／2013年）
●『熊取六人衆の脱原発』（今中哲二、海老澤徹、川野眞治、小出裕章、小林圭二、瀬尾健／七つ森書館／2014年）
●『群発自殺　流行を防ぎ、模倣を止める』（高橋祥友／中央公論社／1998年）
●『週刊文春』（1992年7月30日号）
●『不思議ナックルズ　VOL．5』（2006年5月25日）
●『女性セブン』（1992年7月30日号）
●『微笑』（1992年7月25日号）
●『FLASH』（1992年7月21日号）
●『週刊朝日』（1992年7月17日号）
●『FOCUS』（1992年7月17日号）
●『怖い噂』（2009年8月号、2011年8月号）
●『新聞研究』（第494号）
●『原発の来た町』（http://www.ikata-tomeru.jp/wp-content/uploads/2015/02/koudai1gosyo.pdf）
●「告発の書」（http://www.asyura2.com/kkuhatu0.htm）
●「大阪熊取町　謎の連続自殺」（http://bsmotemote.hannnari.com/kuma/）
●「オワリナキアクム：大阪府熊取町の謎の連鎖自殺」（http://yabusaka.moo.jp/kumatori.htm）

●「文殊菩薩と慧光童子の痣授かる四乃四四こと真言密教僧殊慧が悟りを教える：■名指しシリーズ）一週間に一人づつ若者を自死（自殺）させた祟り！自殺村■忘却の七人塚【罰】四乃四四」（https://shino44.exblog.jp/14571340/）

青年は「虹」に何を見たのか

——地震予知に捧げた椋平廣吉の人生

電報に記された衝撃の一文

1930年（昭和5）11月26日、朝8時——。

京都帝國大学の理学部部長、石野友吉博士は前日に用務員から受け取っていた電報をまじまじと観察した。内容にはこうある。

アス　アサ　イヅ　四ジ　ジシンアル　ムクヒラ

発信局、天橋立局。発信日時は前日の11月25日。発信時刻は午後0時25分、着信時刻、同日午後0時50分とある。

まぎれもなく、この電報はまぎれもなく前日に打たれ、石野の元へと届いていた。

「地震アル」などと少しばかり恐ろしい内容ではあったが、受け取ったときには特に気にすることもなかった。こんなモノは信用するに足りぬ。地震予知などできるはずがないのだから——理学博士として、この「予知」に科学的根拠が無いことは断言できる。

日本の最高学府はおろか、世界的にもその技術は確立されておらず、夢のまた夢だったからだ。

だが、この電報は確かにその朝に起こった地震を前日に予知していた。

翌26日午前4時4時ゼロ3分、北伊豆地震——死者及び行方不明者272名、負傷者572名、全壊2165戸、半壊5516戸。場所と時間が完全に符合している。

差し出し人はムクヒラ、**椋平廣吉**《ムクヒラヒロキチ》。

そういえば、と石野博士はこの期に及んでようやくその名を思い出した。

これは前年の夏、避暑目的で訪れていた京都の天橋立で出会った青年の名だ。青年は27か28歳ほどの小男で、自身をして「地震研究家」を名乗った。

本人の主張によれば、10年を越える観察の結果、天橋立のある**宮津湾に架かる虹から地震が予知**できることがわかったという。

旅先での気安さから、石野友吉博士はその夏、椋平青年にこう言った。

「もし地震を予知したら、東大なんかじゃなく、地元の京大に電報を打ちたまえよ。は、は、は」と。そして、四つの季節を経て、椋平は電報を打ってきた。確かに——地震を予知して。

かくして、後世に多くの謎を残すことになる「椋平虹」論争が始まろうとしていた。

当時の科学技術の最高峰をもってしても不可能なこと。大規模な予算が投入され、多くの優秀な学者が動員されても不可能だったこと。

それを、科学者でもない——高等小学校しか出ていない者が成し遂げたというのか。

それも——児童の使う分度器を主な観測道具として。

その後も椋平は地震を予知し続け、予報を行なった。新聞が騒ぎ立て、椋平による「地震予知」の功績は世界にまで届いた。

その噂は世界史に名を残したふたりの人物の耳にも届き、本人から手紙が送られてきている。


親愛なる日本の科学者ムクヒラ君。

貴君が今回、日本に起こった大地震を前日に予知し、京都大学理学部部長石野教授に報ぜし偉大なるニュースを知り、遥かに敬意を表します。

地震が起こる前に知ることは世界的な学問であり、人類のためにきわめて重大な問題であります。貴君によって、この学説が世界に発表されたことは誠に喜ばしいことです。

一層の研究を続けられんことを御祈りし、重ねて健康を望んでいます。

1930年12月10日　**アルバート・アインシュタイン**
（後援会機関誌『椋平虹』）


説明するまでもない、「天才」の代名詞である。手紙を送ってきたもうひとりの偉人も負けず劣らずの天才だった。その天才が椋平を天才と呼ぶ。


日本の生んだ偉大なる天才椋平君。

現代、世界地震研究家のあいだに問題となっている地震予知が、貴君によって発見せられたことは、誠に喜ばしい事です。

貴君がその虹を学会に報告し、その理論を発表することは一代の大事業です。

今後一層奮励して、斯界のためますます研究を進められ、世界における有名な物理学者たられんことを祈っています。

1931年1月21日　**トーマス・エジソン**

（後援会機関誌『椋平虹』）

このように椋平は瞬く間に時の人となった。日本に偉人は多くとも、この両名から手紙を貰った者はそう多くあるまい。

その後も椋平は朝、昼、晩、毎日3回宮津港へ出向き、虹の観測を行なった。

そして虹が見えると、それらをつぶさに観察し、独自の計算方法をもって「震度、地方、時刻」を計算すると、その内容を科学者や知人に手紙を送りつけるという「予報」を行なった。この「生涯の仕事」は彼が亡くなる直前まで続いた。

その的中率、実に「**86パーセント**」とされ、いつしか椋平の観測していた虹は「椋平虹」と呼ばれるようになった。

だが、この椋平虹による地震予知のメソッドは彼の死とともに失われ、相変わらず人類は地震に怯えて暮らしている。相変わらず、大地は揺れて、西野カナも震え続けている。

椋平虹とはなんだったのか。彼の驚異的な的中率を誇る地震予知はなんだったのか。

椋平にともだって何度も宮津湾に出向いていた椋平後援団体のある人は言った。

「結局、誰も椋平虹を見ることができなかった」

理論的には
説明が不能
思ひ當る節はあるが 京大志田博士の話
最大震幅六十
沼津測候
學術上研究し
世界に發表
變態的現象で
主因は地塊運動
丹那トンネル工事も重大關係
今村博士實地踏査の上語る

新聞各紙が騒ぎ、そして論争へと発展していった

椋平少年が空に見た「虹の切れ端」

日の出。正午、日没。雨天を除いて毎日宮津港へ行き、空に虹を探す。

それが17歳で観測を始めてから、齢80を越えるまで続いた椋平の日課だった。

そのキッカケは小学4年のころ、古本屋で「濃尾《のうび》大地震」の画報を目にする出来事まで遡る。濃尾大震災は1891年（明治24）に中部地方で発生した地震だ。この地震は、日本史上最大の内陸地殻内とされ、震度7、マグニチュード8・0、死者は7273名、負傷者1万7175名、倒壊家屋は14万2177戸という未曾有の災害だった（参考までに、1923年の関東大震災のマグニチュードが7・9）。

この惨事を伝える画報を目にした椋平少年は、地震について深く考えるようになった。そのころ、小学校の授業で将来の夢を発表するとき「なんとか事前に地震の到来を予期できるようになりたい」と発言している。

そして17歳になった、1919年5月19日の夕暮れ、椋平少年がふと空を見上げると、湾の対岸にあたる栗田半島、その山の稜線近くに「虹の切れ端」のようなモノが見えた。

少年が名古屋で地震があったことを新聞で知るのはその2日後のことだった。その後も、『虹の切れ端』を見るたびに、どこかで地震が起こった。

その虹について宮津の老漁師に質問してみると、老漁師はそれが「日の粉」なのだと言った。日の粉が出たあとは、必ず3日以内に海が荒れるか天変地異が起こるのだ――と。

この日から、椋平少年の虹の観察が始まった。1日3度、宮津港の決まった場所から、栗田半島の高峰を見つめ、さまざまなデータをノートに書き込んでゆく。虹が確認できたときは、児童用のセルロイド分度器で角度を測り、形を写し取る。椋平はこの作業をこのあと60年も続けることになる。

椋平はやがてこの虹を「短冊形光象」と呼ぶようになるが、この光象を観察し始めてから翌1920年5月までの1年で7回の的中を見たと研究ノートに書き残している。

「大正九年五月までに、同現象を七回ほど目撃し、地震のあったことも報道されたので、地震と関係あるものと疑問を抱き、これを研究することに決心した。家業に従事しながら引きつづき観測した」

宮津の一色儀十郎という老人の一言も椋平の背中を押した。一色老人は「日の粉」について、こんなことを言った。

「あの虹が出たあとは、必ず何かが起こる。明治24年10月27日、その日も虹が出た。そしてその次の日に大地震がきた」

そう、濃尾大震災だ。この言葉は椋平少年に、運命的なものを感じさせたに違いない。

だが、この椋平虹はこの時点で科学的根拠のない民間伝承の類――いわゆるオカルトの一形態にすぎず、地元の弁論会で「虹による地震予知」を発表した椋平に待ち受けていたのは、賞賛や激励などでなく、罵倒の洗礼だった。

「インチキ」――「詐欺師」――「ペテン師」

まるで類語辞典を引いたかのような罵詈雑言が椋平に浴びせかけられた。

そして迎えた1923年（大正12）。椋平19歳の夏。いつもの観測に出向いた椋平は、そこで虹を見た。

激震――関東地方。明日。

そして、翌日。歴史的災害、関東大震災が起こった。震度7、マグニチュード7・9、死者行方不明者10万5000人超、家屋全壊10万9000、全焼21万2000。未曾有の大災害だった。

椋平と言えば前述の「北伊豆地震の電報」ばかりが取り上げられるが、実はこのときにも前日に電報を打っていたという。

アス　ヒル　ダイジシンアル　ムクヒラ

宛先は東京帝国大学地震学教授、今村明恒《あきつね》博士。

椋平は「関東に大地震がくる」という立場を取る博士の著書に目を通していたため、取り合ってもらえるだろうと電報を打った。

だが、これは結局博士の手元には届かず予報にはならなかった。これに関しては後述する。

地震学の権威である今村明恒博士に無視された形になったが、椋平はそれでも観測を続けた。椋平による「地震研究経歴」によれば、この後も1925年（大正14）5月23日に起こった但丹烈震。そして1927年（昭和2）3月7日には地元にあたる北丹後地震などの予知に成功している。

北丹後地震では事前に地震が起こることを訴えたにもかかわらず、椋平を毛嫌いしていた小学校の校長に「だまれ、キチガイが！」と怒鳴られた。

結局地震が起こり、宮津も大きな被害を受けたとき、椋平は救急箱を小脇に走り回る校長に対し、

「だから言ったじゃん！　地震起こるって言ったじゃん！」

と詰め寄ったが、やはり「だまれ、キチガイが！」と怒鳴られたという。なんとも語彙の少ない校長である。

ここまでの経緯で、椋平は失意と憔悴の極みにあった。関東大震災しかり、北丹後地震しかり、自分は事前に予知し、人々にソレを伝えた。なのに、そんな忠告を人々は無視し、語彙少なく罵倒までしてくる。

「やはり大学を出ていないと、誰も信じてくれないのだ。自

分には学歴が必要で、人々には忠告に耳を傾ける真摯さと類語辞典が必要なのだ」と椋平は意気消沈していた。

そして1930年——北伊豆地震が起こると、これまでの不遇が嘘であったかのように椋平は一気に時代の寵児へと担ぎ上げられた。

なにしろアインシュタインやエジソンまでが評価した「地震研究家」なのだ。ありがたいったらない。

名が売れて以後も椋平は次々に地震を予知し続けた。

相変わらず宮津湾上空に虹を見ては、知人へ予知の手紙を出した。1932年（昭和7）には海外——中国甘粛《かんしゅく》省で起こったM7・6、死者7万人クラスの地震も予知したという。

ここまで、サラリと「予知」などと書いているが、もちろんこれは現代の科学的常識に照らし合わせても説明がつくモノではない。

高度に発展した現代の地震学をもってしても、椋平のような予知は不可能である。

科学者たちの前向きな研究が積み重ねられた結果、「**地震を予知することは非常に困難である**」ということがわかった——それが成果である。

地震が起こるであろう断層は列挙できる。だが、それが「いつ」で「どれほどの規模か」ということは明言できない。明日かもしれないし、100年後かもしれない。

伊豆地震を予知したころ、27歳の椋平青年。写真に『大阪毎日新聞掲載』と書かれているのが見て取れる。毎日は椋平を最初に大きく取り上げ、熱心に取材し続けた新聞だった（写真：『アスアサ四ジジシンアル—ドキュメント・“椋平虹”の挑戦 』）

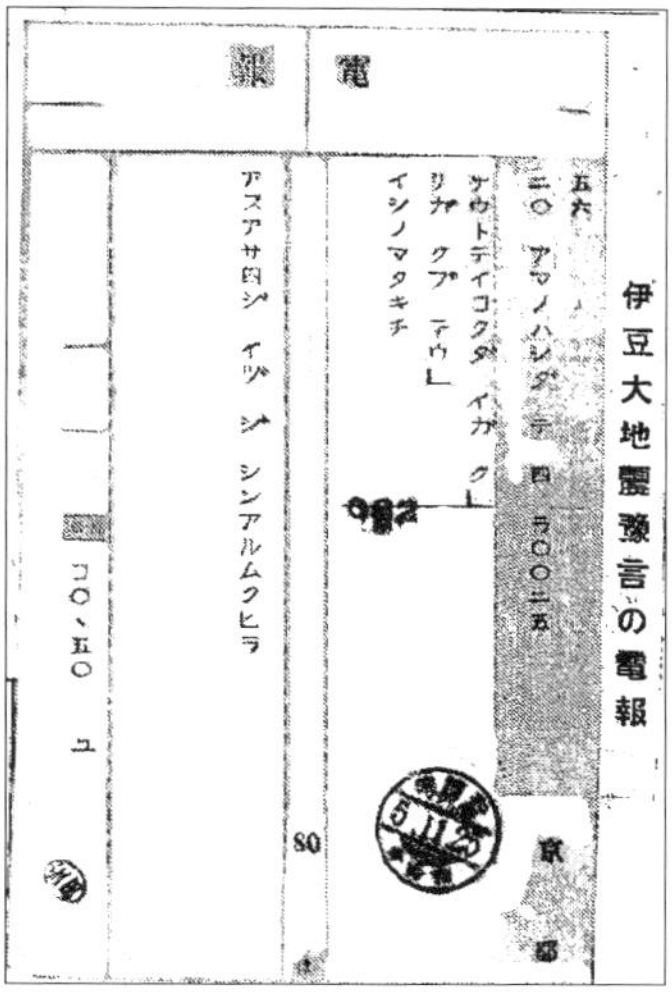

北伊豆地震を予知した電報

「なんだよ！　じゃあなんで椋平は地震を予知できたんだよ！　科学界が草の根の研究を見下したせいで、途轍もない科学的発見を見過ごしたんじゃないのか！」

と諸兄はアカデミズムに不審の目を向けるかもしれない。

この椋平虹のような「地震の予兆」と一般に呼ばれるモノは「宏観《こうかん》異常現象」と呼ばれている。発光現象、火の玉、地震雲、井戸の水位変動や一部の動物の異常行動などが有名だ。

地震の予兆とされるこれらの現象については後半で触れる。

ともかく、これらの宏観異常現象は一般に非専門家による観測が主となっており、地震との因果関係もなんら証明されていない。

こと椋平虹について、肯定的な立場の者による「科学界から黙殺された」うんぬんという言説を目にすることができる。

確かに「椋平虹」の予知的中率は「ははは、また言っておるよ。愚かであるなぁ、人の子は」と片づけてしまえる範囲を逸脱している。

では当時の科学者たち――アカデミズムを背負う人々が椋平虹をどのように扱ったかを見てみよう。

「思い当たるフシはあるが、理論的には説明が不能」

まず、困ったのは椋平から電報を受け取った前述の京都帝國大学理学部部長、石野友吉博士である。

なにやら予知は当たったらしいぞ。だがどういうメカニズムかまるでわからん――。

理学部の部長とはいえ、石野博士はX線の研究を主に行なっており、物理学や地球物理学、地震学の権威というわけではない。しかたなく石野は同じ京大で地震学の研究を行なっていた志田順教授に丸投げしてしまう。

志田はつめかけた報道陣に対しこんなコメントを出した。

「思い当たるフシはあるが、理論的には説明が不能」

かくして当時の科学者による調査が入ることになった。志田は授業を休み、極秘で椋平のいる宮津へと向かうことになる。だが、これは「聞き取り調査」程度のモノに終わった。

椋平と会談した志田は、初め「虹から地震を予知するメカニズム」に関して熱心に質問していたが、やがて椋平からの返答に言葉を減らし、椋平が「児童用の分度器」を取り出して以降は黙り込んでしまった。

その会談終了後、志田はマスコミの質問にもいっさい言葉を返さず、その後も椋平虹に関してただ沈黙を突き通した。

この「志田の沈黙」について、とうとう本人の口から説明されることがなかったため、現在でも謎である。

そして、科学者にそっぽを向かれたせいか、いつからか「椋平は心霊術師」という風聞が世間に広がってゆくことになる。言うまでもなく、この場合の心霊術師は「ペテン師」と同義だ。この風聞が新聞に掲載されたことで、世間一般の評価が「ああ、やっぱりな。俺は気づいていたけどね」となったであろうことは想像に難くない。

しかし、捨てる神あれば拾う神あり。ここである人物から椋平は手紙を受け取る。

差出人は東京帝國大学教授で、中央気象台（註：現在の気象庁）予報主任も兼ねていた藤原咲平《さくへい》教授である。

藤原は椋平虹に関して真摯な研究を行なうことを約束し、協力を依頼してきたのだ。先の志田〝沈黙〟順教授の対応に失望していた椋平であったが、藤原の真摯な姿勢に心を開き、協力を約束する。

この後、藤原が亡くなるまでこの科学者との蜜月は続くこととなり、椋平が単に「先生」と呼ぶときはこの藤原咲平教授を指すほどの関係になる。例えとしては不適切かもしれないが、有名な「千里眼実験」の福来友吉《ふくらいともきち》教授と、超能力者で知られた御船千鶴子《みふねちづこ》の関係に近かったのかもしれない。

藤原は『On the So-called Mukuhira's Arc as the Foreshadow of an Earthquake（所謂椋平虹について）』と題した英語の論文を作成し、「椋平虹」を世界に紹介した最大の理解者で、生活費も援助した。

心霊だのペテン扱いだのを受けていた椋平虹に対し、科

椋平と20年間にわたり交流を続けた藤原咲平教授
（写真：国立国会図書館蔵）

学界の重鎮たる藤原が真摯に向き合ったのは、藤原自身の「科学」に対するスタンスが大きく影響している。

本人は生前、よくこう言っていた。

「**根気よく眺めているということは、自然法則発見に対する有力な態度である**」と。

少なくとも、この時点で10年以上の観察を続けられていた棕平虹は、この思想に合致するものだった。

以後20年間にわたり、資金的な援助も含めて交流は続き、棕平は虹の観測データや予知を藤原に送ることになる。

1933年（昭和8年）には棕平は結婚して、藤原教授のすすめで和歌山県田辺市に居を移した。これには「田辺でも虹が観測できる。東大の観測所もあり検証がし易い」という事情もあった。

このころから棕平は支援者たちによる「援助金」により生活しており、地震予知漬けの生活をしている。毎日、浜に出て空に分度器をかざす生活だ。定職に就かない地震予知オタクでも女をつくり結婚できるというのに、我々ときたら……。

ともかく、最低でも月20円の援助が得られ、棕平一家の生活自体は成り立っていた。

では、藤原教授は棕平虹の科学的根拠に迫ることができたか？

これは「NO」だった。

藤原のもとには「的中の証拠」とされる手紙などが増え続けていたが、その科学的裏づけはいつまで経っても得られなかった。

当時、藤原教授の資料整理を手伝っていた甥の新田次郎（のちに作家。本名　藤原寛人）は、こんな捕らえドコロのない棕平虹に関して懐疑的で、のちに棕平虹に関して次のような述懐を残している。

私は棕平虹に関しては、かなり強い疑惑感を持っていた。

私はある時、棕平虹について叔父（藤原教授）に一方的な議論をふっかけた事があった。

叔父宛に棕平氏から送られてくる地震予知の葉書を整理しているうちに、猛烈に腹が立ってきたのである。その時も叔父は静かな目で私の言い分を聞いていて、最後に一言云った。

「**しかしね、何かあるだろう。何かあるような気がしないかね？**」

何か、ある——。

そう感じるのも、その「的中率の高さ」にあった。科学的にメカニズムを解明することができないまま、ただデータのみが積み重なってゆく。相変わらず「心霊術」であるとの評価は覆されておらず、懐疑的な者も多かった。

そうして、昭和22年。

藤原の教え子であり、都内の高校で教鞭をとっていた宮本貞夫が、

「みんなだらしねぇなぁ。よし、ここはひとつ、小職が根本的に調査してやろう」

と立ち上がった。否定するにしても、肯定するにしても、キッチリと科学的裏づけをつけてやろう、と使命感に燃えていた。

そうして宮津へ出立する前に藤原教授へ挨拶しに行くと、藤原はこんなことを言った。

「くれぐれも、椋平君を論理的に追いつめないでくれ給え」

この言葉の意味を、そのときの宮本は汲むことができなかった。

そして宮津で椋平に好意的に迎えられ、観測方法や計算方法を習い、やがてその意味を解するようになってゆく。

これは——とうてい科学的とは言えまい。

宮本は宮津に赴いたときから数えて7年目にあたる1954年（昭和29）にひとつの論文を書き上げた。

「椋平虹が地震と直接的関係なき証明」

これはタイトルのとおり、椋平虹を否定する内容だった。

ひとつ、虹の角度で震源地の方向がわかるというが、手に持ち、それを写し取っているようでは少しのズレで数キロの誤差が生じるのではないか。

ふたつ、椋平による観測データでは「的中率86パーセン

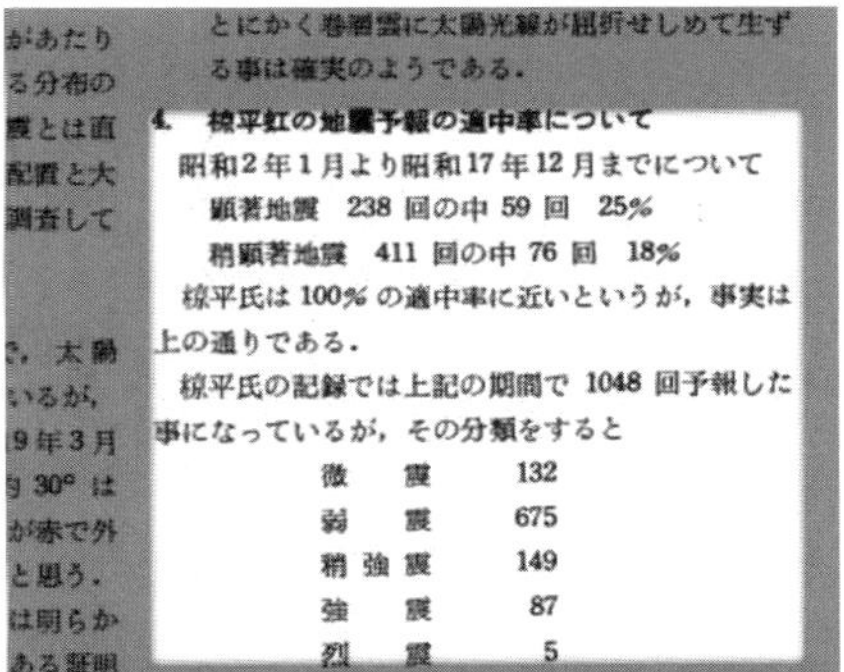
とにかく巻層雲に太陽光線が屈折せしめて生ずる事は確実のようである。

4. 椋平虹の地震予報の適中率について

昭和2年1月より昭和17年12月までについて

顕著地震　238 回の中 59 回　25%

稍顕著地震　411 回の中 76 回　18%

椋平氏は 100% の適中率に近いというが，事実は上の通りである．

椋平氏の記録では上記の期間で 1048 回予報した事になっているが，その分類をすると

微　震	132
弱　震	675
稍強震	149
強　震	87
烈　震	5

5. 結語

気圧の急激な変化と小さい地震との間には相当の

宮本貞夫が寄稿した「椋平虹が地震と直接的関係なき証明」から、的中率に関する考察
（写真：椋平虹が地震と直接的関係なき証明）

ト」とするが、厳密に精査してゆけばその的中率は良くて25パーセントほどである。

みっつ、椋平虹は椋平にしか見えない。後援会の人間も、調査に付き合った宮本も、とうとう椋平虹を見ることはできなかった。

この否定的な内容の論文が発表されたことで、世間の関心は完全に椋平虹から離れ、椋平と宮本の仲も急速に冷え込んでゆくことになる。

宮本はこの論文を発表した際、知人にこんなことを呟いた。

「ひとりの男が人生をかけて、こつこつと40年近くやってきた研究を否定するには7年かかりました」

科学は決して椋平を無視してはいなかった。ただ、綿密に調べれば調べるほど、その「アラ」が見つかり、非科学的となってゆくのだ。

「なんだよ！　科学的裏づけがなくても、結果当たればいいんだよ、当たれば！　そのうちメカニズムが解明できるかもだろ！」

と諸兄は憤るかもしれない。

そう、当たればいい。藤原咲平東大教授も同じようなことを言っている。当たってるのだから、何かあるだろう、と。

精査の結果、的中率25パーセントが妥当だとしても、時間と場所を指定したうえでの予知ならば、それはそれで驚異的な的中率と言える。

だが、ここにトリックが介入する余地（註：予知だけに）はなかったか？

ここからは、椋平が行なったとされる「インチキ」を見てみよう。

浮上したいくつかの疑惑

キリスト教の牧師で童話作家として知られた沖野岩三郎は、椋平のひたむきな研究姿勢に心を打たれ、椋平自身に取材を重ねたうえで、事実に基づく伝記童話として「にじのおぢさん」を上梓した。

だが本当にすべてが事実なのだろうか？

諸兄らもコミケや二次創作、二次元美少女にひたむきな姿勢で向き合う「二次のおぢさん」であるのだが、子どもに聞かせられる話ではないので、それはいい。

前述の「宮本論文」で否定されて以降、椋平は表舞台から姿を消していた。

それでも支援者は多く、研究の火は消えていなかった。支援者のもとには椋平から地震予知の手紙が届き、そのたびに的中するので支援者としては「科学界から黙殺されている」といった印象もあった。

1970年。昭和45年9月3日。

毎日新聞に載ったある投書から、椋平は再び脚光を浴びることとなる。

それは

「**金をつぎ込んでいるワリには、全然地震予知について研究が進んで居ないじゃないか。この際、在野の研究家の意見も採り入れろよ無能**」(毎日新聞・S45・9・3)

というモノで、コレをキッカケにして市民からの同趣旨の投書が相次ぎ、椋平も久々にその名が紙面に載ることとなった。

このとき、毎日新聞にコメントを求められたのは京都大学阿武山地震観測所の所長で地震学者の三木晴男だった。

三木はいわゆる「宏観異常現象」に対し、否定的なコメントを出した。

だが三木自身、「よくも知らないで一方的に評して良いものか。果たしてこれが科学者として正しい立場なのか」と自問し、20年前に出された「宮本論文」に目を通した。そしてそこで目にした「的中率25パーセント」に興味を持つ。

86パーセントが25パーセントとなった落差に目を奪われがちだが、顕著地震25パーセントというだけでも充分に凄いじゃないか(註:顕著地震238回中59回)。

というワケで、三木も椋平に興味を持ち、宮津まで出向いている。

そしてその対面から間もない1970年(昭和45)9月29日。瀬戸内海で小さな地震が起こる。

地震の翌日、三木のもとに椋平からの葉書が届いた。もちろん地震を予知したモノで、消印を見れば地震の前日に投函されていた。

つまり、見事的中というワケである。

そして間を置かず三木のもとに手紙が届く。そのなかには「地震予知的中証明書」なる1枚の紙が入っていた。その用紙には地震の起こった日時や場所などが清書されており、三木の肩書きや名前まで書かれている。あとは三木自身が捺印するだけ、という状態だった。

ハンコを押せば地震学者の三木晴男は、予知に立ち会った証人——ということになる。

椋平はこのような証明書を「的中」のたびに発行し、地震予知における信憑性の担保としていたようだ。

結果となる。

だがこの地震予知的中証明書は三木に疑心を生じさせる結果となる。

「**なんだか胡散臭いぞ、これは。なんだか、ハンコ押したくねぇよ**」と。

三木は再び椋平の元へと赴き、葉書や電報でなく、虹が観測できた直後に電話で報告してくれないか、と要求した。だが、椋平はこの要求に耳を貸そうとはせず、その一切を拒絶した。

電話など面倒なことはしない、葉書で証明できているではないか――さっさと証明書にハンコを押せ――。

だが三木の疑心は晴れなかった。確かに消印を見れば、地震の前に投函されたことはわかる。だが、葉書には数日のタイムラグがある。それならば起こる前に電話で知らせてくれれば、何かと有用であろうに――何かカラクリがあるのではないか――。

ここで、ひとりの男が立ち上がった。「カラクリを見つけるのは学者には難しかろう。それをやるのは我々ジャーナリストの仕事だ」と。

男の名は横山裕道。のちに毎日新聞科学環境部長、論説委員を務めることとなる、理学部出身の新聞記者だった。

横山は宮津に赴き、新聞記者らしく足で聞き取り調査を行なった。予知葉書を受け取ったという支援者を訪ね、根気よく情報を集めた。

そこでいくつかの事実が浮かび上がることとなる。

届いた葉書の消印は地震の前であるが、葉書が届くのは必ず地震のあとであること。葉書が届く前に、付近で椋平の姿が目撃されていること。時には葉書が届く前に椋平自身が訪ねてきて「**葉書は届いていないか？**」と家人に直接聞く。家人がポストを確認してみると、なるほど、的中葉書が届いている。郵便配達が来る時間でもないのに、だ。

これは、とても怪しい。横山は何かあると睨んだ。

そして、届いた葉書をじっくり――注意深く観察してみて、ふとあることに気がついた。

葉書の宛先の部分だ。そこにうっすらと消した痕跡が認められた。

この発見により、点と点が線でつながった。

椋平は鉛筆などを宛名書きに使用し、自分宛に毎週ないしもっと短い期間で定期的に葉書を出していた。そして、新聞などで大きな地震を知ると、その日付けの前日、前々日あたりの葉書を取り出してきて宛先を書き換え、自分で直接届けていたのだ。と。

これを毎日新聞がすっぱ抜き、疑惑が確信へと変わった。

「椋平はインチキだ」と。

椋平の驚異的な的中率の多くは葉書のトリックによって成り立っていた——と。

かくして椋平の地震研究者——予知者としての名声は地へ落ちた。

いくつかの謎を残したまま——。

地震予知は本当に可能なのか——

我々に地震の予知予言は可能か？

可能である。

たとえば、『「地震予知」の幻想：地震学者たちが語る反省と限界』2012年のデータを元にすれば、日本では震度4以上の地震が1年に81回、つまり4日半に1回の割合で起こった。

体で感じるか感じないかという範囲まで観測を広げると、震度1以上3139回。M（マグニチュード）3・0以上は1万2004回、M4・0以上なら1604回。

つまり、次のようになる。


「明日、東北地方で地震があります」

と予知すればほぼ確実に当たる。もっともらしく、なんらかの観測データを示したうえで、時期や場所を絞り込んだ形で、

「1週間以内に関東地方でM5以上の地震が起こる」

とする予知であっても、内容を統計的に考えると当たって当然の予知だ。さらに限定した形で、

「5月10日からの1週間で、茨城県沖でM6の地震が起こる」

と予知して5月20日に千葉沖でM5の地震が起きたら、

「規模や場所に誤差はあったが、ほぼ的中した」と主張するかもしれない。

千葉県や茨城県沖は地震が多い場所であるから、ランダムに予測しても地震が起きる可能性は高い。

（『「地震予知」の幻想：地震学者たちが語る反省と限界』より）

これをして、オカルト・クロニクルとしても前記のメソッドを使用し地震予知サイトとして再出発を期そう——寄付金なり上納金を荒稼ぎして左団扇で暮らそう——かと考えたが、スレきった諸兄らは騙されないであろうし、あま

り お金持ちでもなさそうだしで止めておく。

冗談はともかく、正しい意味で考えたとき、地震予知は不可能だ。

皮肉なことではあるが、前述したとおり地震学の発展とともにその難しさが浮き彫りになってきた。

「起きそうな場所」はわかる。「起きている周期」もわかる。だが、次にいつどれほどの規模の地震が起きるのか、さまざまな要素が複雑に入り組み明言のしようがない。

ゆえに、「地震予知」を謳う者は、どれほど科学的な装飾をまとっていようと例外なくインチキかペテン、あるいは霊能力者、ないしその全部である。

情報料を取って地震情報を知らせるサイトがある。訴訟トラブルを避けるためサイト名は伏せさせていただくが、見事に予言を外している。

しかも、故宜保愛子先生の弟子の美月先生に教えて貰ったものを有料で人に教える――という、なんだか人のフンドシを幾重にも借りたビジネスモデルになっている。そして外している。誰のフンドシが悪いのかわからない。

人間は恥というものを知らなければね。

〈大地震に生き残るには守護霊のパワーアップが必須！

20万でパワーアップ実施中！〉

とあるが、自分だけ生き残ろうなどという浅ましい性根の者を助けるなら、それは守護霊ではなく悪霊の類であろう。だいたい20万でパワーアップって、車か。

この『霊視による地震予知 日本霊能者連盟』のようなサイト――あっ、名前出してもた！――はともかく、このような一線を踏み越えたサイトは、基本的にゴテゴテとした下品な色づかいで、フォントも一時期のテキストサイトのごとく大小織り混ぜるので、見にくいったらない。一見してソッチ系だとわかるのは便利だが、商売でやるなら改善すべきである。


有象無象の心霊地震予知家はさておき、「宏観異常現象」はどうだろうか。

- 地震雲
- 発光現象
- 太陽あるいは月の暈
- 通信機器の異常
- 動物の異常行動
- ナマズが騒ぐ
- 鶏が騒ぎ始める
- 日中カラスの大群

・井戸水の水位の急激な変化
・夕焼けや朝焼けの空の色が異常

など、さまざまな事象が地震と結びつけられているが、現時点でどの事象も因果関係を証明されていない。

オカルト・クロニクルとしても地震を予知して荒稼ぎしたいので、『誰でもわかる地震雲』的な書籍を数冊読みあさったが、結局どれが地震雲なのかわからなかった。誰でもわかるって言ったじゃん！

Googleの画像検索で「地震雲」を検索すればズラッと出てくるが、そのいくつかは飛行機雲に思えてならない。

一つひとつ説明すると冗長になるので、宏観異常現象に興味のある諸兄には『前兆証言1519！―阪神淡路大震災1995年1月17日午前5時46分』をオススメさせていただく。

これは地球環境情報学者、大阪市立大学名誉教授の弘原海清氏による書籍で、阪神淡路大震災の際に目撃された宏観異常現象をアンケート方式で収集、収録したモノである。前述したさまざまな現象がほとんど報告されている。

1519にものぼる報告のなかで、ひとつ、興味深いモノがあったので引用させていただく。

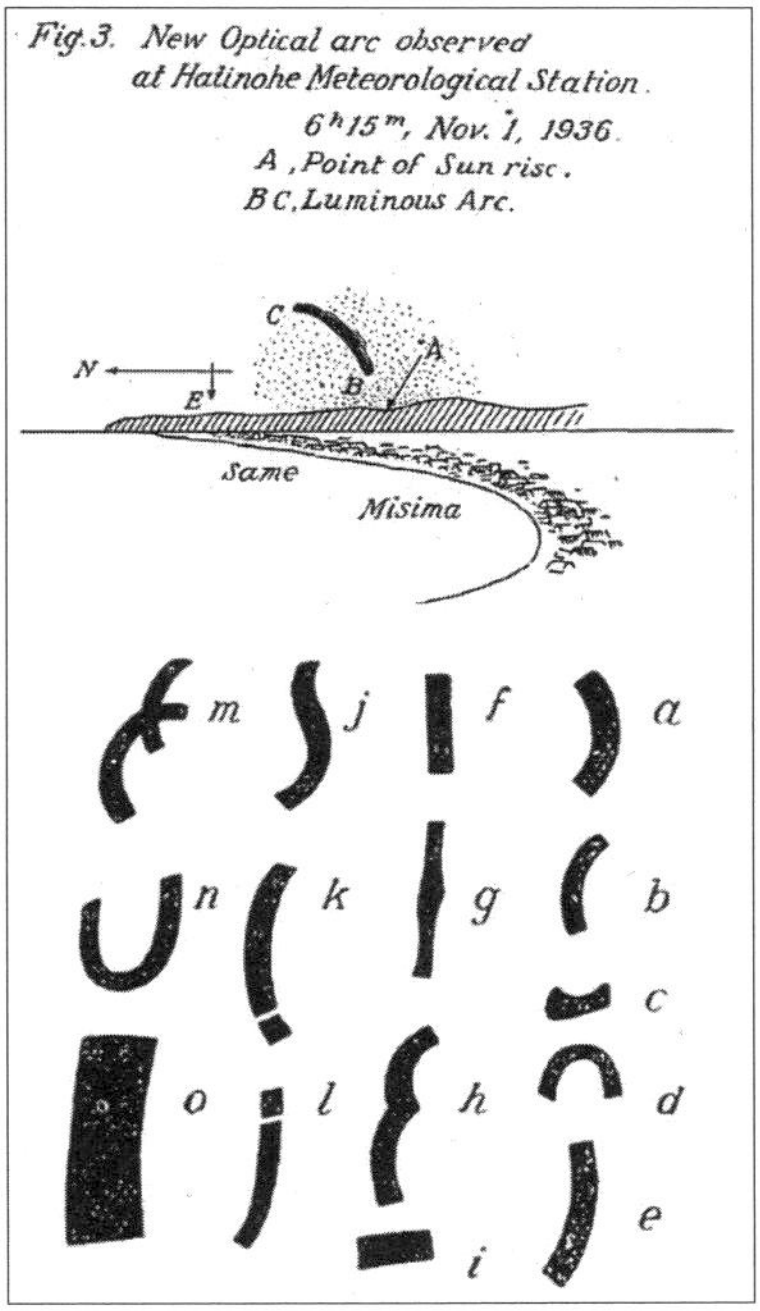

画像上：八戸測候所で専門家によって
観測された光学現象。

画像下：椋平虹の形状。
a ― 関東大震
b ― 相模強震
c ― 中国強震
d ― 伊豆大震
e ― 奥丹後烈震
f ― 相模強震
g ― 但丹大震
h ― 三陸大震
i ― 埼玉強震
j ― 台湾強震
k ― 紀伊強震
l ― 仙台強震
m ― 二重性虹
n ― 向灘強震
o ― 後虹

円形、虹霧虹、環水平アーク、
環天頂アークなどさまざまな光学現象があり、
個人的には見分けられる気がしない
（写真：On the So-called Mukuhira's Arc as
the Foreshadow of an Earthquake）

3．人間－41

当日午前0時半頃、2歳の幼児が突然「エライコッチャ」と言った。

地震当日の午前0時半頃、生後2歳5ヶ月の長女が突然「エライコッチャ、エライコッチャ」と大きくはっきりわかる声の寝言を言いました。普段娘の寝言など聞いたことがなかったのでビックリしました。（川西市・男）

（『前兆証言1519！
―阪神淡路大震災1995年1月17日午前5時46分』）

ワロタ――。

椋平はインチキの心霊野郎だったのか

藤原咲平教授はこう言った。

「しかしね、何かあるだろう。何かあるような気がしないかね？」

宮本貞夫は否定的な論文を発表した際、こう呟いた。

「ひとりの男が人生をかけて、こつこつと40年近くやってきた研究を否定するには7年かかりました」

「よくも知らないで一方的に評して良いものか。果たしてこれが科学者として正しい立場なのか」

椋平虹を追いかけた最後の科学者である三木晴男は、そう自分に問いかけ、椋平にそっぽを向かれたあとも撮影機材に予算を投入し、さまざまな角度から椋平虹を証明ないし解明しようとした。そして三木自身は最後まで世間の笑いの種になった椋平研究を嘲笑することはなく、晩年、こんなことを言った。

「結局何にもならなんだ、いうことですけどね。だけど、研究ってそんなモンです。だから上手くいかなかったからって、恥じゃないと思います。それ専門の学者が笑うべきことではない」

そして、最後まで沈黙し続けた志田順。

さまざまな科学者が通り過ぎていった。

少なくとも、彼らには椋平への「敬意」があった。長年、コツコツとひとつの研究に打ち込んだ研究者として、畏怖の念すらあった。

三木晴男は初めて椋平に会ったときのことを次のように書き残している。

彼は窮乏の中でその七十年の人生を地震予知に賭け

てきた。

職業上の特権で便宜を受け、そのことによって生活している私に、彼の存在は威圧感を伴って迫ってくる。地震予知について自分が無能なら、少なくとも彼の提言にまともに対処するべきではないか。

椋平は89年のその人生において、実に72年を自らの名を冠した虹の研究に費やした。

「インチキだった！」と大きく報じられて以後も、朝夕晩と毎日宮津湾へ出向き、何も変わらず死ぬまで観測を続けた。

気象学者の根本順吉は、やはり何かあったのではないか、と言う。

「**初めは何かを見つけたと思うんです。ところが、初め見つけたやつが当たり出すと、こんどは『当てなきゃいけなくなる』。最初は何かあったんだ。きっとね**」

確かに、有名になって以後の椋平は「予知的中」にこだわっていた様子がうかがえる。好意的に捉えれば、インチキを行なってでも、信憑性を担保したい——そんな気持ちがあったのかもしれない。

トリックを暴かれて以後、誰も注目しなくなって以後も20年観測を続けていたことに、得も言われぬ凄みを感じさせる。

そして、トリックでは済ますことのできない事実も残っている。

昭和5年11月26日午前4時ゼロ3分。北伊豆地震の電報は、確かに前日に打たれていた。これにトリックの介入する余地はない。

そして北伊豆地震で有名になる以前、

アス　アサ　カントウ　ダイジシン　アル

と地震学会の権威東大の今村教授に宛てて打たれた「関東大震災を予知した電報」。残っていれば物的証拠になるであろうそれは、理学部の事務所が火事になったため消失した。これには「実は電報を送ったという事実はなく、火事を知った椋平の創作なのではないか」という懐疑的な見方もあった。

だが、これの真偽を藤原咲平教授が追うと、電報が届いたと思われるその日の午後1時半ごろ、問題の電報と思われるモノが確かに配達されていたことがわかった。

天橋立局も受信局も、一定期間を過ぎた情報は破棄しており、その内容までは知ることはできなかったので真相は闇の中ではある。

北伊豆地震の予知を「**偶然である**」とする立場に立てば、いくつかの事実を引き合いに出すことになる。

以下は東大の今村教授による指摘だ。

予知された北伊豆地震が起こる前、伊豆地方には2週間前から中小規模の地震が起こっており、その時間も午前4時から6時までの間だった。

25日にはそれがより頻繁化しており、伊豆在住で地震についての見識を持っている者なら、予測し得たかもしれない。要するに、伊豆地方の地殻運動の情報、連発地震の統計的分布、前日の頻発ぶりを知っている人で、地震学の若干の知識を有していれば椋平青年たらずとも予知できたろう——という。

「椋平遠く京都府宮津にあって、伊豆の頻発地震を知っていた」という事実が証明されない以上、デバンキングの足がかりとしては弱い。

ともかく、地震学の権威は、以上の主張をもって、「**椋平は心霊野郎である**」とした。

今村教授がオカルト予知を闇に葬るため、東大に届いた「関東大震災を予知した電報」も闇に葬ったのだという主張もある。

一方の藤原〝先生〟咲平は、オカルトにも寛容だったようで、例の「千里眼実験」にも一科学者として参加している。科学者も十人十色である。

1995年1月16日——。

椋平虹が観測できるとされ、実際に椋平も滞在した和歌山県田辺市の海岸で、一枚の写真が撮られた。

この写真が撮影された翌日、1995年1月17日。阪神淡路大震災が起こった。

写真を撮影したのはアマチュアの地震虹研究家である鈴木優二氏だ。

鈴木氏自身、これが必ずしも宏観異常現象とは考えておられず、「**わからない**」とあっけらかんと評している。ただ「**地震と関係ある『かもしれない』——でもわからない**」と屈託ない笑顔で取材に応えている。

「**根気よく眺めていることは、自然法則発見に対する有力な態度である**」

そんな藤原教授の言葉は今日もこうして実践されている。

椋平が全人生を賭けて見上げた空に、椋平虹はあったのか。

それは当時も今も、誰にもわからない。ただ宮津湾から老人の姿は消えた。

虹と地震に因果関係はあるのか。それもまだわからない。

北伊豆地震から約90年——「かもしれない」を追いかけて、今日も多くの人が空を見上げている。

【参考資料】

●『アスアサ四ジジシンアル　ドキュメント・〝椋平虹〟の挑戦』（佐治芳彦／みんと／１９７５年）

●『虹のをぢさん』（沖野岩三郎／金の星社／１９４２年）

●『日本人は知らない「地震予知」の正体』（ロバート・ゲラー／双葉社／２０１１年）

●『「地震予知」の幻想　地震学者たちが語る反省と限界』（黒沢大陸／新潮社／２０１４年）

●『「地震予知」にだまされるな！　地震発生確率の怪』（小林道正／明石書店／２０１２年）

●『前兆証言１５１９！　阪神淡路大震災１９９５年１月17日午前５時46分』（弘原海清［編著］／東京出版／１９９５年）

●『地震雲による地震予知ガイドブックと、その予知例集』（佐々木洋治［編著］／檪／１９８１年）

●『ミステリーゾーンを発見した　四次元博物館』（佐藤有文／ベストセラーズ／１９８０年）

●『地震雲を追いかけて　あなたも地震を予知してみよう』（上出孝之／北國新聞社出版局／２００３年）

●『わかりやすい地震雲の本　これであなたも大地震を予知できる』（上出孝之／北國新聞社／２００５年）

●『地震の前、なぜ動物は騒ぐのか　電磁気地震学の誕生』（池谷元伺／日本放送出版協会／１９９８年）

●『On the So-called Mukuhira's Arc as the Foreshadow of an Earthquake』（所謂椋平虹について：藤原咲平）

●『椋平虹が地震と直接的関係なき証明』（宮本貞夫／１９５４年）

●『昭和15年11月18日紀伊南部強震調査』

●『各地方に於ける椋平虹Ａ型の俗称』（廣吉椋平／１９４２年）

●『日本の地震予知研究１３０年史　明治期から東日本大震災まで』（泊次郎／東京大学出版会／２０１５年）

年）
●『フライブルグの宿　科学と文学』（桶谷繁雄／朝日新聞社／１９５４年）
●『京都の教育』（19号）
●『週刊読売』（１９７６年７月）
●『サンデー毎日』（１９７６年10月）
●『週刊ポスト』（１９７５年８月）
●『近代消防』（２０００年２月）
●『人の噂』（１９３１年１月）
●『宝石』（１９７６年10月）
●『文藝春秋』（１９５３年11月）
●『驚きももの木20世紀』（「虹で地震を予知した男 ～それは科学なのか…?～椋平広吉」１９９８年11月放送）
●「宏観異常現象：Wikipedia」（https://ja.wikipedia.org/wiki/宏観異常現象）
●「霊視による地震予知 日本霊能者連盟」（http://www.reinou.jp/yochi/）

セイラム魔女裁判

――はたして、村に魔女は本当にいたのか……

奇怪な病にかかったふたりの少女——これがすべての始まりだった

1692年——植民地時代のアメリカ。

ボストン近郊の村セイラムで、ふたりの少女が奇怪な病にかかり、奇妙な症状を見せた。

少女たちは腕や足をねじり、交差させ、激しく身体を揺らし、のたうち回った。

多岐にわたる諸症状のなかで、とりわけ目を引いたのは痙攣だった。この発作は極めてグロテスクで見る者を圧倒させる異様なものだったという。

困ったサミュエル・パリス牧師はそんな症状を見せる愛娘エリザベス・パリス（9）と姪っ子アビゲイル・ウイリアムス（11）を村医の所へ連れて行った。だが村医者の知見をもってしても、まるで原因がわからない。

一時的な盲目、聴覚の失調、失語、窒息感、そして異様な痙攣。動物のように駆け回る。医師と同じく彼女たちを見たディアーダ・ローソン牧師は、その時の様子を次のように書き残している。

「発作中の動きは、常人にはあり得ないような格好で身体がねじれるという点、そして同じ人間が正気の状態ではとても出せないような驚異的な腕力をふるって暴れるという点から見ても、超常的としか言いようのないモノであった」

そしてこの事件に深く関わった隣町のジョン・ヘイル牧師も同じような所感を残している。

「彼女たちの腕、首、背中は、右へ左へねじれたかと思うと、再び同じ位置に戻った。これはどう見ても彼女たち自身の力ではできそうにない動作であり、カンシャクの発作といった、通常の病気にしても不可能な動きであった」

当時のセイラム村の様子。敬虔なピューリタンが暮らすのどかで静かな村だった（画像：legends of america.com）

医者にも坊主にもわからない。これはもう手の尽くしようがない。そして村医師グリッグズは、診断を下した。

「これは悪魔の力によるモノに違いない！」

だが、この診断には問題があった。

セイラムは清廉潔白を旨とする敬虔なピューリタンの村。そしてその村の牧師の娘とその姪が悪魔憑きなどというのは、名誉や信仰にかかわるもの。とうてい看過できるものではない。だが、同じ症状を訴える者は増え続けた。

先に挙げたエリザベス・パリス（9）とアビゲイル・ウイリアムス（11）に始まり、村内の有力者の娘アン・パトナムJr.（12）、そのパトナム家の女中マーシー・ルイス（19）、これも発言力の強いプロクター家の召使いメアリ・ウォレン（20）、そして村医グリッグズ医師の召使いエリザベス・ハバード（17）にまで被害は広がり、村内で10名を数えるまでに至った。

のちに100名もの逮捕者、19名もの死刑が行なわれた「セイラム魔女裁判」、その発端はこのような形で幕を上げた——。

「この娘たちをムチ打って懲らしめなければ、我々はみな、悪魔か魔女にされてしまうぞ」

当初、この異常痙攣騒ぎを悪魔のワザによるモノと信じない者もいた。

だが時は17世紀、疑いこそすれ悪魔の存在自体は信じられていたし、魔女の存在も同様に信じられていた。だから多くの村人はこれが魔術による発作であるという言葉を信じた。

ちなみに、被害者痙攣娘クラスタのひとりであるメアリー・ウォルコット（16）の叔母が魔女による呪術を破るため、「白魔法」を行なっている。

叔母は痙攣騒ぎが始まったとき、ある人物のもとに出向いた。ティテュバという、パリス牧師がカリブ海バルバドスで買った黒人奴隷である。ティテュバは、この痙攣騒ぎが起こったときには敬虔なキリスト教徒であったが、奴隷として買われる以前はヴードゥーに通じていた。

叔母は、ティテュバのもとへ出向き、粗挽き粉に子どもたちの尿を混ぜたパンを焼いた。これは昔ながらのイギリス式調理法で焼かれた、「魔女ケーキ」というやつだ。

叔母はその魔女ケーキが焼き上がると、パリス牧師の犬に食べさせている。「犬は悪魔によって魔女に使わされた使者であり、魔の者に通じている」と考えられていたからだ。

この事実を知ったとき、パリス牧師も愕然としたようだ。これは悪魔を倒すに、悪魔の力を借りるようなものだからだ。犬にとってはいろいろと迷惑な話であるが、それはいい。

少なくとも、この「魔女ケーキ・クッキングを行なった」

せいで、本格的に悪魔がこの村にやって来たに違いない——そう考えた者が多かった。悪魔を倒すに、悪魔を呼んでしまったのだと。

そして痙攣クラスタの数名が、魔女ケーキ以後、自分たちを苦しめる原因についてようやく口にしたことも、「魔術が効力を発揮した証」と考えられた。

そして、原因究明に向けて最初の被害者であるエリザベスとアビゲイルに辛抱強く話を聞くと、なんと彼女たちが魔術を行なっていた事実が明らかとなった。

魔女ケーキ以前にもセイラムで魔術が！

それは、ティテュバを発端とするものだった。

エリザベスとアビゲイルは世話係だったティテュバに教えてもらった「**未来を見る占い**」を行なったのだ。

そして、それは同じ症状に苦しむほかの少女たちにも言えることだった。

彼女たちは卵とグラスを使って「**未来の旦那様**」を見ようとしたり、恋占いを行なったのだという。

これは現代の中高生が行なう「まじない」と同じく、他愛のないものだ。

だが、厳格なピューリタンの社会ではこのような行ないは悪魔に通じる儀式とされており、禁止されていた。魔術を行なう者——それは悪魔と契約した魔女だ。

だが、娘たちは苦しんでいる。演技には見えない。つまり、これらは被害者だ。ほかに犯人がいる。つまり魔術を先導したティテュバが魔女だ——この流れでティテュバが問い詰められた。

彼女は当初は否定していたが、執拗な追及によりやがて自らが魔女であることを認めた。そして、自分のほかにもセイラムに魔女がいるとも。

自分が悪魔と契約したとき、その場にはほかにも魔女がいた。それはこのセイラムの住人だった、と。

そこで名が挙がった2名はサラ・グッドとサラ・オズボーンだった。

サラ・グッドはいかにも怪しい女だった。ボサボサの白髪頭でシワシワの顔。村人たちに物乞いのようなマネをし、村の鼻つまみ者だった。

この告発は正しい、ティテュバの言うとおりサラ・グッドも魔女に違いない——調査に当たっていた者たちはそう思った。

もうひとりのサラ、サラ・オズボーンは資産家ではあるが、3度の離婚歴があり、嘘つきであるとの評判があった。

これも魔女だと言われれば、なんとなくそんな気がする。

ふたりとも決して村内で評判の良い人物ではなかったし、なるほどなと思った村人も多かった。

もちろん彼女たちは自らにかけられた魔女の嫌疑を真っ向から否定した。

だがサラ・グッドの裁判の途中、痙攣娘たちをサラ・グッドと引き合わせてみれば、少女たちはサラ・グッドの顔を見た瞬間に恐ろしい形相で、もがき、苦しみ始め、ようやくその発作が治まると、サラ・グッドがそれを引き起こしたとハッキリ批難した。

この場だけでない、以前にも生霊を飛ばして自分たちの所へやってきて、自分たちを責め苛んだ、と。

この、裁判中の「首検分↓発作」の流れは陪審員の持っている被告人の印象を、灰色から黒に変えるに充分なものだった。

彼女たちは有罪――つまりは魔女と判断された。

そして、つぎにマーサ・コーリという婦人が少女たちに告発され、逮捕される。

評判の悪くなかったマーサ・コーリに対する告発は波紋を呼んだが、次にレベッカ・ナース老婦人が告発されると波紋は動揺へと変わった。

レベッカ・ナースは村内でも極めて評判が良く、信仰心篤く勤勉であり、人望もあったからだ。ここまでくると、懐疑的な目を向ける者も出始めていた。

ジョン・プロクターという男は特に被害娘たちによる魔女告発に懐疑的で、「**この娘たちをムチ打って懲らしめなければ、我々はみな、悪魔か魔女にされてしまうぞ**」と明らかに懐疑的・批判的だった。だいたいレベッカ・ナース老婦人が魔女であるはずがないではないか――と。

だが、レベッカ・ナースの裁判の途中、奇妙なことが起こった。

やはり痙攣発作を見せた少女たちだったが、必死に自己弁護するレベッカ・ナース老婦人の手足の動きをマネし始めたのだ。

これは異様な光景だった。

レベッカが手を上げれば、少女たちも手を上げ、レベッカが首を傾げれば少女たちの首もかたむく。これは妖術を使った動かぬ証拠とされた。集会所にいた全員が証人だ。

レベッカ・ナース老婦人への告発が不当であるとして、39人分の署名が集まったがそれも無意味だった。痙攣シンクロメソッドは彼女の風評を一気に魔女へと変えてしまう威力を有していた。

そして、懐疑的だったタフ農場主ジョン・プロクターとその妻も告発された。

次々に村人たちが告発のやり玉に挙がる。

ブリジット・ビショップ。エリザベス・ハウ。サラ・ワイルド。スザンナ・マーチン。マミー・レッド。アビゲイル・ホッブズ――この村の前牧師ジョージ・バローズも少女たちに告発されたし、サラ・グッドの娘である4才のドーカス・グッドも魔女の烙印を押された。

ようやく騒ぎが強制的に収拾されたのは、逮捕者は実に100名（一説には200名）にのぼり、19名の死刑が執行されたあとのことだった。

もちろん、外部からの干渉――つまり州知事によるストップがかからなければ、もっと多くの人々が処刑されていたであろうことは言うまでもない。

皮肉なことに、魔女であると認めた者は「**告白により罪は軽くなる**」とするピューリタンの教義に基づいて死刑を免れ、最後まで否認し続けた清廉潔白な者たちは処刑された。

レベッカ・ナース老婦人も首吊り台で聖書を暗唱しながらその生を終えている。

アメリカ史上、類を見ない黒歴史と言われるセイラム魔女裁判――これを愚かだと思うだろうか。それとも、野蛮だと思うだろうか。ハーバード大学のジョージ・ライアン・キトリッジ教授は言う。

「**現代の合理主義をかさに着て16～17世紀を執拗に非難しようとする――魔術に関する現代の著述家たちを満足させることは容易ではない。現在、魔女告発者たちを裁こうとする人々が、もしあの魔女裁判の判事席についていたならば、被告側は1人として罪を免れなかっただろう、と断言してもいい**」

この出来事の裏側に何があったのか、なぜこうなったのか。一部の研究者は「**処刑されたうちの何人かは本物の魔女だった**」と言う。

これは真実か？　さまざまな資料をひも解いて、もう一度事件を振り返ってみよう。

魔女裁判はいかにして行なわれたか

諸兄諸氏らは時間旅行をする。

17世紀、セイラム村の集会所、つまりは魔女裁判の判事席に座る。

ジェヴォーダンでベートが暴れる70年前。

サンメダール教会でグロテスクな奇跡が起こる35年前。

そして、イングランドはデヴォンシャー地方で怪事件「悪魔の足跡」騒ぎが起こる160年前だ。

　のちに起こったこれらの事件がそうであったように、17世紀のセイラムでも悪魔の存在は信じられていた。もちろん魔女の存在も。

　彼女たちがいかにして裁かれたのか、少し冗長になるが、それを見てみよう。

セイラム魔女裁判の様子。セイラム村には裁判所はなく、審議は集会場で行なわれた。ヒステリーを起こした少女たちが、天井や壁を指さし「生き霊がいる」「使い魔の鳥がいる」と騒ぎ立てている
（画像：『Pioneers in the Settlement of America』／latinamerican studies.org）

　最初に被告人席にやってきたのは、サラ・グッドだ。

●サラ・グッドの場合

彼女はいかにも魔女めいた容姿と態度だった。

年齢不詳。白髪頭にシワシワの顔。家族がありながらほとんどホームレスのような生活を送っていた。老婆のような風体ではあるが、告発により逮捕された際に妊娠しており、4歳の娘もいた（註：娘に関して6歳だったという説もあり。いずれにせよ幼い娘がいて妊娠もしていることから、実際は老婆ではなく40歳ぐらいだったのではないかと思われる）。

　人の言うことを聞かず、だらしなく、先の天然痘流行のときに不注意によって感染を広げたと噂さ

れていたため、村では不快な存在として扱われていた。

腕力が強く、収監された際に看守を酷い目に遭わせたタフガールでもある。

判事たちによる「**どうしてお前は教会に通わなかったのか?**」という質問に対し、「**着て行く服がなかったから**」と答えている。

このセイラム村では、敬虔なピューリタンの集落で教会に通わないということが、どれほど反社会な行為であったかは想像に難くない。

「**お前が魔女でないなら、誰が魔女なのか**」と問われると、サラ・グッドは平然と自分と同時に告発されたサラ・オズボーンを名指しするほどの女丈夫で、身内であるはずの夫までもが「**妻は魔女か、でなければ、いずれは魔女となる女だと思っていた**」と不利な証言する。

4歳になるサラ・グッドの娘も、自分の母が「**黒と黄色と全部で3羽の鳥を手なづけており、それらを使って子どもたちを苦しめていた**」とサラ・グッドに不利な証言した。

もちろん、被害者娘たちに引き合わされたとき、被害者娘たちは痙攣し、それが治まるとサラ・グッドを指さして「**生霊を飛ばした!**」と非難した。

サラ・グッドは法廷で無実を勝ち取るどころか、どんどん深みにはまっていった。

以下が有名な問答だ。

判事「**この哀れな娘たちを見て、何も思わないのかね。この娘たちをなぜ苦しめるのだ**」

サラ・グッド「**私は子どもたちを苦しめたりなんてしません**」

判事「**では、誰を使って苦しめているのだ**」

サラ・グッド「**私は誰も使ったりしていません**」

判事「**では、どんな動物を使って苦しめているのだ**」

サラ・グッド「**私はどんな動物も使ったりしません**」

判事「**では、どうやって娘たちを苦しめているのだ**」

明らかに「有罪」を前提に審理が進んでいる。だがサラ・グッドも態度が良くなかった。質問をはぐらかしたり、素直に答えなかったりして、その場にいた者たちの印象を悪くするばかりだったのだ。

彼女は普段から何かブツブツと呟いていることが多かったが、判事にその内容を問われたときの問答が記録に留められている。

判事「**なにを呟いていたのか**」

サラ・グッド「**そんなに言うなら、教えてあげるよ**」

判事「**それでは、ちゃんと言ってみなさい**」

サラ・グッド「そんなに言うなら、教えてあげるよ。十戒を唱えているのさ。ま、言ってみれば私なりの十戒だけれどもね」

判事「では、どんな十戒か言ってごらんなさい」

サラ・グッド「そんなに言うなら、教えてあげるよ。実は賛美歌さ」

判事「どんな賛美歌だね」

サラ・グッド「そんなに言うなら、教えてあげるよ。それは……」

彼女は言いよどみ、かなり時間が経過してからある賛美歌の一節を呟いた。

このようなやりとりを目の前にして、人々は「**サラ・グッドは嘘をついている**」という印象を持った。ピューリタンの社会では、嘘も大罪とされる。人々は思う。

——この女は魔女でなくとも、地獄に堕ちる運命だ、と。

この村で起きた不可解極まる家畜の異常死なども、サラ・グッドのせいに違いない。

夫ウィリアム・グッドも「**妻は、Goodなんてもんじゃなく、Badそのものでした**」と法廷でシャレを言っている。ウケたかどうかは記録に残っていない。

サラ・グッドに関しては逸話が多いが、そのなかでも死刑執行人の死を予言したという話と、獄中で子どもを産んだという話が有名だ。

獄中出産については、不衛生な環境で生まれた赤ん坊は産後まもなく獄中死した。

赤ん坊の死に関して「**サラ・グッドが殺した!**」と批難されたが、真相はわかっていない。

予言については、死刑執行直前、処刑人に対し「**お前はやがて血を吐いて死ぬ**」と捨て台詞を吐き、実際にそうなった。

●サラ・オズボーンの場合

彼女もいかがわしい感じの女だった。

資産家だったのだが、3度の結婚歴があって、嘘つきであるとの評判があり、こちらのサラも1年以上教会に現れていなかった。これも村内において印象の良い婦人ではなかった。

むろん、本人は魔女であることも、娘たちへ危害を加えたことも認めなかった。

だが被害娘たちはサラ・オズボーンを目の前にすると、やはり痙攣発作を起こした。

そして、どうして自分が魔女として告発されたかまったく理解できないサラ・オズボーンは、こんなことを言った。

「**悪魔が私の姿を借りて悪さをしてまわってるんだろうが、私自身は何も知らない**」

だが、これが良くなかった。

――悪魔は罪のない人の姿を盗むことができるのか、と法廷内に動揺を呼ぶ。これはのちの大混乱の引き金となる言葉だった。

シェイクスピアのハムレットによれば、「**悪魔は、人の喜ぶ姿に変身する**」とある。これは正しかったのだ、と。

さらなる追及に、サラ・オズボーンは言う。

「あるとき恐ろしい夢を見たことがあり、真っ黒なインディアンのようなものが、実際に現れるか、夢に現れるかして、私の首を何かで突き刺したり、後頭部をつかんで家の入り口まで引きずっていったりした」

これも良くなかった。

そして判事になぜ教会にずっと顔を出さなかったのかと問われると、彼女は病気のせいだと答えた。病気のせいで家から出ることがかなわず、行きたくても行けなかったのだ、と。

だが、これは夫ウィリアムによって「**嘘です**」と否定される。結局夫にまで裏切られ、身体の弱いサラ・オズボーンは3月10日に獄中死している。

●**ティテュバの場合**

ティテュバは法廷において、責め立てられることなく、滔々と魔術についての自白を行なった。

以下、ティテュバの自白の要旨の引用。

悪魔はかつて、ひとりの男――黒服を身にまとった白髪の背の高い男――の姿を借りて、ティテュバの前に現れた。またある時は動物の姿を借りてやって来た。彼はティテュバに向かって、自分は神だと言い、自分を信じて6年間仕えれば、素晴らしいモノをあげようと約束した。

彼はティテュバの前に1冊の書物を示した。そこでティテュバはその書物のなかに「血のように真っ赤な」印をつけた。

書物のなかには9つの印があり、そのうちふたつはサラ・グッドとサラ・オズボーンがつけたものだった。

サラ・グッドはティテュバに、自分の印をそこにつけたことを以前から打ち明けていたが、「オズボーンのかみさんは打ち明けなかったよ。ワシに腹を立てていたのでな（註：ティテュバの発言）」

黒服の男は、4人の魔女を連れてくることもあった——グッドとオズボーン、それに名前のわからないボストン出身の女ふたりである。彼らは彼女に同行して子供たちをいじめるよう強要した。彼女はホウキの柄や棹にまたがり、グッドとオズボーンを後ろに乗せてでかけた。

「ワシらは互いにしがみついて乗るんだよ。木も道も見えんので、どう飛んでゆくのか皆目見当も付かないが、あっという間についてしまうのさ（註：ティテュバの発言）」

グッドやオズボーンには使い魔（ファミリア）がついていた。サラ・グッドは1匹の猫と1羽の黄色い鳥で、鳥のほうは彼女の右手にとまって、人差し指と中指の間から血を吸った。

サラ・オズボーンには翼と2本の足と女の頭部を持った怪物がついていた。子供たちは2月29日にそれを目撃しており、その後、怪物は女に変身した。彼女にはまた体も顔も毛むくじゃらで、長い鼻のある、なんとも言い様のない顔つきをしたモノがついていた。そいつは2本足で、身の丈およそ2〜3フィート、人間のように直立歩行し、ゆうべはパリス牧師の家の暖炉の前に立っていた。

（ティテュバ3月1〜2日の自白『セイレムの魔女』より）

よどみなく、右のような発言をした。

サラ・グッドの不安定な発言、そしてサラ・オズボーンの虚言。それらに疲れていた者たちの耳に、事細やかなティテュバの証言はいかにも真実味のあるものに聞こえた。「神は細部に宿る」と創作家が言うが、まさにティテュバの証言には何かが宿っていた。その「何か」は人々の恐怖心を大いに煽ったし、猜疑心をも増大させた。

「アンタの家の暖炉の前で、怪物がくつろいでたよ」——と言われたパリス牧師の心情はいかなるモノだったろうか。自分の娘たちが痙攣し、奇行を見せるだけに留まらず、使い魔が自宅リビングにいる——。

ちっとも神に守られていない牧師である。

そして、9つの印。

——まだ7人も魔女がいる。人々はそう考えた。

●マーサ・コーリーの場合

そして4人目が告発される。初老の婦人、マーサ・コーリーだ。

彼女は教会内でも評判が良く、学識も信仰もあった。村の人々にすれば「意外すぎる人物」だった。

頑固で無遠慮で、独善家――田舎女の典型というマイナス要素を加味しても、魔女と言うほどではない存在だ。

だが彼女は魔女騒ぎに対して懐疑的だった。悪魔発作を初めて見たとき、腹を抱えて大笑いした。

きっと、これが良くなかった。

そして彼女は頭が良く、人の言わんとすることを先に言う癖があった。これも良くない。

人の心を読む、**それはいかにも悪魔的なワザ**ではないか――と村人たちの不信感を煽る。

夫のジャイルズ・コーリーが魔女尋問を見物しに行こうとしたとき、マーサが行かせまいと画策したのがわかって、これも村人の反感を買った。

これについてはジャイルズが気の短い粗野な男だったこともあり、マーサはトラブルを事前に回避しようとジャイルズの馬の鞍を外しておいたようだ。こうすれば夫も行けまいと。でも無理やりジャイルズは行った。粗野な男である。

かくしてマーサ・コーリーの裁判が始まると、被害娘のアビゲイル（11）が集会所の天井を指さして叫んだ。

「**コーリーおばさんが梁の上に座っている。黄色い小鳥を指で抱いて、乳を飲ませているわ！**」

アン・パトナムJr.（12）もそれに乗じて発作を見せた。

だが、冷静なマーサ・コーリーは鼻で笑い、判事に言う。

「**いけません。このような頭のおかしい子どもたちの言うことを信じては**」

マーサの放つこの評言の冷たい理屈っぽさが判事を怒らせた。判事は思う。では誰が子どもたちの頭をおかしくしたのか。目のあるものは見よ。その答えは明白ではないか――。

マーサ・コーリーがアン・パトナムJr.との対面を求めて、彼女の部屋に入ってゆくと、彼女は急に発作を起こし、両親は彼女の生命に危険があると言って対面を拒んだ。

「**私たち大人が、気が動転した子どもたちの言うことを頭から信じるワケにはいかない**」

このような「冷静」な態度が「冷酷」という表現に歪曲されるまでに、さほど時間はかからなかった。

裁判中、少女たちはドラムが鳴り、黒い男がマーサに耳打ちしているのを見たと騒いだ。集会所の窓の外を指さし、魔女が集まっていると言う。

少女たちは口々にマーサ・コーリーを非難した。

「ドラムが鳴っているのが聞こえないの!? あなたもあそこに行くんじゃないの!?」

場は凍りついた。

そして、マーサ・コーリーが毅然と抗弁すると、少女たちはマーサ・コーリーの口の動きをそっくりと真似、マーサが唇を噛むと、少女たちは「唇を噛まれた!」と大騒ぎする。これも魔術のワザとされた。

もう、マーサにできることは何もなかった。何をしても裏目に出た。

尋問の終わりころ、マーサはヒステリカルな笑いの発作のようなものを繰り返し、最後に絶叫した。

「あなた方はみんな私の敵です。私にはどうすることもできません!」

●レベッカ・ナースの場合

セイラム魔女裁判において、最大のターニングポイントとなるのがレベッカ・ナースの裁判だ。ここから最悪の結末に向けて事件が動いてゆくことになる。

レベッカ・ナース老婦人はかなりの高齢であったが、常に信仰心篤く勤勉であり、絶え間ない努力をもって貧困から身を起こし、裁かれた当時には裕福な家庭を持っていた。人望も名声も村では指折りであり、まるで聖女のように扱われていた。皆に尊敬される『タウンガールズ』と呼ばれた三姉妹の長女で、村の重役であり、名士だった。

レベッカ・ナースこそエセックス郡で最も魔術と縁遠い存在であると誰もが思っており、魔女の告発でレベッカ・ナースの名前が挙がったとき、告発を無効とする嘆願署名を始める者もいた。

次に挙げる書面がレベッカ・ナースの人柄をよくあらわしている。

以下に名を記す私ども一同は、ナース氏宅を訪問し、氏の妻と面談し、患っている者たちの何人かが夫人の名を挙げている事実を告げようと考えた。そこで私どもが揃ってでかけてみると、夫人は体調が悪く、衰弱しているとかで、もう1週間近くも病気がちだったと言う。

私どもが、ほかに何か変わった事はないかと聞くと、夫人は、神様のおかげで別状ないし、病気のときのほうがかえって神様を身近に感じることだが、まだまだ充分でない。しかし、お力を借りて、良き信者となるよう一心に努めるつもりだし、聖書のいろいろな箇所も力になる、といった。

それから夫人は、自発的に、いろいろな人たちが患っている例の苦しみのこと、特にパリス牧師の家族のことに触れ、以前に彼女がよく起こしていた発作のせいで、まだお見舞いに行けないでいるが、見るも痛ましい様子だと聞き、その人たちの身の上をとても案じている、と言った。

とにかく、夫人は心から彼らに同情し、神の助力を乞うた。しかし彼女は、どう考えても自分と同様に無実としか思えない人々のことが、世間で取りざたされているらしい、とも言った。

そこで私どもは、頃合いを見計らって、実は夫人の名前も取りざたされているのだといった。

「**そうですか**」と彼女は言った。「**いずれにしても主のみ意が行われますように**」夫人は愕然とした様子で、しばらくの間身じろぎもせずに座っていてから言った。

「**とにかく、この件に関しては、私は生まれる前の赤ん坊と同じように潔白です。でも、こんな苦しみを老年の私にお与えになるなんて、神様は一体、どんなひそかな罪を私の中にお見つけになったのでしょう？**」

私どもが観察した限りでは、例の件を持ち出す前に、夫人が私どもの訪問の理由を知っていた形跡は全くない。

イズリエル・ポーター。エリザベス・ポーター。

右の内容につき、私ども両名は必要に応じいつでも、制約の上、証言する用意があります。

ダニエル・アンドルー。ピーター・クロイス。

（『セイレムの魔術』）

レベッカは立ち振る舞いも含め、老貴婦人の名に相応しい女性だった。

のちに悪名を残した判事のひとりホーソーンも、レベッカ・ナースが告発された際、「魔女審問」への自信が揺らいだとされる。はたして自分たちは正しい道を歩んでいるのか？——と。

だが彼女は逮捕され、審問に引き出された。彼女は戸惑いながらも、「**潔白は神が証明して下さる**」と信じ、法廷に立った。

だがいざ審問が始まると、少女たちはやはりグロテスクな痙攣を見せ、レベッカ・ナースの生霊に苦しめられていると主張した。

そう非難されても、どうすることもできないレベッカ・ナース。そして、彼女は当惑して両手を広げた。

すると少女たちもすぐさま両手を広げ、それからはレベッカの一挙手一投足そのすべてをマネした。

この光景はなんとも不気味なものだった。

この哀れな魔女は高齢で、衰弱しつつ、それでも我慢強く、自分に何が求められているのかを理解しようと、判事の言葉や被害娘の言葉に耳をすませていた。

だが聞くべきものなど何も無い。

簡易法廷の設けられた集会場には金切り声と、奇声と、騒音だけしか無かったからだ。

レベッカ・ナースの裁判。彼女の逮捕はセイラムの村に大きな影を落とした。背後に立つ捕吏の持つ道具は捕縛用のもので、魔女の首にはめ込んで使用された。老婆の手首を繋ぐ手錠が痛々しい（画像：Freeland Carter 1893）

このレベッカ・ナースの逮捕は良くも悪くも転換点となる。

人々の胸に魔女騒ぎへの懐疑心を芽生えさせただけに留まらず、大規模な反対運動までも引き起こした。

——レベッカが魔女というなら、この村に潔白な人間など居はしない。

ジョン・プロクターというタフな農場主は、レベッカを庇うため、被害娘のひとりである自らの女中メアリ・ウォレン（20）を引き合いに出し、こう訴えた。

「**少女たちをむち打って懲らしめなければ、俺たちはみんな、悪魔か魔女にされてしまうぞ！**」

プロクターは実際に、女中のメアリ・ウォレンが痙攣発作を起こしたとき、彼女に向かって「**車輪に縛りつけて、鞭打つぞ！**」と怒鳴った。

するとメアリ・ウォレンの発作はピタリと止んだのだ。

プロクターはこの事実から、この騒ぎが病気でも魔術でもなく、娘たちによるタチの悪い悪戯だと考えていた。つまり懐疑派だ。

かくして、大反対の声もあり、レベッカ・ナースは告発5人目にして初の無罪を言い渡された。

正義は果たされた、と良識派は胸をなで下ろしたし、次は自分かもしれないと考えていた者も、「本当に正しければ神に救われる」――と安堵したろう。

だが、ハッピーエンドは訪れなかった。

証人としてデリヴァランス・ホッブズという女性が牢から連れてこられた際、レベッカ・ナースが軽口を言った。

「**あら、あの方を連れてきたの？　あの人は私たちの仲間なのに**」

これが良くなかった。

この「仲間」というのは「**無実であるのに収監されている者たち**」という意味で、「魔女の疑惑を晴らすに魔女容疑者の手を借りるおつもり？」という上品なユーモアだったが、いささか皮肉が強すぎた。

「**〝仲間〟というのは魔女仲間に違いない！**」

判事たちはそのユーモアを額面どおりに受け止めた。

結局、この一言がレベッカ・ナースを終わらせる一言になってしまい、レベッカも魔女の烙印を押される。口は災いの元である。

だがレベッカ・ナースは最後までレベッカ・ナースだった。彼女は次のような言葉を残した。

「**私はあの子たちのために神に祈りましょう**」

「**でも私は心配なの。あの子たちが魔女だと叫んでいる人たちのことが本当に心配よ。そのなかには無実な人が、私と同じように無実な人が何人かいると信じるわ**」

尋問にきた者はそんな彼女の態度に心を深く打たれ、何も答えることができなかったという。

だが彼女は死刑になった。

そして、これ以後、歯止めはきかなくなった。

●エリザベス・プロクターの場合

タフな農場主ジョン・プロクターの妻だ。

彼女はレベッカ・ナースを庇い、なんとか無罪を勝ち取ろうと奔走したが、それが良くなかった。「魔女の仲間は魔女」ということになる。

●ジョン・プロクターの場合

タフな農場主。

「魔女」というとその単語から女性のイメージが先行してしまうが、男性も魔女とされる。

堂々たる風采に豪放磊落な性格で、男の中の男と評される。

彼もレベッカ・ナースの無罪を声高に叫んだが、そのせいで妻ともども「目を付けられた」。

実直なプロクターには、魔女狩りがおかしな方向へと進みつつあるように思われていた。そしてやはり声高に言う。

「**魔女を捜したいなら、上品で敬虔な女性たちのなかからではなく、あの狂ったような娘どものなかから探せ！**」

そんなことは言ってはいけない。ただで済むわけがないのだから。

●メアリ・イースティの場合

タウンガールズ。58歳でレベッカ・ナース三姉妹の末の妹。優雅で良識と勇気があった。

アン・パトナムJr.（12）は法廷に引き出されたメアリ・イースティを見るやいなや、金切り声で「**あんたがあの生き霊よ！**」と騒ぎ立てた。

呼応するように被害娘たちの首が、まるで折れたかのように曲がった。

だがメアリ・イースティ夫人の物静かで温和な物腰は、やはり魔女という存在とは縁遠い。

判事は審議が終わると、もう一度娘たちに会って、一人ひとりに「**お前たちは確かにあの人が魔女だと思うのか**」と聞かずにはいられなかった。

娘たちも確信が薄れたのか、後日、「最近はメアリ・イースティの生霊は自分たちのところには現れていない」と認め、メアリ・イースティは釈放された。

だが釈放されて2日後、被害娘たちのひとりであるマーシー・ルイス（19）が苦悶にのたうち回り、昏睡に陥った。これは、メアリ・イースティが魔女である証拠とされた。

娘たちのなかでマーシーだけがメアリ・イースティを無実だと言っていなかったからだ。

かくしてメアリ・イースティが緊急逮捕され、それと同時にマーシーの発作が治まり「やはりな」と人々は思った。メアリは刑が確定してから裁判所に次のような訴えを出している。

> 裁判長様。私は自分の命を救ってもらうために、この手紙を書いているのではありません。と申しますのも私はこれから死刑になるのであり、私の死刑の日は既に定められているからです。
>
> しかし、もし出来るならば、もうこれ以上無実の人の血は流さないで下さい。
>
> （『呪われたセイレム』よりメアリー・イースティの書簡）

もちろん、この訴えは無視された。

●サラ・クロイスの場合

タウンガールズ。レベッカの妹。

教会での集会中、「**ユダがキリストを裏切ったように、教会の敬虔なメンバー（註：レベッカのこと）であっても、悪魔の仲間が変装している場合がある**」というパリス牧師の説教を聞き、ひどく気分を害した。そして椅子から立ち上がると、荒々しく扉を閉めて出て行った。

これは良くない態度だ。「あの女も魔女じゃないか？」と疑惑の目を向けられ、翌日告発された。

●ドーカス・グッドの場合

4歳になるサラ・グッドの娘。元気のいい美貌の少女だったとされる。

この小さな魔女は、被害娘たちが自分の母にした仕打ちの報復に被害娘たちに噛みついた。裁判では「**わたしは魔女だぞ！**」と自ら主張し、自分は使い魔として小さな蛇を飼っていると胸を張った。

ドーカスは自分の手には使い魔を使役している印があるとも主張する。「どれどれ」と判事が調べてみるも、その印はノミに噛まれた痕にしか見えなかった。

とはいえ、「**自分で言うんだから魔女なのだろう。母親のサラ・グッドも魔女だしね**」ということで、関係者は幼女の告白を鵜呑みにし、ドーカスは収監された。

●ジョージ・バローズの場合

セイラム村の前牧師。

背が低くずんぐりした体型で、セイラム村に住んでいたころ、ふたりの妻殺しの噂を立てられていた。

事件当時は遠く離れたメーン州で牧師をしていたが、痙攣娘たちに告発され、セイラムからはるばるやって来た捕吏により食事中に捕らえられた。

逮捕時に天候が荒れ、大嵐となったため、これは「逮捕を免れるために嵐を起こしたに違いない！」と糾弾された。

被害娘アン・パトナムJr. などが、「**バローズ牧師に殺されたふたりの妻が、霊となって私の所にやって来た！**」と主張。加えて「**バローズ自身もやって来た！　〝このガキ、ブッ殺すぞ！〟と言われた！**」と涙ながらに主張。

バローズの義理の兄グットマン・ラックも、バローズに不利な証言をする。

苺摘みに行った際、バローズが席を外している間に交わされた会話を、なぜかバローズが知っていた、と。

良くないのが、バローズは目立ちたがり屋で、トリックを使って「怪力男」を演じるのを趣味とし、人々によく見せつけていた。

そのトリックを口止めするために妻に書かせた証文が裁判に提出され、不利な証拠となる。

●ブリジット・ビショップの場合

村で居酒屋のような店を営んでおり、服装が派手なこともあり村人からは煙たい目で見られていた。

真面目な村で不真面目な酒場を経営していたのが良くなかった。

もともと評判の悪い女性ではあったが、被害娘以外にも数人が彼女の生き霊によって眠りを妨げられたと証言した結果、魔女容疑者の誰よりも早く「絞首刑の丘」のオークの木に吊された。

●他の人たちの場合

・スザンナ・マーチン：油断ない目、辛辣な舌を評価されて魔女認定。近隣で過去30年間に起こった不可思議な事件でいつも中心にいたとされる。日常的にフードとスカーフを着用し、事件以前から魔女と呼ばれていたので、むしろ騒がれるのを楽しむようになっていた。
これは実に良くない態度である。法廷で豪快に大笑いし、それを咎められると**「こんな馬鹿げた行為を見たら、笑う**

「絞首刑の丘」の現在の様子。ここでその名のとおりの絞首刑が行なわれた。最初のころは「魔女の丘」と呼ばれていたが、のちに「絞首刑の丘」と呼ばれるようになった。現在は整備されて観光向けの公園になっている（写真：latinamerican studies.org）

のは当たり前さ」と言ってのけた。

●**アビゲイル・ホッブズ**：夜中に森の中をうろつきまわっていた。人々を驚かせるのが好きなイタズラ娘で、母親の頭に水をかけて神聖な洗礼を茶化したり、「**自分は身も心も悪魔に売り渡したから夜の森も怖くない**」などと友人に話していた。このような態度も良くない。やはり告発される。母親デリヴァランス・ホッブズは「**あんな気の触れた人の母になるなんて、思ってもいなかった**」と涙ながらに語る。

母親に見捨てられた不憫なアビゲイル・ホッブズは、それを気にする様子もなく「ティテュバの話を裏づけるサバトの話」を嬉々として法廷で証言した。被害娘たちはこのアビゲイル・ホッブズによる「アタシの魔女武勇伝」におとなしく耳を傾け、ただうなづいて、やがて積極的に彼女の話を支持した。

理解に苦しむが、この女は魔女視されるのを喜んでいたフシがある。

あまり好きな言葉ではないが、これは「厨二病」というやつだろう。思春期特有の自意識の病をこじらせていたに違いない。19歳とはいえもう少し精神的に大人になっていたら、結果は違っていたのかもしれない。が、こうなってはもう手遅れだ。魔女武勇伝など、実に良くない話だからだ。

ちなみに、このアビゲイル・ホッブズ（19）と被害娘のひとりであるアビゲイル・ウイリアムス（11）を混同して、アビゲイル（11）を悪戯娘とする表記がライトな資料に散見されるが、これは誤りで、別人である。

●**ジャイルズ・コーリー**：マーサ・コーリーの80歳になる夫。

●**ジョン・オールデン船長**：1620年メイフラワー号で最初に渡航してきた由緒ある家系。タフガイ。ティテュバの自白に出てくる「背の高いボストンの人」とされる。

娘たちは「**船長の生き霊が私のところに来た！**」とタフガイ船長を告発したものの、いざ本人と会ってみると、立ち並んだ数人の男たちの中で誰がオールデンかわからず、違う男をオールデンだと指さした。

「あん？」とオールデン船長がいかにもタフガイらしく被害娘たちを睨み付けると、被害娘たちは発狂し、痙攣し始める。そこでオールデン船長は判事に向き、言った。

「**小娘たちは倒れたのに、アンタはなんで倒れないんだ？**」

タフガイである。そしてさらに言う。

「**俺も神の威光に伏そう。だが悪魔なんぞを喜ばせたくはない。言うようだがね、神がこんな奴らに魔女を告発させ**

るとは思えない」

タフガイとはいえ、こんなことを言ってはいけない。船長はやはり有罪となり、収監される。

だが、機転の利くオールデン船長は、見張りに賄賂を握らせて村から逃亡した。やはりタフガイである。そうして騒ぎが収まるまで身を隠し、難を逃れた。

他、エリザベス・ハウ、サラ・ワイルドなど多数、項が長くなるので割愛。

どうだろうか。

ここまでの流れを見て、諸兄諸姉らは思ったのではないだろうか。

「**少女たちを鞭打って懲らしめろ！　魔女はこいつらだ！**」と。

だが、そんなことを誰も言えなくなっていた。そんなことを言ってはいけない。

魔女裁判に懐疑的、あるいは少女たちに批判的な立場を表明すれば、次は自分が告発されるのだ。

そして告発されれば、助かる見込みは「ゼロ」に等しい。

こうなる以前、村には自制があった。秩序もあった。だがレベッカ・ナース以降、村には恐怖しか残っていなかった。

なぜこのような事態になってしまったのか、本当は何があったのか——事件の裏側、その真相に光を当ててみよう。

裁判は「完全なる集団パニック」だったのか？

当時の人たちを無知だと笑うのはたやすい。だが、我々はどうか？

我々はこれほど容易くさまざまな情報にアクセスできる時代に生きている。にもかかわらず、世の中にはデマが横行している。

ある殺人犯は言った。

「**時代と方法は変化するが、人間はずっと同じままだし、その人間が生み出す結果も同じだ**」と。

そして、こうも言った。

「**人はより賢くなるわけじゃない、ただより多くのことを知るだけだ**」

殺人犯カール・パンズラムの言葉は真理かもしれない。少なくとも、この事件に関して言えば、現代に生きる我々がセイラム裁判の関係者を断罪するのはフェアな行ないとは言えまい。

だが、当時のセイラムにも「魔女裁判」についてバカバカしいと感じ、懐疑的な視線を向ける者はいたし、「歯止め」を効かせようとした者もいた。

たとえばマーサ・コーリー。たとえば、ジョン・プロクター。ジョン・オールデン船長にジャイルズ・コーリー。

だが、皆告発された。

捕吏代理のジョン・ウィラードという男は、何人かを逮捕したあと、自分の任務に嫌気が差し、叫んだ。

「娘たちを縛り首にしろ。あいつらはみんな魔女だ！」

これも、もちろん言ってはいけない言葉だった。ウィラード、アウト。

彼はもちろん娘たちに告発された。頑張って逃走しようとしたが、あえなく逮捕されている。

ロバート・パイクというソールズベリーから派遣された治安判事も書き残している。

「被疑者たちが容疑を否認しておきながら法廷で魔術を使って少女たちにひきつけ起こさせているとしたら、それは自分が犯人であると、触れ回っているようなもので、愚の骨頂だ。少し考えれば誰だってそんなことはしない」

魔女狩りを扇動したと思われがちな聖職者のなかにも、この裁判のやり方に批判的な人物はいた。

隣町から応援に来たディアーダ・ローソン牧師だ。

「十分な根拠もないのに、慌てて他人を調べるのは、まさに悪魔のような行為だ。悪魔は、偽の告発者だ」

こんなこともあった。絞首刑の丘でバローズ前牧師が処刑される直前、バローズが聖書を見事に暗唱し始め、刑の執行が滞った。

村人たちは動揺したのだ。

ティテュバと少女たち。ティテュバは面倒を見ていたエリザベス・パリスを自分の娘のように愛し、可愛がっていたが、騒ぎが始まってからはあまり顔を合わせることがなかった。ティテュバはベティの発作についてほかの誰よりも戸惑い、心配していた。しかし悲しいかなベティのほうがティテュバを避けるようになっていた。
そして、幼いベティはティテュバを告発した
(画像：A Popular History of the United States Public Domain)

魔女とは魔に属する存在であり、聖書の言葉は唱えられないと考えられていた。なのに、このエセ牧師は聖書の文言を口にしているではないか。これはどういうことだろう、と。

そのとき、コットン・メイザー牧師（権威のあるボストンの教会の牧師）が動揺する民衆に向かって、一喝した。

「悪魔は時に天使を装うものである！」

こうして、執行に踏み切らせた。

コットン・メイザーはこの事件を悪化させた「悪要因」として書かれることが多いが、裁判のさなかに次のような考えを書き残している。

「そのうち罪のない、常に道徳的な人でさえ危険にさらされることになる」

一応はこの事態の危険性を把握していたようだ。とはいえ、ふと考えただけで、特に意味は無かったようである。

そのとき、すでに「常に道徳的だった人」たちは裁かれていたのだから。

そして、そのコットン・メイザー牧師の父であり、大物であり、聖職者でもあるインクリース・メイザーも事態の悪化を懸念するようなことを書簡に書いていた。

「ひとりの無実の人間に有罪判決を下すよりは、10人の魔女を釈放するほうがよい。罪ある人が有罪の根拠なく判決を受けるよりは、罪の許しを与えられるほうがよい。魔女を無実の女性として裁くほうが、無実の女性を魔女と裁くよりいい」

セイラムの魔女裁判について、「完全なる集団パニック」だったというイメージが定着しているが、すでに述べたように有力者、あるいは裁く側にも歯止めのキッカケとなるような懐疑的、理性的な考えは存在した。だが、誰にも止めることができなかった。茶番だと確信していても、声を上げることもできなかった。

言えるはずがない。懐疑的な者や否定的な者は次々に魔女として告発、排除され、誰もが「次は自分かもしれぬ」と怯える生活だったからだ。

だって、「あのレベッカ・ナース」ですら処刑になったじゃないか——。

ちなみにティテュバが自白した件について考慮しておくべきなのが、彼女が「主人の命令は絶対である奴隷だった」という点だ。

こうして事件は暴走し続け、「9人の魔女」をはるかに超えた100人が告発され、うち19人が絞首刑の丘で風に揺れた。

州知事が異常事態に気づかなければ、おそらく全員が吊されていたに違いない。

驚いたことに被害少女たちは余所の町から招聘を受け、「出張鑑定」のようなことまでしていた。そしてそこでもやはり告発を行なっている。

では、どうしてこのような悲惨な事態になったのか。要因とされる諸説を挙げてみよう。

●少女たちのやりすぎたイタズラ説

誰もがいちばんに考えるであろう説だ。当時の人たちのなかにもこの可能性に言及する者もいた。もちろん、告発される憂き目に遭ったが。

このイタズラ説を元にした戯曲が作られ、それをもとに映画『クルーシブル』も撮られている。

映画では、少女たちは森の中でティテュバと黒魔術ごっこに興じ、それを見とがめられたためにティテュバに罪を押しつけて叱責を逃れ、やがて暴走してゆく。

登場人物は多少脚色されている。

アビゲイル（11）がアビゲイル（18）に変更されており、そのアビゲイル（18）がタフ農場主ジョン・プロクターを愛するあまり、黒魔術でプロクターの妻を殺そうとすることから話がこじれてゆく。

これはあくまでもフィクションではあるが、少女イタズラ説には証言が残っている。

ダニエル・エリオットという男が被害娘たちのひとりから、3月の下旬にこんな言葉を聞いていた。

「私たちは楽しみのためにやったのよ。私たちには楽しみ

映画『クルーシブル』でアビゲイル・ウィリアムスを演じるウィノナ・ライダーと、ジョン・プロクターを演じるダニエル・デイ＝ルイス

が必要なの」

これはもう自白だの暴露だのと言っていいだろう。

勇気あるダニエル・エリオットは裁判で右記の暴露話を証言したが、これはなぜか無視されている。

そして、「**鞭で叩くって脅したら治るよ!**」と完全に否定派であったタフ農場主ジョン・プロクターもこのイタズラ説の補強要因だ。

彼が世話をしていた召使いメアリ・ウォレンは、裁判騒ぎの途中で一度、痙攣娘クラスタから離脱している。

メアリ・ウォレンは、恋愛感情とは言えないまでも、ジョン・プロクターに対して尊敬の念を強く抱いていたとされ、プロクターが被害娘たちから告発された際、裁判でプロクターに不利になる証言を一切しなかった。

そしてそのまま被害娘群から離脱し、「**嘘をついていました。告発は全部ウソ**」と証言する。

これで騒ぎが収束すればまだ救いがあった。だがそうはいかなかった。

「暴露」したメアリ・ウォレンが、今度は被害娘たちから告発されたのだ。露骨に——裏切り者には死を、である。

ここでメアリ・ウォレンは証言を翻し、今度はプロクターに不利な証言をした。


「**嘘の告発が嘘。魔の者であるプロクターさんに無理やり言わされた**」

これでプロクターは終わった。

少女イタズラ説では、この一連の流れをして、コレこそが揺るぎ難い証拠だと考える。

大人たちが少女たちの言いなりで、あまりにも不甲斐ないように思われるが、裁判を執り行なう判事や牧師たちが「少女たちはあくまで無垢な被害者であり、被害者を疑うなんてセカンド・レ○プである!」という姿勢であったゆえ、仕方がないと言えば仕方がない。

このような「無垢に嘘なし」という考え方は、ピューリタンの発想が強いと分析される。だが、どんな時代にも「被害者」という立場の優位性をよく理解し、それを演じ、利得を得る者がいるのは事実だ。サッカーのブラジル代表におけるネイマールのように。


オカルト・クロニクルとしてはこのイタズラ説を支持しがちであるからして、どこか誘導的な文章になってしまっている。

ここで公平を期すため、事件からかなり年月が経過したころにアン・パトナムJr.が出した謝罪文に触れておく。

その謝罪文では「**自分たちの身に起こったことのせいで、さまざまな人たちに多大な迷惑をかけた**」とあり、イタズラだったとは書いていない。これは大人になってからの告白である点、教会に提出している点、（一応は）敬虔なピューリタンである点の3点から、それなりに信用してよい告白と思われる。

そして、被害娘の誰もが事件収束後に「演技だった」と言い出さなかったことも付け加えておく。

これは彼女たちが本当に被害者だった、ないし被害者だと思い込んでいたという証しと言えるかもしれない。

●集団ヒステリー説

少女たちが集団ヒステリー（集団パニック）に陥っていたとする説。

思春期特有の自意識の肥大と行き場のない閉塞感が彼女たちをヒステリーに追い込んだ――これは別段珍しいことではなく、現代でも世界中で報告が上がっている。

日本における事例を挙げてみれば――

- ２００６年、千葉県船橋市のショッピングセンターで11人の中学女生徒が相次いで倒れ、搬送され、うち4名が入院。
- ２００７年、大阪府堺市立三国ヶ丘中学校の生徒が社会科見学に向かうバスの車内にて怪談で盛り上がり、誰かが「幽霊を見た」と騒ぐと、男女11人が過呼吸となり病院へ搬送された。
- ２００８年、沖縄県真志喜中学校で、20人が過呼吸。「室内に霊的なモノが見える」というので、ユタがお祓いを行なっていた。
- ２０１３年、兵庫県立上郡高校で女生徒21人が過呼吸で倒れた。18人が病院へ搬送され3人が入院。

――などがある。

そして記憶に新しいのが、２０１４年に福岡県の私立柳川高校で起こった集団パニックだ。

英彦山に遠足に行ったあと、女子生徒計26人が次々に体調不良を訴え、倒れた。なかには取り憑かれたように男声で「**俺を殺してくれ**」だの「**死にたいんじゃ**」などと喚く女生徒もいたという。

時代を遡れば、こっくりさんによるパニックや口裂け女、豊川信用金庫事件取り付け騒ぎ、オイルショック、ええじゃないか、別章で取り上げる「岐阜県富加町の幽霊マンション騒ぎ」など、集団ヒステリーと思われる事例が多々存在する。

では、セイラムでの一連の騒ぎも集団パニック、集団ヒステリーだったのだろうか？

ここでタフ農場主ジョン・プロクターと被害娘メアリ・ウォレンの出来事を思い返してみよう。

プロクターに脅されることにより（註：実際に叩いたとする話もある）、メアリ・ウォレンは一時的に痙攣に始まる諸症状が消え、正気に戻った。

これをして、詐病だったと考えることは簡単だ。

だが、集団パニックに対し、ショック療法がある一定の効果を上げることをチャドウイック・ハンセンが著書のなかで指摘している。映画などでよくある、混乱した人に対し「**しっかりしろ！**」と怒鳴り顔を平手で打つアレである。

つまり被害少女たちの症状は詐病などでなく、彼女たちは本当に集団パニックに陥っていた、と考えることもできる。

集団パニックでよく見られる症状として、痙攣、歩行障害、失神、過呼吸などの呼吸困難、意識障害、妄言、幻覚、そして興奮、恍惚、恐慌状態等の精神状態の伝播などがあり、これらは確かに被害娘たちの症状と合致する。

集団パニック、そして負の群集心理が相乗効果を生み、救い難い悪循環の渦となった――ピッタリとハマる過不足ない説のように感じられる――が、なんだかスッキリしない。少女たちの発作の起き方が、どうにも都合が良すぎやしないか。

ピューリタンほど清廉潔白でないオカルト・クロニクルとしては、やはり痙攣娘たちを車輪に縛り付けて鞭打ちたい。

こんなことを言うのも、彼女たちが懐疑派を告発するタイミングがあまりにタイムリーすぎるからだ。否定したらすぐ魔女扱いするし……。ゆえに「邪魔者を排除した」ように見えてしまう。

詐病がばれて怒られるのが嫌で、懐疑派を排除したのでは？　と底意地悪く疑ってしまう。

とはいえ、すべてが詐病でなく、**被害娘たちの誰かが本当に精神に問題を抱えており、それが年ごろの少女たちに伝染した**と考えることもできる。

その「誰か」以外は実際の病気ではないがゆえ、騒ぎが大きくなってきたころに我に返り、それ以降は被害者を演じた――では「誰か」は誰か？

この「**誰かひとりはガチだった仮説**」の可能性を模索したオカクロ特捜班は、ひとりの少女に突き当たった。

被害娘たちの中心人物であった、告発の鬼――アン・パトナムJr.(12)だ。

アン・パトナムJr.(12)は村の有力者パトナム家の娘だったが、その母アン・パトナム・シニア(母子が同名)も実は痙攣症状を訴えている。

少女たちの陰となり、あまり注目されていないが、アン・シニアも被害少女たちと同様の症状に苦しんでいた。そして、長く精神病を患っていた。

その精神疾患というのがどのようなモノであったかはオカクロの調査力では判明しなかったが、少なくとも偏執狂的傾向はあったと『少女たちの魔女狩り―マサチューセッツの冤罪事件』で指摘されている。

遺伝性のモノでなくとも、その病気になりやすい体質というモノが遺伝しやすいのは確かだ。

何かしらの病気がアン・パトナムJr.に発症し、その病の表層的な部分だけがほかの少女たちに情動感染したと考えることはできないだろうか。

関連づけて考えるのは良くないかもしれないし、どこまで本当かわからないが、アン・パトナム・シニアは自分の娘に、『ヨハネの黙示録』や『最後の審判の日』を読み聞かせていたという。

『最後の審判の日』は1662年にマイケル・ウィッグルスワースの手によって書かれたピューリタン向けの長編詩で、原題の『The Day of Doom』からわかるように、いわゆる終末モノである。恐ろしい最後の審判を淡々と綴っている。以下が有名な文節だ。

洗礼を受けないまま死んでゆく不信心者に向けて神が言う。

「それは罪である。だからお前たちは天国で幸せに暮らすことは望めない。だが、私はお前たちにあてがうだろう。地獄の中では一番住みよい部屋を」

そしてアン・パトナムJr.はそういった恐怖の終末モノを好み、いつしか自主的に読むようになった。この時代にテレビのコメンテーターがいたならば、こう言うのではないだろうか。

「アン・パトナムJr.の部屋にはこうしたホラー小説が多数あり、彼女はそれらに影響を受け今回の犯行に――。これを表現規制を考えるいい機会に――」

●麦角中毒説

最近、ほかの中世の事件でもポツポツと囁かれる説だ。

いくつかの自然に発生するカビ中毒素(トキシン)に起因する菌類中毒で、麦角菌《ばっかくきん》に汚染された麦や穀類を一定量以上摂取すると、主として痙攣性麦角中毒症と壊疽性麦角中毒症というふたつの症状を引き起こす。

症状としては身悶え、震え、痙攣、ひきつけ、いくつかの麦角アルカロイドは、身体のドーパミンの働きに干渉し、混乱、妄想、幻覚を引き起こすとされる。

この説では、裁判記録にて証言されている少女たちの奇行や、さまざまな症状は麦角中毒症によって説明できるとする。

つまり、一時的な盲目、聴覚の失調、失語。火の玉ないし「白く輝く者たち」の幻を見る、幽体離脱的体験――。

では、当時のセイラムで麦角中毒はあったのだろうか？

メアリー・キルバーン・マトシアンは著者『食物中毒と集団幻想』のなかで興味深い指摘をしている。

麦角を3パーセント以上含有するライ麦粉から作られたライ麦パンは、サクランボのような赤い色をしている。そしてパリス牧師の牧草地で行なわれた聖礼典に出席した3人のエセックス州の女性は、聖礼典用のパンが赤かったと証言していたと。

つまり、「**セイラムの村人は、麦角まみれのパン食ってガンギマリになったんじゃね？**」という話だ。

マトシアンは著書のなかで、セイラムで奇行が見られ始めた時期と気候変動の様子、収穫から貯蔵期間のデータを提示し、麦角中毒の可能性を指摘している。これは、綿密なデータではあった。

だが、オカルト・クロニクルとしてはそれらが恣意的に麦角中毒に結びつけようとしているように思えてしまった。

無理にでも麦角菌のせいにしようとして、細い細い糸を手繰っているだけに見えてしまう。オカクロがよくやる「結論ありきの推論」を聞かされているような感じだ。自分でやるぶんにはいいが、ほかの人にやられるのは愉快ではないのだ。

ともかく、真面目に反論すれば、こうだ。

わざわざ「赤いパン」に言及したならば、それが「珍しかった」ことの裏返しであり、日常的に目にするものではなかったと考えるのが自然ではないだろうか。日常的でないなら、長期にわたる麦角中毒の根拠としては弱いのではないだろうか。

それにプロクターは「**叩いたら治るぜ！**」と公言しており、実際にプロクター家の召使いはそれにより大人しくなっている。麦角中毒が叩いて治るというのか。

そして村のほとんどが同じ物を食べていながら、なぜ一部の少女たちだけがその症状を訴えたのか。

麦角菌で説明しようとするあまり、かえって遠回りをしている説に思えてならない。

ちなみに、心理学者のN・K・スパノスとジャック・ゴットリーブがこの説を不完全だと批判している。

●派閥争い説

セイラムには「親パリス牧師派」「反パリス牧師派」の派閥が存在しており、この裁判は、その派閥争いの代理戦争だった、とする説。

これはポール・ボイヤーとスティーヴン・ニッセンボームによる共著『呪われたセイレム—魔女呪術の社会的起源』に詳しく書かれている。

ポールとスティーヴンには悪いが、ハッキリ言って、よくわからない。もっと言えば、つまらない。

確かにセイラム村には派閥があり、魔女裁判に至るまでに政治的対立があったのも歴史的事実であるようだ。何度もモメているらしい。

セイラム村の派閥の状況と、村人たちの意見が1692年の事件に関して分かれた状況との間に、非常に高い相関関係が見つかることは驚くに値しない。

なんとかして村からパリス牧師を追い出そうとしていたグループが存在し、そこで、魔女裁判を利用して、邪魔者を魔女として告発させ排除した——という筋書きになってゆくのだが、これも牽強付会《けんきょうふかい》に思えてならない。


（『呪われたセイレム』）


著作では綿密な人間関係の相関図が示され、派閥のネットワークも膨大な文量で書かれているが、そんなモノを見せられても重い。

人間が3人集まれば派閥ができると言うし、村社会なら多かれ少なかれトラブルもあろう。この著作ではそれを最大限に陰謀論化しただけに思えてしまう。

この出来事の全体を通して俯瞰してみれば、レベッカ・ナースの有罪判決以降にはそういう思惑が働いた告発もあったかもしれないが、事件の全編を派閥争いで片づけるにはあまりにも事件自体が無秩序すぎるように思われる。

著作をそれほど深く読み込んでいないので無責任な物言いになってしまうが、この派閥争い説に思考節約の原理であるオッカムの剃刀を当てはめれば、

「パリス牧師を追い出したいなら、パリス牧師を追い出せばいいんじゃね？」

ということになるのではなかろうか。実際、バローズ牧師は追い出したんだし。

●**複合要因説**

もうね、ぜんぶ足してしまおう。

赤いライ麦をパン見て、少女たちはやはり少女らしく「**ピンクのパン、カワイー。たべたぁい**」と先を争って摂取し、がっつりキマる。

もちろん、赤いパンはすべて少女たちがたいらげた。ゆえに他の村人には症状が出ていない。

そして一部の少女が麦角中毒を起こす。それを見て、ほかの少女たちが集団パニックを起こす。集団パニックを起こしながらも、一部の少女は冷静で、まるで軍師のように被害娘たちを扇動する。

もちろん、それはいずれかの派閥のトップに命じられたままに、邪魔者を告発するためだった――!

どうでしょう?

冗談はともかく、おそらく何かしらの複合はあったとは思う。

はたして、誰が〝魔女〟だったのか

「なんだよ! 魔女狩りって言うから、なんだか不気味な器具を使って、うら若き乙女を責め苛むちょっとインモラルなモノを期待してたのに全然責めてないじゃないか!」

そう、諸兄は憤るかもしれない。

確かにセイラムの魔女裁判では、自白させるにあたって拷問という手法はとられていない。

もっと言えば、うら若き乙女は告発する側で、裁かれたのは「過熟女」と「オッサン」ばかりである。

拷問でなく、被告全員が法廷に立ち、証言と証拠という一応の合理によって裁かれた。

ただ、ひとりだけ例外もいる。

だがこれも諸兄らの期待するインモラルとは程遠く、溜飲は下がらない。

責められたのは、ジャイルズ・コーリー老人(80)だからだ。

魔女とされたマーサ・コーリーの夫ジャイルズ老人は、審問に対して抗議の黙秘を貫き、体の上に次々と重い石を載せられるという嫌な拷問を受けている。

当時の法では被告の答弁がないと裁くことができないため、裁く側はなんとしてもジャイルズに口を割らせる必要があった。

次々に載せられる重石の圧迫に、ジャイルズの舌が飛び出し、判事がそれを口の中に押し戻したと書き残されている。

ジャイルズ・コーリーの拷問。セイラムで行なわれた唯一の拷問。ティテュバも口を割る前に鞭で叩かれたが、拷問というほどではなかった。ジャイルズは結局口を割らず、「more weight！」と叫んで絶命し、アメリカ史上唯一の圧殺拷問死者となった
（画像：Cyclopedia of Universal History, 1923）

映画『クルーシブル』におけるジャイルズ・コーリーの拷問のシーン

そんな状況にあって、「**喋る気になったか!?**」との問いに、ジャイルズはようやく言葉を発した。

「**もっと、重しを**」

これがジャイルズの最後の言葉となった。

裁判全体を通して拷問という拷問はこれだけで、ほかの容疑者たちは特に肉体的な責苦を負わされてはいない。

そう言う意味では、理性的であったと言うべきだろうか。

17世紀を通じて、アメリカ植民地全土で魔術により処刑された人数の数は50人に達せず、ヨーロッパ諸国で行なわれた殺戮を思えば、まだ理性的な数字といえる。

だがピューリタン特有の信仰の歪みはあった。

自分が魔女と認めたものは死刑を逃れ、最後の最後まで魔女であることを認めなかった者がオークの木に吊るされた。

嘘でも「自分は魔女だ」と言えば助かる――なのに19名の死刑囚は最後まで認めなかった。

ここにブ篤い信仰があった。

ピューリタンの社会では「嘘」も許されざる罪悪であり、助かるために嘘をつくことを潔しとしなかったからだ。

レベッカ・ナースは言った。

「私に嘘をつけというのですか？」

そして彼女は死刑になった。

信仰篤い者に科せられた葛藤は映画『クルーシブル』できめ細かく表現されている。ラストシーンが深く心にのしかかる映画だ。個人的には名作だと思う。

暴走した集団心理が悲劇を牽引したのは間違いない。

だが、「処断された19名の全員が無辜の民であったか？」と問われたとき、「NO」と言う研究者がいる。

彼らは言う。

「19名のなかに魔女がいた――ゆえに何分の一かの正義は果たされた」――と。

では誰が魔女だったというのか。

この疑問に対して、『セイレムの魔術』の著者チャドウィック・ハンセンは、ブリジット・ビショップとマミー・レッドのふたりを名指ししている。

ブリジット・ビショップは前述のとおり、不道徳な飲み屋を経営していたが、この魔女騒ぎが起こる以前にも魔女疑惑を向けられており、離婚した夫にも魔女として告発されている。

そしてブリジット・ビショップが以前に住んでいた家が取り壊された際、地下室の壁の中からボロぎれと豚の毛で作られた数体の人形が発見されたのが決定的証拠なのだという。それらには頭のないピンが何本も刺さっており、まさに呪物であったからだ。

もちろん、この呪法をブリジット・ビショップが行なった現場を見た目撃者はおらず、これは状況証拠にすぎない。

もうひとりの魔女とされるウィルモット・マミー・レッドも、村人とのちょっとしたトラブルの際、その相手に「排泄できなくなる呪い」をかけたとされている。これは、コアな人々の間で行なわれる「排泄してはいけない」という夜の遊びではない。

ブリジット・ビショップ、キャンディー（黒人奴隷）、マミー・レッドの3人は、人に危害を加えるために魔術を使っていた。

ほかにも、魔術を使ったかどうかは——証拠不十分で——よくわからないが、オカルト能力を持つとの評判を利用して、不当な利己的目的を達成しようとしていた人々がいたことは疑いない。

（『セイレムの魔術』）

魔術を行なう者＝魔女だというのなら、確かに3人は魔女なのかもしれない。その魔術に効果があったかどうかは別として。

この3人のほかに、悪魔との契約を公言していた自称・魔女アビゲイル・ホッブズや、これも自称の幼い魔女ドーカス・グッドもいた。

かくして虚実が村の中を入り乱れ、飛び交うさまざまな情報に当時の人々が混乱したことは想像に難くない。

資料を眺めていると、暴走が、まるで必然であったかのような錯覚さえ覚える。

今なお行なわれる「魔女狩り」

事件のあと、関係者たちはどうなったのか。

パリス牧師は結局セイラムの地を追われ、その娘である痙攣娘エリザベス・パリスは、1710年に結婚し子どもをもうけている。それがティテュバの「未来の結婚相手占い」に出た相手だったかどうかは……記録に残っていない。

一方、映画『クルーシブル』の影響で世間に嫌われがちな、アビゲイル・ウイリアムスのその後は確たる資料が残っていない。

映画の原作となった『るつぼ』に「アビゲイルは売春婦まで身をやつしたらしい」と書かれているせいで、それが事実のように語られるがおそらく事実ではない。裁判の終盤に人知れずセイラムから逃げ出すシーンがあるが、これも創作かと思われる。

ただ、「**最初のふたりのうち片方は、死に至るまで悪魔に責め苛まれた**」とジョン・ヘイル牧師が手記に書き残しており、この片方がアビゲイルである可能性は高い。

事件で重要な役割を果たした痙攣娘アン・パトナムJr.はセイラム魔女騒動から14年経過した1706年、教区の教会に謝罪文含みの告白を提出し、その後1715年に若くして亡くなっている。告白文にはこうあった。

「**悪魔に惑わされた**」

その「悪魔」とは何を指すのか……いろいろと勘ぐってしまうが、やめておこう。

事件から300年経った現代でも、現代人によって世界各地で魔女狩りに等しいことが行なわれ、「**人はより賢くなるわけではない**」というパンズラムの言葉が重くのしかかる。

2013年4月に起きた米ボストンでの爆発事件の際、ネット上で犯人捜しが行なわれ、無関係だった個人が犯人として吊し上げられた。最終的には「**魔女狩りのようなことをしてしまった**」と当該ニュースサイトが謝罪している。

「**時代と方法は変化するが、人間はずっと同じままだし、その人間が生み出す結果も同じだ**」

そう。時代と方法と呼び名を変えて、我々は同じようなことを繰り返す。

足利事件はどうであったか。東電OL殺人事件はどうであったか。

「DNAの一致」と言われれば、すんなり信じ、容疑者を糾弾してしまう。いまだ科学が万能でなく、さらに「**使うのは、間違いを犯す人間という生き物**」という大前提を忘れ、科学を無意識に盲信している。この事実は重く受け止めなければならない。「more weight」だ。

だがこれは仕方のないこと。我々も科学も間違うのだから。

大事なのは間違わないことではなく、間違いを認め、正すことだろう。

だから間違いを恐れず、あえて言わせていただく。

今回、この項における教訓は「**若い女は危険！**」ということ。

大事な読者である諸兄らには、そんな危険なモノに近づいてほしくない。だからここはひとつ、若い娘の相手はすべてオカルト・クロニクル特捜部に任せてほしい。

危険を顧みず、受け皿となる覚悟はできております。

冗談はともかく、処刑された19名のほとんどが現在では「魔女ではなかった」と認定され、教会によって名誉を回復されている。

だがブリジット・ビショップと数人はいまだに教会への帰属が認められていない。

本当に魔女はいたのか？

現段階の教会の対応に則せば、「いた」ということになる。まだ、魔女裁判は続いているのかもしれない。

【参考資料】

●『セイレムの魔術　17世紀ニューイングランドの魔

女裁判』（チャドウイック・ハンセン［著］、飯田実［訳］／工作舎／１９９１年）

●『少女たちの魔女狩り　マサチューセッツの冤罪事件』（マリオン・L．スターキー［著］、市場泰男［訳］／平凡社／１９９４年）

●『呪われたセイレム　魔女呪術の社会的起源』（ポール・ボイヤー、スティーヴン・ニッセンボーム［著］、山本雅［訳］／溪水社／２００８年）

●『図説魔女狩り』（黒川正剛／河出書房新社／２０１１年）

●『魔女と魔女狩り』（ヴォルフガング・ベーリンガー［著］、長谷川直子［訳］／刀水書房／２０１４年）

●『食物中毒と集団幻想』（メアリー・キルバーン・マトシアン［著］、荒木正純、氏家理恵［訳］／パピルス／２００４年）

●『魔女と魔術　神秘に彩られた魔術師たちの伝説と実像をビジュアルに探る』（ダグラス・ヒル［著］、高山宏［日本語版監修］、アレックス・ウィルソン［写真］／同朋舎／１９９８年）

●『性的支配と歴史　植民地主義から民族浄化まで』（宮地尚子［編著］／大月書店／２００８年）

●『ホーソーン研究』（周藤康生／大阪教育図書／１９９３年）

●『歴史のなかの子どもたち』（森良和／学文社／２００３年）

●『ジャージーの悪魔』（ベン・C．クロウ［編］、西崎憲［監訳］／筑摩書房／２０００年）

●『アーサー・ミラー全集2』（アーサー・ミラー［著］、菅原卓［訳］／早川書房／１９５８年）

●『週刊X－zone』（VLO．65／VOL．66）

●『クルーシブル』（DVD／FOX／２００４年）

●「Salem Witch Trials Documentary Archive」（http://salem.lib.virginia.edu/home.html）

●「Ann Putnam, Jr.：Wikipedia」（https://en.wikipedia.org/wiki/Ann_Putnam）

●「Betty Parris：Wikipedia」（https://en.wikipedia.org/wiki/Betty_Parris）

●「Famous Trials」（http://law2.umkc.edu/faculty/projects/ftrials/salem/salem.htm）

●「history of massachusetts.org」（http://historyofmassachusetts.org/）

坪野鉱泉肝試し失踪事件

――ふたりの少女はどこへ消えたのか

「肝試しに行く」――それが最後の足取りとなった

1996年5月5日、21時ごろ――。

富山県氷見市に住んでいた19歳の少女ふたりが家族に「肝試しに行く」と告げ、車で出かけたきり消息を絶った。

彼女たちが向かったのは魚津市にある温泉旅館廃墟ホテル坪野跡、通称「坪野鉱泉」だった。

深夜になって、彼女たちから友人に向けて発信された「いま魚津市にいる」というポケベルのメッセージが、彼女たちが発した最後の足取りとなった。

目撃証言も残っている。

同日5月5日22時ごろ、ふたりの乗った車が国道8号線（富山市と滑川市の市境あたり）を魚津方面へ向かって走っているのが確認されている。

この目撃のあと、魚津入りしたふたりはポケベルで「いま魚津市にいる」と送ったモノと思われる。

ふたりは氷見市の某県立高校の同級生で、卒業後も仲が良く、当時A子さんは会社員、車の所有者であるB子さんはスーパーの店員だった。

大規模な捜索が行なわれるも、成果が上がらないまま10ヶ月が経過した1997年3月、彼女たちが満20才を迎えたことから警察は署内限定で尋ね人として彼女らの特徴を記したパンフレットを作成し、準公開捜査に踏み切った。

だが、それでも有力な情報は得られず、いまだに彼女た

坪野鉱泉。坪野鉱泉から無事帰るための条件として、「自分の車で行ってはいけない」「白い車で行ってはいけない」「ドアを開けるときは気をつける」「1人になってはいけない」「自分の名前等の情報を言ってはいけない」「帰ってからお祓いを受けたほうが良い」などと言われるが……今の時代、頑固者が握る寿司屋でもこれほど多くは望まない

（写真提供◉吉田悠軌・とうもろこしの会）

ちは見つかっていない。

坪野鉱泉はこの事件が起こる以前も週刊誌などで取り上げられ、地元では有名な心霊スポットであったらしい。

廃墟になった経緯としては、坪野鉱泉ホテル坪野は1984年ごろに倒産し、オーナーは行方不明になった。倒産直後の1980年代後半には坪野付近でスキー場建設などのリゾート開発計画もあり、ホテル坪野の再利用価値もあったが、平成バブルの崩壊とともに開発計画は頓挫し、それに平行してホテル坪野跡の利用価値も無くなった。

1990年11月、富山市内の会社経営者が3500万円で落札するも、山奥という立地もあってやはり「心霊スポット」以上の利用価値はなく、現在も野ざらしの状態が続いている。

水は低きに流れる。多くの廃墟のなかにあってホテル坪野も例外ではなく、自然な流れで暴走族などの反社会勢力の集会場となった。もちろん心霊マニアや廃墟マニアもいまだに引き寄せられている。

そしてこの事件は、その内容から抽出される、「肝試し」「廃墟」「心霊スポット」「行方不明」「実話」という神秘的なキーワードをエンジンに、さまざまなデマや噂を燃料にして加速――伝説化していった。

彼女たちは車もろとも消えた――

多くの心霊スポット紹介サイトあるいは廃墟紹介サイトにおいて、**「富山といえばやっぱり神隠しホテル坪野鉱泉だね！」**とされるほど坪野鉱泉は人気が高い。

アクセスしやすい、侵入しやすいという理由もあろうが、やはり「実話」の下敷きによる話題性が高いためだろう。言い方は悪いが「キャッチー」なのだと思う。

幽霊が出る、ヤクザにさらわれる、オーナーが首吊り、プールで亡くなった子どもの霊――恐怖を煽る素材には事欠かない。

そしてキャッチーであることばかりが着目され、失踪事件そのものにはあまり関心が持たれない。

富山の地方掲示板のログ数年分に目を通してみたが、魚津ないし氷見市民による「失踪事件自体がデマ」「事件は無かった」「ふたりは次の日帰ってきた」という書き込みさえあった。これは尾ひれはひれのつきがちな、心霊スポットの逸話に対する懐疑精神が働いたモノかと思われるが、端からデマだと決めてかかるのも健全な態度とは言えない。

とはいえ、「Wikipedia」でも真偽をめぐっての小さな論争があったのが興味深い。

2008年ごろの坪野鉱泉の項では、ノートで以下のようなやりとりが見られた。

「事件当日から前後一ヶ月の新聞記事を探したが失踪事件のソースが見つからないよ」

「これは事実ではない」

「おい。心霊サイト以外に出典がないぞ」

「生霊に襲われた！　とか意味不明なことwikipediaに書くな」

「帰った後お祓いを受けた方が良い　とか意味不明なことwikipediaに書くな」

「山道で熊が横切ったとか書いたの誰だよ。関係なくね？」

「てか失踪事件の項目、まるごと削除してよくね？」

上記の「新聞記事が見つからなかったよ」に関していえば、たしかに見つからない。だが事件から1年が経った1997年、読売新聞地方版で「少女不明から1年」と題して5月4日と5日に上下に分けて2回特集されている。4年後には北日本新聞でも取り上げられた。

失踪直後の新聞ソースが見つからないことは奇妙だが、プライバシーへの配慮か、あるいは未成年保護の観点から閲覧制限がかけられたのではないかと考えるべきだろう。

「肝試しで行方不明」という事案に対し、「どうせすぐ見つかるだろう」あるいは「どうせ若い子にありがちな家出だろう。そのうち戻るさ。騒いでも仕方ない」という予断もあったのかもしれない。

マスコミによる自粛などもあった可能性もあるが、当時の記事が見つからない件に関してはオカルト・クロニクル特捜部も首をひねるしかない。事情に通じた方がおられましたら、こっそり教えていただきたい。

では新聞から得られた情報をもとに、事件の流れを見てみよう。

●5月5日以前

ふたりは新湊市（→合併し現在は射水市）にある若者のたまり場「海王丸パーク」で知り合った友人から、ホテル坪野跡地が肝試しスポットになっていることを知らされる。

時期は不明だが、失踪事件が発生する5月5日以前にも、ふたりで同ホテル跡を訪れた。

←

●5月5日（**時刻不明**）

Bさんが勤め先のスーパーで懐中電灯用の乾電池を購入。その際に同店のアルバイト店員に対し「今夜、肝試しに行こう」と誘うも、断られる。その後、Aさんに電話。

←

●5月5日・21時

北日本新聞によれば「魚津のお化け屋敷に行く」と家族に告げ、氷見市の家を出た。

←

●5月5日・21時～22時

海王丸パークに立ち寄り友人に会う。

←

●5月5日・22時過ぎ

富山市と滑川市の市境である上市川付近。国道8号線に乗って、魚津方面へ走って行くBさんの車が目撃される。

←

●5月5日：22時以降（**おそらく23時ごろ**）

ポケベルにて友人に「いま魚津市にいる」と連絡

←

以降不明――。

時系列を書くだけでは不案内なので、左の地図を参照していただきたい。

車での移動距離をもとに時系列と照らし合わせても、彼女たちの行動と目撃時間に矛盾はない。

ちなみに、得られたさまざまな情報から推測し、出発地を「氷見市有磯」としたが、間違っているかもしれないので時間はおおむねです。

総走行距離にして約65キロ、移動に要した時間はおよそ1時間半と推定される。

彼女たちは5月5日以前にも坪野鉱泉へ足を運んでおり、道に迷ったとは考えにくく、おそらく推定時間が大きく外れていることはないだろう。きっと予定どおりに魚津へ入り、そして、彼女たちは車もろとも消えた――。

もちろん目的地であった坪野鉱泉まで辿り着いたかどうかも定かではない。

残されたメッセージから魚津までは辿り着いていたと思われるが、**「ポケベルを打ったのもはたして彼女たちだったのか」**という、いささか恐ろしいことを言う人もいる。

彼女たちが消えたことで、警察はかなり大規模な捜索を行なっている。以下「富山読売」からの引用である。

県警は1996年6月下旬と11月下旬の2度に渡って、魚津市の国道8号線から同廃墟に向かうルートを4つに分け、県警ヘリと山岳警備隊を動員して車が転落しそうな地点を徹底捜索した。中には険しい山道もあることから、崖では警官が谷底までロープを用いて降りるなどの危険な捜索活動も行われた。車が発見されていないことから谷底や湖、海などへ転落した可能性が高いと見られている。一方で、事件に巻き込まれた可能性も視野に、事件事故の両面から捜査が行われた。家族から家出人届けを受けた氷見署は、二人の友人関係や家に残っていた所持品を調べるとともに、十数人の男友達にも事情聴取を行った。

――（中略）――

二人の特徴はA子さんが身長154センチ、左利きで八重歯、鼻の横に水疱瘡跡がある。当日の服装は白いブラウス、黒字に白の縦じまのミニスカート、黒のカジュアルシューズだった。

B子さんは身長167センチ、黒のTシャツにうぐいす色の綿パン、黒の革靴で、茶髪に染めていた。

二人の乗っていたB子さんの車は九五年式スバルVIVIOの黒、ナンバーは「富山50そ14―02」。

谷底まで捜索して見つからないというのは、まさしく煙の如くに消えたということになる。

この失踪事件を見るうえでポイントとなるのが、未発見のスバル・ヴィヴィオだろう。

ネットでは「車は魚津港で見つかった」とする情報が散見されたがこれは事実ではない。車は現在も発見されていない。

こうなってくると、事故よりもなんらかの事件に巻き込まれたと考えるのが誠実な推理というモノだろう。

必ずしも家出の可能性が消えたわけではないが、車が見つからないというのはなんとも不可解なこと。家出し、乗り続けるにしても車検で所在が発覚するであろうし、処分するにしても正規のルートではやはり足がつく。ナンバープレートを外して遺棄しても、発見されれば車台番号から照会される。

ふたりと車は、はたしてどこへ行ったのか。

彼女たちの失踪の真相とはいったい……

ここで、彼女たちの失踪の真相だと囁かれる諸説を挙げてゆきたい。

●彼女たちはヤンキーにさらわれたのだよ説

噂程度でもこの失踪事件を知っている者の多くが考えているであろう説だ。富山読売の記者も遠回しに「暴走族ちゃうっすかね」とこの説を推している。

確かに坪野鉱泉は週末になると、暴走族だのヤクザものだのが近隣県からも集まってくる「リアル恐怖スポット」ではある。そして、この事件が発生する以前からそうした傾向はあった。

おそらく多くの人たちが思い浮かべるストーリーは次のようなものだろう。


ふたりが坪野鉱泉へ辿り着き、そこでヤンキー群と遭遇。ヤンキー群はやはりヤンキーであるからして、いかにもヤンキーらしく彼女たちにちょっかいを出す。

それが暴行事件に発展。

発覚を恐れたヤンキー群が彼女たちを殺害。

ヤンキー群は何ごともなかったかのように、坪野を去る
——。


多少の違いはあれど、おおよそこのような感じではないだろうか。

そしてネット上には似たような情報が転がっている。以下転載する。

810 名前：無 投稿日：2001／03／10(土) 18：30

＞＞798

富山県での話ですね。

その事件についての話を聞いた事があります。以前にもこの板で何度か出ていますが

今回初めて書こうと思います。本題に入る前に書いておきますが、話をした男と私は

その時酔っていましたので、事実とは限りませんし、私も会話の内容をすべて覚えていません。

いいかげんで文章力も無いですが、よろしくお願いします。

1997年の夏の終わりだったと思います、私の地元（金沢の外れ）に小さなスナックがあり

そこでバイトしていた女の子とその事件について話をしていました、

私の他には3人客がいて、カウンターに私ともう一人の客、BOXに一人の客がいた

結構大きな声で話していたのか店が小さい事もあり、会話はBOXでも聞こえてたみたい、

BOXに付いていた女の子が私の所に来て、あっちのお客さんが呼んでるよって言われて、

BOXに座っている男を初めて見ました、20代後半のちょっと怖そうなお兄さんが手招きしています。

下げて書きます。

812 名前：無 投稿日：2001／03／10(土) 18：47

続き

うるせぇとか言われて殴られるのではないかとマジでビビリました。

でも無視するのも怖いので仕方なくBOXに座りました、女の子も座ろうとしたんですが

その男はあっち行っとけと言って追い返し、私とその男だけがBOXに座ってました。

しばらく何も言わずにタバコを吸いながら私を睨んでいたその男は一本吸い終わる頃にようやく話し出しました。

（すみませんすっげー前置き長いですね）

「なんやあんちゃん、ほんなに怖い話好きなんか、さ

っき話とった坪のの話聞かしたるわ、
絶対に人には言うなよ、言うたらお前殺すぞ」って
脅されましたつつも
その事件について興味があったので、はいと答えま
した。
A子さんとB子さんは坪の鉱泉へ行く予定でしたが、
二人だけで行くのが
怖くなった為か、海王丸パーク（ナンパスポット）で
一緒に行ってくれる
人を探していたそうです。
続く

813名前：無投稿日：2001／03／10(土) 18：56
続き
海洋丸パークに来ていた男とその友人はA子さんと
B子さんの誘いに乗り
A子さんの車に男の友人、男の車にB子さんが乗車
し坪の鉱泉に向かったようです。
途中A子さんは男の携帯電話からA子さんの友人の
ポケベルに「今から坪のに行く」と
入れたそうです。しかし男とその友人は「ふたがみ
山」に仲間を呼び出しておいて
坪のへ行く振りをしながら先導していた男の車で「ふ
たがみ山」へ入ったようです。

815名前：無投稿日：2001／03／10(土) 19：23
あらら途中でリターン押しちゃった。続きね
「ふたがみ山」の今は取り壊されちゃった健康病院跡
地（ここも心霊スポット）
に3人の仲間を呼び出していた男は目でGOサイン
を出し、それぞれ車の中で強姦したそうです、
泣き叫びながら抵抗するA子さんとB子さんを取り
押さえ殴る等の暴行を加えながら
全員で犯したそうです、事が終わった後A子さんは
「絶対に許さない警察に言う」
と男達を脅し、そこでビビった一人がA子さんの首
を締めて殺害、続いて目撃者のB子さんも首を
締めて殺害したそうです。死体は「ふたがみ山」の
マンホールに入れたと聞きました。
A子さんの車は指紋をふき取り「ふたがみ山」だっ
たか「坪の」に置いてきたそうです。
その後、後から来た3人のうち一人は自殺、一人は

精神異常が出て病院行き、もう一人は行方不明
になったようです。（殺害、死体遺棄しといて当然だと
思います）
男が言うには、車を運転出来なくなってしまった、何故ならバックミラーを見る度に
後ろにあのA子の車が着いて来るからだそうです。
男は富山の人間ですが、誰にも言わず各地を転々としているそうです（行方不明じゃん）
私に誰にも言うなよと何度も注意していましたが、酔った上での戯言もしくは五月蝿い私を
黙らせる為の作り話かも知れません。
ただ私は今でも「ふたがみ山」のマンホールの下には死体があるのかと思うと、
可愛そうに思います。おしまい。

816 名前：無投稿日：2001／03／10(土) 19：35
事件はホントにあったんだよ。当時の新聞にも載ってたし、地元人ならみんな
知ってるよ。ただね私が聞いた話は誰も知らない、約束守ってた訳じゃないけど、
なんとなく封印してました。で今日から車を運転している時にふとバックミラーに
目をやると…てな事にならなきゃいいんだけどね。
心霊より生きてる人間の方が怖いと思う今日この頃。

以上は2001年の「2ちゃんねる」の書き込みだ。ハッキリ言って、デマである。

いや、デマと言い切って良かったのか、少しばかり不安になるが、少なくとも車の処理のくだりが雑すぎる。このような処理ではすぐに発見されていていいはずだ。

関係者の自殺、精神異常、行方不明とどこかで聞いたようなオチもついているし……どうもね。真偽は不明だが、信憑性は薄い。

これは枝分かれのあるヤンキー犯人説すべてに言えることだが、やはりヤンキー群では車の処理問題が難しい。

周辺は綿密かつ広範囲にわたって捜索が行なわれており、なんの痕跡も残さず車を処分するというのは簡単なことではない。ダムや湖に車を沈めるとしても、すんなり水辺まで到達でき、なおかつ痕跡を残さず沈めることができる場所はそう多くない。

もっといえば、ヤンキー群にとって、隠すべきは「自分たちがやった」という事実だけでよく、車まで丁寧に隠蔽

する必要があるとは思えない。

ヤクザの資金力、人脈ならあるいは――であるが、なぜヤクザが山奥の廃墟でなんの集会をする必要があるのか、裏社会の知見に乏しいオカクロ特捜部にはよくわからない。

「死体隠蔽とか、見られてはいけない犯罪行為を……」という反論もあるかもしれないが、そもそも人が集まる人気スポットで「見られてはいけない犯罪行為」をするのだろうか。

ちなみに「暴力団が建物を買い取った」とする話があるが、やはりそれもデマであった。

●彼女たちには許されぬ禁断の愛があり、すべてのしがらみを捨てて新たな人生を歩むために家出したんだよ説

長い……。

同性愛はともかく、家出説は可能性として充分にあり得る。本人たちに確固たる雲隠れの意志があれば、痕跡を残さず消えることも可能かと思われる。「肝試しに行く」というのも偽装工作で、彼女たちは8号線をそのまま北へ…そして別の人生を……。

だがやはり、完全に失踪するとなると、資金や住処、新たな仕事や身分証の用意も必要となろうし、どうなのかなと。

少なくとも同性愛に関してはデマだろう。

●幽霊に憑かれて異世界に連れて行かれたに違いない説

やはり、肝試しということで、真打ちということになるのか。実際、坪野鉱泉には、
「プールで死んだ子ども」だの
「部屋で首を吊ったオーナー」だの
「ボイラー室で焼身自殺したオーナー」だの
「飛び降り自殺したオーナー」だのさまざまな幽霊の噂がある。
諸兄らは思うのでしょうね
「なんだよ！　いったいオーナー何人いるんだよ！　ほんで死にすぎ！」
と。わかります、とにかくオーナー死にすぎ。
もちろん実際にはオーナーは首つりも焼身も投身もしていない――が、失踪は事実である。
ホテル坪野が経営破綻したあとに行方不明となっている。なぜこれほどまでにさまざまな手法でオーナーが自殺したことになっているのかは謎である。噂とは業の深いものですね。

そして坪野鉱泉に関して、心霊サイトで必ずといっていいほど触れられる「ハク付け」がある。

それは「**あの宜保愛子が立ち入ることを拒んだ物件**」というものだ。

故宜保先生といえば、その温厚穏和な人柄で霊能者のなかでも人気が高く、80年代から90年代初頭にはさまざまなメディアで引っ張りだこだった。

故大島渚監督や北野武監督もファンであり、その実力も折り紙付きだとされていた。

懐疑派な諸兄たちは「**ああ、ロンドン塔の宜保愛子ね**」などと口角を歪めそうであるが、それはともかく、その最強の霊能力者・愛子先生が「マヂもう無理……」となったなら、「やっぱり坪野鉱泉はS級の心霊スポットだぜ！」となるのだが、どうもコレもあやしい。

語られるのは「ギボ・ギブアップ」という部分だけで、番組名や放送日時、および内容などのソースが存在しない。「**その番組、見たよ**」という声すらない。おそらくデマである。

デマ・ギボ・ギブアップである。

●宇宙人によるアブダクトもなくはない説

荒唐無稽かと思われるかもしれないが、一応可能性として挙げておく。

能登半島でちょうど氷見市の背中にあたる隣には『そうはちぼん伝説』で（一部のコアな）諸兄に大人気の羽咋市がある。

UFO町おこしで（コアな）諸兄をメロメロにした、あの羽咋市。

UFO宇宙科学博物館コスモアイル羽咋で宇宙人の死体人形を展示しているあの羽咋市。

UFO巻き寿司やUFOお好み焼き、UFOカレーで有名な羽咋市だ。

UFO伝説のメッカが近い以上、UFO関連で何かあってもおかしくはない。

ちなみにどうでもいい話だが、B級オカルトスポットである、モーゼの墓を擁する宝達志水町も氷見市から近い。

●北朝鮮工作員による拉致説

地元で事件発生当初からまことしやかに囁かれていたという説。

そして調べを進めたオカクロ特捜班（総員1名）は、これが真相であったのではないかと考えるようになった。

「なんだよ！　また拉致かよ！　別に拉致問題を軽視するワケじゃないけど、こういうオカルト話で北朝鮮による拉致って言われたら、なんかゲンナリするんだよ！」

と内心に憤慨する諸兄もおられるかもしれないが、わかります。

オカルト・クロニクルとしても別に拉致問題を軽視するワケじゃないですが、こういうので北朝鮮による拉致って言われたら、なんだかゲンナリします。

おそらく、この失踪事件――神隠し的ともいえる事案の持つ、神秘性やファンタジーが失われてしまう感覚があるがゆえ、「拉致」で納得したくないのかもしれない。不謹慎ではあるが。

しかし、どうもこの件に関してはかなり真に迫った説ではないかと思う。

さらに調べを進めてみよう。

「大町ルート」沿いで起きる事件

「大町ルート」と呼ばれる道をご存じだろうか。

千葉県は海上町から

←東京

←山梨甲府

←長野・大町

←富山・新潟へと抜ける物流ルートがそれだ。

北朝鮮拉致問題に造詣が深い方には馴染みが深い道筋である。

海上町／旭市／飯岡は水飴、砂鉄の地場産業が盛んで、在日朝鮮人も多数従事していた。そこで作られた生産物が東京都内を抜け国道20号線沿いに長野県大町に至り、新潟、糸魚川の日本海沿岸運ばれ、はるばる北朝鮮へと輸出されていた。

そしてこの大町ルート沿いで拉致事件が頻発している事実が指摘される。

特定失踪者問題調査会の運営するＨＰ電脳補完録さんに掲載されている地図（http://nyt.trycomp.com/takano/oroot.html）を見ると、その多さがよく理解できる。

オカクロは無知なモノで、「北朝鮮拉致いうたら、日本海沿岸だけじゃろ?」などと呑気に考えていたが、そんなことはないらしい。平和ボケだ。

記述によると、調査会のリストにある約420名の失踪者のうち120名が大町ルート絡みで拉致されたのではないかと推測されている。

そして、本稿で取り上げている坪野鉱泉肝試し失踪事件も大町ルートに近接している。

では、そもそもなぜ一般人を拉致するのか。しかも、特定個人を狙うのではなく偶発的に。

これについて言えば、「誰でも良かった」が回答となる。日本に侵入した北朝鮮の工作員は、「ちゃんと日本に侵入し、工作を行なってきた」ことの証明として、日本人を拉致してくるよう指示が出ていた。つまり拉致した人物が何者であるかは問題でなく、拉致自体が目的であったそうだ。

今のご時世にこんなことを書くと「**ヘイトスピーチだ!**」との吊し上げを受けてしまいそうだが、あえて書かせてもらうと、一連の拉致事件に関して日本国内に住んでいた在日朝鮮人の方々が少なからず荷担していた。

彼らは「土台人《どだいじん》」と呼ばれ、本国北朝鮮からやって来た工作員のサポートを行なっていた。これには朝鮮総連の所有する建物や、本部そのものも使われていた。

これらは工作員の告白や国内で起こった事件でも確認できる事実であるので、ヘイトでもなんでもない。

「北朝鮮の諜報機関は土台人を選定して接近し、その親族らの身の安全と引き替えに工作任務を強要する」とされているので、在日コリアンの人も一面では被害者だったといえるかもしれない。あくまでも、一面では。

と、オカクロ特捜部もいろいろ調べを進めていたが、どうも拉致というものに実感が伴わない。現実感が薄いというか、テレビの中の出来事というか、どうも印象があやふやだった。

そこで目にしたのが以下の事件だ。富山県民話財団のHPにあったモノを多少省略させていただいた。

1978年8月15日——。

当時28歳の工員Yさんと婚約者で当時21歳のHさんは高岡市(氷見市と海王丸パークのある射水市の間にある市)太田の海岸へ海水浴に行った。

ふたりが泳いでいたのは海水浴場の中心から離れた場所で人気は少ない。海岸沿いを走る国鉄氷見線の線路脇には数軒の民家があるが、松の防風林で砂浜から隔てられていた。

見れば防風林の脇にある道路付近には、海水浴をするでもなく、ただ海を眺めているだけの男たちが6人ほどいた。

彼らは揃って白い半袖シャツにステテコ姿だったが、奇妙なことに履き物は、サンダルなどではなくズックだった。近くに泊まっている団体客が夕涼みにきているのかとHさんは思ったが、Yさんは違う印象を持った。

「どうも目つきがおかしい。注意する必要がある」

ふたりは午後6時半、帰り仕度のため防風林の脇に停めてあった自家用車まで歩いた。

そして車のドアを開けようとした瞬間、6人の男（警察発表及び当時の新聞報道では四人となっているが、Hさんは週刊朝日の記者に対し「確かに六人程いた」と答えている）が横一列になって接近してくるのに気づいた。

ただならぬ危険を察したふたりは、浜辺を走って逃げたが、6人の男たちは二手に分かれて襲いかかってきた。Hさんは砂をかけるなどの抵抗をした。

するとひとりの男が、「静かにしなさい」と言った。

言葉はぎこちなく、静かにしろという命令調ではなかった。

Hさんはタオルで猿ぐつわをされ、手足を縛られ頭から布袋をかぶせられた。

Yさんも相当抵抗したが、3人を相手にしていては婚約者を守るどころではなく、押さえつけられて後ろ手に手錠をかけられた。

器具の猿ぐつわをかまされたあと、足も縛られて布袋に入れられた。

男達はふたりを現場から数十メートル離れた防風林に運び込み、布袋の上にカモフラージュのため松の枝をかぶせた。男たちは何かを話していたが、犬が吠えるのを聞いて会話を止めた。

Hさんは必死になって縛られた手で足の紐を解き布袋から抜け出した。

誰かが犬の散歩に来たんだろうと察知し、第三者がいる前では追いかけて来ないと判断したHさんは、松林を抜け灯りが灯る民家に助けを求めた。

Hさんは必死に訴えた。

その家の主である当時60歳だったMさんは、その年の3月に高岡署を退職したばかりの刑事で、Hさんの紐を解きながら紐の縛り方を頭に入れた。

MさんはHさんを落ち着かせたあと、婚約者の名前を大声で呼ばせた。

Hさんは数回、闇に向かって婚約者の名前を呼んだ。す

ると「おーい」というYさんの返事が聞こえた。Yさんも
Mさん宅から約200メートル離れた、当時64歳だったT
さん宅に駆け込んでいた。Tさんは次のように語っている。
「もう暗くなった午後7時過ぎでした。風呂場の戸を叩い
て何か言っている声が聞こえたが、酔っぱらいかと思い暫
くは黙っていた。あまりにも強く叩くので戸を開けて見る
と袋をかぶせられた人がいてびっくりした。直ぐに息子と
娘婿を呼び袋から出し紐を解いてやった」

Yさんは男たちの声がしなくなると、布袋に開けられた空気穴から見える灯りを目標に袋詰めのまま兎飛びで現場から逃走しTさん宅に助けを求めた。その姿はオバケのQ太郎そっくりだったと言う。現場で発見された遺留品はタオルを除いて製造場所や販売ルートが不明な外国製と判明した。

1、猿ぐつわは直径13・5センチ、長さ19センチ、ゴム製で筒をくりぬいた形をしており、口に当たる部分には呼吸が可能な穴があり、両耳も塞げるようになっていた。日本ゴム協会の調べでゴムは日本製ではなく輸入された外国製でもなかった。接着部分から手製のものと判断された。

2、手錠は粗悪な金属製だが、おもちゃではなく精巧な本物

3、布袋はナイロン製で長さ177センチ、幅78センチのモスグリーン色

4、紐は長さ197センチ、幅8センチで柔道の黒帯に似ているが、国産でも輸入品でもなかった。

5、タオルのうち一本は大阪で製造され、もう一本は富山県内で販売されたものだった。

露骨に――拉致未遂事件である。コレを読んで、ようやくリアリティが感じられた。

もちろん工員Yさんと婚約者Hさんは、拉致されるような覚えのない、一般市民である。

このケースを坪野鉱泉の失踪とを重ねてみると、いかにもリアリティがある話となる。

この原稿を書くに当たって、大変参考にさせていただいた富山県民話財団の管理者の方は次のように書いている。

> ところで、ホテル坪野のトイレには1992～1994年にかけての新聞が大量に棄てられている（他の年のものもあったかもしれない）。これは一体、誰が棄て

ていったのだろう。私は90年代半ばに北朝鮮の工作員が坪野鉱泉で暮らしていた痕跡なのではないかと考えている。富山県で浮浪者を見ることは稀であるし、新聞好きの珍走団がいたとか、肝試し目的の来訪者がわざわざ持ってきて棄てたなどと考えるのは無理があるからである。

なにこれ、こわい。


海王丸パークのある射水市では谷ヶ崎清一さんが1984年に車ごと失踪し、やはり車ごと見つかっていない。

地図大好きなオカルト・クロニクルはここで怖さを紛らわせようと、再び地図の作成に没頭した。

北朝鮮による犯行が濃厚とされる「特定失踪者」と北朝鮮絡みの事件である。下の地図を見てほしい。

事例が多すぎてなんだかゴチャゴチャしているが、坪野鉱泉の位置だけ把握してもらえればいいかなと。


なにこれ、こわい。

他意なく解りやすく配置したつもりだが、とにかく事例が多い。

朝鮮総連の支部もポイントしようかなと思ったのだが、ニ

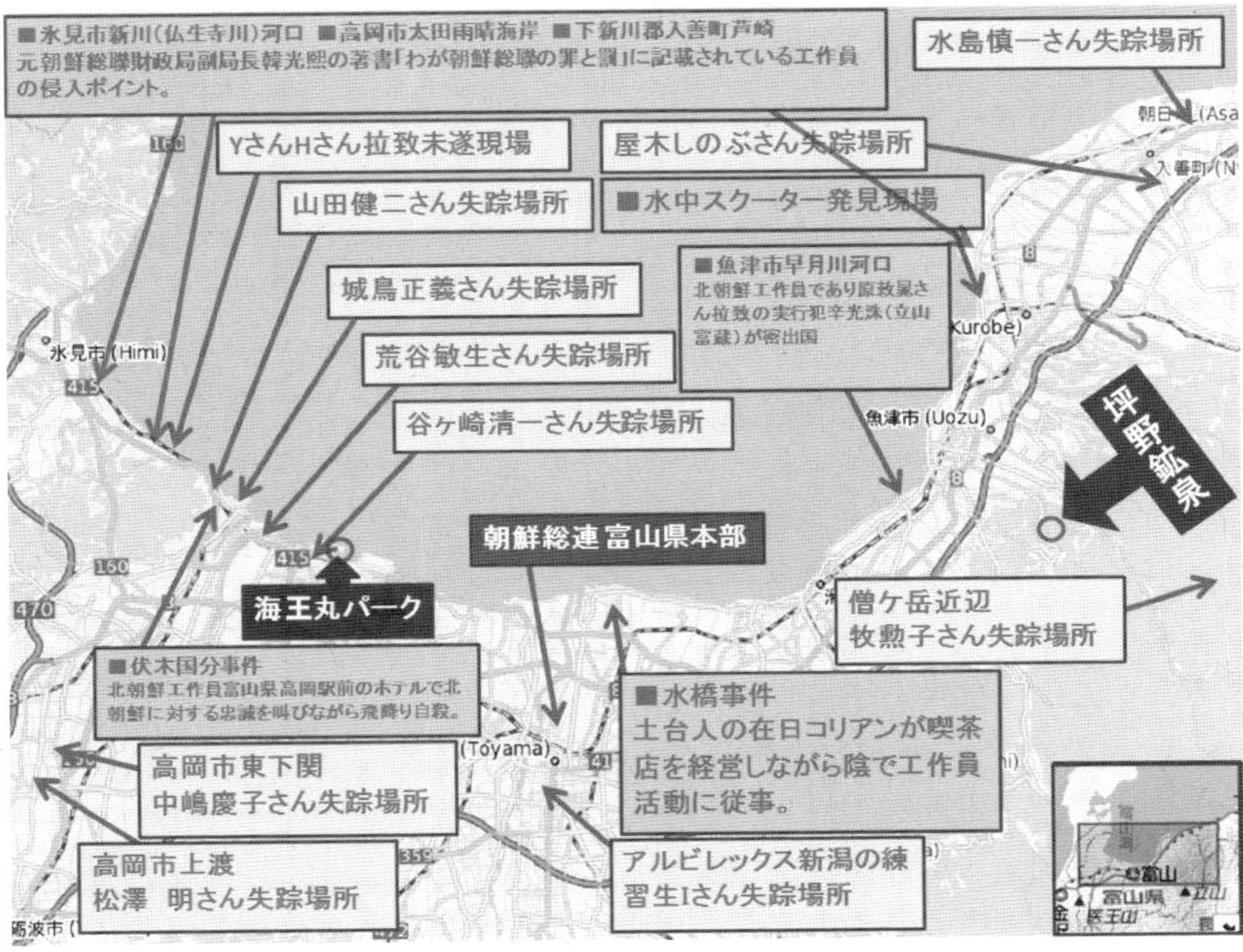

イカワ支部とコホク支部の住所がどこにも書かれておらず断念した。ニイカワ支部に関しては「北朝鮮工作員侵入ポイント」である新川河口周辺にはあると思われる。

ちなみに水上スクーター発見現場というのは、2001年、黒部川河口で北朝鮮工作員の上陸浸透用水中スクーターが発見された事件をさす。発見された水上スクーターは付近の植生から1998年11月下旬から翌年4月頃の間に埋められたものとされている。そして発見場所はこれまた『わが朝鮮総聯の罪と罰』で触れられた侵入ポイント付近だ。

「なんだよ！　なんだか北朝鮮が限りなく怪しいのはなんとなく把握したけど、結局、消えた車の話はどうなったんだよ！」

と憤慨の諸兄もおられるかもしれない。

コレに関して、上記の富山県民話財団は「処分するノウハウがあったのではないか」と推理している。

土台人である在日朝鮮人が経営する板金工場、あるいはカーショップまで運転して行き、パーツを分け、車体はプレスに。

それらを工業部品だと偽り、ほとんど船倉のチェックがされていなかった万景峰号《マンギョンボン》（2006年ごろ騒ぎになった）に載せて北朝鮮へ。あるいは工作船に載せて北朝鮮へ。あるいは鉄くずにして投棄。

ヤクザやヤンキー群、そして幽霊たちと比較すれば、格段容易に「完全な車の消失」を成すことができるのは確かだろう。

失踪した彼女たちのほかにも車ごと消えた拉致被害者もおり、ある程度のノウハウがあっても不思議ではない。

ふたりの少女はやはり……！

はばかりながら言わせていただけば、オカルト・クロニクルは「坪野鉱泉肝試し失踪事件」は北朝鮮拉致案件であるという立場を取らせていただきます。

そう考えるのがいちばん誠実だと思うからです。

そして彼女たちに拉致の可能性があるなら、特定失踪者リストに入っているはず……！

と考えて、オカクロ特捜部は特定失踪者リスト400人分を入手した——が、そこに彼女たちは含まれていなかった。

拉致濃厚の失踪者、拉致の疑いが捨てきれない失踪者、そのいずれにも含まれていない。そして、富山県県警の「拉致の可能性を排除できない事案に係る方々」にも含まれて

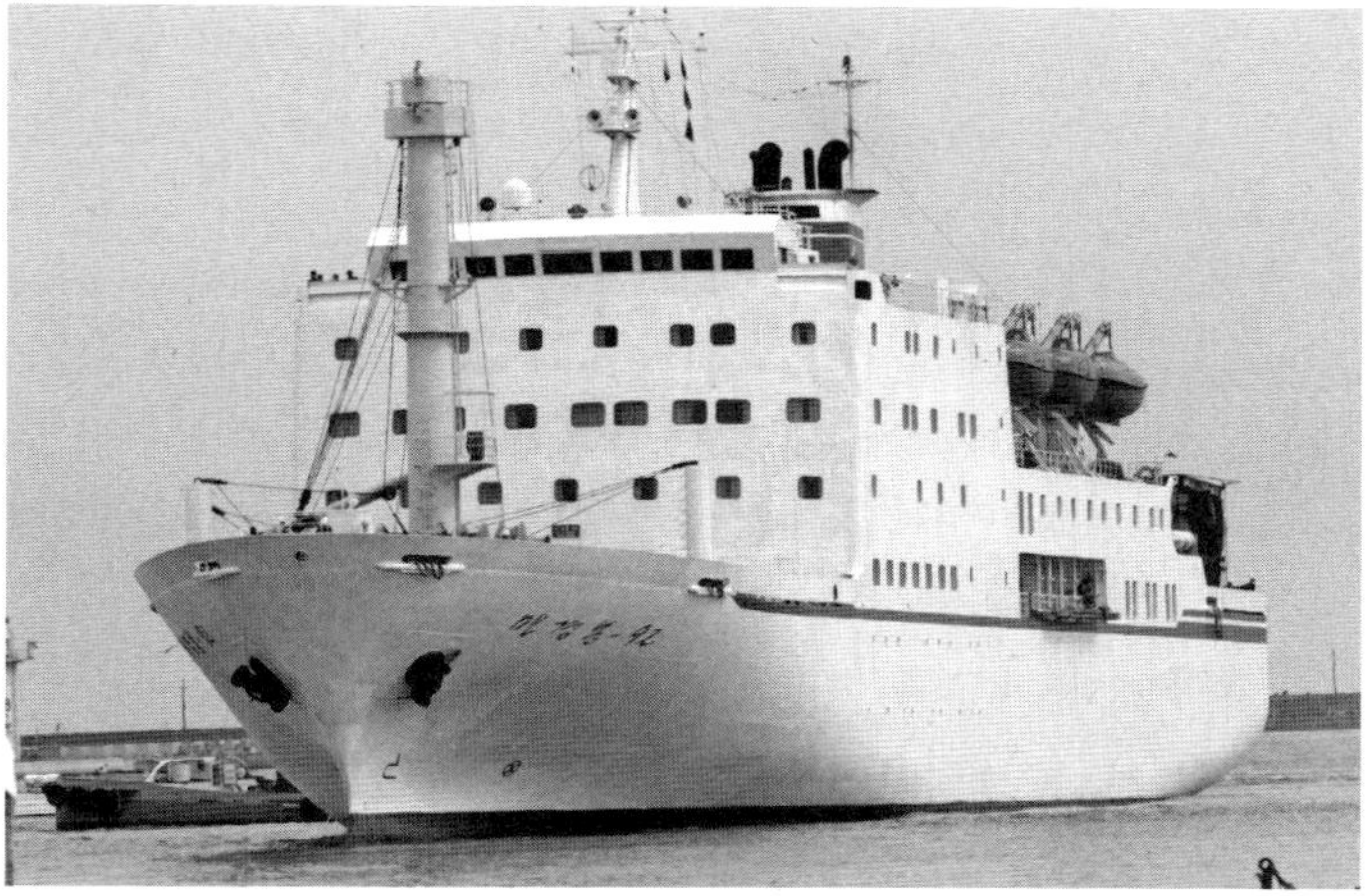

北朝鮮 - 新潟を結ぶ不定期貨客船であり、対日工作や不正送金などに利用されているとの疑惑がある。写真は2代目となる「万景峰'92」号

いない。

これは奇妙なことだ。

AさんとBさん、ふたりのご家族の方が、ふたりは北朝鮮による拉致と考えておられず、沈黙したままだからだろうか。付近であれだけの数の拉致事件が起こっていながら、その可能性に目を向けないワケもなかろうし……。

よくわからない。何かしらの力が働いて……？　と陰謀論にまで考えが及んでしまう。

いつの日か、特定失踪者リストに氷見市のふたりが加えられれば、「やはりか」と溜飲も下がろうモノだが、ここまで加えられなかったことを考えるとその望みも薄そうだ。

余談であるが、この事件を調べていて、少し怖かった出来事があった。

この記事を書くに当たって、富山県民話財団のHPを参考にさせていただいたと先述したが、このページを見つけて3日後に該当ページが削除された。そして富山県民話財団は閉鎖されている（のちに復活したが）。偶然とはわかっているつもりであるが……ねぇ。

少し、怖かったです。

「北朝鮮犯行説」に深く首を突っ込まれた管理者の方が……などと陰謀論にまで考えが及んでしまう。

そして、ホテルのオーナーの失踪も……ねぇ。

実際には借金まみれになって夜逃げしただけなのだろうが、「工作員が坪野鉱泉で密かに寝泊まりしてたんじゃねぇの？」と富山県民話財団さんも書いておられたので、もしかしたら、オーナーは……と陰謀論にまで考えが及んでしまう。

ちなみに富山市に住む現在のオーナーもこの物件を持てあましているようで、1996年8月、坪野地区の34世帯の住人からの「なんとかしろよ！」との突き上げを食らい、3500万円で落札したホテル坪野を「市に寄付したい」と申し出た。だが建物が建築基準に合わないばかりか、取り壊すにしても解体費用だけで2500万円以上かかるということで、市がその申し出を断っている。

オーナーは民間人に譲渡する意向もあるそうなので、生粋の廃墟マニアの方はマイホームとして購入を考えてみてはいかがだろうか。美人幽霊はついてきそうにないが。

たびたび登場で申し訳ないが、富山県民話財団さんで興味深い指摘があった。

前述の「2ちゃんねる」の書き込みもそうなのであろうが、どうも拡散しているデマの数が多すぎる——と。オーナーについての書き込みや行方不明のふたりについて、たしかにシレっと物知り顔で書かれた嘘が多い。そもそもデマとはそういうモノなのであろうが、それほどメジャーでもない事件に、こうもデマが多いと工作員による攪乱……とやはり陰謀論にまで考えが及んでしまう。

なんだか、奇妙な事件だと思う。やはり……。

最後になりましたが、もし、この記事を最後にオカルト・クロニクルの更新がパッタリ途絶えたら。「ああ、拉致されたか、消されたな」と数秒の黙祷ぐらいは捧げてやって下さい。

そして、亡きオカクロ特捜部（総員1名）に替わり、「肝試し失踪事件は北朝鮮による犯行だった！」とますます大きな声で、訴えて下さい。

北で、待ってます。

【参考資料】

●『読売新聞　地方版』（1997年5月5日付）

●『北日本新聞』（2000年3月3日付）

●「富山県民話財団」（http://toyamanoteiou.blog102.fc2.com/）

●『ニッポンの廃墟』（酒井竜次［監修・編集］／インディヴィジョン／2007年）

●『わが朝鮮総連の罪と罰』（韓光煕［著］、野村旗守［取材構成］／文藝春秋／2005年）

●『〈公開捜査〉消えた子供たちを捜して！　続発した行方不明事件の謎』（近藤昭二／二見書房／2000年）
●『財界にいがた』（2013年10月号）
●『正論』（2005年2月号）
●『テーミス』（2003年7月）
●「電脳補完録」（拉致 大町ルート）
●「在日本朝鮮人総連合会」（http://www.chongryon.com/）
●「坪野鉱泉：Wikipedia」（https://ja.wikipedia.org/wiki/坪野鉱泉）
●「万景峰号：Wikipedia」（https://ja.wikipedia.org/wiki/万景峰号）
＊ほか、地方掲示板

「迷宮」

——平成の怪事件・井の頭バラバラ殺人事件

不可解なバラバラ殺人事件の幕開け

1994年、東京・吉祥寺。井の頭公園にて清掃業務に従事していた女性（59）が園内のゴミ集積所にて奇妙な包みを発見した。それは半透明のビニール袋に包まれており、うっすらと透けるピンク色が見えた。清掃員女性はそれを第一印象で「魚の切り身か豚肉」だと感じ、そうならば猫のエサにしてやろうと考えた。

その小袋は厳重かつ特種な方法（後述）で梱包されており、苦労して開けてみれば中には人の足が入っていた。これは猫のエサにはならない。なっても困る。清掃員たちが慌てて警察へ通報し、事件が発覚した。これが1994年4月23日午前のことだった。

駆けつけた警察によって集積所および園内のゴミ箱が検《あらた》められた結果、7ヵ所のゴミ箱に遺棄された24袋の遺体が見つかった。いわゆるバラバラ殺人だった。

遺体パーツはそれぞれ測ったように22センチで切断されており、これをして「**ゴミ箱にちょうど入るサイズに切り分けたのではないか**」という推測がなされた。当時、井の頭公園には郵便ポスト型と呼ばれるゴミ箱が各所に設置されており、そのゴミ投入口のサイズがちょうど縦20×横30センチだったからだ。

バラバラ死体が遺棄された井の頭公園を捜査する捜査関係者

通常、このようなバラバラ殺人事件では被害者の身元を特定するために多くの捜査リソースが割かれる。特にこの井の頭のケースでは、発見された手指から指紋や掌紋が鋭利なナイフのようなもので削り取られ、かつ頭部も園内から発見されていないことから、通常のバラバラ殺人よりも身元特定が困難に思われた。

だが、すぐに身元は特定される。捜査の結果、遺体発見から3日後に被害者が井の頭公園の近辺に住む一級建築士、川村誠一さん（35）だと判明する。

川村さんは公園で発見される前日に妻によって行方不明の届出がなされており、遺体に微かに残っていた真皮から採られたわずかな指紋やDNA鑑定から川村誠一さん本人だと断定された。

ではなぜ殺されたのか。これは現在に至るまで未解明だ。川村さんは人当たりの良い温厚な性格で、身辺にトラブルは一切なかった。バラバラ殺人における捜査のセオリー通り、家族親族に始まり仕事関係、友人関係と幅広く捜査されたが、殺害に至るようなトラブルはとうとう確認されなかった。

発見された当時のゴミ箱と情報提供を呼びかける立て看板。当時のゴミ箱は縦20センチ横30センチの投入口に蓋がついており、投入してしまえば人目につくことはほとんどなかった。現在は公園内からすべて撤去されており、「あんな事件があったから……」と噂される。が公園関係者の説明によれば撤去は事件に起因するモノではなく、持ち込まれるゴミの量があまりにも多かったため、自粛を喚起する意図――とのことだ（写真は『週刊現代』より）

日本では数多くのバラバラ殺人が起こってきたが、この井の頭公園のケースはそのなかでも〝特異〟と位置づけられる。通常のバラバラ殺人では、主に関節部分が切断される。言うまでもなく、これはそれが一番容易であるからで、戦後日本で起こった120件以上のバラバラ殺人――その多くが関節部での切断を採用している。にもかかわらず、このケースでは骨ごと22センチずつブロック状に切り分けた。

これは「**定規で測ったかのような**」と表現されるほどで、発見された遺体パーツのすべてに共通していた。

「**ゴミ箱に捨てるため**」と推察されたのもむべなるかなと言うところだ。「**むしろゴミ箱に捨てる必要があった**」と言う人もいるがどうだろうか。

なぜゴミ箱に捨てる必要があったのか？

手間をかけてまでブロック状に遺体を切り分け、厳重に梱包してまで——。遺棄するだけならば、他にもっと手軽で露見しづらい方法があるはずだ。真相についての諸説は後述するとして、項の前半ではさまざまな資料から得られた断片的な情報を総合し、事件を整理してみよう。

1994年4月21日——あの日、いったい何が起こったのか

現在までに判明している被害者の足取りを時系列にすると、次のようになる。

- 4月21日　午前7時30分——勤務先へ向かうため自宅を出発。
- 4月21日　午前8時30分——港区新橋の建築事務所に出社。
- 4月21日　昼頃——妻に「今日は飲んで帰る」と電話。
- 4月21日　午後5時30分——勤務先を退社し、高田馬場にある以前の勤務先を訪問。その後、元同僚らが開いてくれた本人の昇進祝いの飲み会に参加。
- 4月21日　午後11時30分——新宿駅で元同僚2人と別れる。これが証言によって確認できた最後の姿。
- 4月21日　午後11時30分頃——中央線の荻窪西荻窪間の電車内で川村さんとよく似た男性の目撃証言。人相、服装、および所持していたショルダーバッグが失踪直前の川村さんと似ていたが、目撃者によると吉祥寺に着いた頃には車内にいなかったという。
- 4月22日　午前0時10分——元同僚と別れた後、中央線に乗車していればこの時間に自宅の最寄り駅である吉祥寺駅に着いていたことになる。
- 4月22日　午前0時15分頃——推定帰宅時間とほぼ同時刻に、吉祥寺駅に近い場所で川村さんに似た男性が2人の男に一方的に殴られているのを見た、という近辺で働く女性の証言。「いたい」「やめてくれ」「眼鏡が落ちる」などの叫び声。
- 4月22日　午前0時～1時頃——推定帰宅時間とほぼ同時刻に、川村さんの自宅付近にあたる井の頭通り推定帰宅ルートに面したマンションの住人数人が、「ドーン」という何かが衝突したような大きな衝撃音がしたと証言。
- 4月22日　午前9時ごろ——井の頭公園から約2キロの距離にある杉並区久我山のコンビニで大量のゴミ袋を購入する2人組の男。東京都推奨の半透明ゴミ袋10パック合計100枚を購入。「ひとりは30歳前後でシャツ姿。もうひとりは50歳前後で黒っぽい作業着。ふたりは別々に入店し、ゴミ袋の棚に真っ直ぐ向かった。キョロキョロ

と周囲を気にするような様子で落ち着きがなく、おかしな感じだった。ひとりがレジで支払いを済ませている間、もうひとりが入り口付近で周囲の様子をうかがっているようだった」と店長の証言。以上の情報を事件から半年経った10月21日に東京新聞がスクープ。捜査本部はスクープ記事で情報を知る。店長は通報していたが、捜査本部までは届いていなかった。ちなみに朝日新聞の夕刊でのふたりの特徴は「30歳前後白っぽいトレーナーに白いズボン、もう1人は40歳前後で黒っぽいジャンパー姿」と少し違いがある。

● 4月22日　夕方——夕方頃に妻美代子さんによる捜索願が出される。22日の朝、帰らなかった夫を心配して川村さんの勤務先へ電話をかけたが出勤していないとの返答を得た。川村さんが無断外泊・無断欠勤をすることがなかったため、不安に思っての届出だった。が「あまりにもアクションが早すぎる」と疑いの眼が向けられた。

● 4月23日　午前4時ごろ——井の頭公園内にて、ゴミ袋を持った不審なふたりの男を見たという目撃証言。目撃されたふたりは公園のベンチに座っていた人に出くわすと、方向を変えて逃げるように立ち去るという不審な行動をとった。ひとりは紺色のスーツの上下、もうひとりは黒色のジャンパー姿。ともに年齢は30歳前後、身長は165センチ前後、ジャンパーの男が白いポリ袋を持っていた。公園の別の場所でも、このふたり組と似た男たちが目撃されている。

● 4月23日　午前11時——井の頭公園にて足首が発見される。警察の捜索により、7ヶ所のゴミ箱から、合計24袋におよぶ遺体が順次発見される（遺体の袋数、パーツ数について、資料によって24～33のばらつきがある。この項では遺体の司法解剖を担当した杏林大学法医学教室の佐藤喜宣教授の記述と2007年の「新潮45」による記述を元に24袋27パーツとして進める）。

● 5月11日　正午前——同公園内で右肩の一部と思われる骨が通行人によって発見される。新たな遺棄かと新聞が報じるが、翌日には何者かによる悪質な悪戯だったと判明する。事件を管轄する三鷹署特捜本部が調べた結果、見つかった骨は豚か牛の骨であったと発表される。

● 2009年4月23日午前0時——**公訴時効成立。未解決事件**となる。

結局、犯人に繋がる有力な情報もないまま時は過ぎ、事件は迷宮入りとなった。犯人も犯行動機も、真実も真相も、すべてが謎のまま残された。
次節ではこの事件の持つ〝不可解〟な部分にもう一歩踏み込んでみよう。
あの日、川村さんの身に何が起こったか。残された断片を客観的に眺めれば何かわかるかもしれない。

見えそうで見えない「犯人像」、そして「動機」

この事件のキーワードは〝バラバラ〟と〝ゴミ箱〟だ。事件における不可解な点を見てみよう。未解決事件というのは概してモヤモヤ感があるものであるが、この事件に関してはどこか不思議な浮遊感もある。まったく捕らえどころのない――それでいて真相が手に届く場所にあるような感覚。この得も言われぬ浮遊感はこのケースの持つ〝矛盾〟に起因するのかもしれない。ともかく、収集した資料をもとに事実を洗い出してみよう。

●被害者について

「温厚な性格でおとなしく信頼される存在」「夫婦仲が良く、どんなに帰りが遅くなってもシャワーを浴びて寝るという規則正しい生活」――。

なぜ川村さんが狙われたのか。これも大きな謎とされた。川村さんは1958年・東京生まれ。地元の小学校、中学校を卒業後、都立秋川高校定時制から東洋大建築科を出た。そして高田馬場の建築事務所に修飾した。この職場で事件当夜に〝祝いの席〟を設けてくれた元同僚たちと知り合うことになる。その後、小学校時代から参加していたボーイスカウト活動で知り合った美代子さんと結婚した。自ら設計した二世帯住宅に住み、当時、身重だった妻と長男、そして両親と共に暮らしていた。

犯人によって指紋や掌紋が削られていた事実から、警察は「**顔見知り、それもごく身近な人物**」と犯人像を見立て、生前の川村さんを知る人たちに捜査リソースの多くを裂いた。が、結局何も出ていない。過去のボーイスカウト仲間から、仕事の同僚や関係者、大学時代に付き合いのあった者――。繰り返し事情聴取を受けた友人などは夢に警官が出てくるほどだったという。だが川村さんに近しい人々は皆アリバイがしっかりしており、事件に繋がるような動機――トラブルも怨恨も女性関係も、一切浮かび上がらなかった。

もちろん、親族も例外ではない。「**捜索願いが早すぎた**」として夫人は警察からかなりの追求を受けたようだが、これも身重の夫人に負担をかけたばかりでまったくの空振りに終わっている。夫人の立場からすれば、これまで規則正しい生活を送ってきた夫が連絡をよこさないまま一晩が過ぎ、翌日になって職場に問い合わせても無断欠勤となれば不安からアクションを起こしてもなんら不思議ではないだろう。無理からぬことだと言える。

そして夫婦揃って新興宗教にハマっていた、ないし奥さんがとある新興宗教から脱会してトラブルになっていたという風説もあるがその事実はない。夫人がそれらの噂に当惑しながらも否定しているインタビューが「新潮45」に掲載されている。

●切断について

発見された遺体は24袋。どれも定規で測ったかのように22センチに切り揃えられていた。

前述したように通常、バラバラ殺人は各関節で切断されていることがほとんどだが、この事件では関節を無視するかのように〝寸法〟を主体にして切られている。長さだけでなく、筋肉を削ぎ取ることで**太さ**も揃えられていた。これは井の頭公園に設置されていたゴミ箱の投入口にキチンと収まるサイズだった。

骨ごと人体を切断した——と聞いて、諸兄は電気ノコギリやチェーンソーの使用を思い浮かべるかもしれない。現在でも「**遺体は電ノコによって切断された**」とする記述をあちこちで目にすることができるが、検死解剖の結果、電ノコではなく**手ノコ**によって切断されたことがわかっている。自らの手でノコギリを挽くと、肉と骨の感触が作業者の手にダイレクトに伝わり並大抵の神経では途中で挫折する。しかし犯人はそれを完遂していることから、猟奇的な犯人像も想定された。

そして「切り口の種類」は大きくわけて**3タイプ**認められた。これをして解剖を行なった佐藤教授は複数犯説を採っておられるが、これに関しては後述する。

●血抜きについて

発見された遺体からは完全に血が抜かれていた。血液は腐敗を促進し、その結果強烈な死臭を発する。この血抜きについて犯人の狙いは定かではないが「**腐敗を遅らせるため**」「**鑑定を困難にするため**」「**袋に入れた際に目立たせないため**」などの意図があったのではないかと推察されている。加えて言うなら、重量を軽減させる狙いもあったのかもしれない。

この血抜きには大量の水が必要で一般家庭では難しかろうとモクされており、それがゆえ血抜きが可能な設備を持った医療施設や精肉施設、町工場などの関係者が事件に関与していると噂された。

司法解剖の結果では、遺体は「もみ洗いに近い」状態であり毛細血管の細部に至るまで血は残っていなかった。犯人に繋がるような微物の類も検出されていない。

●袋について

使用されたゴミ袋は次の3種類。

- **東京都推奨炭酸カルシウム混入袋30リットル**
- **同炭カル袋45リットル**
- **台所用水切り袋。**

包み方の概要は、まず遺体パーツの「両端」部分に水切り袋網状をあてがい、それを炭カルの半透明ゴミ袋1枚で二度包むという特殊な梱包法だ。これは調理人や釣り人、漁師、あるいは医療関係者が内容物の水分や臭いを外に漏らさないために行なう方法だった。ほどけにくいように何度も結び、その結び目を団子状にしてあった。この特種な包み方も犯人像に迫る手がかりとされた。

●遺体パーツについて

発見されたパーツは全部で27個。具体的には手足がほとんどを占め、他の部位は胸の一部だけが見つかった。頭部と胴体は結局現在に至るまで発見されていない。ちなみに24のポリ袋に分けて遺棄されたが、そのサイズだけでなく、重さもほぼ均一だった。合計で20キロだったというから、一袋当たり830グラムほどだろう。これら発見された部位は川村さんの全体重の1／3程度に相当し、パーツ数から推察し全体で50部位ほどに切り分けられたのでないかと見る向きもある。

2014年から井の頭恩賜公園の開園100周年にむけて、〝かいぼり〟と呼ばれる池の水抜き作業が行なわれた。1987年以来、実に27年ぶりの水抜き事業だった。これは池の水質改善および在来種の保護を目的としたものであるが、一部の事件マニアからは邪な熱い視線が向けられていた。もちろん「**1994年に池に投棄された遺体の一部が見つかるのではないか**」という邪推が働いたためである。このかいぼり事業は、2014年にボート池とお茶の水池、遅れて2015年に弁天池と園内の全ての水域がフォローされている。だが結局、見つかったのは数多くの外来種と数を減らした在来種、そして自転車約230台、バイク約

10台、ビデオデッキ、ラジカセ、ポット等家庭電化製品、携帯電話、財布、買い物用カート、空き缶に菓子やエサ用のビニール袋だけだった。

●死因について

これも特定されれば重要な捜査材料となっていたであろうが、残念ながら判明していない。前述したように頭部や胴体が発見されておらず、判断の決め手となるようなカードがないからだ。解剖の結果、生きている間に負ったであろう損傷は見つかったが、それも決め手にはならなかった。具体的には胸郭に属する軟部組織、肋骨の一部に付着している筋肉組織にほんのわずかな出血が認められた。が、そこは打撲される場所でもなく、肋骨が折れていたわけでもなく、出血の原因そのものが特定できなかった——と佐藤教授が書いている。後述するが、死因を薬物や事故によるものとする見方も検死によって否定されている。

●遺棄について

人の賑わう井の頭公園に遺体を捨てる——これは大量のゴミに埋もれて誰にも知られずに遺棄できると踏んだ結果なのだろうと推察される。

後述するまでもないので書いてしまうが、被害者の住んでいた場所に近い公園に遺棄するという事実をして「**これは見せしめだった**」とする言説が多々見られるが、オカクロ特捜部はこの話には懐疑的である。見せしめというのは、もっと大々的に行なうものであろうし、だいたい清掃員が

多くの人で賑わう休日の井の頭公園の様子

たまたま袋を開けなければ事件そのものが発覚せず、今日をもってしても川村氏が行方不明者扱いされていた可能性だってある。そして見せしめに殺されるような事実関係は（少なくとも川村さん本人には）なかった。

ちなみに、実際に川村さんの自宅は井の頭公園から100メートルほどの距離にある。余談だが、オタキングの別名で知られ、近年では愛人格付けリストで世間を震撼させた岡田斗司夫氏が事件後にあたる1998年にこの被害者宅を借り上げて話題となった。本人は事件の被害者宅だと知らず、ちょうど事務所向きの物件だと判断して借りたそうだ。80股ってホントなんですかね。

以上が事件のあらましになる。ショッキングかつ不可解極まりない事件であったが、事件の発覚した直後の4月26日に中華航空140便墜落事故が起こり、報道と世間の目はそちらへ向けられた。そして11ヶ月後には地下鉄サリン事件が起こったことで捜査一課が招集され捜査本部は解散。以降、所轄の三鷹署による孤軍奮闘の単独捜査が続いたが、めぼしい成果は挙がらず2009年4月23日午前0時、公訴時効が成立した。

被害者の父親である川村誠蔵氏は事件の翌年に『心事の軌跡』を出版し、その胸中の無念を綴ったが、その無念を晴らすことなく時効の前に亡くなっている。この事件はなんだったのか。犯人は何者で、何が目的だったのか。次は浮かんでは消えた様々な犯人像と仮説、そして過去の事例と対照して新しい角度から事件に光を当ててみよう。

さまざまな説が浮上した事件の仄暗い背景

2009年、世田谷一家殺害事件の遺族を中心とした「殺人事件被害者遺族の会」などが公訴時効の撤廃を求めて声を上げ、それは翌年の2010年に公訴時効の改正という形で結実した。残念ながら井の頭のケースは改正前に時効を迎えており、適用はされていない。かくしてこのケースも永遠の迷宮に入ったわけであるが、殺人が絡む未解決事件に関してさまざまな「犯人説」が立てられるのは世の常。はたしてこの事件はどうであったろうか。ひとつずつ見てみよう。

●やはり身近な人物によるもの説

バラバラ殺人のセオリーどおり、被害者に近しい人物が怨恨ないし金銭目的に殺害、遺棄したとする説だ。警察も当初から、この見立てで動いていたが、結果としてグレーな人物すら挙げることができなかった。未解決に終わったのはセオリーに固執したためでないか、という批判も資料に散見される。とはいえ、指紋や掌紋の損壊、そしてバラバラと隠蔽となると身近な人物や利害関係にある人物に目を向けるのは当然といえば当然の捜査であるとも言える。むしろ「そこがハズレなら打つ手なし」という捜査状況でもあったのだろう。

●不慮の事故説

川村氏がなんらかの事故に巻き込まれて、その事故を起こした加害者が事故の発覚を恐れ、隠蔽工作を行なったとする説だ。

これは近隣住民が聞いた「ドーン」という衝撃音がその根拠とされた。吉祥寺駅から歩いて10分ほどの距離に川村さんの自宅があり、川村さんはそこまでの帰宅ルートで無軌道な若者なり粗暴な男なりのふたりが運転する自動車による人身事故に巻き込まれた。この事故により川村さんは亡くなり、男たちは自らの将来を危ぶんで隠蔽工作を働いた。この場合の〝男たち〟はいわゆる〝ヤンキー〟であったり〝医者の卵〟であったりする。前ページで書いた時系列を読んで、同じような仮説を立てた諸兄もおられるかもしれない。時系列に素直に目を通せば、たしかにそのようなストーリーが浮かび上がる。

・21日深夜に事故のような衝撃音。
・22日朝9時にゴミ袋を買った2人の男。
・23日朝4時にゴミ袋を持った2人の男。

そして、帰宅ルートとされる井の頭通りの路上にガラス片が散乱していた。これは車のフロントガラスと考えられ、ここが〝事故現場〟なのではないかと報じられた。

推定帰宅時間にあたる4月22日午前0時15分ごろ、川村さんに似た男性が2人組の男たちに一方的に殴られているのが目撃された現場。場所は近鉄百貨店東京店（2001年に閉店。現在はヨドバシカメラマルチメディア吉祥寺）の正面玄関。自宅への帰宅ルートと正反対の場所であり、実際に殴られていたのが川村さんなのだとしたら、なぜ自宅の反対方向にいて、なぜ殴られていたのか（この目撃情報は、証言がアヤフヤだったことから軽視された——との話も）

こうして見ると、極めて説得力の高い説ではあるのだが、ひとつひとつを精査していくと、いくつかの事実誤認が認められる。まず、いちばんの根拠とされる〝衝撃音〟だが、ルポライターの朝倉喬司大先生による聞き取り取材によれば、この音は公園の方から――**井の頭通りの反対側から聞こえてきた**そうだ。

つまり、少なくともガラス片と衝撃音は別々の要素であり、ひとつにはつながらない。

マンションの住人がいうには、音の聞こえてきた方向は、井の頭通りとは反対側、つまり公園サイドからだったのであり、これはマンションの構造上からいっても、そうとしか考えられなかった。

それを、たやすく「路上に散乱したガラス」と結びつけて、有力情報として打ち出すなど、どうにもほめられた話じゃないなと思ったことだった。第一、行きずりの人間が通行人を車で轢いたとして、犯行隠蔽のもっとも手っとり早くたしかな方法は、そのままトンズラすることである。

（現に事故の目撃者はいないのだから、近くに人目はなかったとしか思えないのだし）

（『少年Aの犯罪プラスα』）

衝撃音もガラス片も、のちの調べによって事件とは無関係だったことが判明している。さらに、「22日の朝9時に大量のゴミ袋を買った2人組」も、実は事件とは無関係だったのではないか――と後に報じられた。ふたりが買ったゴミ袋が、**犯行に使われたモノと違う種類**だったからだ。

「いや、それでも交通事故に遭った可能性は否定できないだろ」と諸兄は憤るかもしれない。オカクロ特捜部としても事故説を徹底して否定するワケでもないが、これまで根拠とされてきたものが誤認であった以上、事故説に若干の見直しは必要かと思う。否定要素を挙げるようで心苦しいが、検死解剖の結果を思い出して欲しい。検死では川村さんの死因が特定できなかった。これは遺棄された遺体の部位に死因に繋がるような傷がひとつも見つからなかったからだ。この事実が交通事故説を否定するひとつの根拠とならないだろうか。

川村さんがなんらかの交通事故にあったならば、遺体に交通事故特有の損傷が残っていても良いはず。いわゆるバンパー創やフロントガラスによる切創や打撲、見つかった手足にそういった痕跡が残るのではないだろうか。しかし、それらは確認されていない。

●マインドをコントロール説

まことしやかに語られる説だ。つまりはなんらかの宗教団体が関わっていた——とする。検死解剖を担当した佐藤教授もその可能性を示唆されているので引用してみよう。

川村さんの帰宅ルートとされる井の頭通りの路上。
夜歩いてみた感想としては、井の頭公園に近く、
道路もつながっているため「思ったより人通りがあるな」
という印象だった

複数の人間が協力して、自分の役割を冷徹に遂行しなければ、このような遺体処理は出来ません。果たして犯人たちは何者なのか。私は強いマインドコントロールを受けた過激なカルト教団に属した人間たちではないかと考えました。なぜなら、普通の人間であれば、遺体を切断し、処理するような作業をするとき、吐き気や頭痛が起こり、逃げ出したくなるような衝動に駆られるはずだからです。

（『私は真犯人を知っている——未解決事件30』）

解剖を終えた佐藤教授は、捜査にあたっていた警察官に名指しで「ある宗教団体」の名を告げたという。だがその話を聞いた捜査官は佐藤教授の見解に「**いや先生、あそこはそこまでやらんでしょう**」と返すにとどまった。宗教団体の関与は「川村さん、またはその妻が新興宗教にハマっていた」という噂を伴って、根強く囁かれているがそのような事実は浮かび上がっていない。

が、１９９４年当時といえば新興宗教が様々な事件を起こし、各メディアで糾弾されていた時期であり、疑いの目が向けられても仕方がない事とも言える。ちょうど井の頭

での遺体発見から11ヶ月後には様々な疑惑追求から逃げ道を失い自暴自棄となったオウム真理教によるハルマゲドン——地下鉄サリン事件が起きた。

これをして「**井の頭バラバラもオウムがやったのではないか**」という説が週刊誌で取り上げられている。川村さん、あるいは別の誰かの口封じを意図して実行された暗殺だったのではないか——。ということらしい。ちょうどその時期にオウムの在家信者が、川村さん宅に近いアパートに住んでいた事も触れられている。「**そこまではやらんでしょう**」と当時の捜査官は言ったが、オウムの暴走を裁判や報道で知っている現代人としては、「**当時のオウムならやったかもしれない**」と少し身構えてしまう。

とはいえ、オカクロ特捜部としては身構えながらも〝オウム犯行説〟には懐疑的な立場を取りたい。たしかにオウム真理教は殺人や過失致死により多くの人命を奪った。だが、手口が違う。

オウムが人死に際して隠蔽工作を行なったのは判明しているだけで6件。

- 1988年9月22日、富士山総本部で修業中の信者が亡くなった真島事件。
- 1989年2月10日、男性信者殺害事件。
- 1989年11月、坂本堤弁護士一家殺害事件。
- 1993年6月6日、逆さ吊り死亡事件。
- 1994年1月30日、薬剤師リンチ殺人。
- 1995年2月28日、仮谷さん拉致事件。

これらのなかで坂本一家の事件を除くいずれにおいても、遺体は必ず焼却し（註：初期は護摩法と称した野焼き、後期はマイクロ波加熱装置）骨も細かく砕いてから、湖に捨てたり風呂場の排水口に流したり——と念入りに隠蔽している。これらは〝遺体遺棄〟というよりも、〝存在の完全な抹消〟を目指した印象がある。4人の命を奪った埼玉愛犬家連続殺人の関根元が言った「遺体を透明にする」というベクトルと近い。

井の頭の事件でも、指紋や掌紋を傷つけて身元を隠そうとした意図が見えるが、オウムの徹底した抹消手法を鑑みれば、どうにも違和感が残る。バラバラにしたとはいえ、人で賑わう公園のゴミ箱に遺棄しては画竜点睛を欠くというものだろう。事件が露見するリスクがある以上、隠蔽工作としては不完全だと言える。

そしてもう一点挙げるなら、オウムはターゲットを路上で襲う場合はサリンなりVXガスを浴びせるという手法を好んで採用している。もし川村さんがその襲撃被害者であるなら、毒物の痕跡が遺体から検出されてしかるべきだが、佐藤教授は「**毒物の痕跡はなかった**」としている。

だがたしかに、オウムは別としても、新興宗教関与説には一定の説得力が感じられる。「藤沢の悪魔祓い殺人」や「北九州監禁殺人」の例を並べるまでもなく、人は強烈なマインドコントロールや暗示下にあると、現実や善悪を正しく認識できなくなる。酸鼻極まる猟奇的な所業が「聖なる行ない」「徳を積む行ない」と歪曲された例は枚挙にいとまがない。

新興宗教説が根強く囁かれる要因のひとつに、〝施設〟も挙げられるだろう。これは「バラバラにして、血抜きもできて、複数人が分担で作業できる場所」が無ければ、犯行は不可能だろうという推測に基づいている。つまりはなんらかの宗教団体の支部なり道場なりが使用されたのではないか、カルト教団なら〝場所〟も〝ひと〟も説明がつくじゃないか——というわけだ。

そして、中央線吉祥寺駅の隣駅である西荻窪は、日本でも屈指の新興宗教銀座——スピリチュアル界の「ロアナプラ」である事実もこの説に説得力を持たせている。おそらく、いま諸兄がそれぞれの脳裡に思い浮かべたさまざまな宗教団体、そのほとんどすべてが西荻窪に拠点を持っている。

とはいえ、証拠も根拠も無いのにそれらの団体を名指しするワケにもいかないので、オカルト・クロニクル特捜部としては「いや、あそこはそこまでやらんでしょう」と言葉を濁しておく。

●臓器移植目的説

これもまことしやかに語られる。ストーリーはいま諸兄が想像したものでだいたい合っていると思われるので割愛する。これは都市伝説の類だとオカクロ特捜部は考えているので、深くは調べていない。

売買用の臓器を欲するならば、言葉は悪いが東京の中年男性を狙うより、途上国の子どもを狙うほうが手っ取り早いのではないだろうか。大人の臓器では適合サイズという問題も出てくる。臓器を抜くためには、それこそ〝血抜き〟や〝バラバラ〟以上の専門的な知識が必要で、スタッフや施設もキチンと揃えねばならない。

適合するドナーが川村さんだけだった——ならあるいは、であるが。どうもこの線は薄いように思われる。余談だが、当時すこぶる評判が悪い病院が吉祥寺にあり、臓器移植説や事故説と絡めてそこの関係者が事件に関与しているのではないか——という噂もあった。現在も名前を変えて診療を続けている。

●人違い犯行説

あまりにも不可解で、犯人につながる糸口も見当たらないことから、捜査の初期からその可能性が一部マスコミによって指摘されていた。「ここまで犯行がチグハグなのは、本来のターゲットが川村さんじゃなかったから」間違えて殺害してしまったが、とりあえず予定通りバラしてしまおう——。こんな「裏」があったのではないか、そんな話だ。

そこに「**私が真のターゲットだ**」と名乗り出た人物がいる。名をエヌ氏としよう。この話はライターの猪俣進次郎氏がさまざまな媒体で記事を公開しておられるので、目にしたことのある諸兄もおられるかと思う。ともかく、このエヌ氏は、当時露天商を営んでいた。海千山千の露天商界隈をまとめ上げるリーダー的な立場におり、縄張り争いでたびたびトラブルとなっていた「不良外国人露天商グループ」との折衝に当たっていたという。このエヌ氏たち日本人露天商グループと、不良外国人露天グループはほとんど歩み寄りできないまま衝突し続け、やがてその燻っていた火種が大きく燃え上がることとなる。日本人露天商グループがヤクザ者に外国人露天商グループの駆逐を依頼したのだ。

日本人露天商グループから利益供与を受けていた関西のヤクザものが、いわゆるケツモチとして腰を上げ、外国人グループを襲撃する「X-DAY」が秘密裏に決定し、界隈のトラブルは一掃されるはずだった。だが、直前になって「X-DAY」の情報が外国人グループ側に漏洩し、「X-DAY」は取りやめとなった。そこで報復と言わんばかりの「逆X-DAY」が外国人グループによって行なわれた。日本人露天商グループの元締めであったエヌ氏は身の危険を感じ、都内のホテルに潜伏したという。

ちょうど、その「逆X-DAY」の3日後、潜伏していたホテルのテレビを観て井の頭公園でバラバラ殺人があったことを知ったという。そしてその殺人事件が詳しく報じられるにつれ、エヌ氏は「**川村さんは、自分の身代わりに殺害されたのだ**」と確信を深めていった。川村さんの容姿が自分と瓜二つだったからである。エヌ氏によるのちの情報収集で外国人露天商グループに**外国人マフィア**の息がかかった者がいたらしいこと、**某国の諜報機関**のメンバーがいたこと——も触れられている。それらの勢力は情報収集を目的として来日し、露天商をしながらさまざまな工作を行なっていたのだ――と。そして〝商売〟の邪魔をしたエヌ氏を抹殺せんとし、井の頭公園に遺棄することで〝見せしめ〟にした――ということらしい。

どうなのだろうか。諜報機関だの海外マフィアだの秘密結社だのが出てくると、どうにも話半分で聞いてしまう。この「エヌ氏人違い説」にしても「新興宗教説」にしても、しばしば「見せしめ」という言葉が出てくる。その多くが「自宅近くの公園に遺棄するのは見せしめに違いない」という。

だが繰り返しになるが、オカルト・クロニクル特捜部としてはこの「見せしめ」という意見には懐疑的だ。見せしめというなら、指紋や掌紋を削り身元を判らなくしては意味がない。

だいいち、この事件は〝たまたま〟発覚したにすぎない。清掃員の女性が猫好きの人物でなく腹を空かせた猫を気に掛けていなければ、そのまま遺体パーツは開梱されることなく焼却場へ送られ灰になっていた。その場合、川村さんは行方不明者扱いとなり、猟奇的殺人事件と世間で騒がれることもなかっただろう。極刑まで予想できるリスクを冒してまで行なった「見せしめ」――としては随分と消極的だと言わざるを得ないだろう。そして本来報復される対象だったエヌ氏は生きている。ほとぼりが冷めた――と言えばそれまでかもしれないが、本当に某国諜報機関なり闇組織が関与していたなら、事件報道で〝人違い〟に気づき、裏事情を知るエヌ氏の口封じに奔走するような気もする。

「この井の頭バラバラ殺人事件自体がエヌ氏への脅しになって、結果として口封じになったんだよ！」と言われればそうかもしれないが、どうもスッキリしない。結果論であるし、結局メディアで喋ってるし。やはり、スッキリしない。

とはいえ、エヌ氏に限定しなければ「人違い説」はさまざまな疑問にシンプルにアプローチできる説ではある。エヌ氏もどうせなら、すべて実名で告発して欲しい。

●誰も知らない川村さん説

人違いでないとすると、川村さんに近親者や同僚さえ知らない裏の顔があったのではないか、という可能性も出てくる。

真面目な家庭人で、恨みを買うこともなかった川村さん。ゆえに「動機らしい動機」が見当たらず、捜査が難航した。だが、そんな川村さんに裏の顔があった――とすれば話は変わってくる。これは朝倉喬司大先生が「井の頭公園・バラバラ猟奇事件のトポロジー」で書いておられる。

なんで高田馬場から地下鉄東西線に乗らなかったのだろう。そのほうが近いのに。中野から中央線に乗り入れて三鷹まで行く東西線なら１本で行けるのに。

川村さんは当夜、高田馬場で元同僚と飲み、お開きになったその後、山手線で新宿駅まで移動してそこで同僚と別れている。川村さんは普段、港区内にある新しい勤め先まで東西線を使って通勤しており、本来なら山手線で新宿まで出る必要はなく、高田馬場から使い慣れた東西線に乗ればいいだけの話だ。新宿駅で元同僚と別れたのが本人確認ができている最後の目撃証言で、新宿へ行ったのはまちがいない。だがなぜ？

当時、K氏が主任に昇進したというので、高田馬場近くの以前務めていた会社の同僚が彼のために祝いの席を設けた。K氏はそれに出席し、終始なごやかに飲み、二次会でカラオケを二曲ぐらい歌って、会はお開き。そして山手線に乗ったというのだが、元の勤め先へは東西線で通っていたはずのK氏が、なぜそれに乗らなかったのか。自宅へ帰るだけだったら、通いなれた電車に乗ってもよさそうなものなのに、と首をひねったことだった。K氏が山手線に乗ったのには、新宿あたりに何か彼だけの用事があったからではないかという推定がそこに生じる。

（『少年Aの犯罪プラスα』）

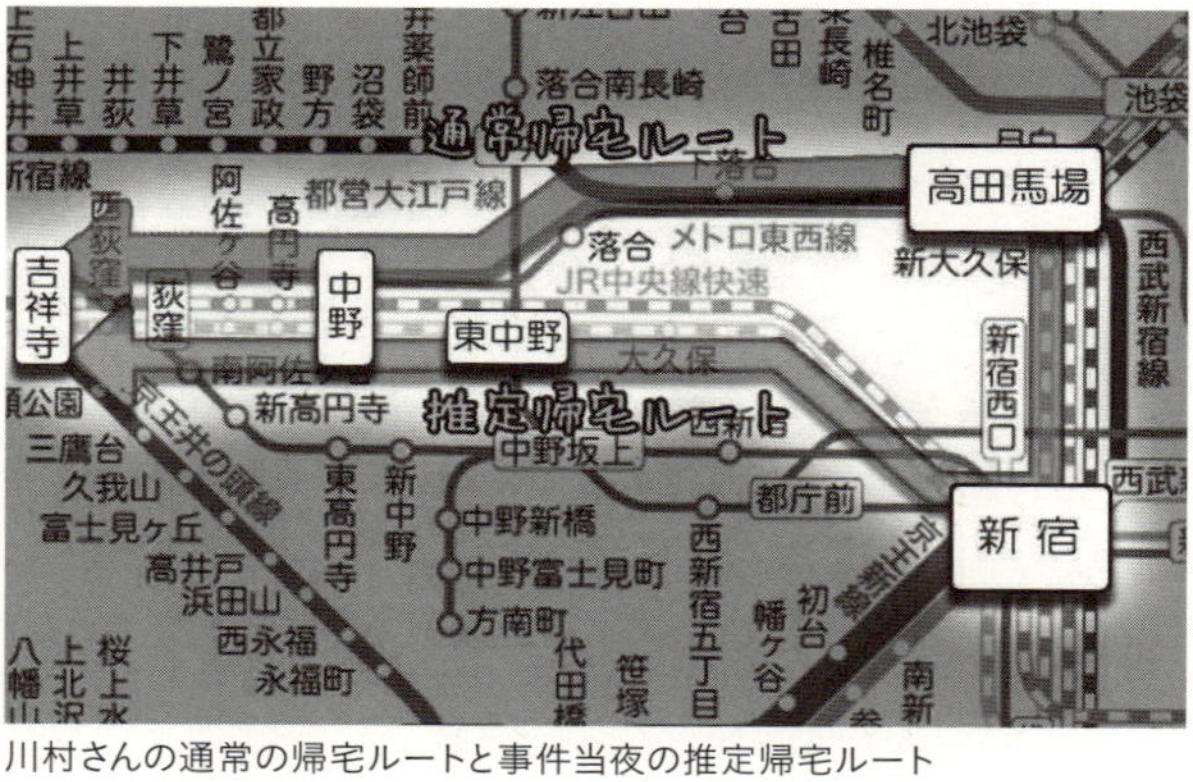

川村さんの通常の帰宅ルートと事件当夜の推定帰宅ルート

もちろん、「**同僚との別れを惜しんで、少し遠回りをした**」というだけの話かもしれないが、朝倉先生の取材によって興味深い話が浮上している。川村さんと元同僚は、二次会で入った店で、以前その店で働いていた上海出身の女性のことを話題にしていた。その上海出身の女性が新宿歌舞伎町で〝D〟

というクラブのママになった——という会話を店内で交わしていたという。

もしかしたら川村さんは、飲み会が終わった後、その女性を訪ねるために新宿まで出向いたのではないか。そんな仮定が浮かび上がる。だが、朝倉先生が〝D〟へ取材に行ったときには既に〝D〟は店を畳んでいた。ちょうど数日前の閉店——タッチの差で〝糸〟が断たれ、この上海ハニーへのそれ以上の追跡取材は行なわれていない。

朝倉先生はこの女性をして、「ナゾめいた存在」と評している。この上海ハニーが何者だったかをつかむことはできなかったが、資料をボンヤリ読み返すと、ちょっとした発見があった。新潮の取材に答える川村夫人の言葉を引いてみよう。

（前略）ただひとつだけ、警察の方から主人が寄り道をするところがあったのではないか、ということを聞かれました。会社の人に送ってもらったときに、途中でクルマを降りたことが2、3回あったそうなんです。それは私の全然知らないことでした。場所は高井戸の方らしいのですが、それも頻繁にあったわけではなく、警察でも、それから先の足取りはわからなかったようです……。

（『殺人者はそこにいる』）

どうも夫人も知らない行動があったのは確からしく、夫人の言葉が正しければ警察も〝糸〟の先には辿り着けなかったようだ。もちろんコレが上海ハニーとつながるかどうかはわからないが、もしかしたら、夫人も知らない川村さんの裏の顔は本当にあったのかもしれない。

ちなみに、〝高井戸〟は川村さんが通っていた宗教団体の施設があると噂に上がった場所でもある。

●とある大衆酒場が関わっている説

特定されて迷惑をかけるのもアレなので名前は伏せさせていただくが、井の頭周辺に店を構える飲食店が事件に関わっていると周辺界隈で噂された。

時系列で5月11日、公園内で〝骨〟が見つかった——でも動物の骨でした、という出来事を書いたが、その骨の出所がどうもその大衆酒場だったらしい。これは朝倉先生の記事に書かれているものだが、情報源となった人物は「警察関係者から確かに聞いたことだから、まぎれもない事実」と言ったそうだ。真偽は不明。ともかく、この大衆酒場は

〝食肉〟を扱っており、一時は根強い噂となって周辺界隈を飛び交ったという。

調理場が遺体の解体現場だったとされ、強制捜査も入ったらしい。オカルト・クロニクルとしては、「らしい」という助動詞は、「信じるも信じないも――」と同じく、デマを撒き散らす免罪符のように思えて極力使いたくないが、参考記事でこの出来事に触れている朝倉先生が「**友人から聞いた**」という前置きの上で書かれているので、そういうことらしい。ただその後の続報はない。

●耐震偽装に関する闇説

川村さんは一級建築士だった。「耐震偽装」と聞いて、諸兄は「姉歯」なり「ヒューザー」なりのキーワードを思い出すかもしれないが、まさしくソレである。

これは2005年ごろに表沙汰となって大騒動を引き起こした事件だ。国土交通省に規定されている耐震強度を満たさない建築物を低コストで造り、そして基準値以下であることを知りながら物件販売を続けていた。各種メディアに「**地震大国日本において、許し難い詐欺行為である**」――と糾弾された。この耐震偽装問題に川村さんが関係していたのではないかという。

井の頭バラバラ事件の捜査本部に、この「耐震偽装問題と井の頭バラバラ事件」についての情報提供があったことがルポライターとして知られる一橋文哉大先生の著作でサラリと触れられている。

「被害者は建築事務所以外の仕事を副業として引き受けた際、後に大きな社会問題になるマンションの耐震偽装事件に巻き込まれたのではないか。当時、彼が関わったと見られる建設会社の中には、暴力団系のデベロッパーや地上げ業者を使い、耐震偽装など違法建築を平気でやっていた連中もいた。鋸できれいに切り刻まれた手口は図面通りに鋸で木片を1センチ、1ミリ単位で丁寧に切る仕事に携わっている者の仕業ではないか」というものだった。

(『国家の闇　日本人と犯罪蠢動する巨悪』角川書店)

オカクロ特捜部は知らなかったが、捜査本部は水面下でこの方面にも捜査を拡大していたようでこの情報提供に絡んでかどうかはわからないが建築業者および関連会社への捜査を行なった――と一橋本に書かれている。しかし、それも捜査を進展させるモノではなかった、とも書かれている。

断定的なことは書けないが、川村さん自身に「殺害される動機」があったとするなら、数ある動機の一つとしては、最も説得力があるように思える。川村さんが耐震偽装に気付き、それを告発ないし明るみに出そうとした矢先――。など、想像は膨らむ。

だが建築関係者なら、公園に捨てるよりももっと露見しにくい遺棄方法が取れるような気もする。もっと言えば、普通に通り魔として犯行に及んでも足は付きにくいのではないか。当時、耐震偽装は一部の人しか知らない状況であったろうし。のちにヒューザーの小嶋社長は詐欺容疑、姉歯元1級建築士は建築基準法違反で実刑判決が下りている。

姉歯氏に関しては薄くなった頭部を隠すためにカツラを着用していたことから、「**頭髪も偽装！**」と週刊誌に叩かれた。こちらは情状酌量すべきだろう。

ちなみに、一橋本ではこの建築偽装の裏に、一大詐欺事件で知られる〝豊田商事〟の残党が絡んでいるとしている。日本の闇は深い。

●イチョウの呪いに違いない説

川村さんの自宅では以前、父親が「ぎんなん学習塾」という私塾を経営しており、庭には大きなイチョウの木が生えていた。二世帯住宅に改築する際に、設計上このイチョウをどうしても切らねばならなくなり、結局切り倒されたが、用材として使用することもかなわずイチョウの木は結局「バラバラ」にされて捨てられた。**このイチョウの呪いが降りかかった**のだ――という話。

「なんだよバカらしい、呪いとかそんなワケあるか。そんなもの俺がやっつけてやる」と諸兄は怪談での祟られ要員っぽい台詞を言うかもしれない。が、余談を言えばイチョウは古くから霊木とされており、個人の所有地には植えない方がよいとされる。枝を折ったり、切り倒したりすると災いが降りかかるという。そんなイチョウの霊性から連想された噂だったのかもしれない。

●都市伝説的な説

信じようと信じまいと――の人たち、いわゆる信信界隈では以下のように書かれている。

井の頭バラバラ殺人には隠された事実がある。犯人には自殺した妹がおり、犯人は彼女を生き返らせん、と足りない〝部位〟を集めていた。警察が彼の家に踏み込んだ時、腐乱した〝妹〟の体には、真新しい性交の跡が残されていた……

事実と異なる。野暮を承知で言えば、「妹の足りない部位を集めていた」とあるが、「犯人が集めていた部位＝捜索で見つかっていない川村さんのパーツ」ということになるが、それは頭部と胴体である。もはや妹じゃなかろう。そして犯人宅に警察は踏み込んでいない。信じさせる信じさせない以前に、少しは調べてから書くべきである。

——と諸説紛々である。これら諸説が複合された説もポツポツと囁かれてはいるが、それらは各人に想像していただく事にする。ここまでは事実と諸説の確認に終始したが、これらをもとに新たな足がかりは作れないだろうか。冗長と野暮を承知で今までと違う角度で事件を見てみたい。

警察はどのような犯人像を想定していたのか

こと未解決事件において、警察の捜査ミスを批判する向きは多い。

この件にしても警察当局の**フットワークの重さ、アクションの遅さ**は指摘を受けても仕方がないかもしれない。「オカクロも広告でサイト表示は重いし、更新も遅いけどな」と諸兄は憎まれ口を叩くのかもしれないが、記事を書くたびに資料代、交通費で赤字を計上しているオカルト・クロニクルとしては広告による微々たる補填ぐらい大目に見て頂きたいものである。

せこい話はともかく、警察は当初、「セオリー」に従って夫人を疑った。ここにかなりの捜査リソースを割いたため、目撃証言などの取りこぼしがあったのではないかという指摘もある。だが多くの場合、バラバラ殺人は被害者に近しい人物によって行なわれる。

そして捜索願いが失踪翌日という早い段階に出された事実をして、夫人に捜査リソースを割くのも当然とも言える。だが結果として全ての捜査は犯人逮捕につながらず、事件は迷宮入りした。過去には「**捜査なんて0か100か、だ。逮捕できなけりゃ無能と言われても仕方がない**」そんなことをつぶやいた警察関係者もいた。

では警察はどのような犯人像を想定していたのか？

残念ながらこれはわからない。プロファイリングなり捜査記録などを公開してくれれば我々のような一部のマニアが自腹調査に張り切るのだろうが、捜査資料は基本的には公にされない。

だが、面白い記事が目についた。タイトルにはこうある。

「**井の頭公園　未解決事件プロファイリング——闇に消えた犯人を追え**」

うぐう、これは興味深い、この情報の少ない難事件をどうプロファイリングしているのか——。

とハラハラしながらページをめくってみれば、以下のように書いてある。

3人の人が見えます……男の人が1人、女の人が1人。もう1人は性別が分かりませんが……3人。男は日本人だけど、他の2人は日本人ではないようです。

見えます？　見えます？　ってなんだろうと真剣に読み進めると、こんなことも書いてある。

殺される前にKさんはどこかのお店に行っているようなイメージが浮かんできます。豪華で個室のあるお店……高級中華料理店の円卓のような所にKさんを含めた数人が座っています。

いいます？　イメージが浮かんで？　なんだろう？　誰の発言かと記事の最初まで戻ってみれば、【プロファイリングさとう界飛】と書いてある。そして霊能者とも書いてあった。霊視とも書いてあった。超能力捜査に関してとやかく言うつもりではないが、これをプロファイリングと呼ぶには語弊があるのではなかろうか。いっそのことロバート・K・レスラーの生き霊をその身に降ろして、シャーマニズム・プロファイリングという新ジャンルを開拓してほしい。

深く触れてもアレなので概要を端的に書けば、「**朝倉喬司による『井の頭公園・バラバラ猟奇事件のトポロジー』を読んで、その内容を想像で補完した印象**」である。

読みたいのはこういうのじゃない、と肩を落としていると、今度は『「**洗脳」プロファイリング　重大未解決事件の犯人を追え**』というタイトルの本があった。うぐう、これは興味深い、この情報の少ない難事件をどうプロファイリングしているのか——。

とハラハラしながらページをめくってみれば、次のように書いてある。

殺害現場はこの公園だと思います。他の場所で殺害されてここへ運ばれたというよりも、公園の死角にな

る場所で拉致され殺害され、解体された。夜中、猿ぐつわで声を出せないようにして、殺され解体されている。血を抜くには大量の水が必要ですが、血を抜くところもこの辺のどこかにあるのではないでしょうか。

公園内でバラし、公園の池の水で血抜きをしたという。事件の詳細を鑑みるに、これは少し無理があるのではないか。

プロの解体業者を疑う説がありますが、私はそうでなく軍事系プロが思い浮かびます。彼らはそういうことがお手の物だから、動物も人間も解体することに手慣れています。被害者がどういう巻き込まれ方をしたのか、原因は本人の周辺人物にかかわる仕事かもしれないし、友達かもしれない。

このような形で根拠を一切提示しないまま、国際的諜報機関とスパイ・エージェント犯行説へと話は及び、次のように終わる。

井の頭公園では今日も人々のおだやかな笑い声が木々の間から聞こえてくる。「見せしめとして公園は最高のステージだったのです」各国の諜報員と交流をもつ苫米地博士は湖面の反射を受け、まぶしそうに呟くのだった。

（『洗脳プロファイリング』）

なんだこれは。

これがプロファイリングなのか。オカクロ特捜部の知っている、統計なり遺留品なりをもとに犯人像を類推する科学捜査と全然違う。時代が変わったのだろうか。ともかく、各国の諜報員と交流があるのなら、ちまちまプロファイリングする必要ないから、ちょっと、やったかどうか聞いてみてほしかった。

まぁ、事実無根、飛ばし記事で知られる「サイゾー」なり「トカナ」なりの経営者である苫米地博士の言説をマトモに受け止めるほうがどうかしている――と、こんなことを書くから敵を作るのですね。生意気言ってすみませんでした。

――とオカクロ特捜部は、まぶしそうに呟くのだった。

「複数犯」という固定観念

長ったらしい余談はともかく、実際はどのような犯人像が類推されるのか。コレを少し考えてみよう。まず、どの説にも共通している見解として挙げられるのが「複数人による犯行」だろう。新興宗教説にしても交通事故説にしても、多人数グループであったろうとされている。これは「**単独犯が短時間でバラバラにするのは不可能**」という考えに基づいている。

実際に川村さんが最後に目撃された21日23時から、遺体で発見される23日11時まで多く見積もって約36時間しかない。この短時間に殺害→解体→遺棄を行なうために、多人数のほうが効率がいいのは言うまでもない。ゆえに「**なんらかの集団に属している**」「**血抜き、解体などの専門知識を持った**」「**複数犯**」が想定されている。

だが、これらは固定観念かもしれない。物事の一部分や細部に気を取られて、全体に目を向けないことを戒めて、先人は「木を見て森を見ず」という警句を残した。だが、この事件では全体像にハマるピースを探すあまり、大きく予断が働いていたのではないだろうか。神は細部に宿るとも聞く。ここはひとつ、警察庁関係者の論文と統計データを元に、冷静に事件を見直してみよう（註：基になった資料は警察庁の部内資料、『凶悪事件通報』『主要凶悪事件捜査概要』『警察庁指定事件捜査概要』『解決事件に関する報告資料』による抽出。論文は犯罪行動科学部捜査支援研究室長の医学博士、渡邉和美氏、及び科研の故田村雅幸氏によるもの）。

バラバラ殺人という行為について戦後から平成8年までに、日本で起こったバラバラ殺人で捜査本部が置かれたものは120件。これは連続殺人も含まれるため、事件数だけで見た場合は123件が起こっている。「**バラバラ殺人は顔見知りの犯行を疑うのがセオリー**」というのは、データにもしっかり表れており、犯人と被害者に面識のある場合が全体の8割――83・8%を占める。面識者のなかでも、親族間の事件割合は低く知人関係にあるモノが最も多い一方、面識がない場合には性目的が5件、金品目的、売春婦とのトラブルが各3件、誤認によるモノが1件となっている。

この井の頭バラバラ事件に関して「**猟奇趣味の異常殺人鬼による犯行**」という見方も少なくなかったが、こと日本においてそういった損壊、性目的のバラバラ事件はおしなべて少ない。

性器の切断を伴う犯行は戦後の各時代にチラホラと起こっているが、そのなかの半数が乳房などの切断理由を「徹底的な解体の一工程」としている。つまり性的な目的ではなく、運搬を容易にするため、あるいは身元を隠すため、という都合的判断のもとに行なわれたもので、「猟奇趣味・性的倒錯の果て」という趣ではない。倒錯の定義は難しく、ともすれば我々もアブノーマルであったり、変質者の分類に入れられてしまうが、数ある事例のなかでも「昭和29年、他の男と性交渉できなくするため」「昭和32年、観賞のため少年をホルマリン漬け」などは倒錯者と評して良いだろうが、日本においての実例としては決して多くない。

一応断っておけば、この統計はその性質上「解決した事件」をもとにしており、完全に全体像——特に加害者像を把握できるわけではない。ちなみにバラバラ事件の解決率は75%ほど、殺人事件全体の解決率は98・3パーセント（犯罪統計書H8）となっている。井の頭バラバラ殺人でも「**人違い説**」が根強く囁かれているが、統計上において人違いは0・8パーセントしか起こっていない。

よく聞かれる言説のなかに「**バラバラ殺人は女性の仕業である場合が多い。解体前の遺体を運ぶ腕力がないからだ**」というものもある。が、実際のバラバラ事件では男性の犯行93・8パーセントに対して女性の犯行は6・2パーセントとなっており、これも統計から見れば「バラバラ犯人＝女性」というのも思い込みの類でしかないことがわかる。切断理由を見てみれば、「証拠隠滅・運搬の容易」が全体の93・2パーセントを占めており、ここに男女差はない。そして、犯行に関わった人数を見ると、単独犯である割合が8割。80パーセントの事例において、「殺害・解体・遺棄」という行程が単独で行なわれている。

10年区切りの年代別で見れば、この犯行荷担人数は年代を経るごとに増加傾向にあるが、「損壊・遺棄にのみ荷担した」のは4件と少なく、複数犯の場合は全行程に一貫して荷担している場合がほとんどだ。ちなみに、女性が主犯であった事件は5件で、そのなかで共犯がいたのは3件と、男性に比べて共犯者を伴う割合が高いのが興味深い。被害者と加害者の関係性の統計では、全期間を通して両者の関係は、面識無しも含めた上でも「愛人・恋人」である場合が31・1パーセントと最も高い。

殺害方法は「絞殺・扼殺」を含んだ広義での窒息が半数以上を占める。刺殺2割、殴打殺、毒殺、轢殺に関しては1割に満たない。が、年代を経るごとに殺害方法の多様化も認められる。

遺棄に関しては水中投棄が多いのだが、興味深いことに井の頭のケースでは眼前に池があったにもかかわらずあえて遺棄先にゴミ箱を採用している。遺棄方法以外にも言えることだが、年代の経過と共に「手段・方法・理由」が少しずつ変化してゆくのがわかる。これは「バレないやりくち」を模索した結果なのかもしれない。発覚しないための工夫が年々巧妙化――これは「遺体を梱包」した犯行が増加している事実からも窺える。

余談だが、すべてのデータを踏まえて分析すると――「**東京に住む20代無職の女性が、痴情のモツレで無職の恋人ないし愛人の単独犯に絞殺され、バラバラにされ、水中に遺棄され、その恋人ないし愛人が時効までに検挙される**」可能性が最も高い。条件に該当する女性は、危険極まりない状況に置かれていると言える。そんな男はやめて今すぐオカクロ特捜部の所へ来てほしい。そうすると統計上は14・8パーセントほど殺され難くなる見込みです。

キリがないので統計分析はこの辺にしておく。

単独犯か、それとも複数犯か――

解剖を担当した佐藤教授をして、「複数人による流れ作業が想起された」と感想を吐露しておられるし、世間のイメージもそれに近いモノだろう。だが、本当にそれでいいのだろうか。「8割が単独犯」という統計データを正義にするつもりはないが、同調力の低いオカルト・クロニクルとしては、世間の合意と少し離れた場所から事件を見て、あえて単独犯説を唱えたい。遺体に複数の切り口があったことは項の前半で触れたが、これを見てみよう。

具体的に佐藤教授によって言及されているのは、以下の4種となる。

- **乱暴に手ノコをあてた切り口。**
- **鋭利な刃物で肉を切って骨を露出させてから慎重に切断した切り口。**
- **骨のいちばん下までスッキリ切っている切り口。**
- **途中まで切ってポキンと折った切り口。**

このようになっており、大きく分けて3パターンが見て取れるという。たしかにこれを見る限りでは、複数人が同時進行的に作業したようにも思える。だが、これは必ずしも複数犯を確定付けるものではない。佐藤教授も可能性を指摘しておられるが、犯人が「学習した」可能性もゼロではない。様々な切り方を試すうちに習熟がかかり、次第に効率化されていった可能性だ。この手ノコの使用について、

「なぜ電ノコを使用しなかったのか」という疑問も浮かび上がる。効率を考えれば、どう考えても電ノコを使用するほうが正確かつ手早く切れる。これについては、「手元に電ノコがなかった」というシンプルな考えと、「電ノコの発する音を気にした」という可能性を指摘しておきたい。

ともかく、〝学習〟について着眼したとき、我々は過去の事件に同じような流れを見つけることができる。単独犯による犯行、「練馬一家5人殺害事件」だ。この事件では、犯人が最初に斧を使用し、上手くいかないので鋸に変え、さらには包丁――と短時間に様々な経緯を経て被害者一家をバラバラにしている。「荒川放水路バラバラ事件」でも、共犯者である母親のアドバイスを受けながら、切断方法を工夫した。切り口がいくつか見られるのは、人間が成長する生き物たるゆえんと言えるのではないだろうか。

遺体はどこで解体されたのか

遺体からはきれいに血が抜かれており、毛細血管にも血液が残っていなかったという。これには大量の水が必要とされる。そして人目につかず、複数人が作業できる環境である前提が必要だともされる。これをして一般的には教団施設なり医療施設、食肉加工施設に着目される。

だが、本当にそうなのだろうか。過去のバラバラ事例に目を向けたとき、それらの〝専門施設〟を使用した例はほとんどない。突出して多いのが自宅。その中でもよく選ばれるのが風呂場だ。単純に考えて、風呂場は「密室であり人目につかない」ことと「血を水で洗い流せる」という大前提を満たしているからだろう。

「でもよう、風呂場だけじゃ、血抜きができないだろ、血抜きがよう」と諸兄は指摘するかもしれない。

これに関しては、佐藤教授の言にヒントがあるように思われる。**「遺体は、まるで揉み洗いしたかのように」**という言葉だ。その言葉自体は比喩なのだろうが、実際に洗ったのだとオカクロ特捜部は考える。

洗濯機だ。これは、魚の血抜きでも実際に行なわれており、漁業関係者、釣り人、海産加工業者などに知られている。内臓は内容物があるため排水溝に詰まってしまう可能性があるが、その他の手足――切り分けた部位から洗濯槽に放り込み、洗濯・脱水を繰り返せばキレイに血が抜ける。

こう推定すると、遺体が水切り網に包まれていたのも必然に思われる。そして発見された遺体パーツも、洗濯機での血抜きに適した部位ばかりだ。「血抜きには専門知識が必要」とも言われ、医療関係者を疑う向きも根強いが、冷静な諸兄なら指摘してくれるはずだ。「いや、そもそも医療関係者だって、血を入れはするけど、完全に抜くのは本職じゃないだろ。注射器1本分ぐらいならともかくよ」と。

遺体パーツのミステリー

発見されたパーツは27個。そこから推察して、「**おそらく全体としては50以上に切り分けられたのではないか**」とされ、それに従う形で「**短時間で50ほどのパーツに切り分けるのは複数犯でなければかなり困難**」とされる。

たしかに困難かもしれない。だが、不可能ではない。遺体に似たような処理を施した例を見てみよう。

•【練馬一家5人殺害事件】48歳の男が、被害者宅の成人男性1人を鋸で解体し各パーツをビニール袋に梱包。午前4時半から6時半のわずか2時間。次に取りかかった家族はもう少し時間短縮。

•【福岡美容師バラバラ殺人事件】30歳の女が成人女性を殺害、簡易ノコギリで切断。髪を刈り込み肉も削ぎ、全てをビニール袋に小分けにして入れ、ガムテープで密封。スーツケースにそれらを詰め込み、自らについた血液をキレイに洗い流した。ここまでの全行程を3時間20分。

•【隅田川コマ切れ殺人事件（おでん屋夫婦殺害事件）】24歳の男が老夫婦を殺害。最初に取りかかった老人の解体には鋸と包丁を使用し、8時間。次に取りかかった老婆の解体には23時間。6センチ9センチに細かく切り、いくつかのブリキの一斗缶に小分けして遺棄。

あまり事例を挙げても陰惨なだけなので、やめておく。だが多くの事例で、それほど多くの時間を掛けていないことが分かる。ここで井の頭公園の事例を見れば、被害者の失踪から遺体発見までが36時間。必ずしも複数犯でないと不可能——というワケでもなさそうだ。

付け加えるならば、発見されていない。発見されたのは手足がほとんどを占め、胴体と頭部は発見されていない。この事実をして、「**遺体が発見された4月23日午前11時の時点で、胴体と頭部は未解体のまま犯人の手元にあった**」とすれば、時間的余裕が充分にあった可能性もあるだろう。細かい説明は避けるが、他のバラバラ事例でも最も解体に時間が取られている部位は、胴と頭部である。犯人は、とりあえず解体できた部位から遺棄し、それがたまたま発覚したために別の方法に変えたのかもしれない。

2008年4月に起きた江東区マンション〝神隠し〟殺

人事件でも、犯人は解体の済んだ部位からトイレに流したり、コンビニやマンションのゴミ捨て場に遺棄したりと状況事情に即したさまざまな遺棄方法を行なっている。

井の頭公園のごみ集積所（園内にいくつか点在しているうちのひとつ）とかつてあったゴミ箱基礎痕

特殊な「梱包法」

遺体は特種な梱包法をされていたとされる。これは調理人や釣り人、漁師、あるいは医療関係者が内容物の水分や臭いを外に漏らさないために使用する方法で、犯人はそれら職業に関連する者ではないかと推察された。だが、本当に特種なのか？　用意した左ページの図を見てほしい。

なんとなく雰囲気はつかんでいただけたかと思う。いっそ、一連の包み方を動画に撮って「YouTube」に上げ、オカキンという名でユーチューバーデビューをして、好きなことで生きていこう——かとも思ったが、商品紹介やPVのために無茶やるのが「好きなこと」とは到底思えなかったのでやめておく。

各方面を敵に回しそうな冗談はともかく、たしかに少し特種な梱包法ではあるが、調理人や釣り人、漁師、あるいは医療関係者しか知り得ないか？　と問われればそんなことはない。「ああ、知ってる」という諸兄もおられるはずだ。現に上に挙げた職業に就いたことのないオカクロ特捜部もなぜか知っていた。

それほどマニアックな包み方でない以上、「医療関係者だ」「漁業関係者だ」と業種にこだわるのは視野狭窄を招くのではなかろうか。ただ血抜きに洗濯機を使ったならば、「釣り人・漁師」という個性は梱包法との整合性が取れるので記憶に留めておくべきかもしれない。

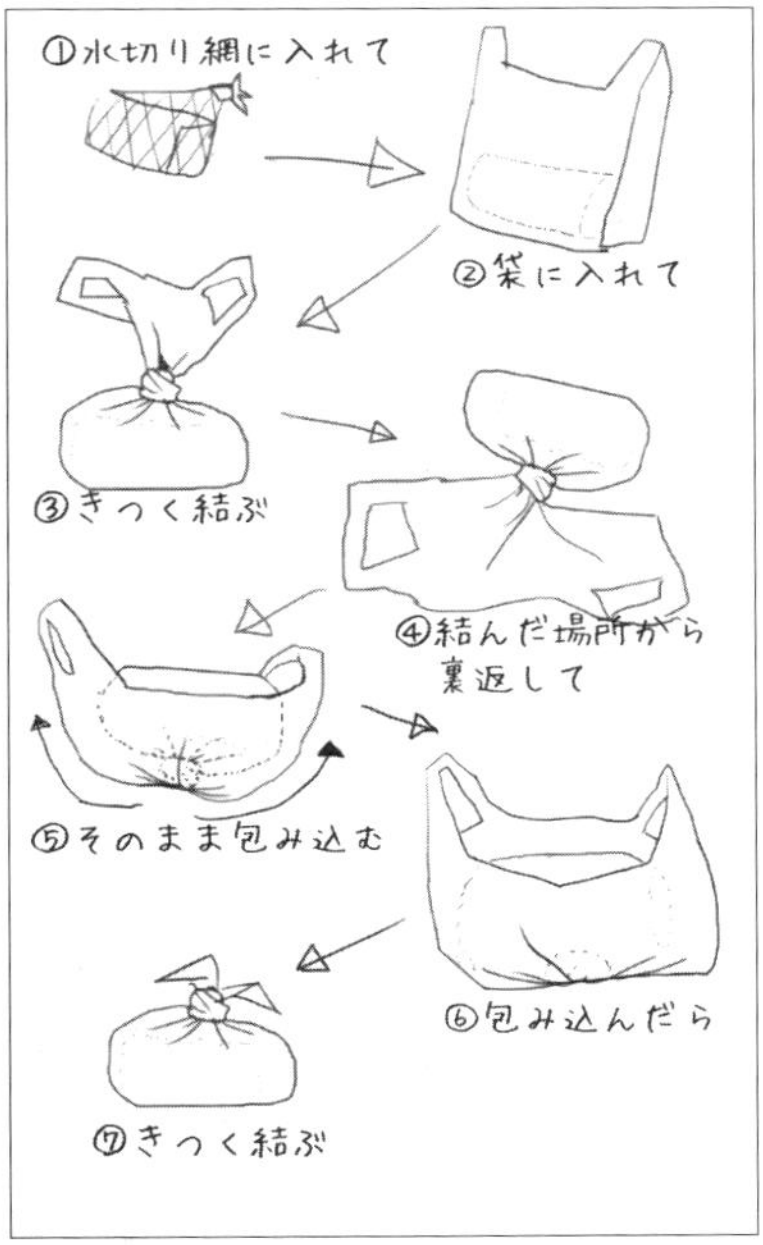

遺体の梱包は図のように特殊な梱包法だった

犯行はプロの仕業か

苫米地博士の軍事系プロやスパイ・エージェント説ではないが、プロでなければ困難な犯行だという話も多々ある。が、ここまで詳細を見てきたなかで「殺しのプロとしか思えない犯行である」という言説を支持する根拠が見当たらない。統計的に見てもプロが行なったバラバラ殺人というものが、そもそも存在するのか怪しい。

むしろ本当にプロならば犯行自体が発覚もしないように思われる。なぜなら、プロだからだ。

そして、事件全体を俯瞰したとき、どうも犯人の矛盾する行動や一貫性の無さが目につく。

- 指紋掌紋を削ってはいるが、結局は残った部位から判別される等、完璧ではなかった。
- 完全犯罪を成し遂げるのが究極の目的であるならば、中途半端に「見つかるリスク」を取らねばならない公園のゴミ箱になぜ捨てた。
- ゴミ箱に捨てるにしても、どうして数量を平均化しなかった。（後述）
- 警察の執拗な捜査でも被害者と犯人との接点がまるで浮

かび上がらないが、接点が希薄ないし皆無ならなぜ被害者の身元を隠そうとしたのか。

パッと思いつくだけでもこのような奇妙な点があり、洗練されたものとは言い難い。ちぐはぐな印象がある。これをプロによる捜査攪乱と取るか、素人の稚拙なブレと取るか。個人的には後者を支持したい。

遺棄したゴミ箱

〝一貫性の無さ〟で挙げたが、資料を眺めているといくつかの疑問符が浮かぶ。

その疑問符に答えを求めて、1990年代当時の「井の頭公園におけるゴミ箱の配置図なり施工図」が残っていないか公園管理者等に問い合わせたが「該当する資料が見当たらない」ということで、判る範囲で書かせていただく。(Twitterで協力して下さった方々、ありがとうございます)

遺棄されたゴミ箱の位置と、遺棄されたパーツの数を示した見取り図を作った。遺棄された現場は左ページのようになっている。

ここで注目したいのがポイントHだ。1袋・2袋というポイントが多いなか、Hだけでなぜか11袋もの遺体を遺棄している。これは、なんだろうか。同じような包み方をした袋をひとつのゴミ箱に大量に遺棄すれば、発覚するリスクは格段に高まる。なのになぜ？　11袋といえば、発見された袋総数のほぼ半分にあたる(一応断っておけば、この捨てられた場所と数量は、当時の新聞や週刊誌の情報をソースとしている。そして、ポイントHから30メートルほど離れた場所に「ゴミ集積所」があり、おそらく、このゴミ集積所で発見された分もポイントHに加算されている)。

当時のゴミ箱の配置図がわかれば、もう少し踏み込んだ推測ができたかもしれないが、取材力不足で断定的なことは書けない。ただ、当時、井の頭公園全体に配置されていたゴミ箱の数だけはわかった。51基だ。そしてやはり51基すべての場所はわからなかったが、そのなかのいくつかは基礎や補修跡が残されており、現在でも場所が確認できる。

51基あるうちで、池の周囲に配置されたゴミ箱からだけ遺体が発見されていることから、犯人が池の外周をぐるっと一周回ったと考えるのが妥当である。それらを踏まえて、ではなぜ**ポイントHやDにだけ多めに捨てたのか**。地図上でHとBの間——×印がついているポイントもゴミ箱なのだが、ここからは発見されていない。×印ポイントに遺棄された袋が清掃員によって集積所へ運び込まれ、発見。と

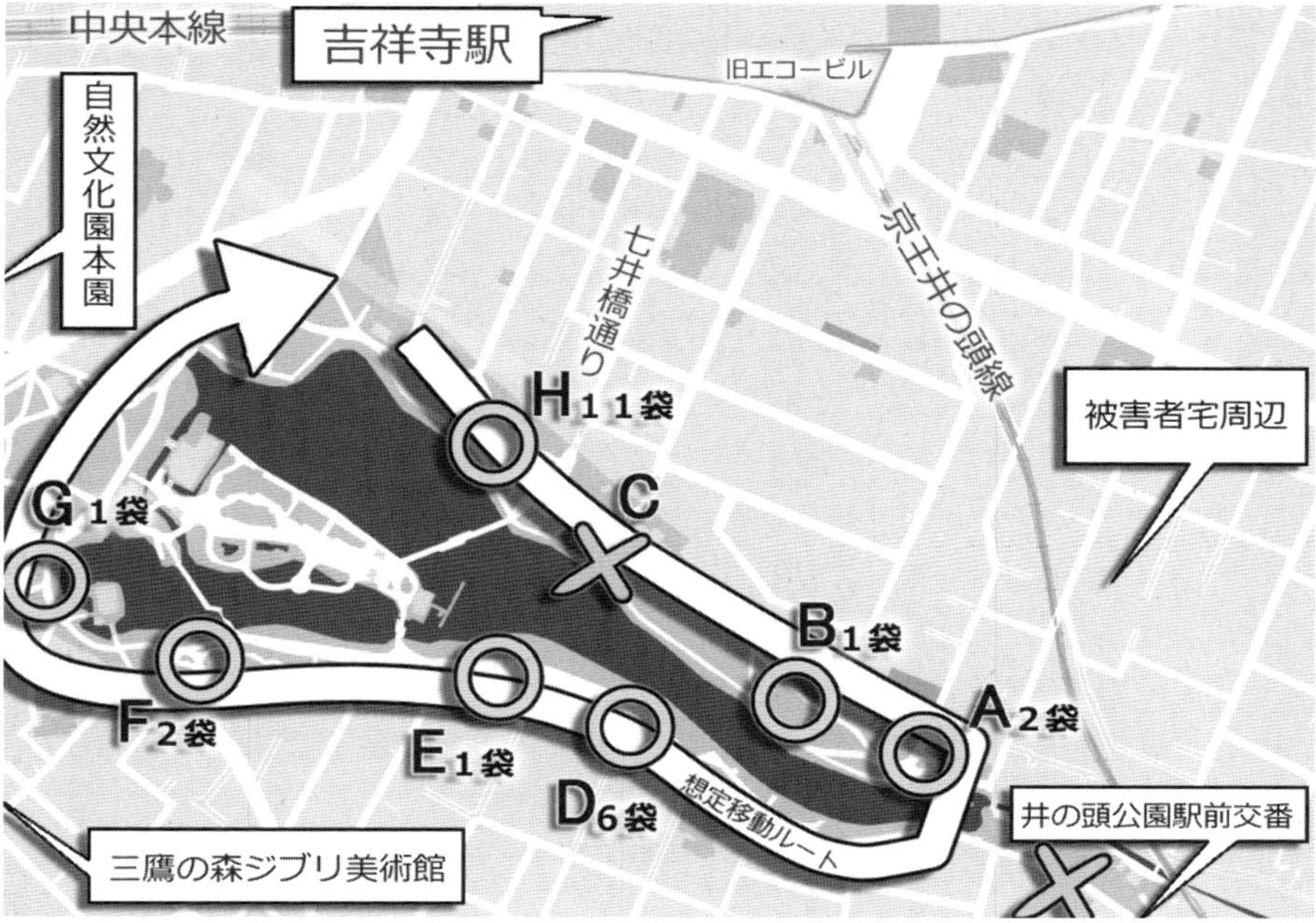

井の頭公園と遺体遺棄状況図

りあえずHに加算という可能性もあるが、そうだとしても多い。HとxCだけで5袋ずつ以上捨てられたということになる。詳細な資料がとうとう入手できなかったゆえに、根拠薄弱な妄言でしかないが、犯人単独犯説を採るオカクロ特捜部としては、「**予想以上に重かった**」んじゃないかなと。

犯人が通ったとおぼしき想定ルートは以下のようになる。右回り左回りのいずれかが想定される。

ここで想像する。24袋で合計20キロ。これはかなりかさばるし、重い。運搬に登山やトレッキング用のリュックサックを使用できたなら体力的な負担は少ない。が、それではいざゴミ箱に遺棄する際、わざわざ背中から降ろし、袋を取り出し、また背負わなければならない。手間も時間もかかる。ゆえにボストンバッグあたりを使うのが都合が良い。だがボストンバッグでは片側の肩にだけ重量が集中して負担がかかる。犯人は苦労して井の頭公園まで遺体を運んできたが、公園に着いた時には体力をかなり消耗していた。そこで、取り敢えず少しでも軽くしようとHに5袋捨てる。そこからは本来の計画通り公園全域に数個ずつ捨てようと思っていたが、まだ16キロもあり、重い。

ここで、焦りも出てくる。重い重いとチンタラ歩いていては、不審者と思われ人目を引くし、警官に職質されれば一巻の終わり――。仕方なく、×印のポイントにまた多めに捨てることにする。負担にならない程度までバッグを軽くしようと思う。もし、何か想定外の出来事が起きたなら、走って逃げられるようにしておくべきだ――とも思う。ここで6袋捨てた。これでボストンバッグの重量は11キロほどになった。ここからは怪しまれない程度の早足で歩く。ポイントAの200メートルほど先には井の頭公園駅前交番があることは知っている、ゆえに焦りがある。犯人は早足でポイントBまで進み、1袋捨てる。矢継ぎ早にポイントAに2袋。そして逃げるような足取りでポイントDの近くまでやって来たが、警察を恐れ無理に急いだせいで息が上がる。なんて重いんだ。

犯人は交番から離れた安堵感と高揚、恐れ、怠惰。さまざまな感情から、計画を変更する。本来なら公園全域に捨ててまわる予定だったが、一刻も早く帰りたくなる。もう池の外周を回って撤収しよう。そしてポイントDに多めに捨て――。

すみませんでした。書いてて気づいたが、そもそも重い荷物を持った状態で、HからB方面へは向かわないように思えてきた。犯罪心理に知見があるワケではないが、自分が犯人の身になって考えたとき、荷物が重いうちはなるべく交番から遠いところに捨てたいですものね。

破綻したストーリーはともかく、この「**池の外周にだけ捨てられた**」という事実と「**数のバラツキ**」に単独犯の臭いを感じてならない。

井の頭公園と遺体遺棄状況図のポイントGのゴミ箱基礎痕

複数犯なら、ふたりでも10キロずつで重量を分割できるうえ、効率的に別行動をとるであろうから、公園全域にまんべんなく散らばって発見されるのではなかろうか。そしてひとつのゴミ箱に大量に捨てる――という、発覚リスクをいたずらに高める怠惰行為は慎むような気がする。後で仲間にバレてもまずい。単独犯説を採るオカルト・クロニクルとしては、この遺棄状況からそんな印象を受ける。

未完、未詳、そして未解決

まるでわからない。ただ、他の事件と比較したり、散らかっていた事実を一つずつ見つめてゆくと、必ずしも「複数犯でなければ不可能」というワケでもなさそうだ。さしあたって言えることは、

- 川村さん失踪の翌朝にあたる22日金曜日のうち、少なくとも23時間を遺体解体にあてることができた人物。
- 第一発見者の清掃員の証言が正しければ、22日のゴミ収集が終わった15時頃から翌23日の11時頃までに井の頭公園に赴き、遺棄できた人物。（公園に入ってから遺棄が終わる所要時間は周回距離と重量から最短で25分ほどかかったと推定される。複数犯なら15分前後か）

この程度しかない。統計上で類推される犯人像は、東京在住——顔見知り——30〜40代男性——無職ないしフルタイムでない仕事——男女間トラブル——単独犯——被害者1名の単純殺人。

となっている。もしかしたら、殺害に至った動機は川村さん自身に起因するモノでなく、奥さんに好意を寄せたストーカーによる——。いいかげん原稿が冗長なので妄言は控えておく。

この事件では捜査範囲を「拡げる」よりも「絞り込む」ほうがきっと難しい。想像力を駆使してあれこれ語るのは容易いが、結局真相に結びつく〝糸〟は誰にも発見されなかった。

現地を回っていて、ふとオカルトサイトらしい説を思いついたので、余談代わりに書いておく。

井の頭公園にある弁財天をご存じだろうか。これは遺体遺棄ポイントGのあたりにあるお宮だ。弁財天に関する詳細は割愛するとして、この井の頭弁財天の一角に、〝宇賀神〟という神の像が祀られている。これはいわゆる人面蛇身。人間の頭にヘビの体を持つ神で、書籍『日本の伝説 東京』によれば、この石像は井の頭池で人面蛇身に姿を変えて池に沈んでいった娘のために両親から寄進されたのだそうだ。

ここでふと思い出す。井の頭公園で見つかった川村さんの遺体はほとんどが手足。発見されていないのは頭部と胴体——つまりこれは「人間をヘビに見立てた、おどろおどろしい儀式殺人」ではないか——。あるいは、まだ川村さんは生存しており、腕と足だけ切り落とされ、まだ何処か

で、生ける宇賀神として——。
可能性は微粒子レベルで存在するのかもしれないが、オカクロ特捜部としても荒唐無稽だと評価せざるを得ない。こういうのは苫米地博士の経営するメディアにお任せしたいと思う。「生ける宇賀神」などと書いたが、実際のところ、検死解剖の所見によれば川村さんは亡くなっている。

２００９年。結局、ほとんど何も解らないまま、事件は時効を迎えた。

事件当時、妊娠していた奥さんは「もう事件を思い出したくない」と住まいを移し、元気な子を生んだ。その子ももう22歳になっている。事件が起き、時効になり、やがて風化してゆく。統計を分析してゆくと、年代を経るごとにバラバラ殺人は隠蔽工作が緻密になり、加害者と被害者との関係性も多様化し、それに準じるかたちで解決にかかる時間も長期化している。

この10年で、加害者は２つ以上の解体道具を使用するようになり、昭和20年代頃にはほとんど無かった「債務回避や金品目的」を動機とするバラバラ殺人が、平成８年頃には合計43・４％と大きく増加しており、その合計は「男女間トラブル」の33・３％を上回り、動機の首位に立つ。20代男性の半分が女性と付き合ったことがない——とする統計を安田明治生命の研究所が発表していたので、今後も時代とともに動機は変化してゆくのだろう。

だが、被害者家族の心境はきっと、ずっと、変わらない。川村夫人はこんな事を言っていた。「**ずっと、時間は止まったままです**」

２００９年に起こった「島根女子大生バラバラ殺人」を覚えておられるだろうか。今回オカクロでは井の頭バラバラ殺人を取り上げたが、この島根の事件とどちらをやるべ

井の頭弁財天の一角にある“宇賀神”像

きか最後まで迷った。この事件は、アルバイト帰りの女子大生、平岡都さん（19）が惨殺され、山に遺棄されたもので、2016年まで捜査が難航した。NHKの「未解決事件追跡プロジェクト」で、この事件が取り上げられており、そこで捜査員あてに送られた被害者遺族の手紙が紹介された。

手紙では遺族としての悲痛な覚悟が書かれ、「**くれぐれもお体をお大事に**」と刑事を労り、最後にこうあった。

「**今後も都のことをよろしくお願いします**」

この事件も迷宮の深淵に入るか——と懸念されていたが、2016年に被害者の住んでいた浜田市と隣接する益田市在住の男の犯行であったとし、警察が被疑者死亡のまま書類送検した。この男の所持していたデジタルカメラ、その削除されたメモリーに行方不明となって以後の都さんを写したデータが残っていた。この男は山で都さんの遺体が見つかった2日後に交通事故で死亡している。

世田谷一家殺害事件の残された老遺族は、事件のあった日から毎日カレンダーに×印をつけ続けている。「きょうも、だめでしたね」と。もう16年にもなる。事件が解決する日まで、そのいとなみは続く。犯人逮捕まで事件は終わらない。犯人の逮捕によって、すべてが元通りになるわけではない。だが遺族はひとつの区切りを得ることができる。

現在日本には120件以上の未解決事件がある。時効が廃止されたことで、いくつかは時を経て解決するかもしれない。Webメディアを運営する側としては、デマの拡散に荷担せず、事実を伝えることで協力するようにしたい。それにより、誰かの記憶を刺激できるかもしれない。

世の中の悪が栄えた試しはないらしいが、残念ながら滅びたという話もない。「**最良の予言者は過去である**」と、ロマンチストが言い、「**我々が歴史から学ぶべきなのは、人々が歴史から学ばないという事実である**」とリアリストが言う。どちらにせよ、我々の教科書はロクなモノではない。

ある人物からもたらされた「新証言」

ここまで書いておきながら、まだ終わらない。諸兄には申し訳ないが、もう少しお付き合い願いたい。

2017年10月の末——神奈川県は座間市にて、日本犯罪史上に残るであろう事件が発覚した。

27歳の男が夏の終わりから秋までの短い間に9名もの男女を殺害し、その遺体を詰め込んだクーラーボックスともに狭いアパートで暮らしていた――いわゆる「座間9遺体事件」である。

被害者、そして加害者に関する報道が連日のようにさまざまなメディアを飛び交い、世間はその凄惨きわまる事件に釘付けになった。

神奈川といえば平塚市のアパートでの5遺体が発見される事件が10年ほど前に起こっているが、今度は座間市で9遺体である。神奈川だか神無側だかわかったモノではない。

ともかく、過熱ぎみとも思える報道合戦のさなか、この座間で起こった猟奇事件がある人物のなかにあった「忘れかけていた、ある出来事」の記憶を想起させた。それは、その人物が吉祥寺で体験した1994年・春の記憶である。

当時、井の頭公園の近くに住んでいたその人物は、その年、その春、その夜、非常に奇妙な体験をしていた。

ずっと忘れていたその夜の記憶が、座間9遺体事件の過熱報道によりフッと蘇り、オカクロ特捜部宛にメールをくれた。

1994年・春の夜、つまりは「井の頭公園バラバラ殺人」が発覚――公園のゴミ箱から遺体が発見される前日の夜の話である。

個人情報保護の観点から、その人物の氏名はふせ、以後は「Z氏」とさせていただく。同様に、これ以後に触れる住所なども特定されない範囲にとどめる。

Z氏からもたらされた情報――あの夜の追憶をもとに、もう一度事件に違う光を当ててみよう。

あの夜、漂った異臭の正体とは

1994年4月22日の夜、当時まだ少年だったZ氏は兄とともに井の頭公園にほど近い、実家の2階にいた。

氏はフジテレビで放送されていた『プロ野球ニュース』を見終わったあと、兄とふたりでテレビゲーム『ファミスタ』を遊び始めた。

4月とはいえ蒸し暑い夜で、部屋の窓は網戸にしたうえで開け放されており、通気が良い状態だった。

すると、どこからともなく漂ってくる、何か――異様な臭いが鼻をついた。Z氏と兄は

「**なんだ、このニオイは。臭いなぁ**」

というようなやりとりを交わして、窓を閉めた。臭いの入り込んでくる原因が窓外にあると考えたからだ。Z氏が兄とともに嗅いだ異臭。それは以下のように描写されている。

その時にまず思い付いたのが、髪が焼ける匂い。

子供の頃、ストーブやライターで火遊びした時に髪の毛を炙ると物凄く嫌な匂いがするのを私と兄は覚えており、その匂いがしたと刑事が2人来た際に伝えました。

（Z氏からのメール）

Z氏は「**私だけではなく兄もまったく同じ感想を持っており、単なる勘違いなどでは消化できない**」とし、臭いが漂ってきたのは南側の窓——ちょうどZ氏の家の公園方向にあたる側だったという。

独特の臭気をして、絶対に勘違いや間違いではないと断言する。

家にやって来た警察に「臭気」の話をした——とZ氏は回想するが、少なくとも、少なくない量の当時の新聞記事あるいは雑誌記事、書籍、などに目を通した調査者として言わせていただけば、それらのなかに「髪の焼ける臭い」に触れたモノは無かったように思う。

これはZ氏を疑うわけではなくて、話が「一部の警察官」にしか露出されなかったため、今日まで表に出なかったのだろうと推察される。

井の頭のケースにおいては10月21日付けの東京新聞によるスクープ「杉並区久我山のコンビニで大量のゴミ袋を購入する2人組」なども、コンビニ店長が警察に通報していたが捜査本部に情報が届いておらず、捜査本部が新聞記事で重要証言を知る——という失態をおかしてもいる。

諸兄もご存じのとおり、警察は「見立てと違う」情報を軽視ないし無視することがしばしばある。だがこれは仕方のないこと。別に警察の肩を持つというワケでもないが、捜査に裂けるリソースは限られており、ある程度の方向性は必要だ。この井の頭のケースについて言えば、事件の発覚以後から現在にいたるまで主軸——方向性の中心にあったのは「切断」「バラバラ」であり、「**焼却**」ではない。

「**ギコギコと、ノコギリをひく音が聞こえた**」という露骨なモノならともかくも、「**髪が燃える臭い**」に関しては軽視されても仕方ない状況・情報だったといえる。加えて子ども言うこと——と取り合わなかったのかもしれない。

しかしながら事件から20年以上が経過し、情報がある程度得られた現在においては、髪——「頭部の焼却処分」はけっして荒唐無稽な発想でもない。

先述したように、被害者である川村さんの頭部と胴体はいまだ発見されておらず、その行方は杳として知れない。

腕や足と違い、「22センチ」という「郵便ポスト型のゴミ箱の投入口」に合わせて切断し難いのが頭部と胴体。

ゴミ箱の投入口サイズに切り分けることが不可能——というワケではないが、人間の頭部や胴体などというものは、ハムのような構造ではなく、中には色々なモノが所狭しと詰まっており、手足に比べてたいへんな労力・精神力を要求されるのは想像に難くない。

こうして考えると、遺体の処分に困った犯人が、もてあました頭部と胴体を灰になるまで燃やそうとした可能性——「**埼玉愛犬家殺人**」よろしく「**ボディを透明に**」せんとした可能性はけっして低くない。

遺体に火をつけたという部分をして、未解決事件に造詣の深い諸兄なら「**島根女子大生バラバラ事件**」を想起されるかもしれない。あの事件でも犯人が被害者の胴体に火をつけた形跡が確認されている。

埼玉愛犬家のケースでは、犯人の関根元および風間博子の両名は「遺体を燃やしたときに出る臭気」を気にして、なるべく遺体を細かく分別したのちに焼却している。

「**殺しのオリンピックがあったら俺が金メダル**」などとうそぶく悪漢関根ですら、人体を燃やしたときに生じる煙や臭気のケアにはかなり気をつかっていた。

遺体の処理に困って焼く——というのはそうそう珍しい行為でも、突飛な行動でもないようだ。

若かれしZ氏も当時「**焼却炉を持っている家**」を怪しんだと言う。現代では住宅状況の変化やゴミ処理問題、ご近所問題などのせいか、あまり焼却炉を庭に設置している家を見ないが、当時はまだゆるい時代ではあった。

正面から投入し、着火して蓋を閉めればかなりの高温が得られ、効率的にゴミの処分ができた。

もしかしたら、井の頭の犯人は焼却炉を使って——あるいは庭先での野焼きにて手元に残った遺体パーツを処分したのではないか。程度の低い思いつきを言えば、発見された遺体パーツに施されていた「毛細血管にいたるまで徹底された血抜き」に関しても「焼却」と関連するかもしれない。

人が燃えると得も言われぬ異臭がする——というのは戦地帰りの者や火葬を身近に体験した者の口からよく聞かれるが、この異臭を発生させる要因のひとつに「血液」も挙げられるからだ。

「**焼き肉はいいニオイするのに、なんで人肉は臭いんだ?**」と、こんな疑問を食いしん坊な諸兄は思いうかべるかもしれない。これに関しては、国内で流通している食肉は基本的に血抜きなどの下処理が施されているためで、残念ながら「燃やした場合」の比較対象としては適当とはいえない。しかしながら、下処理をちゃんとすれば、人間の肉も――。

などと、ちゃんとしたオカルトサイトなら下品かつ浅はかに掘り下げるのが常道なのであるが、思慮深く上品なオカルト・クロニクルとしては触れない。

また敵を作るような冗談はともかくも、犯人が「臭気」を気にしたため、わざわざ手間のかかる血抜きを行なった可能性はなきにしもあらず――かもしれない。

処理に困った犯人は頭部を焼いた……？

次ページの周辺地図をご覧いただきたい。

地図中、サークルで囲った「地区X」が異臭のした場所となる。Z氏の個人情報保護のため、かなり広範な地域を囲ませてもらっているが、この地区X内に異臭が漂ってきたZ氏の実家、そして被害者である川村氏の自宅も含まれる。

このあたりは閑静な住宅地になっており、比較的広く立派な住宅が建ち並んでいる。地図中央を横切る井の頭通りは深夜でも車両や歩行者の往来があるものの、地区X内は深夜になれば閑静すぎて人通りも少ない。

川村氏は通常、通勤に東西線を使っていたため吉祥寺駅から地区X内を横断する形で帰宅していたが、１９９４年4月22日には帰らなかった。そして、それからもずっと。

自宅まであと少しという場所、この地区X内で何かがあった――とするなら、犯人はやはり歩いて井の頭公園内に入り、遺体を遺棄して回ったと考えるのが妥当だろう。地区Xから人の目を忍んで井の頭公園内に侵入できるポイントもいくつか存在している。

当夜、川村さんの身に何があったかは犯人のみぞ知るところではあるが、もし犯人が地区Xに住んでいた者で、処理に困った頭部を焼いたと仮定したとき、これまでに確認されてきた事実と齟齬は生じないか？　あるいは新しい発見、浮かび上がる何かはないか？

時系列や他データと照らし合わせて、その夜の出来事にもう一歩迫ってみよう。

地区X内に犯人の拠点となる自宅があった……？

Z氏はフジテレビ（FNN系列）の『プロ野球ニュース』を見終わったあと、南側の窓から漂ってくる異臭を嗅いだ。当時の番組表を確認してみれば、『プロ野球ニュース』は番組表には出ていない。

これはちょうど1994年4月1日の番組改編により『プロ野球ニュース』が『ニュースJAPAN』の一コーナーとなった経緯があったためで、さらにのちには『すぽると』となる。放送時間は『ニュースJAPAN』全体で、深夜23時45分から25時5分までとなっており、おおむね23日に日付が変わったころに異臭が発生したようだ。

当時のカレンダーにおおまかな出来事を当てはめると左ページのようになる。

Z氏は「**記憶がおぼろげなのですが、例の遺体が見つかったとされる日の前日の夜でした**」としており、もしかしたら前日21日の深夜である可能性もなきにしもあらずではあるが、仮に前日21日であっても異臭の漂った24時～25時には川村さんは所在不明となっている。

時系列については先述の記述を参照してもらうとして、川村さんの失踪以後の時系列を抜き出せば次のような流れとなる。

- 4月21日 午後11時30分——新宿駅で元同僚2人と別れる。これが証言によって確認できた最後の姿。
- 4月21日 午後11時30分頃——中央線の荻窪西荻窪間の電車内で川村さんとよく似た男性の目撃証言。人相、服装、および所持していたショルダーバッグが失踪直前の川村さんと似ていたが、目撃者によると吉祥寺に着いた

頃には車内にいなかったという。

・4月22日午前0時10分——元同僚と別れた後、中央線に乗車していればこの時間に自宅の最寄り駅である吉祥寺駅に着いていたことになる。

・4月22日午前0時15分頃——推定帰宅時間とほぼ同時刻に、吉祥寺駅に近い場所で川村さんに似た男性が2人の男に一方的に殴られているのを見た、という近辺で働く女性の証言。「いたい」「やめてくれ」「眼鏡が落ちる」などの叫び声。

・4月22日午前0時〜1時頃——推定帰宅時間とほぼ同時刻に、川村さんの自宅付近にあたる井の頭通り推定帰宅ルートに面したマンションの住人数人が、「ドーン」という何かが衝突したような大きな衝撃音がしたと証言。

・4月22日午前9時ごろ——井の頭公園から約2キロの距離にある杉並区久我山のコンビニで大量のゴミ袋を購入する2人組の男。東京都推奨の半透明ゴミ袋10パック合計100枚を購入。「ひとりは30歳前後でシャツ姿。もうひとりは50歳前後で黒っぽい作業着。ふたりは別々に入店し、ゴミ袋の棚に真っ直ぐ向かった。キョロキョロと周囲を気にするような様子で落ち着きがなく、おかしな感じだった。ひとりがレジで支払いを済ませている間、もうひとりが入り口付近で周囲の様子をうかがっているようだった」と店長の証言。以上の情報を事件から半年経った10月21日に東京新聞がスクープ。捜査本部はスクープ記事で情報を知る。店長は通報していたが、捜査本部までは届いていなかった。ちなみに朝日新聞の夕刊でのふたりの特徴は「30歳前後白っぽいトレーナーに白いズボン、もう1人は40歳前後で黒っぽいジャンパー姿」と少し違いがある。

・4月22日夕方——夕方頃に妻美代子さんによる捜索願が出される。22日の朝、帰らなかった夫を心配して川村さんの勤務先へ電話をかけたが出勤していないとの返答を得た。川村さんが無断外泊・無断欠勤をすることがなかったため、不安に思っての届出だった。が「あまりにもアクションが早すぎる」と疑いの眼が向けられた。

・4月22日 午後11時45分～翌23日 午前1時ごろ――**地区Xにて異臭。実家2階でゲームをしていたZ氏と兄が強烈な「髪の焼けたような臭い」に気づき南側の窓を閉める。**

・4月23日 午前4時ごろ――井の頭公園内にて、ゴミ袋を持った不審なふたりの男を見たという目撃証言。目撃されたふたりは公園のベンチに座っていた人に出くわすと、方向を変えて逃げるように立ち去るという不審な行動をとった。ひとりは紺色のスーツの上下、もうひとりは黒色のジャンパー姿。ともに年齢は30歳前後、身長は165センチ前後、ジャンパーの男が白いポリ袋を持っていた。公園の別の場所でも、このふたり組と似た男たちが目撃されている。

・4月23日 午前11時――井の頭公園にて足首が発見される。警察の捜索により、7ヶ所のゴミ箱から、合計24袋におよぶ遺体が順次発見される

ちょうど異臭のした時分は、「おおむね解体されて、遺棄の準備に取りかかっていてもおかしくない頃合い」と言っても差し支えなさそうだ。

異臭のした10時間後には井の頭公園内で遺体が発見されており、この「地区Xの異臭」が犯行の片鱗であったと仮定した場合、いくつかの可能性が思い浮かぶ。

可能性のひとつ――先述の「単独犯説」に当てはめれば、次のような流れが考えられる。

1．犯人ないし犯人グループは自宅のバスルームなどで手足までの解体に成功した。

2．洗濯機を駆使して血抜きを行ない、万が一のための捜査妨害工作として指紋・掌紋を削り身元判別を困難にした（つもり）。

3．――が、残パーツ、臓器などをふくむ頭部と胴体の処理に手間取り、結局それらを焼却してしまう方針を採用。

4．このとき焼却を室内で行なったか室外だったかは定かでないが、燃焼によって生じた異臭がZ氏の自宅まで流れた。これが23日の午前0時ごろ。

5．焼却に成功したのかどうかは別として、その後、23日の未明までに井の頭公園へ出向き、頭部胴体以外のブロックパーツの遺棄を行なった。

想定される約20キロの重量物を持っていたとしても、地区Xから公園の池周辺までは10分もあればたどり着くこと

ができる。1時間もあれば遺棄自体は可能で、かつ公園内には自転車で乗り入れることもできることから、犯人が自宅なりの拠点から自転車を使用したとすればもう少し短縮されるかもしれない。

あるいはもうひとつの可能性として、公園まで頭部・胴体パーツも持って行ったが、ゴミの投入口のサイズ「縦20×横30センチ」に阻まれ断念、そのまま持ち帰った——ということもあったかもしれない。そうして持てあました頭部などを焼却することを思いつき、実行した——。

ただ、22センチに切り分けるという手間をかけてまでゴミ箱への遺棄を採用した犯人が、こう短絡的とも思える流れをとるだろうか？ という、疑問は残る。

いずれにせよ、人体の焼却を人目につく場所で行なうとは考え難いので、異臭が事件に起因するものであったなら地区X内に犯人の拠点となる自宅なり自室なりがあったと考えるのが自然だろう。

Z氏の自宅と公園との間に「髪を焼いた臭気」を発生させた場所があった

気象庁の観測データによれば、23時ごろ、首都圏全域で風は南から吹いていた。

最寄りの観測地点は練馬区となり井の頭公園と4・5キロほど離れているが、これが最寄りの観測データとなる。

実は井の頭公園および地区Xと2・2キロの距離にある武蔵野市庁舎でも市による独自の観測が行なわれている。言うまでもなく当夜の気象データを知るには武蔵野市での観測データが最適ではあるのだが——残念なことにデータが存在しなかった。

管理している武蔵野市防災安全部防災課によれば、観測システムは2011年に更新されており、それより以前のデータはどうやっても確認できない——とのことだった（防災課の担当者の方、ご協力感謝します）。

次ページの図を見てほしい。最寄りの気象庁練馬観測所のデータでは、南南東から無風、そして東南東の風となっており、南から風が吹いていたことがわかる。

Z氏は南側に位置する窓から異臭が漂ってきたとしており、当夜の風向きと整合するため、Z氏の自宅と公園との間に「髪を焼いた臭気」を発生させた場所があったと考えるのが妥当と判断できる（203ページの図を参照）。

推論に推論を重ねるという危うい話にはなるし、個人情報の関係で詳細は伏せざるを得ないが、こう仮定してゆくと実は地区X内でも異臭の発生源がかなり限定される。

捜査権のない者がいまさら何をしても仕方がなく、唇寒し——ではあるが、当時の警察が公園から約200メートルほど離れたいくつかの民家に着目していれば歴史は違ったモノになっていたかもしれない。

　このまま終わるのもあれなので、余談がわりに聞きかじりの犯罪心理学的側面から「近隣に住んでいた単独犯説」を見てみよう。

努力がいちばん小さくてすむ手段

「いやさ、公園の近隣住民っていうけど、自宅の近くで犯罪を犯したり遺棄したりするかなぁ。俺なら自分とまったく関わりのない場所を選ぶけどなぁ。百歩譲ってオンナの家の近くぐらいなら——あるいは」

　と考える諸兄もおられるかもしれない。オンナもいないくせに。

　確かに、車などで遠く山中や海に運び、埋める沈めるなどして遺棄するほうが発覚しにくく、足もつきにくい。なのに、どうして自宅近くに遺棄したのか。

　これに関してはさまざまな要因が関連し、一概には言えないことではあるが、犯罪心理学にヒントがあるかもしれない。

　元警察官でのちに犯罪学者となったD・キム・ロスモが学位論文を取った著作で、興味深い指摘をしている。それは、最近接の原則——心理学では最小努力の原則とよばれるもので、

「人が何かをするにあたって複数の選択肢を持っている場合、努力がいちばん小さくてすむ手段を選択するであろう」

	22日 23時	22日 24時	23日 1時
東京	風速 3.1 南	風速 1.9 東南東	風速 3 南東
練馬	風速 1 南南東	静穏	風速 1 東南東
府中	風速 2 南	風速 2 南	風速 1 東南東
八王子	風速 5 南南西	風速 1 北西	風速 2 北西

であるとする。

もちろん心理学や選択行動の分野では多くの他の要因が加わってくるが、この格言は人々の行動をうまく言い表している。この最小努力の原則は、犯行における移動の研究では重要な役割を果たす。

最小努力の原則に従うと、同じ望ましさの目的地が複数存在する場合、そのなかで最も近い目的地が選択されると考えられる。しかしながら、「最も近い」を決定する際、さまざまな問題が発生する。人間の地理的な経験のなかで、地表や空間がどの方向にも同じ物理的な特性を持っている等方性を有する——ことはほとんどない。むしろ、ある方向・ルートへ進むのは簡単だが、他の方向・ルートへは難しいという非等方性の空間に直面しているといえよう。

実際、人々はユークリッド距離（註：地図の上に定規を置いたような直線距離のこと）ではなく走行距離に基づいて一般道路や高速道路のネットワークを認知し、移動している。

ほかの要因も物理的な空間と同じくらい重要になってくる。マクロレベルでの旅行の選択は、時間的・金銭的な出費に影響される。たとえば、航空機の利用者にとって、距離は乗り継ぎ回数、所要時間や運賃ほど重要ではない。すなわち、お金がなければとりうる選択が自然に決まってくるように、収入や社会経済的な地位が空間行動に強い影響を与える。

（『地理的プロファイリング』）

もちろん、この理屈は、こと犯罪においてさまざまな条件ないし要因が介入してくることから、ソレそのものが単純に当てはめられるワケではない。

だが自由に使える自家用車を持っている者の「近い」と、徒歩と公共交通機関しか移動手段を持たない者の「近い」には、大きな隔たりがあることは感覚的にも理解しやすい。

最小の努力で最大の効果を得る――その「最小」行為も人によって大きく変化するというわけだ。

つまるところ、自宅の近くで犯罪行為を行なう――あるいはそれが短絡的にも思える遺体の遺棄であっても、それが犯人にとって「最小努力」によって最大ないし望まれる効果が得られるものであるのならば、それが妥当であったと考えられる。

そして井の頭公園でのケース、つまりは自宅周辺への遺棄が「妥当」だったという観点から事件を見つければ、そこから犯人像をある程度絞ることも可能となる。

諸兄などは分析する――よりされる側であることは明白であるが、それはさておき、長年にわたる欧米のさまざまな犯罪、さまざまな犯罪者のデータの分析・研究から、犯罪と距離についてのいくつかの知見が得られているので一緒に見てみよう。

- 犯罪は、犯人の居住地に比較的近いところで多く発生している。「犯人には移動性があるが、犯行のためにそれほど遠くへ行くようには思われない。大多数の犯罪は、犯人の住居から1マイル以内で発生しているようである」。時間は有用なものであり、ほとんどの人はむだにしないようにしている。このパターンは近接と最小努力の法則と矛盾しない。
- 犯行移動は距離減衰関数に従い、犯人の住居から遠ざかると、発生する犯罪の数が減少する。このパターンは、他の人間行動に現れるものと似通っている。
- 非行少年は自宅近辺で犯行に及ぶ傾向があり、成人の犯罪者に比較して移動性は小さい。
- 罪種による犯行移動距離の違いが常に指摘されており、たとえば、一般に凶悪犯罪は財産犯罪よりも犯人の住居の近くで発生している。
- 犯罪率の高い地区があるたいていの都市では、その位置や配置が犯行移動のパターン形成に影響を与えている。

（『地理的プロファイリング』）

興味深いデータとしては、（註：レイプ犯に関してのデータも含めたものなるが）犯罪経験の多い者ほど移動距離が多くなること、若年層になればその傾向が顕著になること、週末に起こったものは犯行行程距離が2・7倍ほど増加することなどがある。

章末に添えられた図表を見ると、犯行地が犯罪者の自宅から1・5キロ前後に収まるものが犯行のほぼ半数を占めている。

さまざまな先人の知見を統合すると、こと井の頭ケースに関しては、

・犯罪経験の浅い

・車を持たない——ないし週末に使えない

と、少しはアタリをつけることができるかもしれない。一貫しない犯行、細部のブレなども考慮すると若年層であったような印象があるが、どのみち根拠に乏しい妄言の類ではある。

事件から24年——深大寺で発見された頭蓋骨

2017年9月、井の頭公園から5キロほど南西に位置する深大寺にて、参道脇の草むらから人の頭蓋骨が見つかった。

鑑識によると、下顎部分が欠損し、頭頂部は水平に切り取られた形跡があった。死後2〜50年経過しており、成人とみられるがDNA鑑定でも故人を特定できるような有益な結果は得られなかった。

近くの防犯カメラには、2日前に発見場所の草むらに立ち入る女の姿が映っていた。上下黒っぽい服装で

人目を忍んで井の頭公園内にアクセスできるルートは複数存在する。
一部のルートは昼間でも人通りが少ない

ズボンをはき、日傘を差していた。数分間その場に立っていたが、通り掛かった参拝者に声を掛けられ立ち去った。何かを手で払うようなしぐさをしており、同署幹部は「塩をまいていたのか」といぶかしむが、行方は分かっていない。

頭蓋骨はどこから来たのか。考えられるのは、病院で解剖された遺体が、何らかの理由で火葬されずに遺棄された可能性だ。同署によると、脳を調べる場合に電動のこぎりなどで頭頂部を切り取るという。

東京大大学院の槇野陽介准教授（法医学）も解剖後の遺体と推測するが、「戻すときに分かりやすいよう段差を付けて切る場合が多い」と指摘しており、疑問は残る。病院や大学の研究室にある人体の骨格標本は本物の人骨でできているといい、置き場所に困るなどした医療関係者が捨てたとも考えられる。

殺害後に切断された可能性もゼロではない。医師の施術によるような切り口だが、槇野准教授は「刃物の使い方に詳しい人ならできるだろう」と話す。

（「時事ドットコム」２０１７年12月29日）

この事件の第一報をTwitterにて教えてくれたフォロワーさんも、「**これって、見つからなかった井の頭事件の頭部じゃないの？**」と訝っておられた。

「謎の女」は興味深いが、やはり「水平に切り取られた頭部」がどうにも22センチ区切りの切断を想起させる。

焼いたり、切ったりしているうちに公園への遺棄タイミングを逃し、５キロ離れた寺の草むらに――という可能性はあるのだろうか。

骨ごと切断してやろうなどと考える犯罪者がそれほど多くいるとも思えず、頭蓋骨以外の所在もわからない以上、点と点をつなげる細い「糸」を期待してしまう――のが調査者のいやしいサガである。

結局、いつの――なんの――誰の――骨か判明しないまま、12月末に届いた前述の「謎の女」報から、続報はない。

かくして、例によって例のごとし、結局何もわからない。

「**迷宮入り**」とはよく言ったモノである。ギリシャ神話における迷宮の闇には牛頭人身の怪物ミノタウルスが潜んでいた。

この井の頭バラバラ事件の迷宮にも光の届かない闇があって、それと向き合った者はその闇に自らの想像した怪物を投影――思い浮かべているだけなのかもしれない。「**カル**

ト関与説**」や「**スパイの見せしめ説**」あるいは「**近隣に住む単独犯説**」のように。

20年以上前、Z氏が体験した異様な臭気はバラバラ事件に起因するものだろうか。

2017年、頭頂部を切断された頭蓋骨は、風雨にさらされ続けた24年前の痕跡なのか。

何もわからないまま、今日もまた事件が風化してゆく。

ミノタウルスを倒した英雄は毛玉の「糸」を辿って迷宮から脱した。地獄にいたカンダタのもとには、蜘蛛の糸が垂らされた。

この事件にも「糸」があればよいのだけれど、現実はそうもいかないらしい。

【参考資料】

●「参道脇の頭蓋骨どこから＝頂部切断、カメラに「謎の女」深大寺境内・東京」（「時事ドットコム」2017年12月29日）
●「東京・調布の深大寺に頭蓋骨の一部　死体遺棄容疑で捜査」（「産経ニュース」2017年10月2日）
●「井の頭公園で起きた猟奇事件　IT業界に疲れた新人ドライバーのブログ」（http://ittax925.blog.fc2.com/）
●過去の気象データ（国土交通省、気象庁）
●『地理的プロファイリング　凶悪犯罪者に迫る行動科学』（D.キム・ロスモ［著］、渡辺昭一［監訳］／北大路書房／2002年）
●「雑感〈井の頭公園バラバラ殺人事件・その1～〉」（https://ameblo.jp/maeba28/entry-12340208762.html）
●『少年Aの犯罪プラスα』（朝倉喬司／現代書館／1998年）
●『私は真犯人を知っている　未解決事件30』（「文藝春秋」編集部［編］／文藝春秋／2011年）
●『真犯人に告ぐ！　未解決事件ファイル』（朝日新聞出版／2010年）
●『ニッポン〝タブー〟事件簿』（ミリオン出版／2008年）
●『殺人者はそこにいる　逃げ切れない狂気、非情の13事件』（「新潮45」編集部［編］／新潮社／2002年）
●『国家の闇　日本人と犯罪〈蠢動する巨悪〉』（一橋文哉／角川書店／2012年）

●『科学警察研究所報告』（「バラバラ殺人事件の犯人像分析」１９９９年３月）
●『科学警察研究所報告』（「戦後50年間におけるバラバラ殺人事件の形態分析」１９９８年８月）
●『警察学論集』（捜査心理学と犯人像推定〈22〉「バラバラ殺人事件の犯人像〈上〉発生状況とその態様の変化」１９９９年12月）
●『警察学論集』（捜査心理学と犯人像推定〈23〉「バラバラ殺人事件の犯人像〈下〉類型別に見た犯人像」２０００年１月）
●『犯罪学雑誌』（「バラバラ殺人事件の凶器の解明例」１９７８年８月）
●『日本のバラバラ殺人』（龍田恵子／新潮社／２０００年）
●『体の嘘　世田谷一家殺人事件から『あしたのジョー』まで』（上野正彦／アスキー／２００１年）
●『殺人現場を歩く』（蜂巣敦［著］、山本真人［写真］／ミリオン出版／２００３年）
●『かいぼり新聞』（「よみがえれ!!井の頭池！ KAIBORI News」no1-10）
●『新潮45』（１９９６年10月、１９９９年10月、２００７年４月）
●『週刊現代』（１９９４年５月、１９９４年８月、１９９４年12月）
●『週刊文春』（１９９８年６月）
●『不思議ナックルズ　ＶＯＬ．13』（２００８年１月）
●『サンデー毎日』（１９９４年５月）
●『文藝春秋』（２０１０年10月）
●『おい、小池！　全国指名手配犯リスト付き未解決事件ファイル』（黒木昭雄［監修］／講談社／２００７年）
●『日本の伝説５』（教育図書出版［編］／日本伝説拾遺会［監修］／１９８５年）
●『朝日新聞』（１９９４年７月11日付、10月12日付、10月21日付、１９９５年１月12日付）
●『毎日新聞』（１９９４年６月24日付）
●『読売新聞』（１９９４年５月11日付、５月12日付、６月10日付、11月23日付、３月９日付、１９９５年１月12日付）

「人間の足首」が次々と漂着する“怪”

——セイリッシュ海の未解決ミステリー事件

少女が発見したもの、それは〝中身入り〟の靴だった

海からはさまざまなモノが流れ着いてくる。

古来、日本人はそれらの漂着物を、遠く海の彼方にいる神からの贈り物だと考え信仰の対象にした。いわゆる〝寄《よ》り神《がみ》〟だ。これが、仮に水死体であっても、〝エビス〟あるいは「流れ仏」などと呼ばれ漁師たちの間では豊漁の兆しと捉えられた。だが時代や地域、文化が違えば、その捉え方も変化する。


２００７年の夏。カナダはブリティッシュコロンビア州、ジュデディア島の海岸で、ひとりの少女が漂着物のなかに運動靴を見つけ、何気なく拾い上げた。それには**〝中身〟**も入っていた。

それから1週間ほどすると、今度は少女が見つけた場所から40キロメートルほど離れたバンクーバー沖ガブリオラ島で、また漂着した靴が見つかった。もちろん、**中身**も入っていた。

この時点では、「**おそらく、海難事故か飛行機事故によって亡くなった者の足であろう**」との見方が大勢を占めていたことが、カナダの国営放送局であるCBCが報じた記事から見て取れる。

だが、なんらかの事故であったとして、いつどこで起きた事故に由来するモノなのか。これを明確に指摘できる者

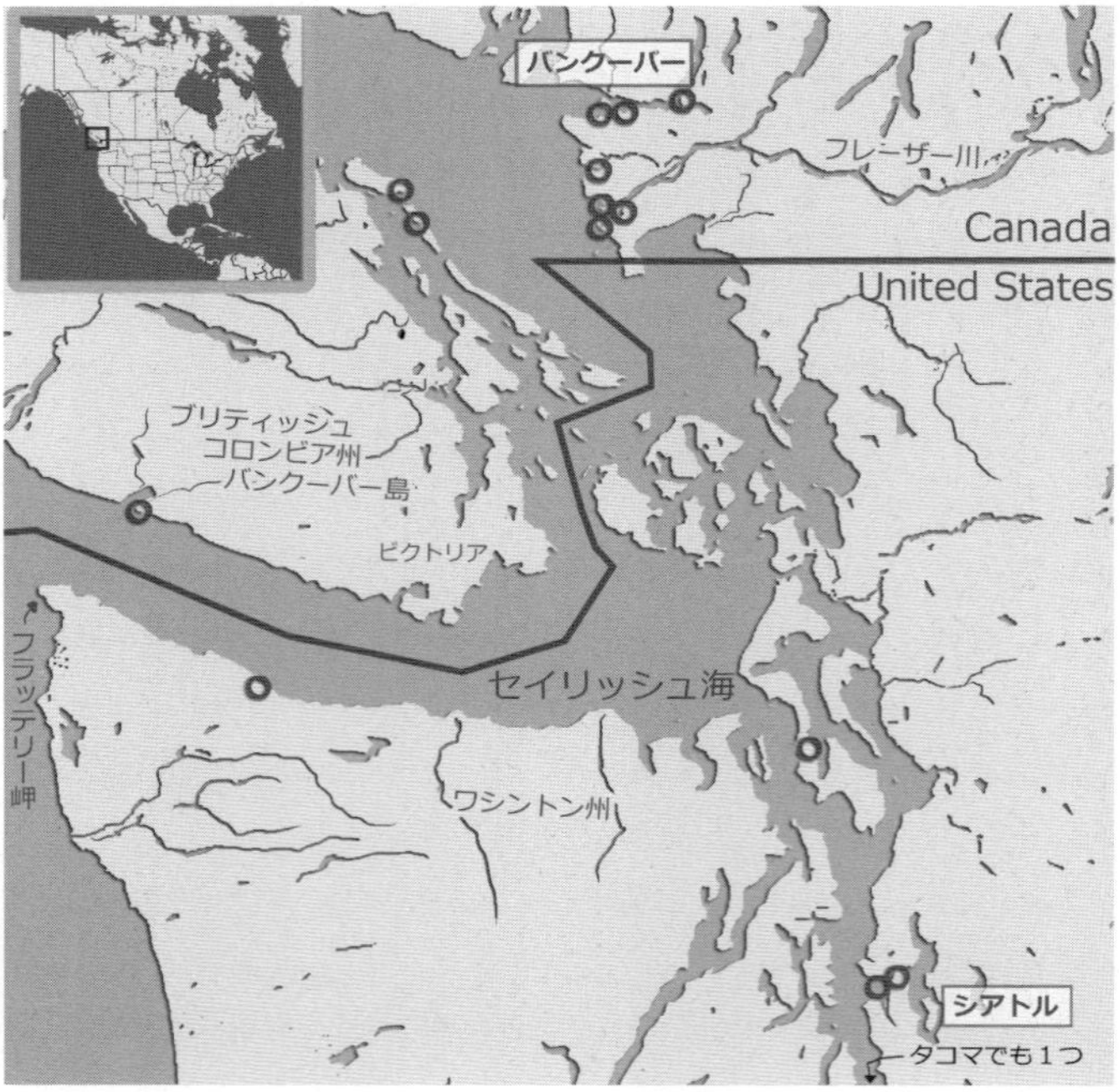

セイリッシュ海・足首が発見された場所（〇印）を示す広域図

はいなかった。
そうして、何が起きているのかわからないまま〝中身入りの靴〟は次々に漂着した。翌年になっても、翌々年になっても、足首の漂着は止まらず、結局２０１６年までに17足を数えるまでになった。

これらは、セイリッシュ海カナダ・ＢＣ州とアメリカ北西部ワシントン州に面する広大な水域で見つかった。

右足もあったし、左足もあった。男性のものもあったし、女性のものもあった。行儀良く靴下を履いていたもの、半ばミイラ化していたもの、アディダスであったもの、ナイキであったもの。

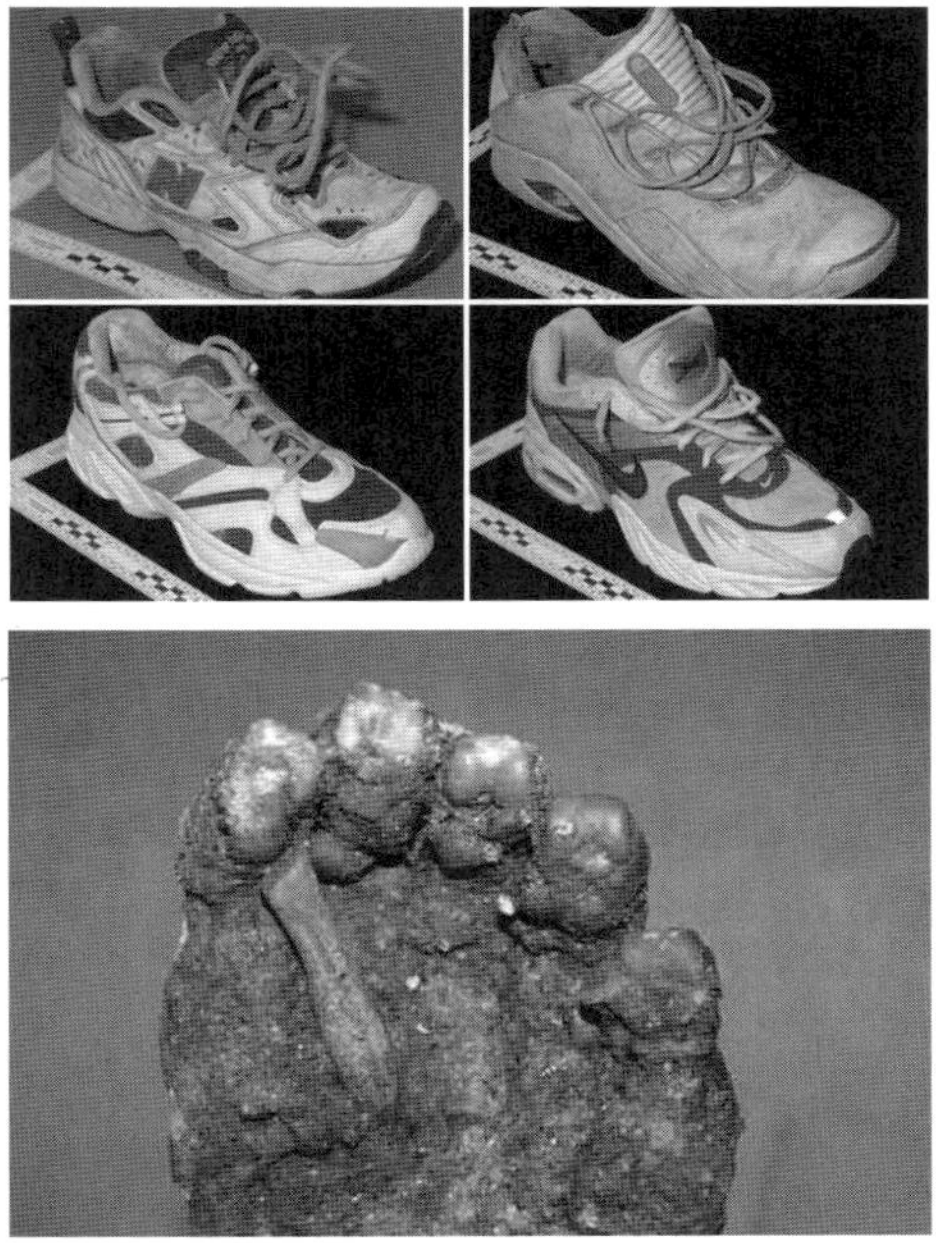
発見されたスニーカーの一部と白骨化した中身

奇妙なことに漂着したのは足首だけで、胴体や頭部などほかの部位は現在に至っても発見されておらず、足首の身元について、一部を除いて現在もわかっていない。いったい冷たいカナダの海で何が起こっているのだろうか。
ここで最初に発見された２００７年から今日に至るまで飛び交った諸説を見てみよう。

足首はいったい誰の物だったのか

インドネシアはスマトラ島周辺ではマグニチュード7以上の地震がたびたび起こっているが、この流れ着いた足首は近年で最も大きな被害——死者22万人を出した２００４年の地震に由来するという説だ。
最初に発見された足首が履いていた靴、アディダス、それが２００３年に製造されインドで流通していたモノだったため、説得力は高いように思われた。が、少なくともこのアディダスを履いていた足首はスマトラ島沖の被害者ではなかったことが２００８年に判明している。

2004年12月26日に発生した「スマトラ沖地震」。マグニチュード9・1の大地震と津波によって周辺各国で22万人以上が犠牲となった。 最初に発見された靴が2003年に製造されインドで流通していたものだったため、スマトラ沖地震の被害者のものではないかとされた
（写真：朝日新聞社）

この足首の主はBC州在住の男性で、**鬱病に苦しんでいた**。そして2008年5月22日に見つかった女性の足も、バンクーバーの東南15キロの距離にある**橋から身を投げた女性である**ことが2011年に確定されている。

これらは当地の警察が採取した足首のDNAサンプルを行方不明者リスト、および過去に見つかった変死体のリストと照合することで判明した。プライバシーおよび遺族への配慮からか、氏名や詳細は発表されなかったが、少なくとも300を超える保有サンプルと比較したと報じられている。

こうして書くと読者諸兄は「そりゃあそうだろうさ、だいたいスマトラ島からセイリッシュ海までどんだけ距離があると思ってんだよ。漂流なめてんじゃないの？　この説はないだろ。誰だよ言い出した奴はよ」と憤慨されるかもしれない。一応チクっておけば、言い出したのはカナダの作家、シェーン・ランバートで、スマトラ島からセイリッシュ海までの距離は**1万3000キロ**である。

だが、一部の遺体がスマトラ島由来でないことはランバート自身も認めているところで、加えて「遥かなる太平洋横断」自体は決して荒唐無稽な話ではない。

本書の別章で『ミイラ漂流船　良栄丸《りょうえいまる》の怪奇』という記事があるが、これは1927年にあった事件で、12人の乗員を乗せた漁船が千葉県銚子沖の海上で故障し、その後、太平洋での長きにわたる漂流を余儀なくされた事件だ。発見直後から当時のメディアが乗組員同士の食人行為が行なわれたとして〝**人喰い船**〟などと報じ、さらに近くを通りか

かった船が接舷するも、乗員はまるで幽霊のように無反応で立ち尽くしていた――という話が広がり、現代まで語り継がれる都市伝説となった。

この良栄丸が発見された場所、漂流の末にたどり着いたのが**フラッテリー岬**――今回取り上げているセイリッシュ海の入り口である。

このフラッテリー岬は古くから難破船やその残骸などが集まる場所として知られ、〝**墓場岬**〟と呼ばれるほどだった。どうやら流れ着きやすい地形ではあるらしい。

足首の出所がスマトラ島に由来すると考えた場合、漂流は次のような経過を辿ったと考えられる。

まず南シナ海から北上する黒潮に乗り、そのまま八丈島沖を流れ、黒潮続流ないし太平洋海流で北米大陸付近まで運ばれ、ちょうどバンクーバー島沖で分岐するカリフォルニア海流とアラスカ海流のどちらにも乗れず、そのままセイリッシュ海に漂着。季節ごとの流れの変化もあろうが、たしかにスマトラ島からバンクーバー島まで続く潮の流れは存在している。

この結果を裏づけるような興味深い実験を『日本海洋学會誌19巻』に見ることができる。この冊子に掲載されている論文のひとつが「太平洋に密閉瓶をたくさん流して、どこにたどり着くか調べてみたよ」という趣旨のものだ。なんだかロマンチックな雰囲気があるが、本来の趣旨は海流の変動や流速などの調査を目的としたものである。

この実験結果によれば、大量に投入された瓶の大半は実

良栄丸が漂着したフラッテリー岬はセイリッシュ海の入り口であり、古くから「墓場岬」と呼ばれている

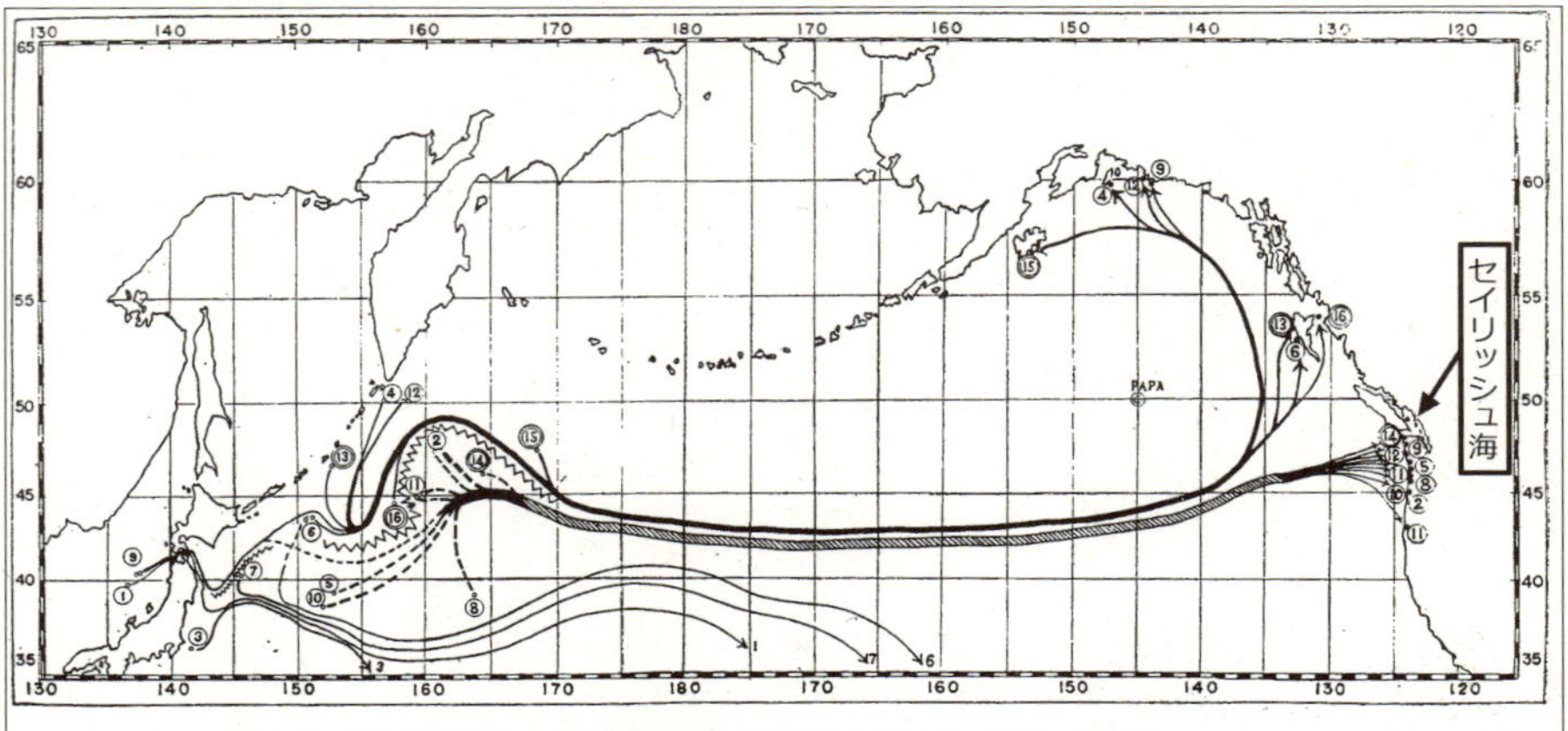

Fig. 2 Returns from drift bottles released during 1932—1959.
⊗……→ The Pacific Russian Scientific Investigation 1826.

大量に投入された瓶がどこに流れ着くかを調査した漂流図。瓶の多くは行方不明となったが、少量の瓶はたしかに北米大陸カナダ沿岸へ漂着した（出典：『日本海洋学会誌 19 掲載号1』「北太平洋における海流瓶の投入結果について」より）

験の性質上、むなしく行方不明となったが、うち数パーセントは確かに北米大陸カナダ沿岸へ漂着した。

漂流瓶はセイリッシュ海に面するアメリカ・ワシントン州での発見が顕著であったようだが、これは「発見～報告」というプロセスが必要となることから、人口密度の高い場所に集中する傾向があるためと考えられる。

たしかにセイリッシュ海へたどり着ける――この結果をして、「おっ、こりゃあいいことを聞いたぞ。黒潮に乗れば、タダでカナダ旅行できるじゃん。コレいいじゃないか、エコだし」など考えた諸兄は聡明だ。筆者としても「へへ、カナダまで取材に行く交通費が浮くなぁ。エコだし」などと考えた。だが論文によれば、**仙台沖の海上500キロで投入されたある瓶は、ワシントン州の海岸へ到達するのに約1000日を要しており、そもそも別海流に乗って北極方面へ行った瓶もあり**少々運否天賦の要素が強い。これでは保険屋が計画に横槍を入れてくるだろう。

足首は怪物に喰いちぎられた残骸……？

荒唐無稽な話に思われるかもしれないが、カナダ、BC州といえば、**怪生物、未確認生物などの目撃情報が事欠か**

ない。有名どころでは内陸部では「**オゴポゴ**」、沿岸部では「**キャディ**」という二大看板が幅をきかせているが、細かく探せば周辺水域は怪物の宝庫である。

セイリッシュ海に囲まれたバンクーバー島に限っても、**キャメロン湖には巨大生物が、カウチン湖にも水龍、そしてテティス湖にはツノのある半魚人**が現れたという。まるで各水辺を担当するかのように水棲怪物の噂が点在している。これらの湖の多くがネス湖と同じく細長い地形をしていることは我々に重大な示唆を投げかけてくるが、それはいい。

そんなバリエーションに富んだシーサーペント型UMAはともかくも、**テティス湖の半魚人はいささか凶暴な生き物**であったらしい。こいつは1972年にザバッと脈絡なく水中から現れると、**水辺にいた少年ふたりを追いかけ回したあげく、頭のツノだかトゲだかで少年のひとりに怪我を負わせた。**この、魚類のくせにハリケーン・ミキサーを仕掛けてくる酷く迷惑な生き物は、今度は逆に、通報を受けて巡回に訪れた地元の警察官に追いかけ回される報いを受けているが、結局、上手く逃げおおせたという。

もう少し魚よりも人間に近い生物――**〝人魚〟もバンクーバー島の海岸で目撃されている。**これは1967年にフェリーの乗客たちに目撃されたものだが、**ブロンド女性の上半身に、イルカの下半身をしていたといい、なんとなく半魚人よりは話の通じそうな――上品な生き物**に思える。とはいえ、**岩に座って1本のサーモンにかじりついていた**というから、たいした違いはないのかもしれない。

と、ざっと見ただけでも容疑者が多すぎて、なんだかよくわからないことになっている。

もちろん、挙げた事例のなかでもでっちあげや誤認が疑われるものもあるが、もし、これらが実在し、人を襲うないし人の屍肉を喰らう習性があるならば、〝足首〟はその食べ残しという考え方もできるだろう。ただ、多くの場合このような言説は相手にされない。

カナダの有名なUMAオゴポゴが描かれた切手

キャディ（別名：キャドボロサウルス）の死体とされている写真

足首の持ち主は、犯罪組織、あるいは連続殺人鬼によって殺害された……？

足首だけが淡々と発見される……これをして足首の持ち主がなんらかの犯罪に巻き込まれたのではないかと考える向きは少なくない。

当地の警察は「**一連の事件に犯罪性なし。足首は自然に千切れたものと思われる**」という趣旨の発表をしているが、なんらかの犯罪組織、あるいは連続殺人鬼によって殺害された可能性は排除すべきでないかもしれない。

発見された水死体の死因が事故によるものか、あるいは自殺か他殺かと判断するには高度な法医学知識が必要で、その知識を活かすには遺体状況に則した根拠が必要となる。「**遺体から得られた情報をもとに逆算、論理的に事実を探ってゆくのが法医学である**」と元東京都監察医務院長で法医学者の上野正彦先生が著作に書かれているが、真実を探るに、流れ着いた「足首」を観察しただけではパズルのピースが圧倒的に足りない。

少なくともこのセイリッシュ海の足首のような、腐敗、屍蝋化の進んだ断片だけでは、目視による判断はおろか、体液のスクリーニングもままならず、死因の特定は困難を極める。実際に、一連の事件では死因は特定されていない。

上野正彦先生の言葉を引用するならば、「**身元も状況もわからない水死体は、自殺なのか事故死なのかもわからない。ましてや、他殺を否定することもできない不安のある変死体である。泳げない人を後ろから突き落とせば、切った張ったとは違い、殺人の証拠は残らない**」となるが、これが足首だけとなると、パズルの1ピースから完成像を想像するに等しいだろう。

こういったときにこそ霊能力者を自称する者は警察に対し積極的な営業をかけるべきなのかもしれないが、残念ながら〝対話〟を行なっているうちに、遺体はますます腐敗してゆく。そして解決に導いたという話はとんと聞かない。きっと無駄話が多いのだろう。

冗談はともかく、一連の事件について「殺人とする根拠がない」のではなく、「根拠が見つけられない」、というのが警察の本音ではないだろうか。

ひとつ、興味深い事実を挙げておけば、集中して足首が漂着した地域にあたるバンクーバー市内には「**レッグ・イン・ブーツ**」という名のつけられた小さな広場がある。

何やら今回の事件を連想させるような、少し寒気をおぼえる名称であるが、この名は1887年に実際に起こった事件に由来する。過去、**その広場が森であったとき、そこで「中身の入ったブーツ」が発見された。**この事件は結局未解決に終わったようだが、130年以上経過し、事件が忘れ去られた今も、その名前だけは現代まで受け継がれている。もちろん、今回の漂着足首群とは無関係であろうが、妙に想像力を刺激してくる話である。

なぜ足首だけが発見されるのか——

この事件をして「説明不可能な驚異」という表現で紹介する向きは多い。ジェデディア島とカークランド島で見つかった足は身元が特定されたものの、「**じゃあなぜ足首だけで、本体が見つからないんだ**」と、謎が謎を呼んだ。そこで人々は、前述したように犯罪であったり超常的な何かであったり——（半魚人を除く）さまざまな要素と結びつけて考えようともした。

しかし、水死体がどのような経過をたどるのか我々はよく知らない。そのメカニズムを知れば、（半魚人を除く）UMAたちの冤罪を晴らせるかもしれない。ここはひとつ、一連の流れを見てみよう。

水死体の検死は一筋縄ではいかないと前述したが、言うまでもなく、遺体が長時間水に浸かることで判断材料が失われるからだ。水圧による皮静脈の圧迫、そして流されることによる体位の変化により死斑は現れない。川や海などの流水にさらされた場合、死後硬直も緩解され、体位変化にともなって着衣も容易に脱げてしまう。こうして加速度的に情報は失われてゆく。

よくヤクザものなどが遺体に重りをつけて水中に遺体を投棄するが、これはご存じのように浮上を阻止するためである。そもそも人間の体には肺と腸というふたつの浮き袋があり、殺害直後は上手く沈まない。肺に貯まった空気が徐々に水へと置き換わることで、ようやく人の体は水底へと沈んでゆく。

そうして水底で腐敗が進むと、また〝浮き袋〟や体のあちこちに腐敗ガスが蓄えられ、ゆっくりと浮上してくる。このガスの生む浮力は並大抵の重りでは防ぎきれず、重りをつけたまま浮上してくることもままある。かくして腐敗とともに表皮が剥離してゆき、表皮とともに頭髪などが失われ、よくイメージされる青、ないし赤い色をした水死体となる。最終段階まで腐敗が進行した遺体が生前に何者であったか——これは、たとえ親族でも判別が難しいと言われている。

かくして水死体ができあがるワケだが、セイリッシュ海での事例ではどうだっただろうか。

足首だけが発見され、それ以外の部位が発見されないのはおかしい、という主張は妥当なのだろうか。

水死体の多くが一度水底に沈むことは前述したが、ここに真相に迫るヒントがあるかもしれない。

２０１４年ＢＣ州サイモンフレーザー大学の法医学昆虫学者がある実験を発表した。これはセイリッシュ海の海底

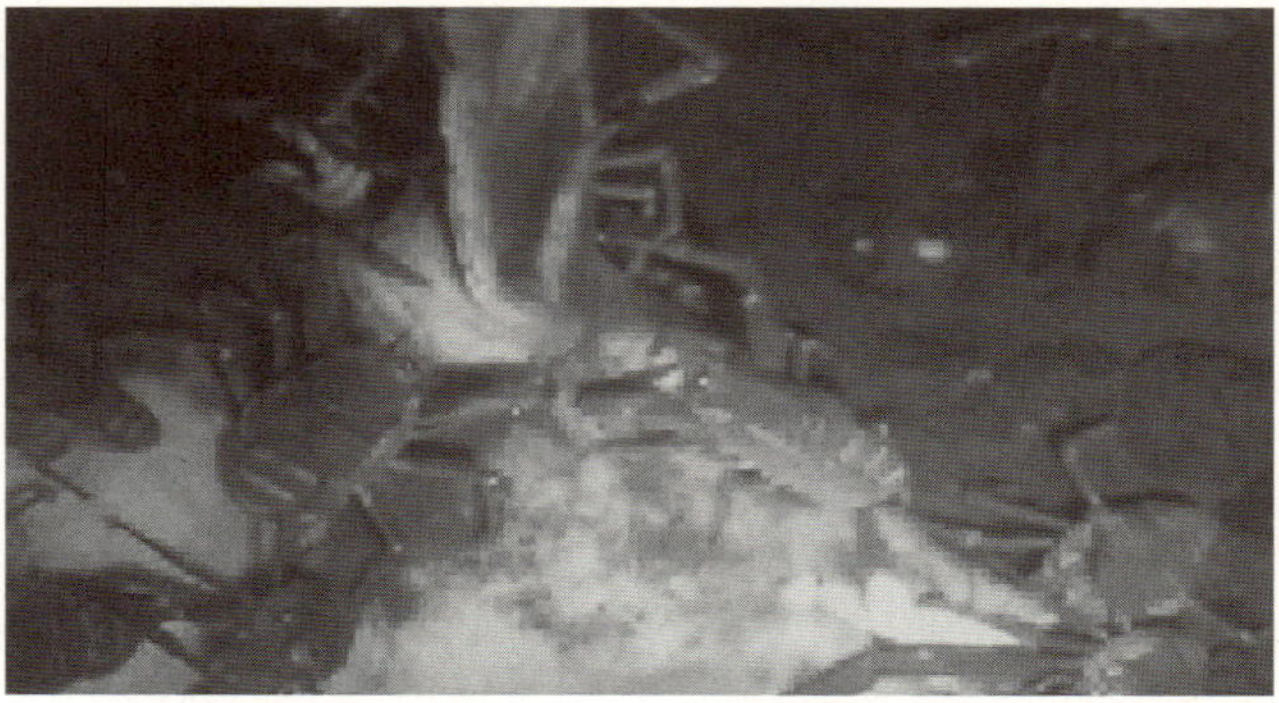

死体に群がる甲殻類。死体は投下後、
1ヶ月から3ヶ月で白骨化することが実験によって明らかになった
（出典＝Live Science：What Happens to a Dead Body in the Ocean？）

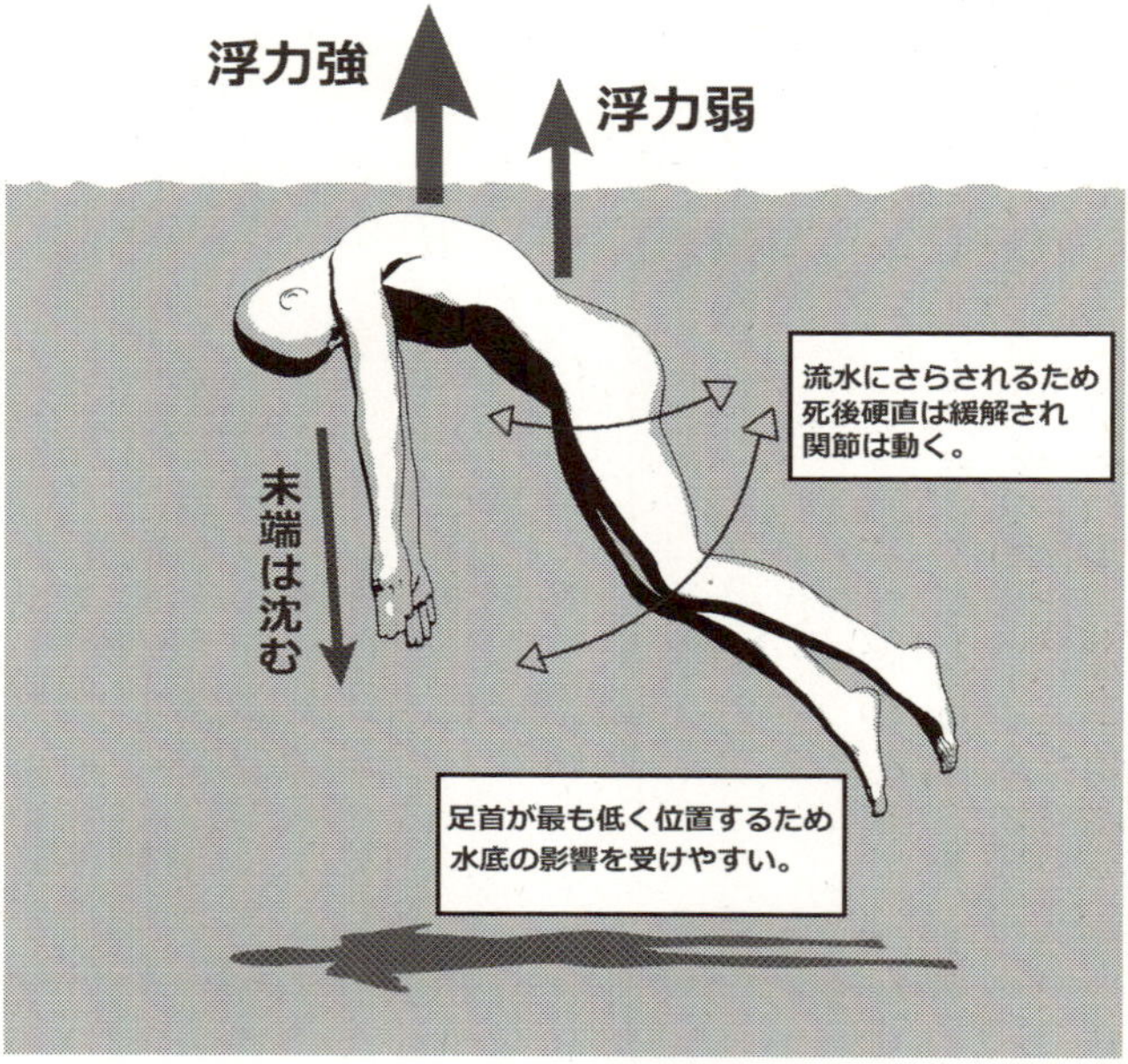

人間の水死体の浮き方。これを見れば、
足首だけが漂着する謎もある程度の説明はつく

に豚の死体を沈め、どのような経過をたどって分解されてゆくかを録画の上で分析したものである。詳細は省略するとして、結果から言えば**死体は投下から間もなく、カニやエビなどが群がり、1ヶ月から3ヶ月で白骨化した。**

実験ではカニやエビたちは豚の厚い皮膚にかなり苦戦したようで、到底、**このシーフードたちに人間の足首を食いちぎる力はない**ように思われる。もう少し踏み込んで考えてみよう。

人間の水死体は「浮き袋」を持っている。肺と腸だ。この浮き袋内の空気が徐々に水に置き換わることにより、遺体はゆっくり沈んでゆく。この時、「多く空気を含んだ肺」そして「少量のガスが溜まった腸」の影響で、遺体の姿勢は徒競走のスタートラインについた選手のようになる。そしてその姿勢のままゆっくりと沈下、水底の岩や砂利に擦過され損傷してゆく。つまり末端にあたる手首や足首は損傷をうけやすい。

そしてセイリッシュ海の潮流を示した図を見れば、時間ごとに流れが複雑に変化してゆくことがわかる。激しくも変化に富んでおり、それ自体が**巨大な洗濯機**のようにめまぐるしい。この激しい潮流に遺体はさらされ続けることとなる。

足首以外の遺体はどこへ消えた?

これらを踏まえると、一連の出来事は次のように推定することができる。

まず発見されないまま漂流していた遺体が、やがて浮力の低下とともにゆっくりと沈んでゆく。そうして水底で擦られた足首が腐敗の進行とともに千切れ落ちる。沈んだ本体のほうには甲殻類たちがワッとたかるが、**靴を履いた足は食べにくいので放置される。**セイリッシュ海は特定の時期には無酸素状態になり、そして低い水温であることから水底での腐敗損壊はゆっくりと進む。やがて靴中に逃げ場のないガスが充満し、これが浮き袋となって浮上してゆく。

一方の本体は折からの損傷と白骨化のため浮上しない。そうして靴だけが内海を漂い、やがて発見される。ついに遺体は見つからない。**シーフードたちのシーフードになってしまった**からだ。

こうして見ると、少なくとも「靴を履いた足」が流れ着くメカニズムは概ね説明がつく。もちろん、足首だけが次々に打ち上げられるのは偶然にしても気味が悪いことであるし、必ずしも犯罪と無関係とは言い切れないが、少なくとも（半魚人を含む）ＵＭＡたちに罪はなさそうだ。
かくして今も依然として足の漂着は続いており、おそらく今後も続くだろう。もしかしたら東日本大震災の被災者も含まれるかもしれない。誰のとも知れない足だが、**誰かの足だった**――それだけは忘れないでいたい。

【参考資料】

●『CBC News』
●『CTV News Vancouver』
●『日本海洋学会誌 19』（掲載号1「北太平洋における海流瓶の投入結果について」）
●『日本法医学雑誌 19』（掲載号5・6「特に水死体の浮揚が起り難い水温，水深並びに重量物負荷について」）
●『民族學研究 42』（掲載号4「水死体をエビス神として祀る信仰：その意味と解釈」）
●『Current atlas：Juan de Fuca Strait to Strait of Georgia = Atlas des courants：Juan de Fuca Strait a Strait of Georgia』（Canadian Minister of Fisheries／Canadian Hydrographic Office／1999年）
●『The Queen's Highway from ocean to ocean』（スチュアート・C・カンバーランド／BiblioLife／2016年）
●『ムー的未解決事件』（並木伸一郎／学研プラス／2016年）
●『解剖学はおもしろい　死体からDNAまでの秘密』（上野正彦／青春出版社／2002年）
●「Live Science:What Happens to a Dead Body in the Ocean?」（https://www.livescience.com/48480-what-happens-to-dead-body-in-ocean.html）

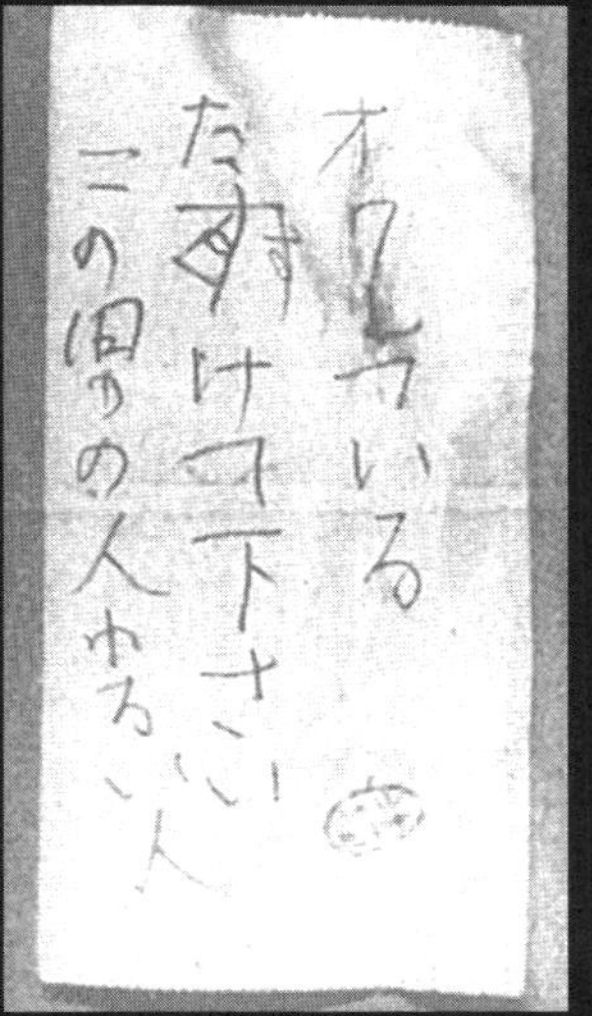

「謎多き未解決事件」

——京都長岡ワラビ採り殺人事件

昭和54年。今から40年近く前の初夏のことだ。

5月24日午後2時50分、京都府長岡京市でふたりの主婦が戻らないとの届出が向日町《むこうまち》警察署に入った。届けによればA子さん（当時43）とK子さん（32）のふたりが前日23日午前、「ワラビを採りに行く」と言い残し勤務先を出たっきり行方不明になっている——ということだった。

ふたりが向かったのは〝野山〟と呼ばれる標高220メートルほどの低山。週末には山菜採りの家族連れやハイカ

ワラビ採りの主婦2人殺さる
首絞め胸刺され
京都 犯人は不良グループ？
23日から不明に

長岡京の不明主婦
2人とも殺されていた
山中で遺体発見
リュックなど散乱 胸に文化包丁

（夕刊） 昭和54年（1979年）5月28日 月曜日 （日刊）
京都新聞 夕刊
長岡京2主婦殺害事件
「たすけて」ポケットにメモ
単独犯の可能性
走り書き 「この男 悪い人」
ファコムとユーザック コンピューター 事務機の ウエダ

事件を報じる当時の新聞記事（京都新聞、毎日新聞）

ーたちで賑わう場所だった。届出のあった24日の午後のうちに捜索が開始され、翌25日午前10時半ごろ、ふたりは同山の山頂付近で発見された――。

過剰ともいえる殴打、突き刺さったままの包丁……まさに〝地獄絵〟だった

〝無事に保護され――〟の知らせを期待していた家族たちは絶望した。ふたりは遺体――**当時の新聞メディアに〝地獄絵〟と表現される状態**で見つかった。

遺体に残る過剰とも言える殴打――暴力の痕跡、散らばった遺留品、K子さんの**胸には凶器の包丁が突き刺さったままになっていた**。

A子さんのポケットから発見されたメモ――犯行の進行中に書かれたとおぼしきソレには、こうあった。

オワレている　たすけて下さい　この男の人わるい人

京都府立医大の山澤吉平教授による検死解剖の結果、K子さんは**全身約50ヶ所**、A子さんには**30ヶ所の皮下出血**が見られ、これらは拳による殴打に加え、足蹴にされた痕跡であろうと推定された。

K子さんは**左第四肋骨が包丁により切断**されており、A子さんの**肋骨も左右の計9本が折られ、肝臓も破裂**していた。直接的な死因については、当初、A子さんはヒモ状のもので首を絞められての絞殺と見られていたが、これはのちに両手による扼殺と判明した。

一方のK子さんは、首を絞められ仮死状態にされ、そのうえで犯人が彼女の服をまくりあげて上半身を露出させ――胸を包丁でひと突き。これに起因する失血死だった。刃渡り18センチの包丁が刃上にした状態で13・6センチ刺り込み、心臓を貫通していた。胸の傷口からわずかな生活反応が出たため、犯人は痕が残るほど、失神するほど強くK子さんの首を絞めたのち、包丁を突き立てたと考えるのが妥当だった。

金品を持ち去った形跡はなく、当初から強姦目的の変質者による犯行という見立てが濃厚だった。実際にA子さんの体内からは犯人のものとおぼしき体液が検出されており、性交渉の痕跡が認められている。一方のK子さんは下半身が露出しており〝いたずらの形跡〟はあったものの強姦はなかったとされた。前者、強姦されたはずのA子さんが発見された際になぜか着衣した状態であったことに関する合理的な説明は現在もつけられておらず、事件の数多い謎の

うちのひとつとされている。

　被害者ふたりに当日、何が起こったか？

　事件から40年近くが経過した今、事実を残すためにも、ここで一度散らかった情報を集成してみたい。当時、もっとも事件を詳しく報じていた京都新聞の記述を中心に、推定されている事件の流れを少し詳しく見てみよう。

昭和54年5月23日——ふたりの足取り

　5月23日、ふたりは市内のスーパー〝いづみや〟（現イズミヤ長岡店）でともに午前6時から午前10時まで勤務。同スーパーにて弁当を買い入れ、そのままワラビを採るために

現場となった野山は西山連峰の一角で竹と梅林の山だった。事件当時は山菜ブームにより、付近の主婦やハイカーが頻繁に出入りしていた。気軽に行ける裏山として親しまれていたが、事件後しばらくは立ち入る者もなくひっそりと静まりかえった
（「京都新聞」洛西版・昭和54年5月26日付）

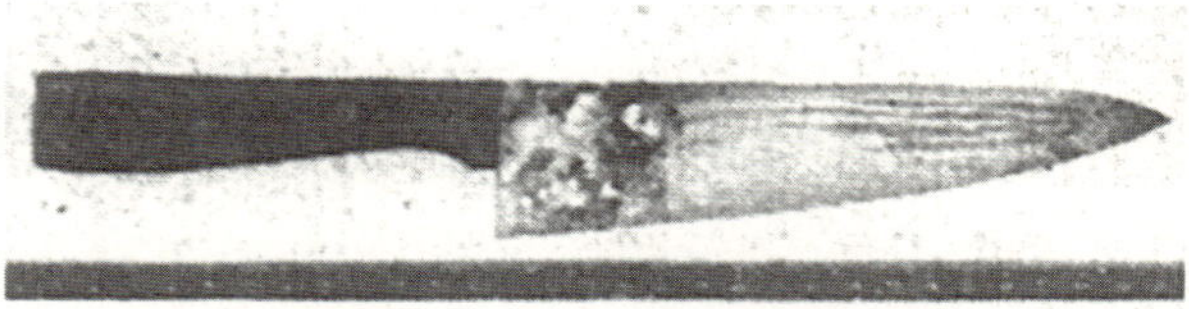

犯行に使われた文化包丁。刃渡り18センチ全長30センチ。柄部分が木製で茶色。モノは量産品で、出回っていたのは5万丁ほど。関西一円に卸され、京都府内ではスーパー3店舗で昭和48年から昭和52年11月まで店頭販売されていたが、長岡京市をふくむ乙訓地方では販売されていなかった。新品に近い状態ではあったが、一度、砥石で研いだ形跡があった。通常の使用ではつかない縦方向への無数の傷があったという
（「京都新聞」昭和54年5月26日付夕刊）

同市内の〝野山〟へ向かい、山のふもとに位置する寂照院《じゃくしょういん》に自転車を止めている。勤務先から寂照院まで最短で2キロほどの距離であるため、移動に要した時間は15分程度だったと推定される。そして、ふたりはここから徒歩で山中へ向かった。

ちょうど当時、ふもとの河陽が丘団地は宅地造成工事中で、寂照院付近で勤務していた現場ガードマンが同日午前11時ごろ、ふたりが買い物袋を持って入山して行くのを目撃している。証言では「**ふたりは屈託のない、楽しそうな様子だった**」という。

この寂照院以降の足取りは定かではないが、A子さんの夫によると、A子さんはその年だけですでに6回も当地にワラビ採りに出向いており、道に迷ったとは考えにくい。おそらく、滞りなくふたりは11時過ぎに山頂付近に到達し、ワラビの採取を始めたと思われる。

スーパーでの勤務が早朝6時からだったことを考慮すれ

ふたりがパート勤務していたスーパー“いづみや”
（現イズミヤ長岡店）

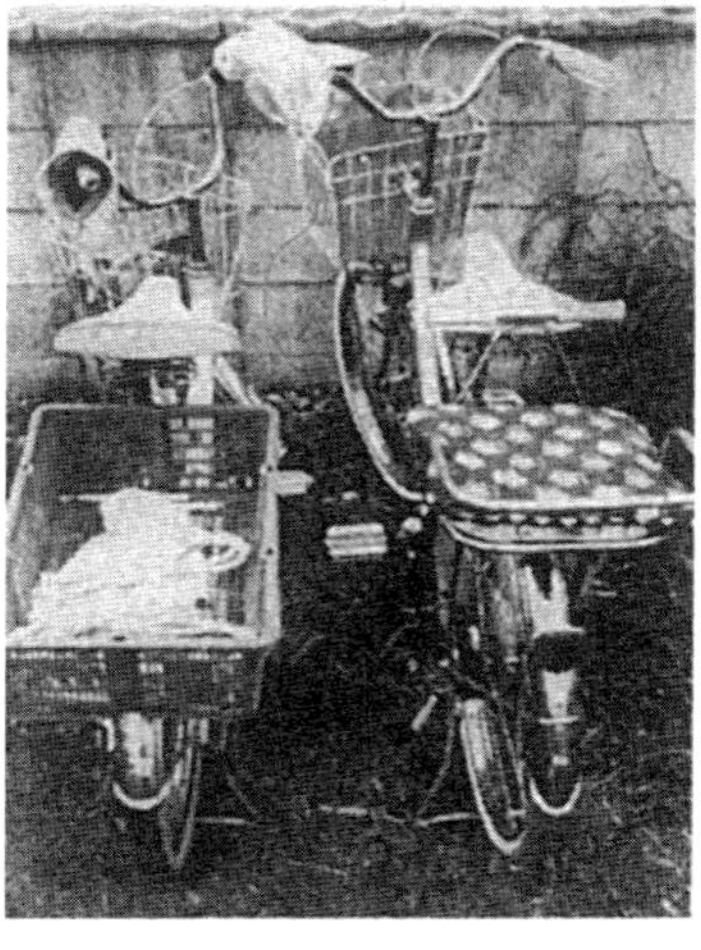
寂照院の現在の様子と寂照院の入り口付近の空き地で見つかったふたりの自転車
（「京都新聞」洛西版・昭和55年5月23日付）

ば、採取を始める前に早めの昼食をとったかもしれない。ともかく、発見されたリュックの中から〝空になった弁当オリ〟と〝直径10センチほどのワラビの束〟が見つかっていることから、順序はどうあれ、ふたりが昼食を食べ、ワラビ採取を行なったことは確かだった。

　そして、ふたりは殺された。

　遺体は野山〝ロの谷〟山頂付近で捜査に加わっていた警察犬によって発見された。

　最初に発見されたのはA子さんで、仰向けの状態で斜面に横たわっており、〝突き落とされた形跡〟があった。上下とも衣服を着用していたものの、スポーツシャツのボタン2個が外れ、靴は脱げていた。リュックは背負ったままだった。

　間もなく、10メートルほど離れた場所でK子さんも見つかる。発見時はうつ伏せの状態で、仰向けに起こしてみると左胸に刃渡り18センチの包丁が刺さったままだった。かたわらにはリュック、下着、靴が散乱し、軽く積もったモチツツジと笹の葉が色褪せた血液に濡れていた。ジーンズと下着は剥ぎ取られ、最後の力で包丁を抜き取ろうとしたのか、K子さんは**柄を左手で握りしめていた。**

　ちなみに、あまり触れられてこなかった情報ではあるが、**A子さんの腕時計（手巻き式）は「1時35分」の位置で停止しており、一方のK子さんの腕時計（自動巻）は「7時33分」で止まっていた。**

　K子さんが午後3時半に保育所へ子どもを迎えに行く予定になっていたこと、そして検死解剖の結果をふまえて、暴行および殺害は正午すぎから午後2時半の間の出来事と推定されている（解剖の結果、ふたりの胃の中に米、のり、ミカンなどが確認され、その消化状況から昼食後1時間以内に襲われたものと判断）。

現場から遺体を運び出す捜査員
（「京都新聞」昭和55年5月25日付夕刊）

遺体の状態について、インターネットでは**〝アキレス腱を切られていた〟という話がまことしやかに語られているが、こうした事実はない。**

わずか「3行のメモ」が さまざまな推理や憶測を生み、そして混乱させた

この事件を語るうえで避けて通れないのが前述した〝メモ〟の存在だ。

「オワレている　たすけて下さい　この男の人わるい人」

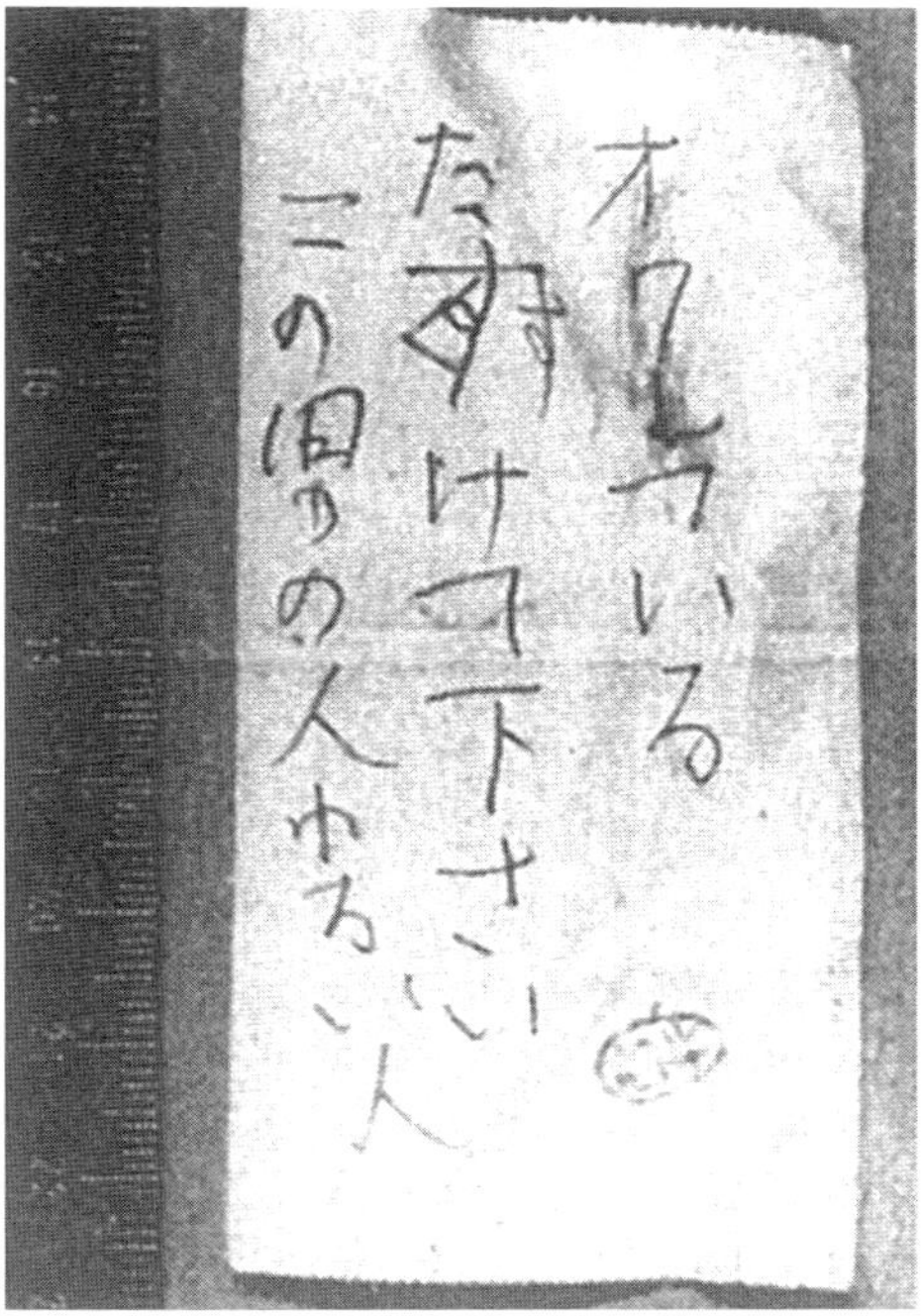

縦9・5センチ、横4・5センチ。「オワレ」の部分に、いったん書いたあとに線を引いて消したような痕。「たすけて」の「す」を「く」と書き誤り、「く」に重なるように「す」を上書きしたあと、すぐ横に書き直している。レシートには鉛筆で突いた痕跡が残っていたため、柔らかい場所、具体的には手のひらか膝を下敷きに書かれたものと推定されている
(「京都新聞」昭和54年5月28日付夕刊)

これはA子さんの穿いていたズボン右ポケットの底から、くしゃくしゃになった状態で発見された。紙はふたりが勤務していた〝いづみや〟の5月21日付けのレシートで、裏面に鉛筆によって例の文面が書き込まれていた。筆跡はA子さんのものと鑑定されたが、不思議なことに鉛筆そのものは見つかっておらず、1センチぐらいの〝芯〟だけがK子さんの遺体から17メートルほど離れた場所で見つかっている。硬度はHBかB、先端が削られており片側は断面――ちょうど筆圧を加えられて折れた際のそれと酷似していた。

レシートには鉛筆で突いた痕跡が残っていたため、柔らかい場所、具体的には手のひらか膝を下敷きにして書かれたものと推定されている。

このレシートの裏に書かれたわずか3行の文章が事件の〝伝説化〟を促進し、人々の脳裡に強烈な印象を刻み込んだ。

いつ書かれたか、どういう状況で書かれたか、またどのような意図で書かれたのか――現在でも、その解釈や読み方をめぐって熱心な事件マニアの間で〝解読〟が行なわれるときもあるが、基本的にそ

れらの試みは**〝強引〟**と**〝飛躍〟を両翼としている。そして離陸にも着陸にも失敗する。**

かくしてメモは、事件発生以来、真相に迫らんとする推理マニア・事件マニアなフレンズの頭を悩ませ続けてきた。これは当時の警察当局なフレンズにしても同じことが言えた。

捜査本部長の浦部幸哉刑事部長はメディアの取材に対し、次のように述べている。

メモの見方は色々あるので……。推理の域を出ないから、はっきりした判断はできない。「この男の人　悪い人」を見ると少しゆとりのある状態の時に書いたのではないか——とは思えるが……。捜査本部では①つけられている段階で書いた。②乱暴されてから書いた——の二通りの見方を持っており、メモの内容から同年配かそれ以上の人、面識のある人との意見もあるがその辺の判断は難しいですなあ。

（『京都新聞』昭和54年6月23日付夕刊）

慎重なコメントである。メモだけで犯人にたどり着けるワケでもないため、捜査する側とすれば広く取った視野の一角に据えたというところだろう。とはいえ、軽視したわけではない。メモの発見直後から、警察はこれをいわゆる**〝ダイイング・メッセージ〟**と捉え、6月11日に開かれた捜査会議でもメモについてさまざまな推測が交わされている。当時の捜査本部による見立ては次のようなものだ。

まず、文面から、不意打ちのような急な襲撃ではなく、山道を歩いているとき、あるいはワラビ採取時や昼食時、かなりの時間にわたってふたりは犯人につきまとわれ、犯人を目撃ないし接触していたと推測された。そしてK子さんが強姦されていないこと、そして几帳面で知られ、殴り書きを訂正するほどのA子さんが「男の人〝たち〟」と表現していないこと、そしてメモを書く余裕があったこと——から**単独犯によるモノ**とするのが自然としている。

もちろん捜査自体は複数犯の可能性も視野に入れて行なわれたが、結局、現在に至るまで単独犯ないし複数犯であったとする決定的な証拠も根拠も存在せず、ただ解釈だけが残されている。

「捜査のプロ」としてテレビでおなじみの、元警視庁捜査第一課長なフレンズ、田宮榮一氏は、このメモについて、**「事件以前に書かれたものである可能性」**を指摘している。野山で事が起こる以前、なんらかの怪しい者と出会ったときに書かれたモノではないか——スーパーでの勤務中か、あるいは日常で。

たしかにこの可能性も捨てるべきではない。メモが書かれたレシートの発行日が5月21日、事件の発生が23日と短い期間ではあるのだが、この間に不審者とトラブル、ないし目をつけられ——という事態は充分に考えられる。

「なんだよ！　現場で鉛筆のシンが見つかったって言ったじゃないか！」と指摘する諸兄もおられるかもしれないが、正直なところ発見されたシンがメモに使用されたものかどうか——の判断がつかない。少なくとも田宮氏は「**シンがメモ書きに使われたモノと同一なのか？**」という疑問を2003年ごろに書いておられる。

この〝同一問題〟について追跡調査した結果、取材力不足で確定情報を見つけることができなかった。事件を細やかに報じていた地元の京都新聞でも昭和54年5月30日18面で「**府警科学捜査研究所で鑑定を急いでいる**」**とする記述を最後に、その後シンの詳細については触れられていない。**

ただ、その後の警察関係者によるコメントで、何度か「**捜査本部は、追われている際に書いた・乱暴されてから書いた、というふたつの見方を持っている**」と出ているので、実際には確定していたのかもしれない。

浮上した重要参考人たち

事件から1ヶ月を過ぎたころの警察発表によれば、当日、殺害現場となった野山に入山した者はハイカーや山菜採りの者、家族連れを含め約74名。そのうちほとんどが1ヶ月も経たないうちに身元を特定され、事件とは無関係と判明した。残ったのは11名で、このなかに次に挙げる身元不明者が含まれる。

①「奥さん、ワラビ採れますか男」

事件前年の5月20日前後の午前11時半、同山中で長岡京市の主婦がワラビ採りをしていると、何やら人の気配がした。ハッとして顔を上げると、目の前に包丁を持った男が立っていた。えもいわれぬプレッシャーに主婦が硬直していると、その男は「**奥さん、ワラビ採れますか**」と話しかけてきた。奥さんは恐怖からすぐさま駆け出し、70メートルほど離れた場所にいた家族の元へ戻ったのだという。

男は40〜45歳で身長170センチ、ぶらりと下げた手に全長30センチほどの包丁を持ち、上下ねずみ色の作業服を着用していた。のちに遺体が発見される現場から西南30

0メートルでの目撃だった。

②「手ぶらのふたり組」

事件当日の23日、殺された主婦ふたりが入山したと推定される直後——午前11時40分ごろにふたりの男が山へ入って行くのを付近で作業していた山林所有者が目撃している。証言によれば、**男たちは白いシャツにジーンズというおよそハイカーらしくない装い**で、主婦たちが通ったとおぼしき山道を何も持たずに入っていった。年齢は25〜30歳。

③「茶色の男」

事件の6日前、5月17日午後4時50分ごろ、京都市南区から山菜採りに来ていた主婦(30)に話しかけてきた中年男性。男は山の上から降りてきて、気配に気づいた主婦が顔を上げると「**たくさん採れますか**」と話しかけてきた。やはり得も言われぬプレッシャーを感じた主婦が「採れません」と返答し、近くに友達がいるそぶりを見せると、男は上の方へ登って行き、すぐまた降りてきて、そのまま下山していった。男の特徴は40〜45歳、身長165センチ、中肉で髪は七三分け。肌の色は浅黒く、目が少し細かった。上着は長袖で茶色、下にも同色のズボンを着用しており、山歩きに適した服装ではなかったという。

さらにこの目撃の以前、事件の13日前にあたる5月10日にも同じ服装、同じ特徴をした男がふたりの主婦によって目撃されている。その男は左手にワラビの束を持ち、何をするでもなく、ただぼんやりと遠くを見つめていた。奥さ

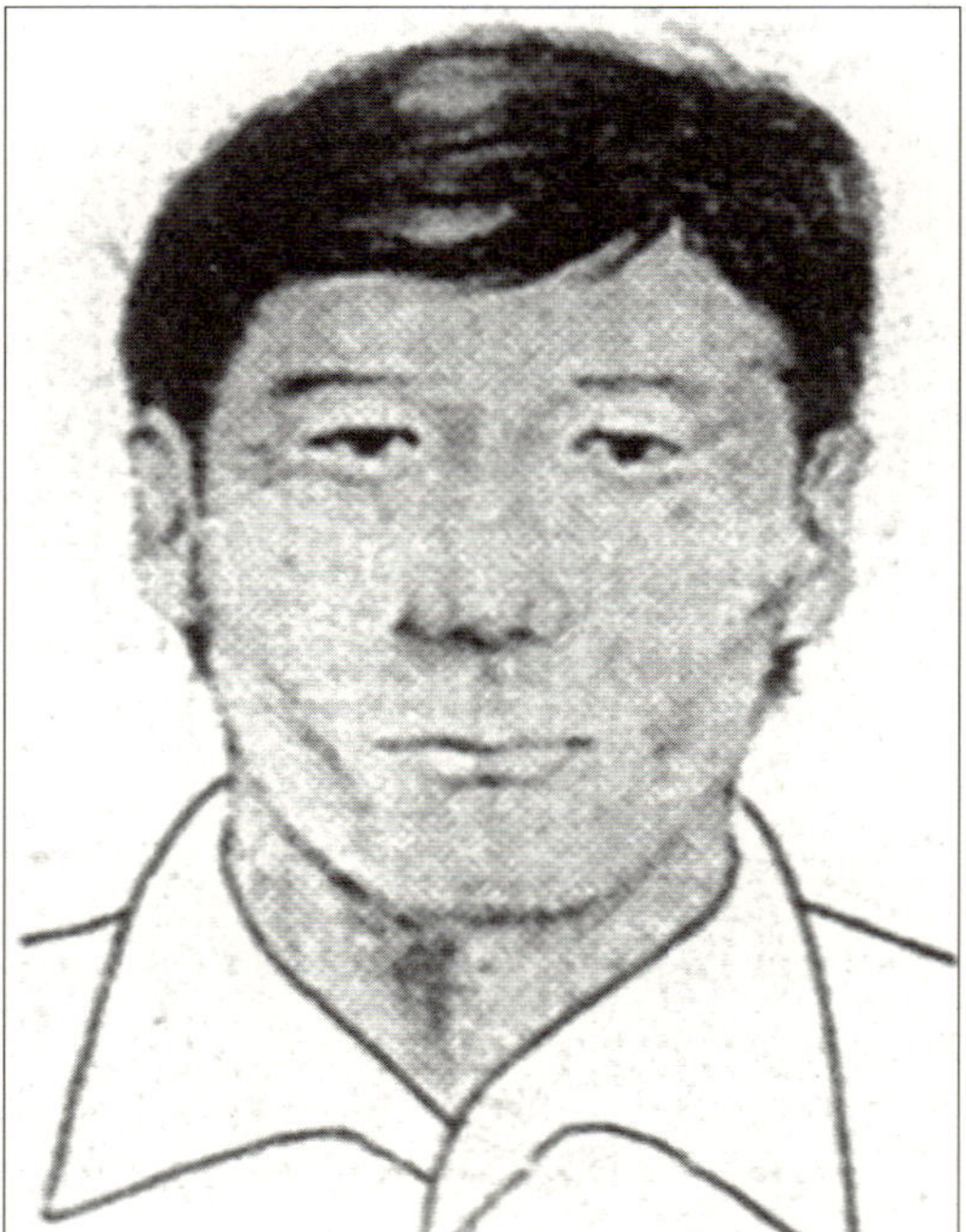

事件の数日前、5月10日と17日に殺害現場付近で目撃された男。男の服装は山林労働者やハイカーなどと異なり、目撃した主婦にも声をかけてきた。警察は情報を得てから2ヶ月近くこの男が何者か追ったが、結局人定できず、似顔絵の公開に踏み切った(「京都新聞」昭和54年8月10日付夕刊)

またちは「様子がおかしい」と囁きあったが、その男はしばらくすると梅林の方へ下山していった。

この目撃証言がそれぞれ遺体発見現場から70メートル、200メートルと近接した場所でのモノだったため、警察はこの人物を「犯人に最も近い人物」と判断、全力で行方を追った。事件から3ヶ月後にあたる8月10日には似顔絵を公開し、広く情報を募っている。

この「茶色の男」と前年に目撃された男は、その特徴に共通する部分が多く同一人物である可能性が高いが、結局、名乗り出る者もおらず特定することもかなわなかったため、永遠の謎である。

④作業員たち

現場となった野山と隣接する〝河陽が丘団地〟は当時造成中で、人材斡旋業者により大阪は豊中・西成などから40以上の作業員が派遣されていた。タフな建築作業員ならば腕力もあり、主婦ふたりの肋骨を折ることなど造作もないのではないか――そんな推測があったかは定かでないが、事件以後の所在が不明になった者もおり、関連を疑った警察が調べを進めたが、結局ここから捜査が進展することはなかった。

事件マニアの諸兄は言うかもしれない。

「おい！　普段からの粗暴なふるまいで知られる不良の空手家なフレンズで、かつ緑色の自転車で野山をたびたび走っていたうえに、当日2時ごろ、急いで山から下りて東方の同市内方面へ消えたところ目撃されたのみならず、事件発生後は急に真面目にふるまったり片方の家の前で再三にわたってヒソヒソ話をしていた限りなく怪しい大工見習いのふたり組はどうなってんだよ！」と。

まるで記事に緩急をつけるために誰かに言わされているかのような――いやに説明くさい指摘はともかく、当然、指摘されたこのふたり組は事件後1週間という、かなり早い段階で**重要参考人として警察に事情を訊かれている。が、結局6日ほどで事件とは無関係――シロ**とされた。

この大工見習いとその親方は、捜査本部の置かれていた向日町警察署へやって来て、新聞記者たちを前にして〝記者会見〟を開き、事件当日は親方とともに宇治で仕事をしていた――旨のアリバイを主張している。

結局、かなりの数の捜査対象者がリストアップされたが、物証の乏しさから捜査は難航し、ほとんど進展のないまま事件は時効を迎えることになる。山中では空き缶に始まりパンの袋、煙草の吸い殻などさまざまな物が回収されているが、結局犯行と直接つながると考えられた遺留品は数点しかなかった。犯行に使われ、現場に置き去りにされた包丁には〝指紋〟が残されていたが、なぜかK子さんのものしか検出されず、これもさらなる謎を生む。

ともかく確実な物的証拠とされたモノは次の4点になる。

- **犯人が山に持ち込んだとおぼしきステンレス製の文化包丁。**
- **A子さんの体内から検出された体液。A型かO型のもの。ただし当時の鑑定法では体質によってB・AB型でも試薬にO型と出てしまうことがマレにあったため断定できず。**
- **K子さんに付着していた、加えて周辺から採取された約100本の体毛・毛髪。O型のもの。**
- **被害者のシャツに残されていた足跡**（時効成立後の当時の向日町署長への取材から）。

包丁については、事件からほどなく「**当時、付近で包丁を用いたタケノコ泥棒が横行していた**」という有力情報が浮上したことから、タケノコ泥棒と二主婦殺害との関連が強く疑われた。その手口は地面から10センチほど頭を出したタケノコの表皮を切り開き、中身だけをくりぬいて持ち去る——というもので、実際、鋭利な刃物で切り裂かれた表皮があちこちに見られたという。

主婦ふたりは偶然にタケノコドロと遭遇し、コソ泥野郎となんらかのトラブルとなったのではないか——。これを捜査本部は「偶発説」として重要視し、その方面からの捜査も行なわれたが、結局、殺人事件以後にタケノコ泥棒が出没しなくなったため、真実は闇のなかである。

〝日本のアガサ・クリスティ〟山村美沙先生の推理

事件発生から1週間後、当時宇治市に住んでいた**〝日本のアガサ・クリスティ〟こと推理作家の山村美紗先生が事件現場におもむいて推理を行なっている。**

美紗先生は現地に着くなり「**ものすごい殺気のようなものが立ち上っている。おん念というか、鬼気というか……**」と、元FBI超能力捜査官や霊能力者、ないし自称霊感少女、あるいはその全部を足したような、あんまり役に立たないことを言う。記者は「**うむ、女性らしい鋭い感覚だね！**」と感心しているが、商売の縄張りを侵したら霊能ゴロに怒られますよ。

ともかく、美紗先生はA子さんとK子さんの遺体が近すぎること、皮下出血の箇所が多すぎること——の2点から**複数人による犯行説**を指摘。謎のSOSメモについても「推理小説家としてこの種の分析は得意」と胸を張る。

美紗先生によれば、メモは「オワレている　たすけて下さい　この男の人わるい人」の3行に分かれているが、**これは一度に書かれたモノではなく、それぞれが状況に応じて独立して書かれたものだとする。被害者の視界に第三者がおり、その人物に状況を伝えるために逐一書き足したのだと。「犯人がK子さんを襲っている間に夢中でしたためた、とするのはナンセンス」と警察などの見立てもバッサリ。**

事件現場で推理する作家・山村美紗（「京都新聞」昭和54年5月30日付）

最終的に美紗先生の推理した犯人像は「**ひとりなら異常性格者、複数なら武道か何かの心得が有り、激高しやすい小心者。年齢は30歳まで**」となっている。

メモについての推理はともかく、遺体に肋骨を折るほどの暴力の痕跡があったため、犯人を**〝格闘技経験者〟**として見る向きは当時から強くあった。

個人的には「一方的な暴力を振るえる」という状況であったと仮定すれば、格闘技経験者にこだわらずともある程度の腕力さえあれば犯行は可能とも思えるが、それはいい。ともかく警察や美紗先生、そして事件マニアたちを悩ませたのが、「数多くのなぜ」だ。

- **なぜ性交の痕跡のあったA子さんのほうがズボンをはいており、性交していないK子さんのほうは脱がされていたのか。**
- **なぜA子さんは声を上げて助けを呼ぶのではなく、メモという回りくどい方法をとったのか。**
- **なぜK子さんに突き刺さっていた包丁から犯人の指紋が検出されなかったのか。身元の特定につながる証拠を残さないために手袋を——と考えるのが妥当であるが、そうであるなら、そもそもなぜ包丁を現場に残したのか。**

- **なぜ過剰とも言える暴行を加えたのか。そしてなぜK子さんだけを刺したのか。**
- **なぜ鉛筆が発見されず、包丁だけが現場に残されたのか。**

挙げてゆけばキリがないが、これら支離滅裂ともいえる「なぜ」に対する合理的な解答は、いまだに出されていない。今に至っても、飛躍が必要となる推理と、強引とも思われる解釈が存在するだけだ。

ともかく、美紗先生が「**こういった強姦殺人を行なうタイプは犯行を繰り返しがちである**」——と事件が時効になった際のインタビューで指摘しておられるのだが、これは現代的なプロファイリングの視点と重なる部分がある。統計上、レイプ犯の多くは逮捕されるまで犯行を続け、犯行を重ねるたびにその残虐性を増す傾向がある。だが、この長岡京のケースではその事件以後、5年後に起こる放火殺人まで同市周辺で「凶悪事件」に該当するものはなかった。

そして、この手のレイプ殺人犯は殺人に至るまでに〝強姦やわいせつ〟などに始まる〝成長過程〟があり、その〝過程〟が前歴として残っている場合がきわめて多い。が、警察が入念に洗っても、前歴者の中にワラビ犯は見つからなかった。

つまり、イメージとしては「**パッと現れて、パッと消えた**」——こうなる。

事件にまつわる真偽不明の「都市伝説」を検証する

ワラビ採り殺人とほとんどセットとして語られる事件がある。ある未解決の放火殺人だ。これはワラビ採り殺人の5年後にあたる1984年5月に長岡京で起こった事件で、長岡市に住む主婦Cさんが滅多刺しにされたうえ、布団を掛けられ火をつけられた。

なぜセットか？　殺された主婦がワラビ採りの生き残りだから。**つまり、犯人が口封じのため殺した**のだ——そんな話だ。

話によれば、**この殺された主婦Cさんはワラビ採り殺人の事件当時「いづみや」で働いており、本当はA子さんK子さんと連れ立って5月23日に野山へ行く予定だった**という。だが当日になって急に予定をキャンセル、ないし途中で帰ったため難を逃れた——が、犯人からは逃れられなかった——という。

ワラビ採り殺人が起こったときに、この主婦の安全を考慮し、警察とマスコミの間に報道協定が結ばれた。ゆえにこれは知る人ぞ知る真相――信じるか信じないかはアナタ次第――ということになっている。

この放火殺人の詳細を追ってみよう。前述のとおり、1984年の5月15日午後2時50分ごろ、長岡京市の中心部にあたる神足1丁目の民家でボヤ騒ぎが発生した。北隣の主婦が煙に気がつきすぐさま通報したため、ボヤ火は火元となった民家の6畳の部屋を一部焼いたところで消し止められた。

主婦殺し放火

京都 首や背中メッタ刺し

ナゾ深まるばかり

長岡京の主婦放火殺人 なぜ、家中に血痕？

ワラビ採り事件から5年後に起きた「主婦放火殺人事件」を報じる新聞記事（「中日新聞」昭和59年5月16日付／「京都新聞 地方版」昭和59年5月17日付）。

この火元と見られる和室6畳の部屋を向日町署と消防が調べたところ、焼け跡から遺体が見つかった。この家に住むCさん48歳だった。遺体の上には厚さにして50センチに相当する布団数枚と衣類が重ねられ、その下でCさんはうつぶせになって亡くなっていた。だが、焼死ではない。**直接の死因は鋭利な刃物で何度も刺されたことによる失血死**――具体的には左耳後部を刺された際の頭動脈切断だった。**犯人はCさんの上半身を合わせて23カ所を刺**

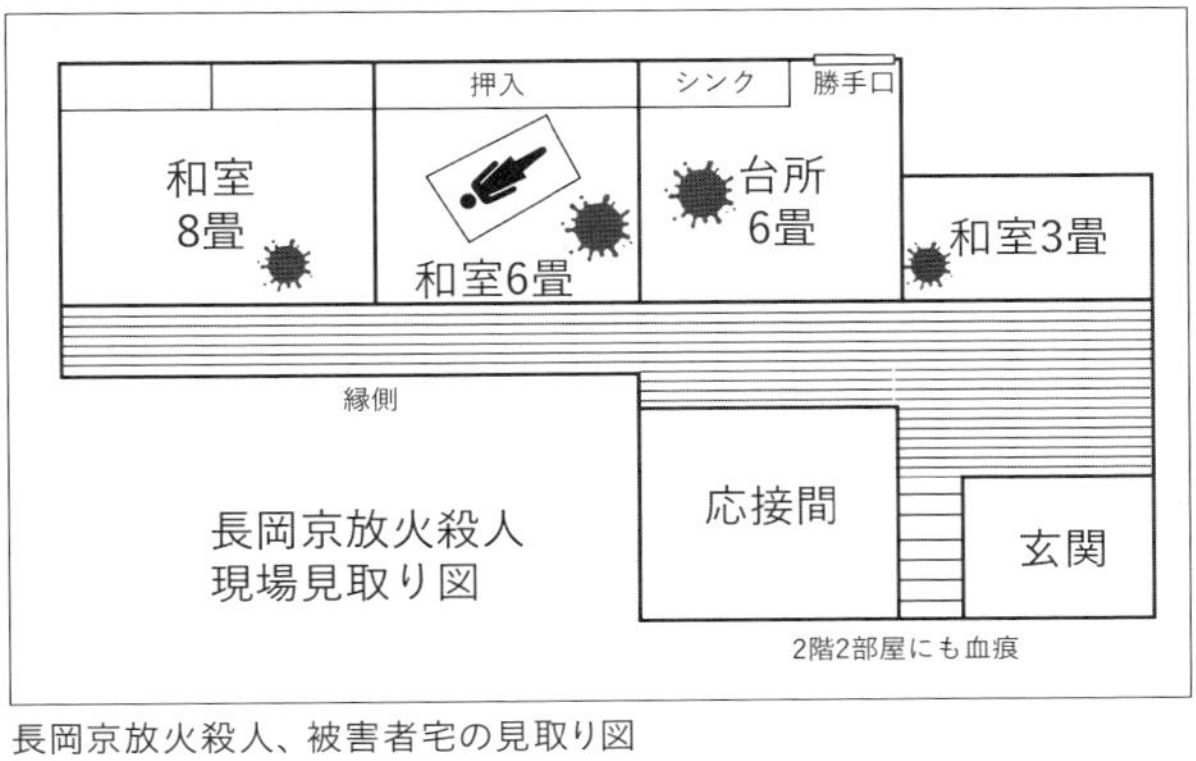

長岡京放火殺人、被害者宅の見取り図

したあげく、布団や衣類を掛け、火を放ったらしい。遺体は高温にさらされたためか、手足の一部はすでに炭化していた。

当初、応接間を除く家の至るところに血痕が確認されたため、「Cさんが刺されたうえに、家の中を案内させられていた」という見立てが強かったが、のちに犯人自身も襲撃時にケガをし、その血が床にしたたり落ちたものと判断された。おそらく刃物で刺した際に手を滑らせ、自らの手も負傷したのだろうという見立てだ。各部屋（2階の部屋含む）に血痕が確認されたのは、犯人が返り血を浴びたため、着替えとなる衣類を探し回ったためだ。警察では

・犯人が靴を脱いで上がっていること。
・Cさんへの初撃が背後から加えられたこと。
・その初撃に使用された凶器がCさん方で祖父の代から使われていた刃渡り40センチの刺身包丁で、シンク下に収納されていた7本のうちの1本であったこと。ならびに犯人が殺害前にダイニングキッチンへ入った形跡があること。
・貴金属、預金通帳、キャッシュカードなど、金銭の一切に手がつけられておらず、盗まれたモノも包丁以外ないこと。
・現場に客らしい客を応接した痕跡がないこと。
・現場が外部の人が入り込まない中6畳の居間であること。
・近所の人も火災が起こるまで異常に気がついていないこと。
・放火が証拠隠滅を意図したモノであろうこと。

といった状況から、Cさんと比較的親しい面識者による犯行——怨恨の線を強く疑った。Cさんが犯人を自宅内に招き入れ、油断したところを背後から襲われたのだと。犯人が凶器を持ち込まずシンク下の包丁を使用し、なおかつCさんが警戒した様子がないことから、この見立ては妥当だといえた。

当初、身体の前面にも刺傷があったため、全身くまなく刺したと思われていたが、前面についた「穴」は背部から刺した刃物が貫通してできたモノだとわかり、犯人は背後から初撃を与えてから、前のめりに倒れたCさんにバックマウントし、その姿勢から何度も刃物を突き立てたようだ。この過剰とも言える攻撃が怨恨説を補強する。ちなみに、いくつかの刺し傷はCさんが死亡してから与えられたことも判明している。

そうして犯人は、事切れたCさんに布団をかぶせ、衣類をかぶせ、火をつけ、逃走した。犯人の血液型はO型で、血に濡れた靴下のサイズは26センチ、血痕の位置から右手手のひらに相当量の出血を伴うケガ、右足の第2指が突出している——という特徴まではつかみ、病院や薬局をふくむ広範囲の捜査を展開した。事件発生から15年で延べ2万9千人の捜査員を投入し、捜査対象者を1450人ほど調べたが、結局事件は時効を迎えた。犯行に使われた包丁も結局見つからず仕舞いだった。

この放火殺人とワラビ採り殺人が同一犯なのだという。

いまさら指摘するのも野暮というものかもしれないが、**この説はいくつかの事実の誤認と歪曲によって構成されている。**

まずCさんがいづみやで働いていたという事実はない。彼女はその1979年当時、長岡京市内の工場で働いていた。

そして「身柄の安全のために敷かれた報道協定のせいで事実は知られていなかった」とするが、ワラビ採り殺人は当初、「行方不明」として報道されている。「殺人」と判明したのは25日午後になってからだ。

本当に主婦Cが「行く予定」ないし「途中で帰った」なら、最初の時点で〝事情を知る者〟として報道されるのではないだろうか。ワラビ採り事件がまだ行方不明事案として報じられた際の「一緒に行く予定だった同僚ふたり」という記述、そして同時期に〝ワラビ採り殺人〟と〝長岡京放火殺人〟の捜査本部が同じ署に置かれたことにより、**誰かが想像力を働かせ生じた噂**なのかもしれない。

ただ前述したとおり、放火殺人の被害者Cさんは、いづみやの〝同僚〟ではない。両事件を並べてみると、**一方は無差別的な性目的殺人、一方は怨恨と、基軸となる部分が大きく違う**。「犯人が口止めのために殺《や》った可能性を完全には否定できないだろ」という反論も聞こえてきそうだが、Cさんが居間に「招き入れている」事実が無理な関連づけにブレーキをかけてくれるだろう。この「同犯人説」で無理矢理説明するなら、犯人が野山での犯行後、自分の顔も存在も知らない「一緒に行く予定だったいづみやの同僚」をも始末する必要があるとなぜか考え、同僚を特定する作業を進めた結果、イズミヤとはまったく縁も所縁もないCさんがその同僚であると断定し、Cさんに接近、そこから信頼を得るため時間をかけてCさんが気安く自宅に招き入れてくれる程度にまでは親交を深め、満を持して5年後にようやく殺害した——とするならあるいは、であるが、到底あり得そうな話ではない。

Cさんの夫が国鉄勤務であったことから、「ワラビ殺人との共通点だ。野山で殺害されたいずれかの主婦の夫が国鉄勤務だったから、事件の真相は国鉄絡み」だのという言説もどこかで聞いたことがあるが、野山で殺害されたふたりの配偶者は、それぞれ建設業と会社員であったことからこれもデマの類いである。

もうひとつ、出所のハッキリしない噂がある。A子さんとK子さんが売春に身を染めていた——というものだ。被害者たちが売春クラブを経営しており、それを巡ってヤクザものに目をつけられトラブルになり——という。

これに関しても、おそらくネット時代が生み出した都市伝説と思われる。

ふたりがパートタイマーとして働いていたこと、野山で殺害されたこと、実際にワラビを採集していたこと、ヤクザなフレンズが主婦売春組織を傘下に入れずわざわざ殺害する非合理。これらの事実を売春説で上手く説明するためには、かなりの補足や憶測が必要になる——が、説得力のあるフォローはない。「**途方もない主張には、途方もない証拠が必要になる**」というが、もちろん証拠やソース、根拠なども一切提示されていない。

ただ、当時のご時世では主婦売春は必ずしも荒唐無稽とは言えない背景もある。昭和48年には兵庫で28人が摘発され、その後も毎年のように主婦売春クラブが摘発されている。これらは多くの場合、住宅ローンやサラ金への返済に困っていた主婦が身を売り、暴力団が運営していた。ここからワラビ採り事件に想像力を働かせた者がいたのかもしれない。

ともかく、何か根拠があるならともかく、根も葉もない噂で故人の名誉を貶めるのは、あまり上品な行ないとは言えまい。

さらにもうひとつ、関連性を疑われている事件がある。ワラビ採り殺人が発生する前年に起こった「宇治ランニング主婦行方不明事件」だ。

このケースでは、消息が途絶えた現場に大量の血液が残されており、主婦がなんらかのトラブルに巻き込まれたのは確実だった。現場の状況から、どうやら主婦は150メートルほど地面を引き摺られ、その後50メートルほど担いで運ばれ——その後、車で連れ去られたと見るのが妥当ではあるが、定かではない。〝行方不明事案〟とはいえ、自発的な失踪は考えにくく、偶発的な事故の可能性も薄かった。

警察は計画的な殺人を視野に入れて捜査を始め、これを

〝**遺体なき殺人事件**〟とメディアが報じた。遺体が発見されないまま捜査本部が置かれるのは異例のことだったが、これも結局、未解決のまま時効を迎えている。

「**いやさ、宇治だろコレ。長岡京じゃないじゃないか**」と訝る諸兄もおられるかもしれないが、この事件の現場である宇治市某所から、ワラビ採りの野山まで**直線距離で12キロほど、発生時期も半年間の差**しかない。これをして「何か関連があるのではないか」と考えるのも決して軽薄ではあるまい。

おもに犯罪心理学の分野で研究されている「リンク分析」と呼ばれる手法がある。これは似たような事件が起こった際に、それが同一犯か否かを推定するときに用いられるものだ。これを宇治・長岡京の事件に当てはめてみれば興味深い結果が見えてくる——かもしれないが、冗長かつ〝ナンセンス〟になるであろうと思われるため、ここでは触れないでおく。

ただ両事件とも**23日に起こっている**こと。そしてそれらが週の**水曜日と木曜日であり、長岡京での不審者目撃証言も水曜日と木曜日に集中していた**——という事実は気にしておくべきかもしれない。ちなみにA子さんは木曜日がパートの定休日で、前日の水曜日によく〝いづみや〟の同僚をさそってワラビ採りに出かけていた。

水曜・木曜あたりに休みといえば不動産業界が多いようで、これと当時、当地が開発中であった事実が関係あるか

長岡京ワラビ殺人と長岡京主婦殺人放火事件は同じ時期に向日町警察署に捜査本部が置かれた。ちなみに、両事件とも5月に起こったことから住民や警察関係者は「受難の5月」と呼んだ（「京都新聞」洛西版・昭和59年5月17日付）

どうか――。

余談になるが、凶悪事件につきものの〝怪談〟も事件の数年後に発生している。

怪奇探偵なフレンズとして知られる小池壮彦氏によれば、京都府の南を運行する阪急バスの最終便、その後部座席にふたりの女性が乗っていたという。終点近くになってもふたりが降りないので運転手は不審に思っていたが、ふと気がつくとふたりの姿が消えていた。あわてて停車して確認してみると、座席は濡れ、土が残されていた。あれは〝長岡京の二主婦〟だったのか――という話だ。

通常、こういったタイプの幽霊はタクシーを好んで利用するものであるが、そこをあえてリーズナブルなバスを選ぶあたり、主婦らしい経済感覚ではある。

「第二次覚醒剤乱用期」との知られざる関係

当時、事件が起こった5日後には長岡市長が事件へのコメントとともに防犯条例に言及し、1ヶ月後の6月30日に「長岡京市防犯推進に関する条例」がスピード制定された。これは地域ぐるみで犯罪から市民の生活を守ろうという主旨のもとに施行され、のちに始まる全国的な生活安全条例拡大の嚆矢となった。

かくしてワラビ採り事件が条例制定の大きな契機になったワケだが、この事件以前にも開発による都市化・人口増加に起因しての犯罪者・変質者の増加が問題になっていた。

捜査が始まってから、殺害現場からほど近い山中で女性用下着を所持してポルノ雑誌を読みふける――という我々でも実行に勇気がいるような変態的行動におよんでいた男が見つかったり、地元周辺だけでも変質者25人、婦女暴行・強制わいせつの前歴者99人がリストアップされている。筆者も殺害現場から西方1キロほどの場所にある西山キャンプ場周辺に変質者が出没していたという話を現地に住む男性に聞いた。

「変態ばかりではないか、警察は何をやっていたのだ」と憤りをおぼえる諸兄もおられるかもしれないが、警察にだって予算の制限があるわけで、ささやかな変態行為のすべてを取り締まるわけにもいくまい。我々だって野放しにされているではありませんか。

冗談はともかく、当時から今に至るまで軽視されがちだったように思われる、ひとつの可能性に触れておきたい――**覚醒剤**だ。

事件の起こった当時――昭和54年の前後数年は「**第二次**

覚醒剤乱用期」と呼ばれた時期と重なる。昭和55年の警察白書によれば「昭和54年は、経済成長に伴う享楽的風潮のまん延、社会の規範意識の低下等の状況が進むなかで、覚せい剤の汚染が一層進むとともに、手段を選ばぬ一獲千金をねらった凶悪犯罪が増加するなど危険な兆候もみられた」とある。

昭和54年と昭和44年を比較すれば、10年で**覚醒剤に起因する事件は件数で約35倍、人員で約26倍と爆発的に増加していた**ことが見てとれる。検挙されなかった潜在的乱用者は検挙人員の10倍以上とも推定されている。

なぜこの時期に爆発的増加を見せたか？

これは社会背景から見れば、暴力団の活発な活動が主要因だと分析されている。過去に行なわれた、警察による全国的な暴力団一斉摘発——いわゆる「第一次頂上作戦」で投獄された者たちが再び社会に戻ってきた時期と犯罪の増加した時期とがピッタリ重なるからだ。つまり、シャバに戻ってきた暴力団関係者が覚醒剤を主軸においた資金稼ぎ・上納金稼ぎに精を出した結果、というワケだ。

ともかく、覚醒剤はこの時期に大量に密輸され、大量に売りさばかれていた。

戦後の「ヒロポン汚染」以来の「第二次覚醒剤乱用期」と呼ばれるだけのことはあって、当時の覚醒剤汚染は若年層にも幅広く普及するかなり深刻なものだった。

京都に関連する事件だけでも、昭和54年に覚醒剤で誕生日パーティーを開いた府民の少年たちが検挙され、同54年6月には伏見区で覚醒剤により「5〜6人の男に追われている」という妄想に取り憑かれた男が学校に押し入り、農業用フォークを振り回して籠城した。男は2時間ほどで身柄を確保されたが、同年同月に同様の事件が隣の滋賀県でも起こっている。

報道によれば、京都には覚醒剤の〝卸元〟もあったらしく、当地を中心に京阪神に幅広く流通させたとして、昭和54年7月にヤクザものが検挙されている。とにかくアッパーな時代だった。ちなみに、妄想に取り憑かれたり、荒唐無稽な主張をする者を指して〝電波〟という表現が使われることがあるが、その元になった「深川通り魔殺人事件」も昭和56年に起こっている。もちろん覚醒剤の乱用者だった。

当然、覚醒剤が蔓延すれば常用者は購入資金が必要となる。とはいえ重度の依存者となるとマトモな稼ぎになる仕事は難しく、結局手っ取り早い犯罪に手を染めて、購入資金を稼ぐ事になる。それが少女による売春であったり、あるいは恐喝、強盗、窃盗だった。時代を感じるモノでは（当時大流行していた）「インベーダーゲーム」の筐体を強奪する事件なども起こっている。これらも犯罪増加の一因だった。

この覚醒剤＝メタンフェタミンが人体に与える作用として興味深いモノを挙げると、個人差はあろうが、「**気分の高揚**」「**性欲、精力の亢進**」「**暴力行為、闘争的**」「**情緒不安定**」「**判断力低下**」「**衝動的な行動**」などがあり、乱用することによって「**恐怖感をともなう妄想**」「**幻聴・幻視**」なども引き起こされ、精神が蝕まれてゆく。前述の通り魔事件、そして籠城事件に顕著に見てとれる特徴だ。薬物の影響下でもないのに慢性的な「性欲、精力の亢進」が見られる諸兄は、いわば生来のケダモノフレンズなのであるが、権利関係で怒られそうなのでそれはいい。

「奥さん、僕のワラビ――というかタケノコ採りませんか、ほらこんなに雄々しくニョッキり――」とかもう一日でも早く捕まって、楽になって欲しい。

不謹慎な冗談はともかく、これらをふまえて「**長岡京の犯人が覚醒剤の影響下にあった**」と仮定すると、犯行に散見されるある種の〝支離滅裂〟に説明がつくように思われる。犯人自身がなんらかの妄想にとらわれ、ふたりをつけ

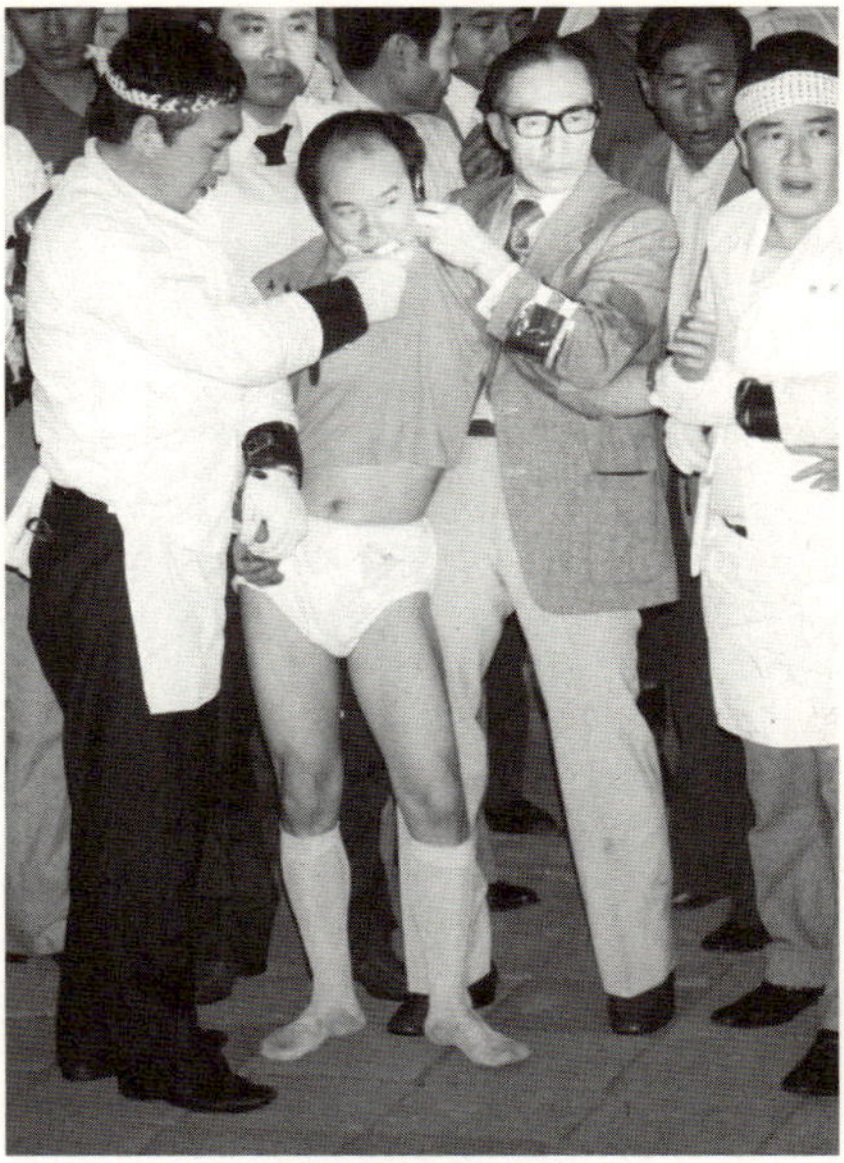

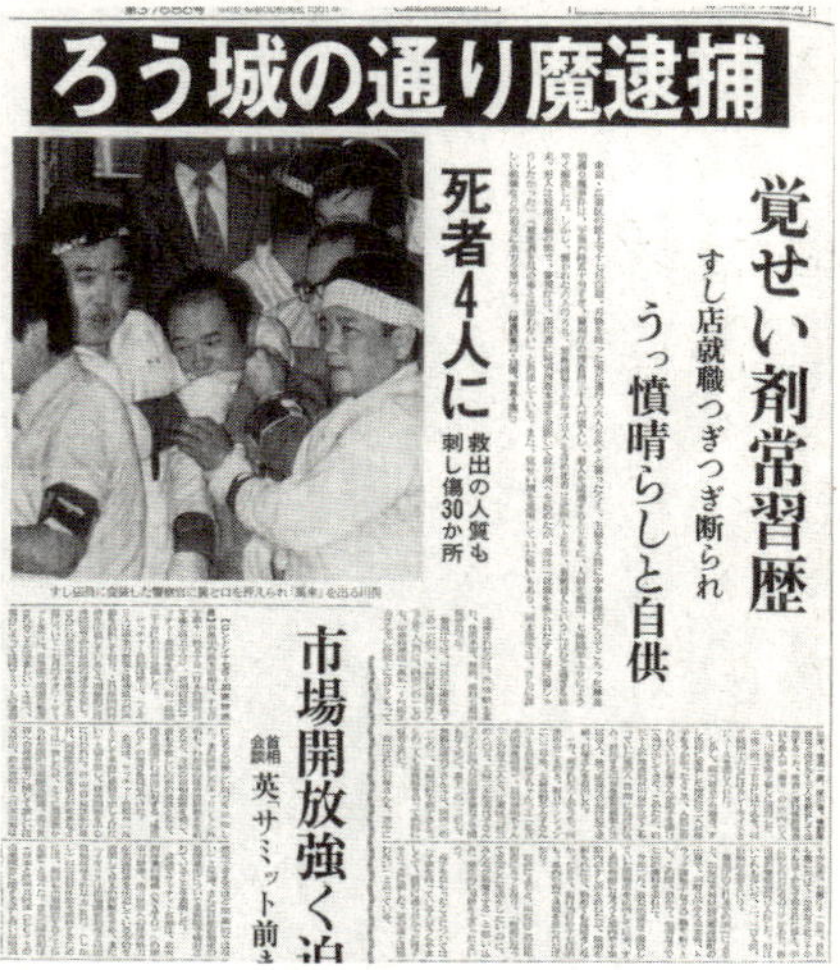

ろう城の通り魔逮捕

覚せい剤常習歴
すし店就職つぎつぎ断られ
うっ憤晴らしと自供

死者4人に
救出の人質も
刺し傷30か所

市場開放強く迫

ブリーフ姿で警察に取り押さえられた川俣軍司。
この姿はテレビで放映され、大きなインパクトを残した
（記事は読売新聞）

まわしたかもしれない。薬によって増幅された性衝動がふたりに向けられたかもしれない。やがて突発的な恐慌状態に陥り、それが過剰な暴力として表出したかもしれない。従わせるため、愉悦のためでなく、恐怖が生み出した――本人にとっては自衛的な暴力だったのかもしれない。

もちろんジャンキー仮説は不完全である。

包丁が犯人の所持品だったとされることに対して「薬代稼ぎのためにタケノコ泥棒をしていた」というやや苦しい説明を加えねばならず、指紋が検出されなかった事実も上手く説明できない（タケノコ掘りのために軍手を所持していたとして、恐慌・錯乱状態だったと想定される犯人――包丁をその場に残していくような者――がわざわざ「物証となる指紋」を気にして着用したのは不自然に思われる。最初から最後まで着けたままだったならあるいは――ではあるが、どう考えても目立つであろう血濡れの軍手を殺害後どの時点で外し、処分したのか。その辺りの判断には犯人がある程度冷静である必要があり〝錯乱〟との齟齬が生まれる）。

しかしながら覚醒剤を主軸に考えたとき、「パッと現れて、パッと消えた」という印象に対して、別件で捕まった、薬をやめた、のほかに、海外からやって来て事件後また海外へ――という視点が少しだけ説得力を増す。ちょうど当時、覚醒剤は海外からの密輸によって大量供給されており、そのバイヤーなり媒介者なりの反社会的因子が京都の〝卸元〟にやって来ていて――怒られそうなので無責任な妄言はやめておく。

かくして飛躍を母とし、強引を父とした仮説は荒唐無稽という子しか産まない。きっとこのケースには見過ごされた何か、あるいは注目されすぎた何か、があるのだろう。

時効成立を遺族たちはどう思ったか

1994年――平成6年5月23日、午前零時。事件は時効を迎えた。

捜査本部の置かれた向日町署に一部の報道関係者が顔を見せたものの、署内はいたって静かで、やがて署員たちの見つめる秒針が15年の満了を告げた。長岡京ワラビ採り殺人事件、正式名称〝奥海印寺山中における主婦殺人事件〟が迷宮入りした瞬間だった。

のべ2万9000名の捜査員が動員され、1万9027名への聞き込みが行なわれ、最終的には3571人の捜査対象者がリストアップされた。だが事件は解決しなかった。結局、何かがあったのは確かだが、何があったのかは定かでないまま、向日町警察署の3階から捜査本部の看板が下ろされ、野山付近に設置されていた立て看板もすべて撤去された。

今もA子さんとK子さんは、事件のあった野山を見下ろす西山の墓地で静かに眠っている。

野山殺害現場付近の現在の様子

殺害現場付近には、お供えの痕跡のようなものがあった

K子さんの夫Tさんは幼い子どもを抱えて、食事に洗濯、家事のすべてをやりきった。K子さんが殺害されて1年目、はじめて迎えた〝母の日〟に「僕らのお母さんは、お父さんや」と子どもたちはささやかなプレゼントを父に贈った。手作りのお手伝い券だった。やがて天国の意味もわからな

かった子どもたちが成長し、家事を手伝ってくれるようになるまでは〝戦争のような日々〟だったとTさんは述懐する。K子さんの13回忌の直後、次男（当時18）がバイク事故で命を落とし、今はK子さんとともに西山で眠っている。

時効成立後、Tさんは犯人に対する怒りをますます強め、一方のA子さんの夫は「もう事件のことは思い出したくない」と語った。

捜査官の心中もさまざまだった。担当を外されたあとも野山に通い続けた者、「気持ちに時効はない」と語った者、ある捜査員は時効になって以後も「毎年祭りが近づく5月になると事件を思い出す」という。

さまざまな思いが事件に関わった人たちの胸にあった。喪失感や口惜しさ、そして空虚があった。もちろん、疑問符も。

昭和54年5月23日——その日、何者かによってレールが分岐され、軌道は変更された。道の上にはただ母親を失った子どもたち、妻を失った夫たちが残された。彼女たちがきっかけとなり全国へ拡がった安全条例。それが他の誰かを未然に救っても、言及されること、感謝されることもない。

事件から約40年——さまざまなモノを抱えたまま、強引に変更された軌道を遺族は今も生きている。

【参考資料】

●『京都新聞』
●『京都新聞』（洛西版）
●『朝日新聞』（大阪）
●『毎日新聞』（大阪）
●『読売新聞』（大阪）
●『警察白書』（昭和55年度）
●「地域社会の安全」（『レファレンス』２００４年２月号）
●『迷宮入り!?　未解決殺人事件の真相　真犯人たちは、いまどこにいるのか？』（田宮榮一、ほか／宝島社／２００３年）
●『怪奇事件の謎』（小池壮彦／学研パブリッシング／２０１４年）
●『怖い噂　ＶＯＬ．３』（２００９年11月）
●『週刊新潮』（１９７９年６月14日号）
●『週刊大衆』増刊（２０１５年８月30日号）

オカルト・クロニクル 世界《せかい》のふしぎシリーズ

ミイラ漂流船
——良栄丸の怪奇

アメリカ船籍の貨物船が発見した「異様な小型漁船」

1927年。和暦昭和2年。世界は良くも悪くも賑やかだった。

チャールズ・リンドバーグが大西洋を飛行機で横断してパリジャンから拍手喝采を浴び、大正末期の日本では関東大震災から復興した帝都東京をモボ・モガが闊歩し、その喧噪から少し離れた田端435番地で芥川龍之介がひっそりと服毒自殺を遂げた。

そんな時代の話だ。

その年の10月31日、北米大陸の太平洋岸沖で1隻の漂流船が発見された。

発見したのはアメリカ船籍の貨物船マーガレット・ダラー号で、シアトルを出港してファン・デ・フカ海峡の入口であるフラッタリー岬沖に差しかかったとき、異様な雰囲気を放つ小型漁船を発見した。

近づいて観察し、ロバート・ダラー船長は息を飲み、恐怖を覚え、そして小さく黙祷を捧げた。異様な漂流船の甲板に転がる、干からびた遺体を見たからだ。もう救助のしようもない——これは死の船だ。発見が遅すぎた。

甲板には60センチを超える昆布が芽吹いており、船体側面に張り付いたフジツボが船までを覆いつくさんとしている——これはこの船が救助されないまま、どれほど多くの朝と夜を越えてきたかを物語っていた。遅すぎた、本当に。

接舷し、その小さな漂流船に乗り込んだダラー号のクルーたちは、そこで奇怪極まる光景を目にすることになる。

これは酷いありさまと表現するしかない。

甲板には干からびたミイラが2体。ほかに目を向ければ足なり腕なりを欠損したバラバラのミイラ、多数の白骨。船内はあちこちに海鳥の羽が散乱し、生きていたころの彼らが捕食した形跡があった。

司厨室に入ってみれば、異臭を放つ脂肪の塊と白

児童向けの怪奇・オカルト本シリーズから良栄丸発見時の光景。
図書室で読んでトラウマを植えつけられた諸兄も少なくないはずだ。
オカルト業界からこのような絵柄が消えつつあるのが寂しい
(画像出典：ドラゴンブックス『ミイラ大百科』黒岩学了)

Death Ship Arrives With Evidences of Crew's End

SEATTLE, Wash., Nov. 2—(U.P.)

the world that death was faced courageously despite the torture of hunger and other hardships, the fishing boat Ryoei Maru rested in the comparative calm of the Puget Sound tonight.

After nearly eleven months adrift on the Pacific ocean, the little boat finally found its way to the American continent and revealed the stoic end of its crew.

"We have decided to die," the sailors briefly wrote on March 6, explaining they had lived on 5.6 bushels of rice since December 2, 1926, when they sailed from the Misaki Kanagawa prefecture of Japan.

KERRICK RETRIAL GRANTED

新聞で報じられる良栄丸。11月1日からの3日間は報道が過熱気味だったことがうかがえる（画像出典：スタンフォード・ダイアリー 1927年11月3日）

色の肉片が残されていた。

そして鍋に代用したと思われる石油缶の中には人の腕があった。死した仲間の肉を貪り食ったのか、あるいは積極的に殺害して食べたのか。その判断はつかなかった。

バラバラにされていた遺体のひとりは、頭部が砕けており、ダラー号クルーは吐気を堪えながらも推察する。

これは、極限の飢餓に錯乱し、相手を食べるために殺し合ったに違いないぞ、と。

漂流船はシアトル港まで曳航され、詳しい調査が行なわれた。

そこでは、クランクシャフトが完全に折損していること、3冊の航海日誌や杉板に描かれた遺書らしき文字が存在していたことが明らかになった。そして船内で人肉食が行なわれた可能性を検死した医師が指摘すると、マスコミは競って刺激的なキャッチを誌面に打った。

「幽霊船」「死の船」「人喰い船」「殺し合い」「吸血鬼」

12名が乗船していたはずであるのに遺体が9名分しか発見できず、これこそが食人が行なわれた証拠と思われた。残さず、喰ったのだ、と。

流れ着いた場所も印象が悪かったのかもしれない。

良栄丸が発見されたフラッテリー岬は「墓場岬」と異名を取るほど難破船の残骸が集まってくる場所であったからだ。

墓場岬に幽霊船——。

これは狼男に満月、あるいはドラキュラに棺桶というセットにも引けを取らない親和性があった。シアトルから発せられた報が瞬く間に全米に広がり、各社がミイラ船良栄丸の恐怖を書き立てた。

騒ぎが収まらぬなか、目撃者も名乗り出た。ウエスト・アイソム号という貨物船の船長だ。彼は、奇妙な証言する。

このミイラ船発見騒ぎが起こる以前に、ウエスト・アイソム号は日本から1000マイル離れた海上で良栄丸らしき漁船を発見した。どうやら航行不能になっているらしいと気づき、近づいて救助しようとしたが、呼べど叫べど良栄丸の乗組員は幽霊のように立ち尽くしているばかりで、まったく反応しなかったという。

それで、馬鹿馬鹿しくなってその場を離れたのだと。

食人に殺し合い——無反応の船員。全体を通して、ショッキングで奇妙で、異様な事件だった。人々の好奇心——それも闇の部分を刺激する何かがあった。

商魂たくましい興行師が朽ちた船体を見せ物にしようと、1万7000ドルもの金を積み、新聞各社は残された航海日誌の版権を獲得せんと血眼になった。

世に言う、「良栄丸遭難事故」である。

良栄丸はいかにして北米大陸へ辿り着いたか

良栄丸がどのような経過をたどったか、現在ではほぼ判明している。

残されたいくつかの謎にはあまり言及されないが、それについては後半で触れることとし、まずミイラ船として発見される、11ヶ月前まで時間を戻してみよう。

良栄丸は1926年12月5日、神奈川県の三崎港から出港し、翌6日天候の都合により千葉県銚子港に寄港したのち天候の回復を待って出港、8日午前3時から房総半島の沖100キロほどの位置でマグロ漁を行なった。

三鬼登喜造を船長とし、ほかに乗組員は11名、総員12名所帯のマグロ漁船だった。

木造19トンの50馬力モーター発動機付き機帆船である。海難防止情報誌『海と安全』に良栄丸建造当時の船大工棟梁による回顧談が載っている。

材料は淡路産の松を使用、長さ約61尺(18・5メートル)、幅約13尺(3・9メートル)。無水式の新型エンジンを付け、当時のマグロ漁船としては立派な部類に入ったそうだ。

当時、良栄丸が本拠地としていた和歌山県串本では沖合のマグロ漁が盛んで、良栄丸のような20トンから30トンクラスの漁船が40隻ほどあり、毎年10月から翌年7月まで神奈川の三崎港を拠点としてマグロ漁を行なっていた。

多くが八丈島、小笠原諸島方面へ漕ぎつけ、平均して一航海20日間ほどの行程で操業を行なっている。

この時代の小型漁船には無線設備はなく、ほとんど経験だけに基づいて航行しており、船長という役割も「経験値」だけで決められていた。天体を観測して位置を割り出す技能すら持ち合わせていない船長が多かったという。

　良栄丸も12月末には帰港し、新年を本土で祝うはずだった。だが帰らなかった。そして帰らないまま日々は過ぎ、1年後に米国シアトル特電の訃報だけが本土に帰ってくる。食人ミイラ船良栄丸として。

　では彼らに何があったのか。『良栄丸日誌控』をもとに、死の航海を大まかに振り返ってみよう。

　良栄丸は大正15年12月7日に出港し、銚子沖でマグロ漁を行なったが、思わしい成果がないのでさらに沖へ進んだ。そして、11日に黒潮に流されていたことに気づく。

　翌12日にはクランク部が破損し機関が使えなくなり、帆を上げようとしたが西風のなかでどうにもならず、そのまま船を流した。

　14日に北東の風が吹いてきたので、その風で夜明けには陸が見えるだろうと喜んでいたが、結局、彼らは最後まで陸を見ることはできなかった。

　前述のように、正確な航行術を身につけていなかった乗組員達は、自分たちがどの辺りにいるのか概ねでしかわからず、困惑する。西へ向かうべきか、あるいは付近にあるであろう八丈島を目指すか。

　結局、彼らはおみくじを引いて、西に向かうことに決めた。エスポワール号ではないが、運否天賦《うんぷてんぷ》である。

　翌18日になると、船は金華山沖にいるものと見当をつけ、やはり八丈島へ向かう方針に変更したが、20日になると、西風が連日吹くからとアメリカへ向かうことにした。

　ここまでの漂流中に3隻の船と通りすがり、良栄丸は救難信号を送ったが、それらの船には信号を気づかれずその

シアトル港にて撮影された良栄丸。新聞が騒ぎ立てたため、港には連日見物客が山ほど訪れたという
（画像出典：シアトル・タイムズ 1927年11月1日）

まま去られている。

まさに「海の孤島」状態に陥っていた良栄丸。新年を迎えても、大正から昭和に改元されたことを知るよしもなく、大正16年・元旦として赤飯を炊いて祝っている。

漂流から1ヶ月ほどで、まだ乗組員たちには楽観ムードがあり、不安はあるものの恐怖の色は文面に現れていない。

ほかの船と出会うことを期待しつつも叶わず、1月の半ばから2月ごろになると、日誌の記載が極端に短くなってゆく。ただ風と潮流に流される日々である。船員たちは次第に弱り、魚を3匹釣っただけで大笑いする。

そして3月5日。「**本日朝食にて料食なし**」――ここで食糧の備蓄が底を突いた。

日誌には書き込まれない日が増え、3月9日には初の死者が出たことが短く記されている。

細井傳次郎病氣のため死亡す、直江常太郎も3月7日頃より床を離れず、吾らも身動きできぬ、大鳥一羽釣り上げ

記述からうかがえるように、このころには餓えから海鳥を捕まえて貪るようになっている。同時に、日誌の記入者である井澤捨次も弱っている。そして、3日後、次の死者が出た。

本日正午 直江常太郎病氣のため死亡す

次の記述は、5日後の17日。

井澤捨次死亡す

日誌の記入者がここで亡くなっている。これ以降、記入は松本源之助の手にゆだねられた。

日誌は井澤がそうであったようにほとんど愚痴もなく、恨み辛みなど見せないまま、淡々とした文体で短く、ただ事実を告げている内容が続く。

3月27日　**本日寺田、横田両君死亡す、大鳥一羽釣る**

3月29日　**桑田藤吉 午前9時死亡、三谷寅吉夜間死亡す、サメ一本釣上げる**

4月6日　**かねて病氣致しおりし辻内 午前0時頃病死す**

4月14日　サメ一本釣る、詰光勇吉君 午前10時死亡

病死

4月19日　病氣なりし上手君午前死亡す

この19日をもって、船内の生存者は船長と記入者である松本だけとなった。そして彼らはなんとか生き残ろうと、病に弱り切った身体に鞭打ち、あがいた。しかし、救いは訪れなかった。

事件を分析した気象学者 藤原咲平は言った。

「**漁船にて米国に達せんとするは、コロンブスのアメリカ大陸発見以上に困難なりと心得べし**」

だが、少なくとも彼らは目指していた北米大陸に辿り着いた。コロンブスのようにはいかなかったかもしれないが、風に押され、潮に流され、良栄丸は到達した。そして、現地で受けた「熱烈」な歓迎は決してリンドバーグのように名誉あるものではなかった。

人喰い船、野蛮人。足りない遺体。救助を無視し、幽霊のように立ち尽くしていた狂った乗組員。

そしてこの事件は現代でも語り継がれている。だが本当だろうか？

言うまでもなく、事件をよりショッキングにするための脚色があり、人々の脳裡に残る風説がある。それらを取り除いたとき、そこにいかなる真実があるのか。

事件の本当の姿と、剥き出しの姿になお残る謎に光を当ててみよう。

有色人種のショッキングな所業として、現地ではセンセーショナルに報じられた

この事件がアメリカで大きく報じられたのは、発覚した当時の世相にも原因を見いだすことができる。

当時はいまだ人種差別が根強く残り、事件発覚後、保守排日色の強いメディアがここぞとばかりに食人記事を打ったからだ。それに流された各社が後追いで記事を書いたという構図になる。

大漁旗を指さし「**見なさい、あのケバケバしい旗を。野蛮の証明というほかない。あれは女性を乗せているというサインなのだよ**」

とよくわからない主張も出るほどだった。

大漁旗と女性がどうつながるのか。まるでわからない。普段からいかがわしいことばかり考えているからこのような発想に至るに違いない。我々を見習って欲しいものである。

表向きは紳士であろうとしても、胸の底には澱のようにわだかまる差別意識や悪趣味嗜好があった。

そこに飛び込んできた有色人種のショッキングな所業。彼らはここぞとばかりにバッシングして鬱憤を晴らした。ストレスは解消され、自意識は満たされたに違いない。

「ほほほ、カラードは野蛮だね、まったく……どれどれ後学のためにもっと記事を見せなさい。写真はないのかね写真は。船に乗せられて 検閲済 まで 検閲済 されて、最初は嫌がっていたのに次第に 検閲済 という不憫なレディーの写真は」と言うわけである。

まず、食人について見てみれば、確かに当時の新聞記事のほとんどで触れられている。これは、医者の権威がバックグラウンドにあったからだと思われる。

検死した医師が「**こりゃあ、喰っとりますわ！**」と言ったのだから、遺体の状態を見ることも叶わない一般人としてはそれを否定することも難しかろう。科学的裏づけがあるのだから、と差別を抜きにして事実として書いた記者もいただろう。

だが、シアトルからの特電で行方不明になっていた家族が米国で発見されたことを知らされた良栄丸乗組員の遺族は、何重ものショックを受けた。

家族の帰還を首を長くして待ちながらも、心のどこかで「**戻ってこなくてもいい、どこかで生きてさえくれていたら**」――そんなささやかすぎる願いや淡い希望は無残に打ち砕かれ、さらに踏みにじられた。

「人喰い鬼」「自分が生きるためにほかのクルーを殺した鬼畜」

そんなふうに報じられて、遺族の心中はいかなるものだったろうか。特に、最後まで生きていた三鬼船長の遺族への視線はことさら冷たかった。船長の妻や子どもたちは非難の矛先で小さく生きていた。

現地でも日本人への風当たりは強く、シアトルに住んでいた在留邦人はかなり肩身の狭い思いをしたそうだ。

せっかちな諸兄は、「なんだよ！　航海日誌見ればすべてが明るみになるだろ！　そのために新聞社が入手を競い合ったんじゃないのかよ！」と憤

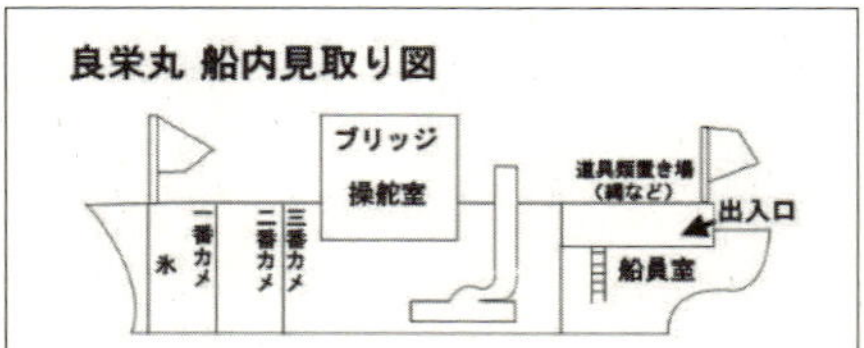

船内見取り図。和歌山県立図書館所蔵の
良栄丸遭難記録を元に作成（協力：かよたんさん）

慨するかもしれない。それはまったく正しい。事実は明るみになった。
航海日誌には死に至るまで船員同士がいたわり合っていた事実が記載されており、ほかを探しても食人の証拠は出てこなかった。
そして12名の連名による遺書や三鬼船長が妻子にあてた最後の手紙の内容が検《あらた》められると、その内容に目を通したアメリカ人たちの誤解は解け、今度はその悲劇的な状況と、死を決意しながらも協力し合い、漂流していた乗務員たちに同情が集まった。
当時の新聞から様子を覗いてみよう。

死の船良栄丸の悲惨な最期をつづった日誌全文を掲載した本誌を携えて記者は26日午後2時、和歌山県西牟婁郡串本町の船長三鬼登喜造氏の遺族を訪ねる。いたいけな**少女**の身で新聞配達をして母を助けている長女かつえ（13歳、串本町小學校高等科一年生）は今しも新聞を配達して帰宅したところであった。他の家族も寄り集まって記者の朗讀する日誌の全文を聞きつつすすり泣きの聲（声）に満たされたが、船長の妻つね子（41）はやがて涙の顔を上げて。

「今日まで人の噂では船長は乗組員を見殺しにしておめおめ最後まで生き残り、しかも船員の肉を食ったとか八丈島に進路を取ったのが問題の因だとか様々な非難を聞くたびに身が切られるやうな思ひがして何でもつと早く夫は死んでくれなかつたか、どうかして眞相を知る方法はないかとそればかりを案じ暮らしていましたが今度一切の眞相が分かる日誌を新聞に載せて頂いてこんなうれしいことはありません」

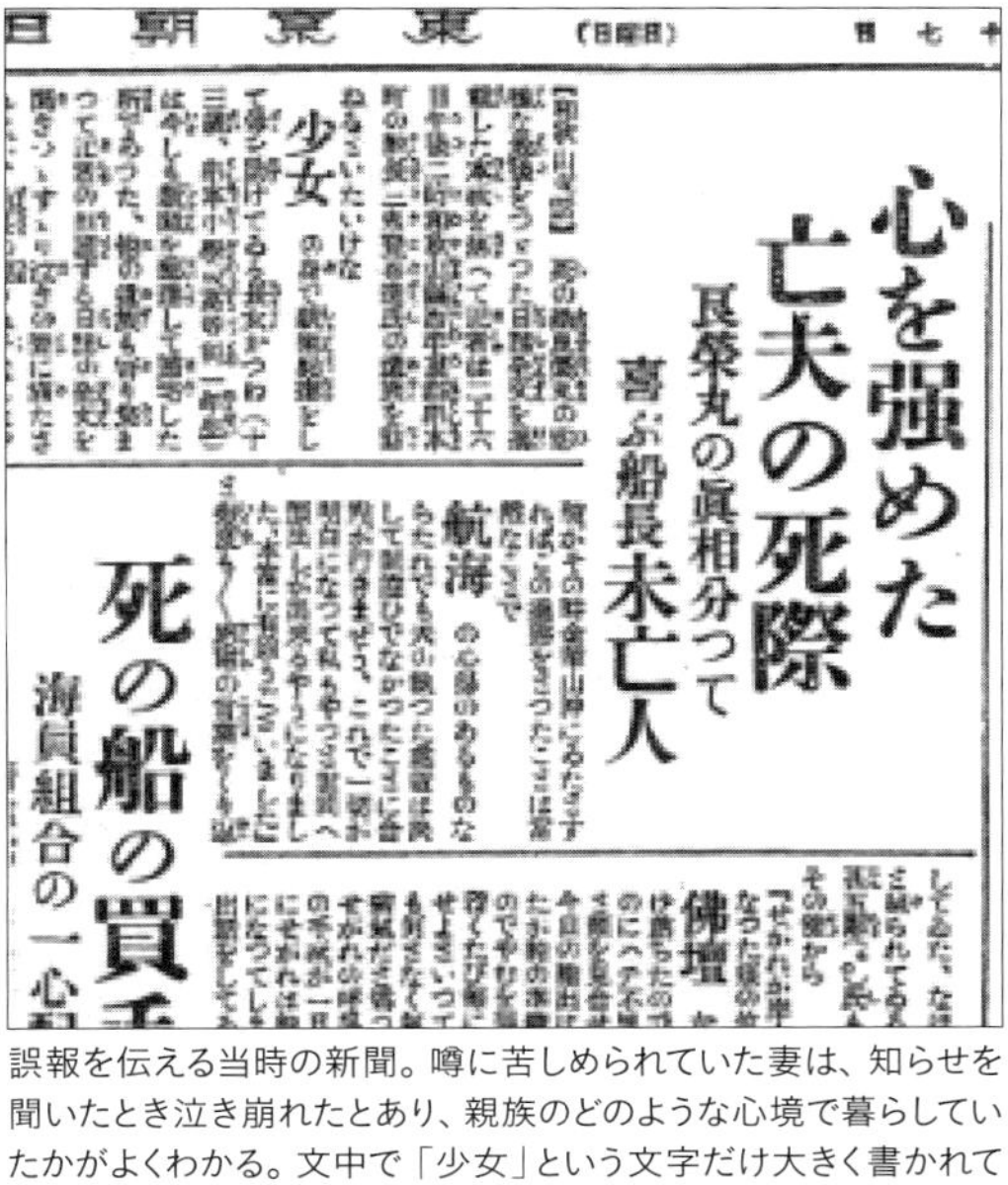
東京朝日 （日曜日）
心を強めた亡夫の死際
良榮丸の眞相分つて
喜ぶ船長未亡人
少女
航海
死の船の買…
海員組合の一心…

誤報を伝える当時の新聞。噂に苦しめられていた妻は、知らせを聞いたとき泣き崩れたとあり、親族のどのような心境で暮らしていたかがよくわかる。文中で「少女」という文字だけ大きく書かれている。文化として成立・定着する以前から萌えは根づいていた（画像：朝日新聞・1927年11月27日付）

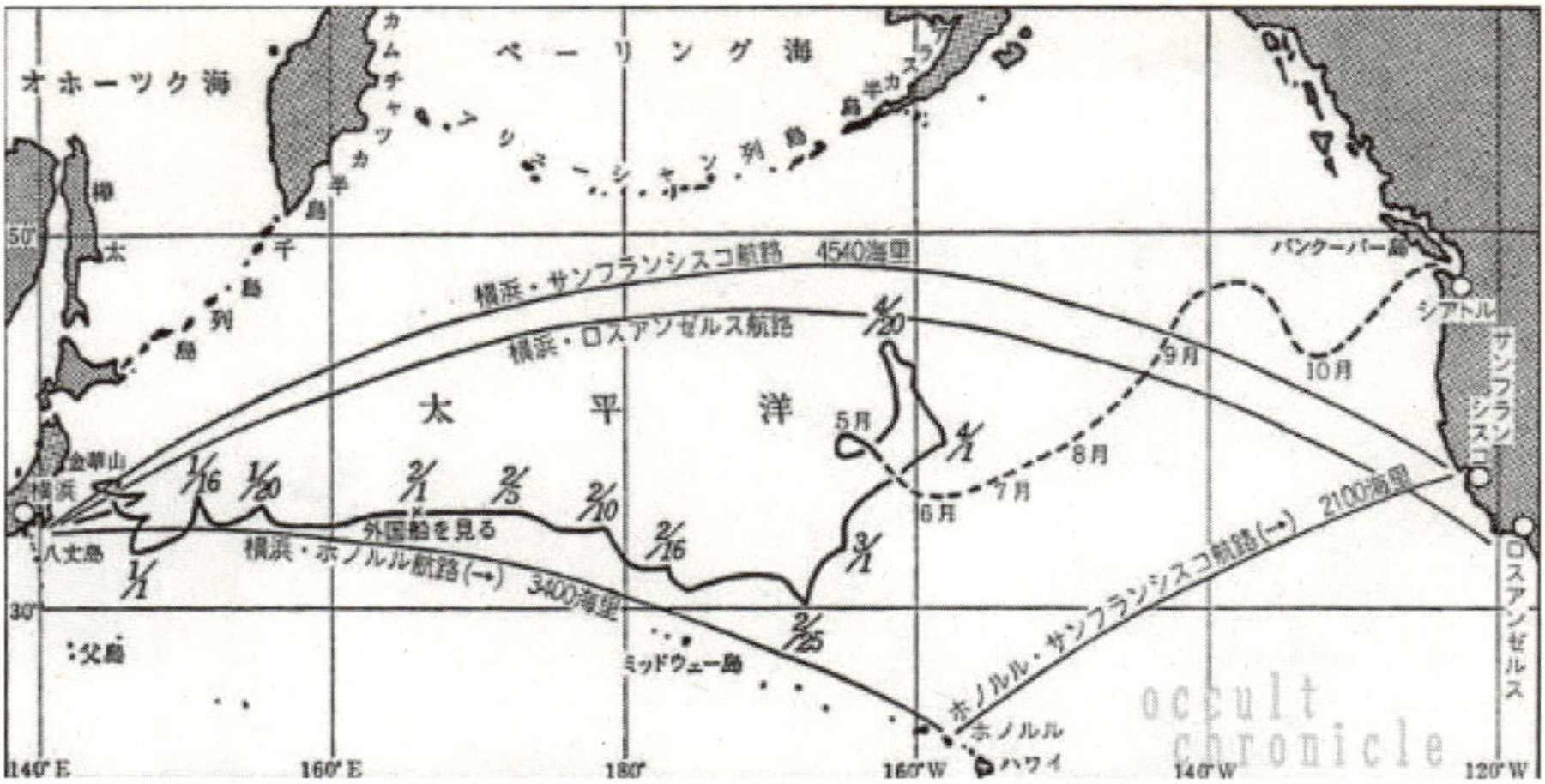

藤原咲平博士によって推定された良栄丸の航路。アメリカへ向かうことを決めた12月26日ごろの位置をみれば、いかに途方もない計画であったかが、わかるはずだ(画像出典:『海難史話』)

(後略)

(『東京朝日新聞』1927年11月27日付)

遺族は数週間、いたたまれぬ気持ちで過ごしていた。「**どうしてもっと早く死んでくれなかったか**」という言葉が悲しいかな、どうしようもなく日本人的発想だと思う。誤解が解けて良かった。

「**この記事、妙に少女かつえに関しての個人情報が多いのう**」——と思われた目ざとい諸兄もおられるかもしれないが、それは穿った見方というモノである。

確かに記事のなかでは息子に関しては一文字たりとも言及していないが、偶然だろう。天下の朝日新聞の記者がローティーンの少女ばかり気にするなど、あろうはずがない。普段からいかがわしいことばかり考えているからそういう発想に至るのである。

ちなみに、妻つね子の言葉にもあるが、「**八丈島へ舵を取ったのが失策**」と船長は酷評されたが、別章『椋平虹』で登場した、理学博士で気象学者でもある藤原咲平によるのちの検証で、その判断は正しかったと第三者の手によって汚名が返上されている。

「**しかし、数次の北西風のため、根気を失い、この計画を**

放棄したのは、惜しいことである」とも付け加えられてはいるが。

残された謎、そして疑問

乗組員たちが最後まで記していた航海日誌のおかげで、誤解は解けた。だが、「**じゃあ石油缶に入っていた人体はなんだったっていうんだよ!**」と諸兄らは憤るかもしれない。

これに関してオカルト・クロニクル特捜部はかなり調べを進めたが、結局ソースがつかめなかった。派手に第一報を打ったというクロニクル・テレグラム紙の情報なのだろうか。残念ながら当時のクロニクル・テレグラム紙を入手することかなわず、確認のしようがない。

これに関して、数年前まで運営されていた「誰か昭和を思わざる」(現在は閉鎖)というサイトがあり、そこで良栄丸事件を取り上げたところ、管理者の方に現地シアトルの方が当時の地方紙記事を送ってくれたそうだ。管理者の方はそれをもとに後記という形で記事に加筆しておられた。

もちろん資料収集に力を入れるオカルト・クロニクルとしては、垂涎の情報であるからして、「誰か昭和を思わざる」の管理者の方にコンタクトを取り、いやしくもコピーを譲っていただこうと考えたのだが——無理でした。

管理者の方のメールアドレスが無効な宛先となっており、諦めざるを得なかった。くちおしや。誰か連絡先を知っておられる方がおられましたら、こっそりと教えていただきたい。

だが考える上でのヒントはある——良栄丸の写真だ。写真を見てほしい。

この船体を見れば、**甲板には60センチを超える昆布が芽吹いており、船体側面に張り付いたフジツボが船までを覆いつくさんとしている**——という話がすでに誇張されたものだったことがわかってもらえると思う。少なくとも、「いかにも幽霊船」という趣ではない。

「誰か昭和を思わざる」でも「**現在に至るまで良栄丸怪談として伝わる人**

タウンセンド港まで曳航されてきた良栄丸
(画像出典:O. M Salisbury /saltwater people historical society)

肉食の話はこの現地報道を大元としている」としておられ、第一報がかなり派手にやらかしたのではないかと思う。こうなってくると、石油缶に入れられた遺体という話も信憑性が乏しくなってくる。

では「発見騒ぎが起こる以前に、良栄丸と遭遇したウエスト・アイソム号」の話はどうだろうか？

せっかく助けようとしたのに、良栄丸のクルーたちがボンヤリと見つめてくるばかりで話にもならなかったという。

個人的には食人うんぬん、殺し合いうんぬんよりも、この話のほうにオカルト的ウエイトを置いている。実に興味深い。

だが注意深い諸兄は、良榮丸日誌控の最後まで目を通し、鼻で笑うはずだ。

「フフン、オカルト番長マツカク، 語るに落ちたな。ちゃんと日誌に目を通したのか？　良榮丸日誌控にそんな出来事は記されていない。この程度の捏造を見破れないとは拍子抜けだな。約束通り、今日からこのサイトは我々諸兄連合が仕切らせてもらう」と。

確かに、良榮丸日誌控にウエスト・アイソム号とのボーイ・ミーツ・ボートは記載されていない。もちろん、オカルト・クロニクルとしてもいちばん最初に疑った話である。

日誌にないじゃないスか、と。ちゃんと気づいてます。だが、コレ、どうも事実らしい。

ウエスト・アイソム号と良栄丸は出会っている。

「誰か昭和を思わざる」でも第一報のなかで言及されていたが、『海のなぞ海のたび』（1962年）のなかでも海洋物理学者の宇田道隆氏が触れている。

オウフ、なんだかオカルト的に興味深いことになってきた！　と思われるかもしれない。だがその期待は虚しい。船体の話同様、これも派手に脚色されているようだ。ただし最初の時点ではなく、かなり時間が経過してから。

第一報によれば、ウエスト・アイソム号は12月23日に良栄丸と遭遇した。そして漂流船と気づき、接舷している。だが、良栄丸サイドが普通に救助を拒んだとある。それで仕方なく放っていった。

『海のなぞ海のたび』で宇田博士は「**奇妙ではあるが、船を捨てるのが忍びなかったのではないか**」と推測しているが、本当のところはわからない。当時の最新鋭漁船だったというから、その可能性も低くはないと思う。

ただ、この「救助拒否」がのちに脚色され、怪談めいた幽霊乗組員バナシへと変容していったようだ。それも、おそらく日本で……。

「良栄丸怪談」はなぜ日本で残り、拡散していったのか

この事件をして、闇が深いのが「良栄丸怪談」だ。いやしくもオカルト年代記を謳うオカクロとしては、この成立の流れにも触れておきたい。

最初にこの事件を怪奇譚として伝えられるのに大きな役割を演じたのが、現地新聞なのは間違いない。そしてそこに大手も乗った。人は意外とドナー隊やアンデスの聖餐、フランクリン遠征など、この手の話を好む。

ショッキングかつセンセーショナルなアンデスの聖餐などは『生きてこそ』というタイトルで映画化もされ大ヒットとなった。

そして、これは憶測でしかないが、この良栄丸遭難事件が発覚したときシアトルの人たちは前述の事件や、9年前に起きたデュマル号の事件を想起したのではないだろうか。

デュマル号の事件に関して国内に言及したサイトがないので少し説明すると、これはシアトルのあるワシントン州の隣に位置するオレゴン州ポートランド船籍のデュマル号が、太平洋で遭難した事件を指す。デュマル号は落雷により航行不能に陥り、のちに生存者が食人によって餓えをしのいだことを暴露し騒ぎになった。

気になる方は『SS Dumaru』で検索されたし。遺族のインタビューなども読める。

遭難=食人——デュマル号のように、良栄丸だってやったはず。そんな予断が記者や検死した医師にもあったかもしれない。

実際、記事を書いていて頭が痛いのが、「良栄丸で食人は本当になかったか？」と問われたときに、「無かった」と断言できる証拠をオカクロは持ち合わせていない。だから食人に関しては100パーセントデマだとも言い切れない。

とはいえ、もし良栄丸に食人の事実があったとしても、誰にも非難する権利はないだろう。『生きてこそ』を見て下さい。まじ、人間なんて生きてこそっすよ。

カロリー計算をして潔白を検証してみようかとも思ったが、あまり意味のある行為でもなさそうなので止めておく。

少なくとも、乗組員は海鳥やサメなどを弱った身体で果敢にも捕った。これで充分だと思う。同時に良栄丸から回収された日誌や遺書により、人々は心打たれ、怪奇趣味を引っ込めた。これも事実だ。船長から家族に向けて書かれた遺書も以下に引用しておく。

【妻へ宛てたもの】
サテ　私事ハ仕合ワセノ悪イコトデス
私ノタメニ 貴女ラニ苦労ヲサセマシテ 誠ニスミマセン
貴女モコレカラハ 苦労デス
子供等二人ヲ頼リニシテ 人ニ頼ミマス
イサクノ爺サンヤ婆サンニ ヨロシクユウテクダサイ
ワタシモ アト十二、三年 生キタカッタ
二人ノ子供頼ミマス
喜久男ガ大キクナリテモ 必ズ漁師ニダケハサセヌヨウ頼ミマス
尾鷲ノ人ラニ頼ミ　学校ダケ入レテ貰イナサレ
喜久男ガ大キウナリマシタラ 商売ノ事ハ寅吉サンニ任セナサレ
イツマデ書イテモ同ジ事　私ノ好ナノハ素麺ニ餅デシタナ
三鬼登喜造ノ妻　おつねサマ
【娘に宛てたもの】
勝江　オ前ノ学校ノ卒業式ヲ見ズニ　トッタンハ帰レナクナリマシタ
情ケナイ
オ前ハコレカラ 賢クナリテ　孝行モシタリ　母ニ足シニナリテヤッテクダサレ
頼ミマス
賢ク頼ミマス　母ノ言フ事ヲ聞イテクレ
トッタン
【息子に宛てたもの】
喜久男　トッタンノ言フ事ヲ聞キナサイ
大キクナリテモ　漁師ハデキマセン
賢ク頼ミマス　母ノ言フ事ヨク聞キナサレ

船長の無念が偲ばれる遺書である。

娘である勝江さんはこの遺書が届く前から家計を助け、キチンと孝行し、告げられる前から父の遺志を受け継いでいた。

もしかしたら、朝日新聞の記者は、この遺書に目を通したからこそ少女の動向が気になり記載が増えたのかもしれない。「三鬼船長。カツエちゃん頑張ってますよ」と。

ともかく、11月27日の時点で、誤解は解けた。世間的には食人の事実はなかったとされ、名誉は回復した。

それなら、なぜ怪奇譚だけが残ったのか？　これは日本で1960年代から1980年代にかけて出版された、児童向け怪奇本やオカルト関係書籍が主犯だとされる。流言飛語を事実のように扱い、世に広め続けたからだ。

「オカルト本なんてそんなもんよ。非難するに値しない」と冷笑するのは容易い。だが、1967年出版の『日本逸話大事典〈第8巻〉みゃ－わん，索引』という権威ありげな書籍でも、八巻目、良栄丸の項で「食人を行なった」としている。

ここには微かな憤りを感じてしまう。ちゃんとした本のクセに、ちゃんと調べたのかよ、と。

シアトル特電の一報以後も良栄丸のことは日本の各新聞が追っており、少し調べればすぐに誤報だったとわかるにもかかわらず、だ。

一方のアメリカでは、完全に風化して今では扱うサイトも片手で数えられる程度だが、この良栄丸事件はオカルト話でなく、悲しい水難事故として扱われている。この差はなんだろうか。

アメリカ人が貶めた名誉を、アメリカ人が回復した一方で、日本人が貶め続けている。三鬼船長の言葉を借りるなら「情ケナイ」であろう。

どこが出所かもわからないが、日本のオカルトサイトでは偽の良栄丸日誌も証拠として貼られている。以下が顕著な例だ。

「3月27日。寺田初造と横田良之助のふたりは、突然うわごとを発し、おーい富士山だ。アメリカにつきやがった。ああ、にじが見える……。などと狂気を発して、左舷の板にがりがりと歯をくいこませて悶死する。いよいよ地獄の底も近い」

「3月29日。メバチ一匹を桑田藤吉がつりあげたるを見て、三谷寅吉は突然として逆上し、オノを振りあげるや、桑田藤吉の頭をめった打ちにする。その恐ろしき光景にも、みな立ち上がる気力もなく、しばしぼう然。のこる者は野菜の不足から、壊血病となりて歯という歯から血液したたるは、みな妖怪変化のすさまじき様相となる。ああ、仏様よ」

「4月14日。船室にて不意に狂暴と化して発狂し死骸を切り刻む姿は地獄か。人肉食べる気力あれば、まだ救いあり」

デマである。事実無根とされて撤回されたものを、わざわざ日誌の文面を似せ、さも事実であるかのような記述をし色づけをする。そのような行為は決して上品な行ないとは言えまい。あまり上品ではないオカルト・クロニクルにコケにされては沽券に関わりますよ？

しかし誰かがコレを作り、誰かが見つけ、誰かが広告を貼り付けて拡散してゆく。かくして日本のＷＥＢサイトにだけ「実話！人喰い船、良栄丸怪奇譚」が存在する。

そしてこのオカルト・クロニクルの記事もショッキングな部分だけが恣意的に抜粋され、小金目当てでＮＡＶＥＲまとめにコピペされ、風説流布の一端を担うのですね。

別に無理やり色をつけなくとも、奇妙な事や不思議は残っている。

なぜ、良栄丸は救助を断ったのか。

なぜ、その遭遇のことを日誌に書かなかったのか。

なぜ、水葬のことを書かなかったのか。

日誌の記者である松本源之助が出航前に「虫の知らせ」を感じていたこと。

Twitterでは「死者」が出始めるのと時を同じくして、再びサメが釣れ始めている――という興味深い指摘もいただいた。

正直、この事件は他サイト批判含みになるのであまりやりたくなかったが、日本のオカルトサイトとして乗組員と遺族の名誉のため事実に則した記事を書いてもいいだろうと思い項を設けるに至った。

別に国粋主義者でもナショナリストでもないが、せっかく「困難な状況でも冷静を失わなかった良栄丸日本人スゲー！」と賞賛されたものを、わざわざ同国民が貶めることもないと思うのだがどうだろうか。

故人が自ら回復することができない名誉を、捏造した情報で傷つけるのは褒められた行ないではない――と、少し憤った話はともかく。

良栄丸怪奇伝説はまだ生きている。そしてお孫さんの世代ではあろうが、遺族たちも生きている。生きてこそ、ではあるが前者はしぶとすぎる。これが「憎まれっ子、世にはばかる」というやつかもしれない。

そして謎は残った。

90年以上前の12月23日――なぜ彼らは救助を断ったのか。それ以前の日誌にすでに「ただ汽船を待つばかり」とあるにもかかわらず。

90年以上の月日が経った今でも、その謎が漂流し続けている。そしてきっとこれからも。
だがクルーや三鬼登喜造の魂だけは、きっとこの国に帰郷したに違いない。そう信じたい。

【参考資料】

●『死の航跡』（千谷道雄／北洋社／１９７７年）
●『海難史話』（渡辺加藤一／海文堂出版／１９７９年）
●『海洋の秘密』（日下実男／社会思想研究会出版部／１９５７年）
●『海のなぞ海のたび』（宇田道隆／東洋経済新報社／１９６２年）
●『日本逸話大事典　第８巻』（白井喬二、高柳光寿［編］／人物往来社／１９６７年）
●『どくとるマンボウ航海記』（北杜夫／新潮社／１９６５年）
●『世にも恐ろしい船の話　恐怖の海サルガッソーと怪談と刑罰』（大内建二／光人社／２０１０年）
●『A Traveler's History of Washington』（Bill Gulick／Caxton Pr／１９９６年）
●『海流の話』（日高孝次／築地書館／１９８３年）
●『国際エピソード』（木内省吾［編著］／木内省吾／１９３４年）
●『海洋奇譚集』（ロベール・ド・ラ・クロワ［著］、竹内廸也［訳］／光文社／２００４年）
●『ミイラ大百科　なぞと怪奇の世界をさぐる』（黒岩学／講談社／１９７４年）
●『良榮丸日誌控』
●『小六教育技術』（２０１４年06月号）
●『海と安』（35）
●『Seattle Times』
●『Daily Illini』
●『The Straits Times』
●『Medina NY Daily Register Journa』ー
●『Stanford Daily』
●『The Cornell Daily Sun』
●『The Twin Falls Diary』
●『Philadelphia PA Inquirer』
●『Victoria college annual』
●『朝日新聞』
●『読売新聞』
＊右記海外・国内新聞紙面の１９２７年11月〜１９２

8年1月

●「pnwfolklore.org」(http://pnwfolklore.org/wp/)

●「saltwater people historical society」(http://saltwaterpeoplehistoricalsociety.blogspot.com/)

●「JW Sparrow」(https://store.cdbaby.com/cd/sparrowjw)

●「誰か昭和を思わざる」(閉鎖)

●「たきおん」(閉鎖)

科学が襲ってくる

――フィラデルフィア実験の狂気

強力な磁場を利用し、軍艦を不可視化せんとする――

1943年。第二次世界大戦の末期、米軍は終戦へのビジョンを模索しつつ、秘密裏に実験を行なっていた。

この大戦のあとに始まるであろうソ連との覇権争い。そのため大戦末期といえど兵器開発に終わりはない。この年の5月には映画にもなったメンフィス・ベルが25回目のドイツ昼間爆撃に成功し、同年の10月にはイタリアが盟友ドイツを裏切った。枢軸国側の勢いが急速に失われていた――そんな時代の話だ。

1943年10月28日。アメリカ、フィラデルフィア海軍工廠。

最先端の科学理論をもとに強力な磁場を利用し、軍艦を不可視化せんとする――。

フィラデルフィア実験の目的は以上のようなモノだった。アインシュタインの提唱した統一場理論が正しければ、強力な磁場にレーダー波や可視光は吸収されるとされる。

成功すれば海上を航行しながらも敵のレーダーに捕らえられず、「**透明**」という究極的な隠密が達成されることになる。

事の発端は交流電流や無線トランスミッター、蛍光灯などの発明で知られる電気技師**ニコラ・テスラ**の関わった「**レインボー・プロジェクト**」であり、このフィラデルフィア実験もこのプロジェクトの一環であった。

フィラデルフィア実験が行なわれた10月を前にニコラ・テスラは死去しており、プロジェクトの指揮は別の科学者に引き継がれていた。

驚異的な計算能力で「**悪魔の頭脳**」との別名があった**フォン・ノイマン**である。原子爆弾開発を目的とするマンハ

1940年初頭のフィラデルフィア海軍工廠
（Philadelphia Navy Yard）

護衛駆逐艦エルドリッジ

20世紀における著名な
発明家ニコラ・テスラ
（1856－1943）。

原爆の開発にも関わった
フォン・ノイマン
（1903－1957）

ッタン計画にも参加していた近代科学史の超重要人物だ。

実験に使用される船は同年7月25日に進水したばかりのキャノン級護衛駆逐艦「エルドリッジ」。エルドリッジ少佐の未亡人により命名された新造船はノイマンの指揮のもと、実験に使用される。

幾多の視線に見守られながら磁場の発生が始まると、観測艦からもすぐに変化が観察できた。

誰も見たことのない緑色の霧が発生し、強力な磁場とともにエルドリッジを包み込み始めたのだ。霧は見る間に大きく広がり、やがて半球状となってエルドリッジ全体を包んだ。

そして**忽然とレーダーから船影が消え去り、霧が晴れてみれば実体そのものも消えていた**。これは大成功である。

だが歓声に湧く観測船とは裏腹に、当のエルドリッジ艦内には嗚咽と悲鳴が満ちていた。

精神に異常をきたした者の悲鳴。

唐突に身体が燃え出した者。

液体窒素に浸けられたかのように身体が一瞬で凍結した者。

空気に溶けるようにして消えた者もいたし、まるで船に飲み込まれたように艦内の壁と同化してしまう者もいた。

そして、フィラデルフィア港から遠く**2500キロ離れたヴァージニア州ノーフォーク沖まで移動し**てしまっていた。エルドリッジは**テレポートした**のだ。

プロジェクトの肝ともいえる各種の機械を収めた部屋は厳重な隔壁に守られており、その中にいた乗組員たちは被害が少なかった。

彼らは必死で機器の動

映画『フィラデルフィア・エクスペリメント』のワンシーン、
艦内の壁と同化する乗員たち。
艦内でいったい何が起きたのか……？

作を止めようとしたが、実験機器は完全に暴走してしまっていたという。

実験は終了した。**死者16名、半数以上が精神異常をきたした。**これは「成功セリ」と判断していいのか、そうでないのか、報告を受けた軍部首脳は頭を抱えた。

そして同年、軍部は実験の継続を断念し、フィラデルフィア実験の全内容を重要軍事機密として封印した——。

極秘プロジェクトが明らかになった不可解な経緯

軍事機密がなぜ公にされたか。それは1955年、モーリス・K・ジェサップ博士に届いた手紙に始まる。

モーリス・K・ジェサップ博士は天文学で博士号を取得した物理学者で、UFO研究者でもある。UFO研究者という肩書きの破壊力でオカルト懐疑派、否定派は「論じる価値なし」と断じそうな気もするが、ここは抑えていただきたい。

手紙の差出人はカルロス・ミゲル・アレンデとなっている。その内容はアインシュタインの統一場理論から始まり、ジェサップ博士の著作『UFOについて』の科学的考察を好意的に評したものであった。

軍事機密が公になったきっかけは、モーリス・K・ジェサップ博士に届いた手紙だった

博士だって人の子。褒められると嬉しい。ジェサップ博士は「もっと話を聞かせてほしい」と、いくつかの質問もそえて返信を書く。

すると翌年、1956年1月13日に手紙が返ってきた。だが差し出し人の名前はカール・M・アレンと変更してある。その内容は奇妙なモノだった。

それは博士の質問に応える内容などではなく、1943年にフィラデルフィアで行なわれた極秘実験をリークしたものだった。

手紙では参加した乗員を悩ませる後遺症についても触れられ、精神異常はもちろん、身体が消失する現象に今も乗員たちが苦しんでいることを告白している。

家族の目の前で消失したり、人体自然発火（SHC）に襲われている——実験後も恐怖は続いているのだと訴えていた。

手紙には新聞記事の切り抜きも同封されていた。「酒場で騒いでいた元乗組員ふたりがほかの客の目の前で突如消失！」という事件を報じたものだった。これは証拠なのだと博士は考えた。

手紙の差し出し人であるアレンデはある商船（アンドリュー・フュールセス号）で航海していたところ、ノーフォーク沖で実験を目撃したのだと書いていた。同僚の航海士3名の名が証人として書かれていた。

これがフィラデルフィア実験が世に広まった「第一日」までの流れだ。

あまり触れられることはないが、このあと、ジェサップ博士は海軍研究局から出頭要請を受け、そこで係員から一冊の本を手渡された。表紙には見覚えがある。

——これは拙著『UFOについて』ではないか。

そして開いてみれば、本の余白にはびっしりと書き込みがしてあった。コメントや注釈。その内容も不可解である。「母艦」「巨大な方舟」「完全冷凍」「大爆発」「大戦争」「海底建造物」

係員によれば、本は差出人不明で送られてきたということだった。書き込みは3人の筆跡からなっており、筆跡に見覚えがあれば教えてほしいという。

博士は言う。

ひとつは、アレンデのそれに酷似している。

係員は博士の証言に興味を示し、届いたという2通の手紙の提出も求めた。

——**荒唐無稽な話だと思っていたが、こいつぁ怪しいぜ！　何しろ政府機関が動いているのだ。**

博士のセンサーはビンビン反応する。

アレンデからの手紙はぷっつりと途絶えたが、それがゆえか博士はフィラデルフィア実験の真相究明にのめり込んでゆく。

だが1958年4月20日、ジェサップ博士はフロリダ州デイド郡立公園の駐車場で亡くなった。自らの所有する車の中で謎の死を遂げていた。関係者にまつわる奇妙な死は、ニコラ・テスラにも言えることだ。

ニコラ・テスラは当初、レインボー・プロジェクトの指揮を執っていた。集められた科学者ジョン・ハッチソン、エミール・クルトナー、デビッド・ヒルバードなどと協力し、初期は小規模な不可視化実験を行なっていたのだという。

だが実用化を急ぐ軍部の圧力で、「人体実験」という形を余儀なくされる。人を乗せてやれと軍部は言う。ニコラ・テスラは反発し、プロジェクトをわざと遅延させたり、サボったりした。あらがうもむなしく、テスラは追放される。
そして後継者として、フォン・ノイマンが抜擢され、フィラデルフィア実験が行なわれる流れとなる。最初の小規模実験で被験者である乗組員たちが体調不良や不快感を訴えたためノイマンも危険性を悟ったが、圧力にはあらがえない。そして悲劇へ向かって計画は進んで行く。

一方のニコラ・テスラも悲劇へと向かっていた。フィラデルフィア実験に先立つ1943年1月7日。ニューヨーク・マンハッタンのホテルで死んでいるのが発見される。

孤独なホテル暮らしの最後には似つかわしくなく、死の報を聞きつけた軍部やFBIなどの政府機関がドカドカと彼の部屋に押し入り、数トンとも言われる研究資料を持ち出した。未発表の発明品、独自研究、実験資料、むろんそれには噂の「世界システム」や「レインボー・プロジェクト」のものも含まれていたに違いなく、価値は計り知れないが、これではほとんど墓荒らしである。

実験は完全な不可視化を目指したものではなかった

非常にオカルト的魅力に溢れた事例である。
超科学にマッドなサイエンティスト、奇現象に陰謀、謎の死に隠蔽工作。デマや噂を呼ぶに充分な要素を備えており、SF小説的ですらある。

しかし、悲しいかな証拠がない。これほどの大事件であるにもかかわらず、物証は皆無である。ゆえに懐疑の槍玉にあがってしまう。

オカクロだって懐疑します。好きだからこそ疑うのです。

まず、リーク元であるアレンデ。誰でも最初に怪しむであろう人物である。そして、どうも最初に怪しむのが最後になる。

ながらくその存在は「謎」とされており、ミステリーの成長に一役買っていたが、「謎のフィラデルフィア実験」の著者であるチャールズ・バーリッツが探し出し、その存在を白日の下にさらした。

だが、アレンデにインタビューしてもイマイチつかみどころがない。無駄話が多く、それでいてフィラデルフィア実験の話題になると話を誤魔化したり逸らしたりしたそうだ。

アレンデはその後、当時名の売れていたUFO研究団体にフィラデルフィア実験の詳細情報を売ろうとしたり、UFO研究の大家で、天文学者であるジャック・ヴァレにコンタクトを取り、アレンデ注釈入りジェサップ本を売りつけようとして断られたそうだ（始値6000ドル。断られ続けて終値は1950ドルまで下落したそうだ。それでも売れず）。ジャック・ヴァレは「**この人、インチキ臭いです**」と印象を語る。

もっとも、こうなる以前にアレンデ自身が「**フィラデルフィア実験は嘘八百でした**」と告白している事実も彼の印象を悪くしている。その告白は本人によってすぐに撤回されているが、周囲に与えた疑心は挽回できない。

面白いことに、このころにはすでにフィラデルフィア実験の噂は広く世に流布されており、完全にアレンデは置いていかれていたようだ。

人々が真相よりも、ショッキングな噂を好むのはいつの時代でも変わらないのか、あるいは真相として知られるアレンデ創作説自体がデッチ上げなのか。

前述のジャック・ヴァレがリサーチを続けた結果、「本当のフィラデルフィア実験」に参加したという人物を突き止めた。

その男はエドワード・ダンジョンという名の技術者で、彼の話によれば実際のフィラデルフィア実験は**完全な不可視化を目指した実験などではなかった**そうだ。**艦体に付着した磁気を消し去る消磁実験だった**のだと。消磁することにより磁気魚雷による被害を未然に防ぐ、つまりは魚雷に対して不可視化せんとする実験だった。

対魚雷不可視化という実験が、噂として拡大する際に尾ひれはひれがついたモノ、それがフィラデルフィア実験の真相なのだと。

事実、駆逐艦エルドリッジは実験があったあとも活動しており、1951年にはギリシャ軍に引き渡されている。

噂に語られるように「壁に人間がめり込んだ」艦ならば、軍事目的よりもほかの研究目的で使われるのが常道であろう。かくしてロマンは失われた——。

今なお、狂気の実験は伝説として生き続ける

前述した調査をひっくり返すことのできる論法がある。

「**すべては軍や政府によるによる隠蔽工作である**」

そう言えばいい。実験で使用されたエルドリッジは極秘裏にほかへ運ばれ、さも何もなかったかのようにエルドリッジBを就航させる。事件を知るクルーや書類も処分。こうすればフィラデルフィア実験を調べれば都市伝説だったという結論に辿り着かせることができる。

オカルト原理主義、あるいは陰謀論の深みにハマった者

はこの陰謀論で主張を継続できる。

「**ニコラ・テスラだって、研究資料などを軍に接収されたではないか——**」

そう信じる者は論理を補強するのだろうが、どうだろう。

たしかにテスラの死後、FBIによって接収は行なわれたようであるが、その膨大な資料ものちに返還されており……と言っても、「見られてはマズいモノは極秘裏に処分され、返還されていないに決まっている！」となるのか。

どうも**政府や軍部が絡むと話はいつも複雑になる。**面白いのが、フィラデルフィア実験の噂がいまだ生きているという事実だ。

話によれば、フィラデルフィア実験の母体となったレインボー・プロジェクトの終了後、すぐに次のプロジェクトが発足したそうだ。それは**モントーク・プロジェクトと呼ばれる極秘計画**だという。

モントーク計画の研究対象はマインドコントロール、洗脳、死者の復活、思考の物質化、年齢遡行、魂移転、タイムトラベルから火星の古代文明（例の人面石も関係するYO）などで、この計画の折にもさまざまな奇現象が起こったそうだ。

本稿で触れると長くなるので触れないが、このモントーク・プロジェクトは……戦慄である。フィラデルフィア実験との関わりを触りだけ言えば、次のようになる。

フィラデルフィア実験に参加していた乗組員2名（A氏とB氏とする）が、フィラデルフィア実験の最中、1983年のモントーク基地にタイムトラベルしてしまう。

そこにいたフォン・ノイマン博士から2名は「もう一度1943年に戻り、エルドリッジの暴走を止めよ」という指令を受け、A氏は1943年に戻ったが、もうひとりのB氏は1983年に残った。残ったものの、B氏は時空を移動したせいで急激に年を取り、死んでしまう。プロジェクトチームは過去世界にいるB氏の父親にコンタクトを取り、子どもを作らせ、死んだB氏の魂を過去世界にいる新生児の体に転移させ……ほんの一部ですがこんな感じです。

いやー。なんだか、すさまじい。もうね、火星へのテレポートとか、火星の古代人とか、異星人グレイがアブダクトで集めてくる金髪碧眼の少年たちモントーク・ボーイとか。原色宇宙人図鑑がリアルに思えるような世界が広がっている。

以上のようにフィラデルフィア実験はモントーク・プロジェクトへ引き継がれ、いまだに伝説は広がり続けている。

皆神龍太郎氏はモントーク計画を「**親亀に乗った子亀**」

と表現しているが、さすが上手いことおっしゃる。フィラデルフィア実験の信憑性を疑う立場の者からすれば、モントーク・プロジェクトはそもそも議論する価値がないのだろう。内容だけで言えば、いまや子亀のほうが大きくなっているような気もするが。

なぜこんなことになったのか。それはフィラデルフィア実験という話が、人々を引きつける魅力を持っているということ。フィラデルフィア実験をして「都市伝説」と評する向きもあるが、個人的にはもはや「**近代神話**」と言えるんじゃないかと思う。どこかSF的なロマンがあり、奇妙で、ショッキング。フィクションでは得られない、わずかばかりの「リアリティ」がある。

『世界の謎と不思議百科』によれば、フィラデルフィア実験が行なわれたとされる1940年代にフィラデルフィア海軍工廠に**3人のSF作家**が籍を置いていた（1942年〜1945年ごろ）。

まず『夏への扉』『月は無慈悲な夜の女王』で知られる**ロバート・A・ハインライン**が軍属技術者として海軍航空実験科で働いており、そこに『闇よ落ちるなかれ』の**L・スプレイグ・ディ・キャンプ**が同僚として加わった。

ハインラインとディ・キャンプが揃っただけでもすごいことだと思うが、そこに『われはロボット』の**アイザック・アシモフ**も配属されてきたというから驚くほかない。まさに「事実は小説より奇なり」である。

アシモフの述懐によれば、軍での仕事は退屈でしかなかったようだが、その退屈な仕事の空き時間や休憩時間に交わされる雑談はいかなるものであったろうか。今なら後世

フィラデルフィア海軍工廠で勤務中の3人。
写真左から、ロバート・A・ハインライン、
L・スプレイグ・ディ・キャンプ、アイザック・アシモフ

に名を残したこの偉大なSF作家3人の「雑談」は金を払ってでも聞きたいというファンもいるのではないだろうか。

この3人にレイ・ブラッドベリなどが加わっていれば、**「泣けるフィラデルフィア実験」**もあり得たかもですね。お国は違えどダグラス・アダムスがいたなら「**爆笑フィラデルフィア実験**」になっていたかも。想像するとワクワクしますね。

話は逸れたが、この3人の雑談を聞いたアレンデがそれを自分のネタ「フィラデルフィア実験」としてモーリス・K・ジェサップ博士に売り込んだのではないか——そんな説だ。

おそれらく、これも事実ではない。だけど、なんだかものすごくあり得そうで、魅力的な説だ。

「**なんだか、あり得そう**」が都市伝説の主成分であるゆえ、いずれこの説も「事実」として語られるのだろうか。

伝達されるたび血肉を吹き込まれ、いまだにフィラデルフィア伝説は生きている。リビング・デッドとはこういうことを言うのかもしれない。

【参考資料】

●『世界不思議大全』（泉保也／学習研究社／２００４年）
●『謎解き超常現象』（ＡＳＩＯＳ／彩図社／２００９年）
●『トンデモ超常現象99の真相』（と学会［編］／洋泉社／２００６年）
●『世界の謎と不思議百科』（ジョン&アン・スペンサー［著］、金子浩［訳］／扶桑社／１９９７年）
●「Anatomy Of A Hoax:The Philadelphia Experiment 50 Years Later」（https://rense.com//ufo/philahoax.htm）
●「PX and Montauk Link Archive」（http://www.pxarchive.de/）
●「Philadelphia Experiment from A-Z」（https://www.de173.com/）

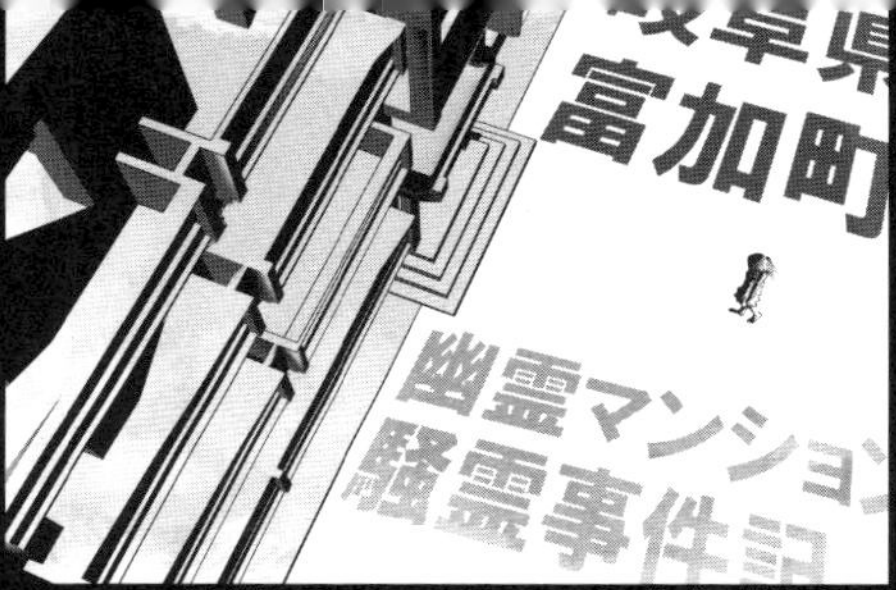

岐阜県富加町「幽霊団地」

——住民を襲った「ポルターガイスト」の正体

怪音に怪奇現象——町営住宅でいったい何が!?

西暦2000年秋。驚くべき事件が新聞によって報じられた。

4億円の費用をかけて1999年に完成した4階建ての岐阜県富加町の町営住宅で、怪現象が起こっているのだという。

日本において、怪現象の報告は決して少なくないが、新聞やテレビと言った大手メディアで大々的に報じられたケースは多くない。この事件はその希有な例のひとつだ。

完成直後から、入居した住人たちは夜中に響く怪音に悩まされていた。

「ビシッ、バシッ」だの「キーッ」だの、メモによれば「ガラスビンが転がるような音、ノコギリで切るような音、金槌で叩くような音……」「天井の上を誰かが歩いている音」が聞こえ、頻発する怪音により夜中に目を覚ましてしまうこともあったという。

不思議に思っていても、誰かに話せばバカにされる——と当時の住人たちは口をつぐんでいたのだという。

だが2000年のお盆ごろから、音だけではなく、常識では考えられない怪奇現象まで起こるようになった。『週刊朝日』による取材に住人が答えている。

「**お盆ごろから、さまざまな異常現象が起こるようになったんです。……食器棚が勝手に開いて、お皿や茶碗が2メートルぐらい飛ぶんです。……他にもシャワーや水道から水がひとりでに出たり、勝手にテレビのチャンネルが変わったり……。気がおかしくなって、私、死んじゃうんじゃないかと限界にきたので、会長さんに相談したの**」

101号室に住む自治会長の田中氏（石原慎太郎にチョイ似）は、自身も怪現象に悩まされていることもあって、町役場に被害を訴えた。

だが、町の職員が連れてきた施工業者は、怪音は確認したものの、「なんの問題もない」と断言し、町としての打てる手立てはこれで終わった。だが、怪現象は酷くなるばかり。こうして、困り果てた住民たちは祈祷師に「お祓い」を依頼する流れとなる。

住民たちの立場からすれば、町営住宅の大家は富加町であるからして、「祈祷費用」の助成を富加町に求めた。だが、富加町は「**政教分離の原則に反する**」として、この申し出を拒否。住民たちは自費による祈祷を依頼することになる。この顛末を地方紙が報じたところ、騒動が全国に知られることとなった。これが2000年の10月ごろだ。

この時期からさまざまな職種の者たちが富加町へ押し寄せてくることとなる。大手新聞社、雑誌記者、テレビクルー、自称・霊能力者たちである。

そして怪談の時期を過ぎた10月15日午前10時。祈祷師によるお祓いが行なわれた。だが、騒霊騒ぎは収束するどころか、なおも続き、入居者たちを苦しめる。

たまりかねた田中自治会長（石原慎太郎似）は、ある霊能力者の助言を得て、マンションの敷地内に御影石の慰霊碑を建てた。だが、これもまったく効果がない。

怪音、怪奇現象が頻発し、一躍全国にその名が知れた岐阜県富加町の町営住宅

日刊スポーツ 2000年(平成12年)10月20日 金曜日

「カンカン」「ドンドン」と怪音 食器棚開き皿が宙へ ドライヤー勝手についた…

岐阜の町営住宅で怪奇現象 避難家族が続出

おはらいも効き目なし

幽霊騒動

祈とう代めぐり対立

騒動を報じる当時のスポーツ紙（日刊スポーツ・2000年10月20日付）

そして、ある霊能力者が、このポルターガイストの原因は、この地で自殺した女性の地縛霊が引き起こしていると主張。驚いたことに、確かに30年ほど前にこの地で亡くなった自殺者がいた。これは——。

オカルト・クロニクル特捜部は、当時、外れたノストラダムス予言にガッカリしすぎて、報じられるこの騒ぎも白い目で見ていた。「ふーん。どうでもいいけど、ぼっけぇきょうてぇのう（岡山弁：すごく怖いなぁ、の意）」ぐらいに思っていた。

押しかけるマスコミ、湧いて

くる霊能力者、集まる霊。終わらない夏――あの騒ぎは、いったいなんだったのか。

騒霊たちは、ある著名な霊能力者（後述）によって祓われたというが、はたして本当だろうか？　もう一度、考えてみよう。

「食器棚が突然開き、中から皿や茶碗が飛び出してくる」

とりあえず、被害状況と併せたマンションの見取り図を作成してみた。左の見取り図を参照していただきたい。

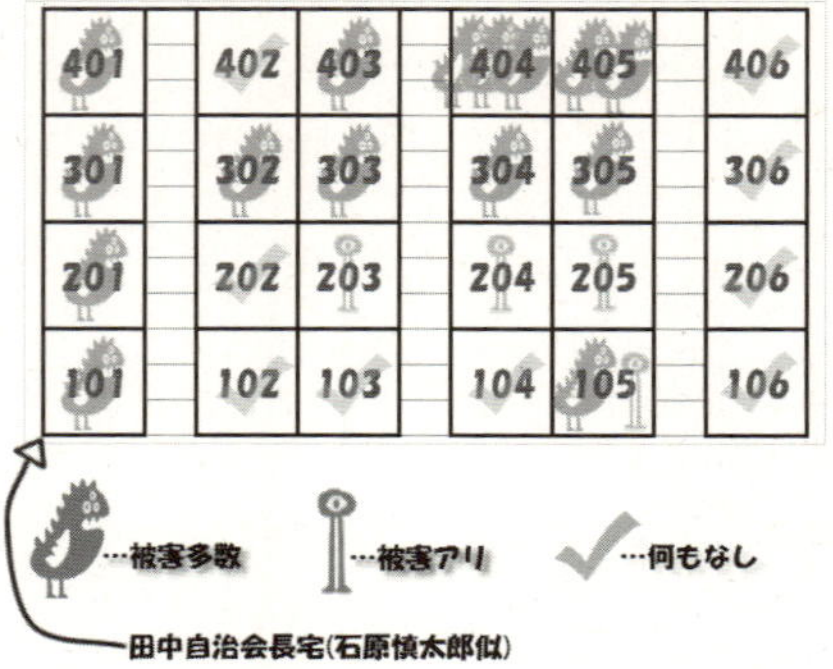

404号室、405号室にわんさかいます。

この見取り図を見て「ん？」と疑問符を頭上に浮かべた懐疑的な諸兄もおられようが、ここは結論を急ぐより住人たちの証言を洗い直してみよう。

●起こった怪現象一覧

- 入居当初から、ビシッ、バシッという音がした。
- 8月中旬から、ゴーン、ゴーンという音がする（403号室）。
- 深夜、スリッパで走り回るような、パタパタという音（403号室）。
- 昼間、来訪者もないのに玄関の鍵がガチャガチャ音を立てる（403号室）。
- ふと気がつくと、下駄箱の扉が開いている。子どもが開けっぱなしにしたのかと思い、閉め、子どもの様子を確認してから玄関に戻ると、また開いている。怖くなってテープを貼り付けた。直った。
- 8月の半ばの深夜2時。誰もいない洗面所で突然ドライヤーがうなりを上げて熱風をはき出す。慌ててスイッチをOFFにするも、そもそもコンセントが差し込まれておらず、ゾッとする（405号室）。
- 食器棚が突然開き、中から皿や茶碗が飛び出してくる。水平に3メートルほど飛ぶ。やはりゾッとする（404号室）。
- 記者が405号室から隣接する404号室の壁をカメラ撮影しようとしたところ、シャッターがおりず。記者もゾッとする。

- 件のドライヤーを撮影するときもシャッターがおりず。
- 403号室の3歳児が「おばちゃん」と「おじちゃん」が来ている、と主張。「あ、〝おじちゃん〟が天井から顔だけ出してる」などと言う。
- 3歳児が〝おじちゃん〟の分のお菓子を用意する。
- 3歳児が〝おじちゃん〟にシャンプーしてあげる。
- 〝おじちゃん〟はたまに怖い。〝おじちゃん〟が怒っているからトイレに行けないと3歳児が泣きながら訴える。
- 〝おばちゃん〟は10月の祈祷で去っていったらしい。
- 1日に50回も60回もラップ音。それに加えノコギリで何かを切るような音（101号室）。
- 爆発音が壁の横方向に走っていく。
- ベランダに出たとたん、方位磁石がクルクルと回転する。
- 食器棚のガラスに髪が長く、キュロットのようなモノを穿いた女性がうつる。30代ぐらい（404号室）。
- 勝手に飛んだ茶碗が、工作機械で切断されたかのように、ほぼ正確な長方形に欠けた（404号室）。
- テレビが勝手につく。
- テレビのチャンネルが勝手に4CHに切り替わる。
- 3歳児が玄関で〝おじちゃん〟に「ばいばい」するようになる。
- 夕方、買い物帰りに外から部屋の方を見ると、白地に柄の入ったシャツを着た髪の長い女性が4階の踊り場に座っていた。年の頃は30代半ば。
- 9月30日、ふと目覚めると、部屋の中に女性が立っていた。30秒程で消えた。
- 画鋲が飛ぶようにして勝手に抜ける。
- 自転車置き場で知らない女性を見た（これは怪現象なのか？）。
- 建設に携わった業者曰く、「実は完成間際に4階に知らない男の人が立っているのを見た」（怪現象なのか？）
- 4月と6月の2回、部屋で書き物をしていたら、カーテンがシャッ、シャッ、シャッと勝手に開いた（101号室）。
- シャワーから勝手に熱湯が出る。
- 茶化すために泊まりにきた人の肩がどっしり重くなる。そのうえ、普段吠えないおとなしい犬に吠えられる。
- なんだか、みんな体調を崩しがち。
- ベランダの花が枯れやすい（304、403、405号室）。
- 304号室の住人がベランダから、404号室の外側に浮かんだ幽霊を目撃。
- 住宅建設中の1998年の10月、あるいは11月、404

号室で配管工事の作業者が幽霊を目撃。
・缶がどこからか、部屋の中に飛んできた（304号室）。
・ガスレンジの火が勝手につく（404号室）。
・西側の部屋で、潜水艦のソナーに似た音が聞こえる。
・田中会長（石原）は騒霊と戦うために枕元に木刀を常備。
だが何を斬ればよいのかわからなかった。

と、以上が2000年に確認できた怪現象の報告である。ほとんど網羅できたんじゃないかと思う。これだけのことが起これば、ワラにもすがりたくなるのも頷ける。

町営住宅に集結した霊能者たち

個人的なことを言ってしまえば、この原稿を執筆するに至ったのは、ポルターガイスト現象うんぬんの解明というよりも、大挙して群がってきた霊能力者たちに興味を持ったからだ。

若かりし僕は、テレビが映し出す光景に強烈な印象を持った。マンションに向かって頭を垂れ、フェンスにずらりと並び、なにやらブツブツつぶやく霊能力者たち。そこに神々しさや神秘はカケラもなく、どこか醜悪ですらあった。

事件のほとぼりが冷めたころ、田中会長（石原慎太郎ちょい似）の手元には、350枚近くの名刺が残ったそうである。

「**1軒当たり100万円で祈祷しましょう。言うとおりにしないと死人が出る**」

などと恫喝した霊能ヤクザもおり、やって来るなり、勝手にお祓いを始めて、その後、法外な料金を請求する者もいたそうだ。

押しかけてきた霊能力者や宗教団体が、めいめいに除霊行為を行ない、好き勝手な霊視をする。ほとんどが名声と金目当てだったろうと関係者は言う。雲霞の如く——とはこういう事態に使うのかもしれない。

近くの神社に塩を撒いて、神社から苦情を受けた田中会長（略）が掃除にいくハメになったり、大量の塩を口の中に詰め込まれたり、頭を叩かれた住民もいた。迷惑きわまりない。

とはいえ、多くの自称能力者たちは、手弁当で勝手にやって来て、勝手に祈祷を行ない、その模様を写真に収めて帰っていったそうだ。事態が収束した際の宣伝に使うつもりだったのだろう。

若干、正義感の強いオカルト・クロニクル特捜部としては、この騒ぎに駆けつけた、あるいは便乗した霊能力者のリストを作り、特に悪質なモノを糾弾し、少しでも世の中を良くしようかと考えていたが、あまりにも情報がなく断念した。くやしい。情報をお持ちの方はこっそり教えて下さい。

資料から解る範囲で、この一件に関連した霊能力者を挙げておこう。

●織田無道

もはや、出オチの感が否めないが、実は駆けつけた霊能力者のひとりであることを住民が証言している。

「昨年の10月ごろ、あの織田無道さんが来たんですが、彼はお祓いや除霊じゃなくて、霊を呼び出す儀式を始めたんですね。で、呼ぶだけ呼んどいて、その霊を元の世界に帰さずに、自分だけが帰っちゃったみたいでした。災厄の種をひとつ増やして、どうするって思ったんですけれど」

さすが、破戒僧は違う。除霊するってレベルじゃない。

●中村裕美

イタコで有名であるらしい。彼女は『週刊プレイボーイ』の依頼により、富加町営マンションで撮影された写真を霊視している。

なんだかよくわからないが、まぁ週プレということで。

中村裕美女史による鑑定。写真の左端に苦しみに歪んだ表情の落ち武者のような生首が浮かんでいるらしい。年の頃は20代、何百年も成仏できない地縛霊なのだそうだ。霊感のないオカクロ特捜部には何も見えない
(写真:『週刊プレイボーイ』2000年11月14日号)

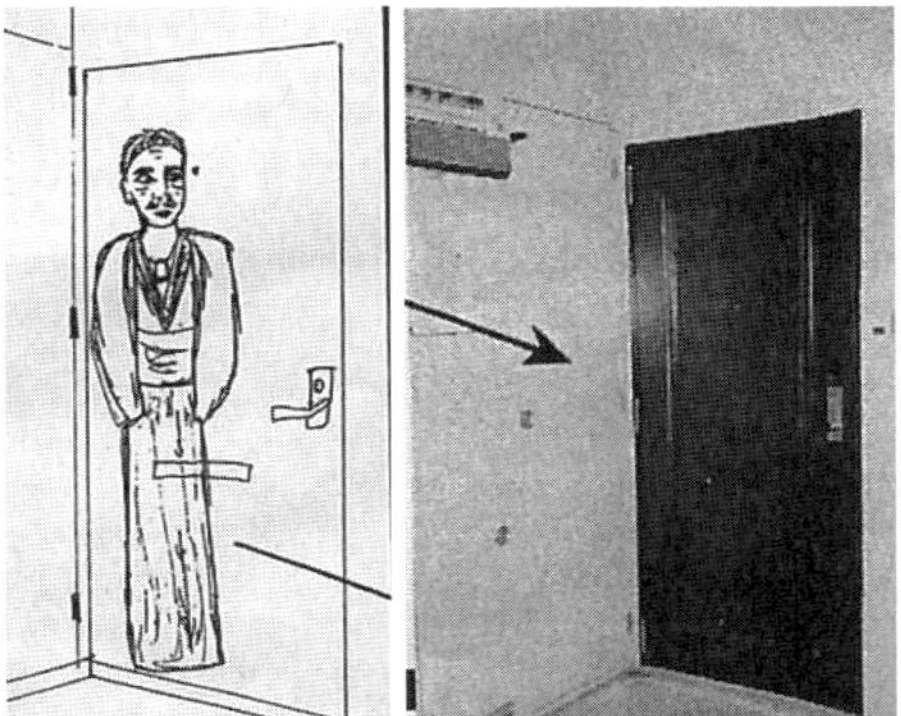

同女史による鑑定。ドアの前に白髪五分刈り、眉毛が太く目が大きい初老の男性がいるらしい。「ここが一番落ち着く……」と旅行帰りのお母さんのようなことを言っているらしい。3歳児の言う「おじちゃん」とはこの紳士のことだろうか。やはり何も見えない
(写真:『週刊プレイボーイ』2000年11月14日号)

●江原啓之

説明するまでもなく、スピリチュアルなカウンセリングで4億の豪邸を建てた男。江原先生もやって来てました。訪れた際の顛末は佐藤愛子のエッセイ、『冥途のお客』（文春文庫）に収録されている「どこまで続く合戦ぞ」に詳しい。

要点だけを書くと、以下のような霊視をしている。

（マンション近くの野原を見て）黒い三角の傘のようなモノをかぶった男が数人、こちらを窺っている。手には鉄砲を持っている。よくよく数えてみると、23人いる。

「これは鉄砲隊ですね、戦国時代ですかねぇ。や、今、馬に乗った武士が現れました。頭におかま型の帽子をかぶって、胴だけの鎧をつけています」

しかし、佐藤先生には何も見えない。そんなことを言われても、「はぁ、そうですか」としか言えなかった。

やがて合戦が始まる。武器を携えた雑兵たちが町営住宅に向かって突撃を開始した！

町営住宅を見れば、ベランダや窓から兵士がひょっこり現れ、応戦を開始した。

江原霊視によれば、この町営住宅と重なるように粗い板を張った砦があるという（註：建物の幽霊？）。ベランダから「やられた」雑兵が降ってくるとまでいう。

この町営住宅の怪を収めるには、この戦いを終わらせるしかないと江原先生は主張する。そして、そのためには、この戦いを命令した武将の霊を呼んで、その口から「**戦いをやめよ**」と言わせるしかないそうだ。そうすれば雑兵たちも成仏できるらしい。

「わたしがひとりで今、あの野ッ原の真ん中に入っていって、霊たちに説得を試みたとしても、あれだけの数で、しかも強い一念に凝った霊たちを説得できる自信はありません。多分、わたしはやられてしまうでしょう」

だとのこと。やられてもいいから、やるだけやってみてほしかった。

富加町史によれば実際に富加高畑の周辺で合戦はあったそうだが、4階建ての町営住宅とぴったり重なるような砦を当時作れたんだろうか？

ともかく、「江原VS騒霊」は騒霊の不戦勝。江原先生、黒星です。勝ったことあるのかは知らないが。

しかし、「戦いを命令した武将の霊を呼んで、その口から〝戦いをやめよ〟と言わせる」という解決法……実は、織田無道はその命令した武将を呼びたかったのではないかって、そんなワケないか。織田無道だし。

●下ヨシ子

そして、真打ちの登場である。

富加の騒ぎに終止符を打った真言宗の阿闍梨（高僧）——とは彼女のことを指す。

11月の28～30日、弟子十数名を連れて富加町へ赴き、除霊を行なった。それ以降、ピタリと怪音が鳴り止んだとされている。

下ヨシ子による霊視では、ポルターガイストの原因は以下4体の霊によるものだとされる。

- 自分で作った刀で試し斬りされた刀鍛治職人。
- 冤罪で処刑された男。
- ポルトガル人宣教師2人。

これは彼女の著書『下ヨシ子の悪霊退散!!―日本一の霊能者のパワー炸裂』に詳しい。思わず、うつむいて半笑いになってしまう書名ではあるがそれはいい。

この著書によると、ヨシ子先生は熊本空港に向かうクルマの中ですでに前述の霊たちのことを予言していたとのだという。だがその霊視は弟子たちすら信じてくれなかったそうだ。

そうして現地に到着すると、やはりポルトガル人宣教師の霊が「パンが欲しい、ワインが欲しい、聖書が欲しい」と訴えてきた。物欲だらけの聖職者である。俗物に成り下がってる。

著書によると前述の4体のほかにもなんだかんだで霊がいたそうだが、ヨシ子先生はまとめて「**破ぁ——!!**」で除霊した。

そして、住民たちが建立した慰霊碑が低級霊を呼び寄せるとして、それの破壊も命じた。

下ヨシ子の著書によれば、このあとポルターガイストは収まり、住民たちの体調不良も治った——「**一件落着 悪霊退散！ ニッポンイチの霊能パワー炸裂じゃあ！ やっぱヨシ子、敵には回したくないオンナじゃのう！**」としている。

……ですが、本当だろうか？

著書には田中会長の癌も治ったと書かれているが、「癌」に触れているのは彼女の著書だけで、ほかの資料では「腰痛」となっている。しかも、慰霊碑を壊した直後に腰痛になったと。

霊障の知見に乏しいオカルト・クロニクルとしては、会長はほかの住民とふたりがかりで御影石を（大きなハンマーで）砕いた事実をして、腰痛に関しては霊魂の存在を引き合いに出すまでもないと思うのです。慣れない作業で腰を痛めただけじゃないスかね。

霊だって冤罪をかぶされては浮かばれぬ……などと考えてしまうが、どうでしょうシモヨシせんせい。

この騒動以降、高額浄霊代での訴訟を起こされて負けたこともあったりと、あまり評判の芳しくないヨシ子先生ではあるが、この富加町の件については金銭を絡めていないことだけは彼女の名誉のために書き記しておく。とはいえ、それも「売名のため」と週刊誌に叩かれてはいましたが。うむ。除霊の道は修羅の道。そして、実際はヨシ子せんせいの除霊後も、被害は続いている。

岐阜・富加の住宅"怪現象"

おはらい志願、やじ馬殺到

Street Story ニュースの穴

住民「プライバシー侵害」

騒動拡大に町も困惑

事件を報じる新聞。おそらく、一般紙が大々的に報じたオカルト事件はこれが最後だったのではないだろうか（毎日新聞・2000年10月30日付）

怪奇現象（らしきもの）を引き起こした要因は、はたして……？

大騒動が終息して2年ほど経過しても、町営住宅では被害が散発的に起こっていた。

事件の中心地だった町営住宅A棟に続き、B棟、C棟が建設され、新築されたそちらでも**「鎧武者がキタ！」「今度は貞子！」**などと週刊誌に書かれている。「なんだよ！　全然収まってないどころか、もっとレベルの高い霊が来てんじゃないかよ！」と憤慨の諸兄もおられるだろう。

では懐疑的な立場の人々はどう考えているのか。原因とされた説をいくつか挙げてみよう。

●怪音は建材が鳴っているだけなんだよ説

ベランダに世帯を仕切る間仕切りボードがあるが、ボードが熱で伸縮する際に枠とのひずみが拡大して「パキ」、あるは「ピシッ」という音が出る。天井からの「トントン」という音は、**ウォーターハンマー現象**。ある世帯が水を使うと、水道管の中の水圧が変化し、それを調節しようとする際に音が出る——。

オカルト雑誌の老舗である『ムー』に掲載された日本音響研究所の鈴木所長の説である。

ムーが懐疑的な意見を載せているのには驚かされるが、それにはどうも裏がありそうだ。

この熱膨張&ウォーターハンマー現象説だけでは、町営住宅で起こったすべての怪現象の説明ができない。『ムー』としては「**（しょぼい現象である）怪音は説明がついていいすよ？　でも他の怪異は説明できないすよね？　つまり、超常現象だよね？**」

という誘導が真の狙いだったのではなかろうか。ふふん、そんな長期的な目論みにハマるオカクロではないんだぜ。

だが、実際に鈴木所長の説だけでは（科学的な）すべての解は得られない。

この町営住宅はPCプレハブ工法（あらかじめ部材を工場で生産・加工し、建築現場で加工を行なわず組み立てる建築工法）で建てられており、建材の節約や短期で建てられるメリットがある反面、熱膨張などが原因でパネルがずれてさまざまな音を立てるデメリットもあるそうだ。

そして富加の町営住宅は冬場に短期間で建てたために、暖かくなると音が出やすいのでは？——という町役場の意見も無視できない。

日本超心理学会誌による『近年における国内のポルターガイスト事例調査』では、「**一部の音が一定の発生周期をもっているようだ**」と書かれており、怪音については何かしら科学的な説明がつきそうだ。

●低周波に違いないんだぜ説

「**モノが飛ぶなどの現象についても、『低周波』が原因と考えられる。位置関係とかで低周波に物体が共振すると、物体自体が振動します。茶碗などが飛んだという食器棚の扉は聞きやすいマグネット式。低周波で扉が聞いて、扉と接触していた食器が落ちたのでしょう**」（早稲田大学の大槻義彦教授）

オカルトバスターこと、大槻教授の意見である。キョージュならてっきりプラズマのせいにするかと思いましたが、低周波による共振を疑っておられます。

しかし、やはりこの説でもすべての怪現象を説明できるモノではない。そもそも共振でお皿が「震える」ぐらいはイメージできるが、「水平に飛ぶ」という現象を説明するに、やや強引な説に思えますがどうでしょう。

●活断層の影響じゃないの説

富加町付近には日本最長の活断層「濃尾活断層」が走っている。

大地震が起こらんとするとき、活断層から電磁気（波）が生まれ、それが人に原因不明の体調不良を引き起こさせたり、動物に異常行動をとらせる。今回のようなポルターガイスト現象も世界的には報告例があるそうだ。

電磁気学の専門家（姓名不詳）いわく。

「電磁気が動物や人体に影響を及ぼすことは、医学の分野ではよく知られた事実。女性、特に妊婦、また子どもなどの体の弱い個体ほど影響を受けやすいこともわかっている。テレビのチャンネルが変わるのも、棚が開いてモノが勝手に飛ぶのも電磁気の影響で起こり得ることと思う」

電磁波の影響で住人たち『脳の中の幽霊』を見ていた、すべては幻。ということか。

すっきりしないが、この説なら「コンセントの抜けたドライヤーから熱風現象」が説明できる。つまりは「夢でも見てたんでしょ」だ。

●ハチソン効果説

こういうSFチックな不可解現象が起きた場合、自然発生的に（ごく一部の）有識者が呟く仮説。

カナダの科学者ジョン・ハチソンが1979年に発見し、ビデオ撮影に成功した。オカルト業界ではおなじみのテスラ・コイルを用いて発生した電磁波（スカラー電磁波）によって、反重力物体浮遊、物質破壊などの現象が起こるとされる。

伝説のフィラデルフィア実験（別章）とも関連し、超常現象の謎を解く鍵とも言われているが、その真偽は（ごく一部の）有識者の間で議論が続いている。

ジョン・ハチソン自身が世界中で起きたポルターガイストをハチソン効果の影響だと主張しているらしいが、よくわからない。

このハチソン効果が富加で起きていたならばすべての説明がついてしまう。ハチソン効果に不可能はないのだ。おそらく霊界と現世をつなぐ穴さえ作ってしまうだろう――が、おそらく富加町にはテスラ・コイルはない。ジョン・ハチソンも住んでいない。

●すべては仕組まれていた説Ⅰ――黒いマンション

怪音はあったが、ポルターガイスト現象や幽霊の目撃など実はなかった。

町営住宅の家賃を下げるため、住人たちが結託して幽霊騒動を仕立てた――という身も蓋もない説だ。

でも祈祷料や御影石も自腹であるし、マンションから避難した入居者もいたぐらいであるから、狂言などとは思えない。人の良さそうな田中会長（略）を、オカクロ運営部は信じます。

●すべては仕組まれていた説Ⅱ――恐怖の町おこし

本当だったら、いちばん怖い。陰謀論者もメシウマだ。

しかし、「政府の陰謀」ならともかくも、「町の陰謀」ではいささかスケールが心もとない。

●4階の彼女が爆心地説

まことしやかに語られる説であるが、町営住宅の中でいちばん強烈な被害に遭っていた女性が事態を大きくした、という話がある。

本当は怪音程度であったのに、「**こんな被害に遭った！**」「**こんな怖い目に遭った！**」と騒ぎ立て、それが集団ヒステリー的に周囲に感染拡散していったという話だ。

その女性の部屋にはオカルトを題材とした漫画が積まれており、それに影響を受けたのではないかと指摘する向きもある。

しかし、田中会長（略）は木刀を枕元に置いて寝るほどだったのだから、何かはあったのだろうとオカクロ特捜部は素直に頷けない。

というわけで、さまざまな説を紹介してみたが諸説紛々とはこういうことを言うのだろう。どの説でもこの町営住宅に起こった現象を完全に説明することができない。

単純明快に「コトの真相」を白日の下にさらしてくれる「トンデモ超常現象」シリーズでも、「**本物の超常現象があったという証拠は見つけることはできない**」とするだけで、なんだか歯切れが悪い。

日本超心理学会の小久保秀之氏が、科学的な分析に取り組んでおられるので端的に書いておく。

　ホール素粒子型磁力計、直交3軸フラックスゲート、各磁力系のアナログ出力をＳＯＮＹ製データレコーダーによってDAT記憶。異常な現象の発生を訴える住民の住居内で行う。

奇妙な電気信号が観察される。

DAT記録とコンピュータに取り込んだ記録の比較。観察された信号はいずれもコンピュータのみに記録されており、DATには何も記録されていなかった。

パワースペクトル上、2カ所にピークが見られた。後の解析でDATレコーダーのモータ雑音と判明。

信号の観察された一分間のパワースペクトルでは、このモーター雑音のピークも増大していることから、検出された奇妙な信号は、なんらかの理由で一時的に電気回路の増幅率が増大した結果と考えられた。

■論文の暫定的結論
1）心理的要因
2）物理要因
3）超心理要因
の三要素がからんだ複合的な現象であったと考えられる。

（『超心理学研究』）


と、真面目な調査によって導き出された「**複合的現象**」という暫定結論に、オカルト・クロニクルは賛同します。この騒動に関して、オッカムの剃刀は適用できないし、するべきでない。

興味深いのが、町営住宅全体が怪異に襲われていたわけではなく、まったく報告がなかった部屋があることだ。これを突き詰めていけば何かしらの謎解きが得られたかもしれない。

あの町営住宅で何があったのか。結局、科学では完全解明に至らなかった。

除霊なり浄霊と呼ばれる儀式に効果があったのか、あるいは経年によって建物が「落ち着いた」のか。あるいはほかに？　結局、決着は灰色のままだ。

ただひとつ言えることは、何百年その土地に居住していようが、霊体だろうが、家賃や固定資産税を払わなければ追い出されるということ。

現代を生きる我々の肩に重くのしかかるのは、悪霊ではなく、税金なのである。

もし、これが祓えるなら——祈祷代も惜しくはないが。

【参考資料】

●『新・トンデモ超常現象60の真相　下』（皆神龍太郎、志水一夫、加門正一［著］／彩図社／２０１３年）
●『超心理学研究＝Japanese journal of parapsychology 日本超心理学会誌』（日本超心理学会／１９９６年）
●『冥途のお客』（佐藤愛子／文藝春秋／２００７年）
●『下ヨシ子の悪霊退散!!―日本一の霊能者のパワー炸裂』（下ヨシ子／主婦の友社／２００２年）
●『怖い噂　ＶＯＬ．４』（２０１０年１月）
●「毎日新聞」
●「中日新聞」
●『月刊ムー』
●『週刊ポスト』（２０００年11月01号）
●『週刊プレイボーイ』（２０００年11月14日号）
●『週刊アサヒ芸能』（２００１年２月８日号）
●『女性セブン』（２００２年12月５日号）
●『週刊実話』（２０００年11月３日号）
●『週刊朝日』（２０００年11月３日号）
●『週刊女』（２０００年11月７日号）
●『週刊大衆』（２００１年２月５日号）

八丈島火葬場
七体人骨事件

——未解決に終わった“密室のミステリー”

謎解きは葬儀のあとで――火葬炉から発見された人骨

1994年。八丈島八丈町。

お盆を直前に控えた8月11日、その日に予定されていた葬儀のため火葬場の職員が炉を開けたところ、炉内にぎっしり詰め込まれた人骨を発見した。業務で人骨に見慣れた職員とはいえ、これには驚愕する。

密室ミステリー
八丈島7体の焼骨
入り口ドア、窓すべてカギ
地元紙報道以来島は大騒ぎ

事件を報じる当時の新聞
(東京新聞・1994年8月25日付)

通常、この炉を使用する、つまり火葬を行なう際には「墓地、埋葬などに関する法律」に規定されるとおり、市町村長の許可を受けねばならない。だが、この詰め込まれた人骨に関して、一切の申請はなかった。つまり、無断で焼かれたということになる。

通報を受けた八丈島警察の調べにより、この人骨は約7体分と判明する。そのなかには子どもの骨も混ざっていた。この火葬炉が最後に使用されたのは、発見5日前の8月6日。そして人骨が発見されたのが8月11日。この4日間のあいだに何者かによって無断で使用されたらしい。

日数でいえば4日間にはなるものの、実質的には8月10日を除外した3日間だと考えられた。理由は、炉内がすでに冷めていたからだ。

発見された人骨の分析により、これらの骨が少なくとも死後10年は経過していることがわかり、当初、これは何者かの手による「**改葬**」だと考えられた。

改葬とは通常、墓所の移動を指すことが多いが、この場合、亡くなった者を土葬し、一定の年月を経てから掘り起こし、改めて火葬にする島の風習を指す。

八丈町では昭和後期――記録によれば1982年ごろまで土葬が行なわれており、その後に火葬する風習が残っていた。実際、発見当日もこの火葬炉で改葬が行なわれる予定だった。

何者かが改葬を、誰とも知らぬ死者の改葬をこの3日間のうちに行なったのだと……そう考えられた。

改葬はいいとして、無断で行なうのは褒められた行為ではない。そもそも、これは誰の遺骨なのか。警察はすぐに捜査を開始した。

そうして島内にあるすべての墓地64カ所が調べられることとなる。いずれかの墓に掘り起こされた形跡があれば、おのずと遺体の身元も判明する。だが、島内に点在するすべての墓地を確認しても、掘り起こされた形跡のある墓は見つからなかった。

「**そんなワケあるか！**」と2度にわたって64カ所が調べられたが、やはり掘り起こした形跡はない。そして捜査は私有地にも及んだが、これも空振りに終わった。

結果、「**この骨は島外から持ち込まれたのでは**」という仮説が浮上してくる——だが、そうであるとしても持ち込んだ意図がわからない。なぜ島外から遺体を持ち込んで、わざわざ火葬炉で焼いたのか。そして、なぜ放置したのか。不可解な点は、それだけではない。

この遺骨が発見された際、火葬炉には鍵がかけられていた。つまり、**密室**だ。11日の朝の状況は職員の話によれば、

- **しっかり施錠されていた。**
- **ボイラーの重油バルブも元どおりに閉まっていた。**
- **二号炉にすべて入れられていた。**
- **通常、焼いた骨を拾うために設置される受け皿は使用されていなかった。**

ということになっている。

「謎が謎を呼ぶ」とはこういうときに使うのかもしれない。

当時、この事件は「お盆前のミステリー」として騒がれ、町民からは、

「**これは犯罪絡みの遺体ではないか。なんらかの犯罪に巻き込まれた被害者の遺体で、痕跡を消すために無理やり燃やしたのではないか**」

「**戦時中の死者の骨ではないか。戦時中、軍が島内に司令部を造ったが、この建設作業中に死亡した作業員たちの遺体では**」

という声があったことを毎日新聞が触れている。

そして、少しばかり怪談チックな話になるが、近所に住む住民が遺体発見の前日に火葬場から「青白い炎」のようなモノが上がっているのを見たという。その青白い炎を「火の玉」と見立てたのかは定かでないが、

「**バラバラに埋葬された家族が、寂しくて自分たちで戻ってきたのではないか**」

そんなことを言う人もいた。お盆だしね。そして、この事件を過去に起こった事故と結びつける者もいた。

それはこの人骨事件の40年前、島を横断する道路の建設中に土砂崩れが起こり、作業員7名が亡くなった——という痛ましい事故だ。

調べてみれば、確かに事故は起こっており、それを報じた地元紙『南海タイムス』（1952年11月23日付）の見出しは次のようになっている。

中之郷潮間林道大崩壊
惨！　大澤監督ら七名生き埋め

ちょうど、亡くなった作業員の数が七人だ。火葬場で見つかった人骨も七柱。

この「7」という数字は、島では特別な意味を持っていた。島に伝わる伝説と重なるからだ。

それは「**七人坊主**」——はるか昔、八丈島の海岸に流れ着いた僧侶七人が島民に迫害され、惨苦のなかで死んでいったという物語。

僧侶たちは「妙な術」を使うとして村人に恐れられ、迫害された。村へと続く道には柵や罠を設置され、食べ物の乏しい東山へと追いやられ、そこで僧侶たちは村人たちを呪ってひとり、またひとりと死んでいった。それから村では、不吉な出来事が相次いだ。

夜がくると白装束を着た僧侶の霊が村内を歩き回り、収穫期には農作物が不作になり、家畜は次々に死んだ。そこで村人たちは祟りを鎮めるため、東山の頂上に七人坊主の塚を建てた。

南海タイムス

中之郷潮間林道大崩壊
惨！大澤監督ら七名生埋め
救援隊千五百名急遽出動

島で二度目の惨事

救援に學童
高校生も一役

昭和27年の惨事を報じる当時の記事
（南海タイムス・1952年11月23日付）

しかし、坊主の祟りはその程度では収まりきらず、現代になっても東山付近で僧侶の話をしたり悪口を言ったりすると、かならず怪我や病気などの災厄に見舞われるという——。

これが民話として島に伝わる「七人坊主」だ。この話は八丈島の郷土史家、浅沼良次氏による民話集『八丈島の民話』に「七人のぼうさん」として採録されている。そして、この民話集が出版された昭和40年（1965）には、この民話と土砂崩れ事故を結びつける者はいたようで、民話集のなかで「**『七人』**と**『いわく付きの場所』**だけあって気味の悪い、不思議な事だ」と触れられている。

1994年に発見された7人骨はこの伝説を継承したものか。七人坊主の祟りは、まだ残っているのか。もう少し掘り下げて見てみよう。

「七人坊主の死」は本当にあった出来事なのか？

「七」という数字にこだわって見たとき、八丈島では「七曜様」という民話も見つけることができる。坊主たちが非業の死を遂げた東山の頂上に七人の老人がいたとする民話だ。

あるとき、ある母親が「おまえの子どもは16歳までに死ぬだろう」と予言され、それを回避するには「東山の七曜様を訪ねろ」と指示される。

予言を恐れて東山へと赴いた母親は、そこにいた七曜サマの指示に従い、七曜サマに88個のダンゴ餅をお供えした。そうしたことで七曜サマの功徳により、子どもは88歳の米寿まで生きたという。

民話でなく、童歌にまで視点を拡げれば、「七で終わり、繰り返すお手玉唄」なども見られる。とはいえこれらは祟るようなモノでも、そのメタファーでもなさそうだ。やはり、「七人坊主」ほどの不吉さはない。余談だが、2014年、次のような報道があった。

東京・八丈島で88歳女性の変死体　事件性の有無を捜査　警視庁

東京・八丈島の民家で5日、住人の奥山さい子さん（88）が口から血を流して倒れているのが見つかり、その場で死亡が確認された。遺体に目立った外傷はなく、警視庁八丈島署が死因や事件性の有無を調べている。

同署によると、介護ヘルパーの50代女性が同日昼ごろ、東京都八丈島八丈町大賀郷の奥山さん宅を訪れたところ、1階の廊下で奥山さんがあおむけに倒れ、口から大量に血を吐いていたという。玄関は無施錠だったとみられ、室内に争ったり、物色されたりした跡はなかった。

奥山さんと同居している夫（86）は認知症で、意味の分からない説明をしているという。

（「産経ニュース」2014年8月6日）

88歳——ちょうど米寿のご老人ということで、「七曜様伝説」と符合し、少し寒気がするような話である（これは後日、認知症の夫による犯行だったと判明し、事件は解決しているが）。

余所に目を向けず、「七人坊主」に戻ろう。

この「七」という数字と「亡霊」という特性は、有識者によって怪異「**七人ミサキ**」との類似が指摘されている。

別章の「熊取町七名連続怪死事件」でも少し触れたが、七人ミサキとは水難で亡くなった者たちの怨霊で、七人が一列になってやってくる怪異だ。

七人ミサキは誰かひとりを祟り殺すと、先頭の者が成仏し、祟り殺された者が今度は最後尾に並ぶという。そしてひとり減っては、ひとり増え、七人組のまま永遠に彷徨い続ける——という。

この「七人坊主」が「七人ミサキ」へと変容していったのかどうかはよくわからないが、少なくともこの八丈島で起こった一連の事件と併せて紹介されることが多い。

民俗学の巨星、柳田國男が『みさき神考』などを書き残しているが、各地域によってさまざまな捉え方があるようで、正直に言うと、イマイチよくわからない。「ミサキ」というのも「御先」と書く説や「岬」でよいとする話もある。いい加減なことを書くと民俗学警察に吊し上げを食らうのでやめておく。

興味深いことに、情報を集めてみれば、この七坊主たちは現代でも目撃されている。『奇跡体験！アンビリバボー』や山口敏太郎氏によれば、土砂崩れ事故の現場付近で緑衣に身を包んだ坊主がたびたび目撃されるのだという。仏に仕える坊主のクセに人様を祟るなど、けしからんことのように思えるが、それはいい。そもそも、この「七人坊主の死」は本当にあった出来事なのだろうか？

これについて怪奇探偵の小池壮彦氏が、『怪奇探偵の実録事件ファイル〈2〉』で書いておられるので、それを参考に軽く触れてみよう。

民俗学者、大間知篤三の『八丈島 民俗と社会』によれば、正徳元年（西暦1711年）に難破船が八丈島に流れ着き、その船員が天然痘のキャリアであったことから島内パンデミックが起こり、翌年の秋までに990人あまりが死亡した。ある村では、感染者を近寄らせぬため、柵をもうけて侵入を防いだという。そして、歴史資料によって八丈島に中国の僧侶がたびたび流れ着いていたこともわかっている。多くの僧侶は島の寺に迎え入れられたが、同時に祟りもなしたらしい。

八丈島出身の学者、高橋興一が享和2年（西暦1802年）に書き残した『園翁交語』には、

「いずれの頃か華人流れ来る。其墓所村々にあり。其山に入る時は祟りをなし、村民悩み煩ふ事時々なり」

と書かれており、このころには華人坊主の祟りが存在していたことがわかる。坊主のクセに祟るなと。

残念ながらその華人が誰で、墓がどこにあるのかはわからなかったが、これらの歴史的事件と七人ミサキの話が習合され、「八丈島七人坊主伝説」となっていった可能性は高い。

この八丈島の七人坊主伝説によれば、「**東山付近で坊主を悪く言った者は祟られる**」とされており、昭和27年（1952）の土砂崩れ事故が起こった際も、作業員が坊主をケナしていたと浅沼良次氏が書いている。

ここまで散々坊主の悪口を言ってきたオカルト・クロニクルとしても他人事ではない。どうせなら祟られるなら、坊主じゃなく美人の怨霊のほうが祟られ甲斐があるというものであるが……。

だが、どうだろうか。1994年の人骨事件も、「七人」という人数こそ伝説と符合するものの、「**これぞ坊主の祟りだ！**」と言われても、なんだか不気味なだけで、いまいち腑に落ちない。もっと現実的なアプローチはできないだろうか。

坊主や民話のことはいったん忘れて、人骨事件の謎を掘り下げてみよう。「人捨穴」や「旧日本軍」「犯罪」「習俗」、そのほかの可能性を検証すれば、なんらかの手がかりが得られるかもしれない。

人骨事件を改めて検証する！

祟りなどの可能性を差し引いて、客観的にこの人骨事件を見たとき、大きな疑問は5つ。

・誰の遺骨か。

・どこから持ち出してきたか。
・どうやって火葬場に持ち込んだか。
・誰がやったか。
・なんの意図があったか。

これらすべてを合理的に説明できるなら事件は未解決に終わっていない。

　事件に関してあまりに情報が少ないので、オカクロ特捜部は新情報を求めて、２０１５年当時の状況を南海タイムスさんに質問してみた。だが、事件は島ではほとんど忘れ去られており、新情報など何もないとのことだった。島外メディアのほうが詳しいのでは？　とも。

　残念ではあるが、事件当時の資料が最新資料というわけだ。ではかき集めた情報を整理しながら諸説に触れてみよう。

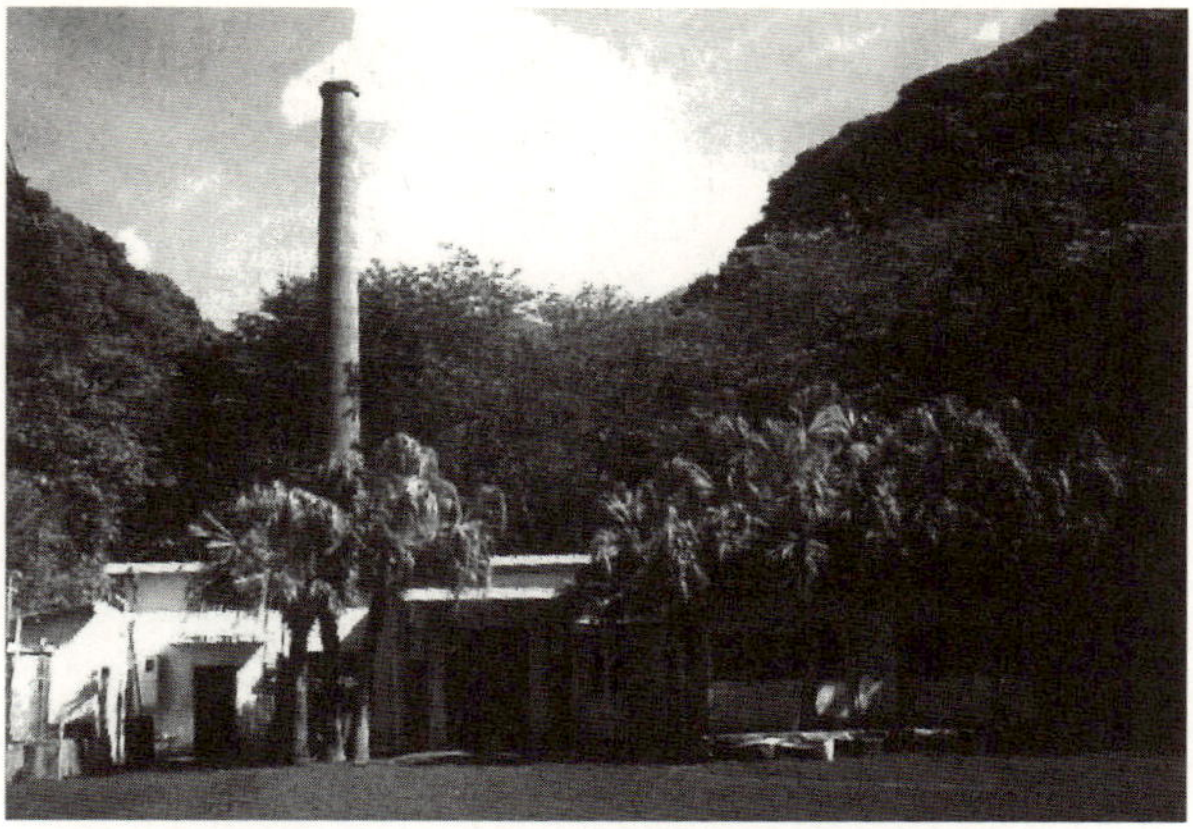

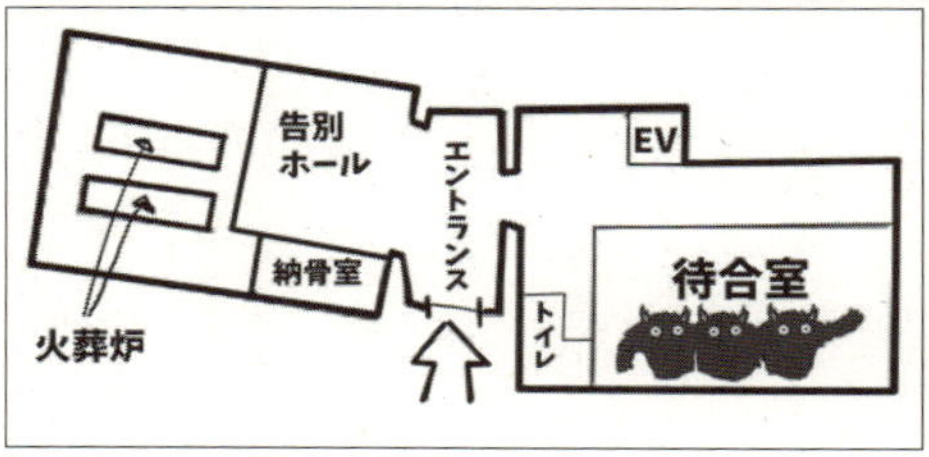

事件が起こった火葬場
（写真：『怪奇探偵の実録事件ファイル２』）と見取り図

●人捨穴

　八丈島でオカルティックなスポットとして知られる人捨穴。これは読んで字の如く、はるか昔に「口減らし」のために人を捨てたという場所——つまりは姥捨て山だ。過去には川口探検隊も訪れたといういわく付きの場所である。

　八丈島の歴史をひも解けば、古くから食糧問題が起こっており、飢餓飢饉は日常茶飯事だった。民話のなかでも「こんきゅう坂」「人捨て穴」「トコラ」など貧窮が殺人にまで至る話が残っている。

　この人捨穴に放置してあった古い遺骨を、誰かが「改葬」した可能性はあるだろうか。なかば無縁仏のようになっていたであろう遺骨を、不憫に思って弔おうとした者がいても不思議ではない。が、残念ながら、この可能性は低そうだ。

人捨穴は多くの人が訪れており、はたして1994年まで未発見だった遺骨があったのか――と言われれば、イマイチ根拠としては弱い。それに人捨ての風習ははるか昔に無くなっており、「死後10年～40年」という遺骨の分析結果と矛盾する。

●旧日本軍の基地にあった骨

八丈島には戦時中、日本史上初となる特攻兵器「回天」の基地があった。俗に言う、人間魚雷だ。

確認できた噂では、発見された七人骨をして「**建設作業中に死亡した作業員たちの遺体では？**」という話もあったが、どうだろうか。

確かに洞窟のような八丈島基地を見てみれば、なんだか人骨があっても不思議ではないような趣がある。だが、これもやはり人捨穴と同じく、「1945年から1994年まで誰の目にも触れない遺骨が七体もあったのか？」と。

●犯罪絡みの遺体

七柱の遺骨は、なんらかの犯罪に巻き込まれた被害者の遺体で、犯人が痕跡を消すために無理やり燃やしたのではないか、という噂。

繰り返しになるが、火葬場で発見された遺骨は「**死後10年～40年のもの**」と分析された事実を忘れてはならない。

これを念頭に考えると、この7人は殺害されたあと、少なくとも死後10年は（墓所ではない）どこかに隠匿され、そして1994年になって改葬された――ということになる。

なんだか「**10年も隠匿できたなら、そのまま隠匿しておくのが賢いやり口じゃないのか**」と思ってしまう。犯人がなぜ改葬したのか、まったくもってわからない。

「**可哀想だからに決まってんだろ！　犯人が改悛して改葬したんだよ！**」と諸兄は言うかもしれない。だが、それならなぜ、焼くだけ焼いて炉内に放置したのか？

もし噂のとおり、証拠の隠滅が目的だったのだとすれば、発覚させないのがいちばん安全なワケで、わざわざ取り出してきて、焼いて、放置もなかろう。

そして、オカクロ特捜部が調べた限り、戦後八丈島で一家惨殺や、7人同時の行方不明者は出ていない。

「**なら戦前の骨？**」と諸兄は頭の上に疑問符つきの推察を浮かべるかもしれないが、発見された時点で「10年から最大40年ほど」という分析結果は無視できない。

ここでいったん、「改葬」について考えてみよう。

まず、土葬といえば木製の棺桶に遺体を収めて埋めるという印象があるかもしれないが、八丈ではかつて「カメカン」と呼ばれる水瓶を使用していた。高さ60センチ、口径50センチほどの大水瓶だ。遺体はこの瓶に入れられ、地域ごとの共同墓地に埋葬される。

死者の年忌は1年、3年、7年、13年、17年、25年、33年、最大で50回忌まで継続されるが、13回忌、17回忌のころに「シャリトリ」と呼ばれる改葬が行なわれる。

この改葬の時期は厳密には決まっておらず、痩せていた者は早い時期に、太っていた者はそれよりもう少し時間をおいてからシャリトリされた。これは白骨化に要する期間の問題だそうだ。ゆえに13回忌、17回忌でなくとも墓所内の埋葬スペースが足りなくなったときは、早めにシャリトリが行なわれた。

具体的な手順としては、遺体を墓所から掘り起こし、白骨化した遺体を焼酎や海水で綺麗に洗う（特に頭蓋骨）。そして清めた遺骨を再び先祖の墓に埋め戻す。

途中で初潮を迎えていない少女による数日間の奉公があるが、いまいち諸兄が喜びそうな内容ではないので省略した。伝統的な葬儀は概ね右記のような流れをたどる。

ではなぜ「シャリトリ・改葬」を行なうのか。

これは墓所の省スペースという合理的な意味のほかに、**「死者に会った気持ちになれる」**という感傷的な意味もあった。

死者はいくつかの段階を経て、その性質を変化させてゆき、そしてシャリトリを経て再埋葬されたとき、その性質が「個人」から「あまたの先祖霊」となる。

つまり、このシャリトリは「故人が一個の霊として、一個の人格として遺族と対面する最後の機会」と捉えることができる。手間暇はかかれど、敬意や愛情を示す最後の機会でもあるわけだ。

現代に生きる者としては、掘り起こして遺体を洗うという行為に「恐ろしさ」などを感じてしまうが、根底に流れているモノは温かい。

この改葬へのスタンスを理解したうえで七体人骨事件を見ると――ますますよくわからない。

火葬場に侵入し、無断で焼き、放置する。これは本当に改葬だったのだろうか？　と思考のラビリンスにイントゥである。

「スタンス」を踏まえて考えてみれば、「なぜ遺族でもないモノが改葬したか」という疑問が湧き上がってくる。全国紙や地方紙は「**改葬じゃねーの?**」と推理しているが、もしかしたら、何かほかの意味なり意図があったのかもしれない。

ここで改葬という発想から離れて、ほかの可能性を考えてみよう。以下はオカルト・クロニクル特捜部の私見であり、あくまでも可能性のひとつとして考えてほしい。

●悪い奴ほどよく眠る説

八丈島には数年前まで「N」という会社の看板が多く見られた。空き地や、道の脇、山奥にまでNの「売り地」看板があったという。

現在は撤去されたのか、ストリートビューで探しても見当たらなかったが、八丈島の不動産を紹介するサイトでもしっかり「N」が取り上げられている。その「N測量」という会社は、違法業者だった。

看板に表記していた不動産業者の免許番号は実際には存在しないもので、どうも悪どい商売をやっていたらしい。一時期、日本中で騒がれた「原野商法」をご存じだろうか。

これは、無価値——どう考えても価値の付かない土地を、「**今後、開発が進めば高騰します。区画整理も終わっています**」などと事実と異なる話を並べ、二束三文の土地を高値で売りつける悪徳商法だ。

1960年ごろから被害が増え始め、1980年代には落ち着いたのだが、実は現在でも業者が手を変え、品を変え、名前を変えて暗躍し、被害が出続けている（余談だが滋賀県の有名心霊スポット「大塚団地」も、琵琶湖空港に絡む原野商法で扱われた土地のなれの果てである。少し前に調べたが、この大塚団地にまつわる「怖い情報」は9割がデマだった。老婆が殺された未解決事件だけは事実であるが、現場は団地から離れた山畑)。

訴訟トラブルを避けるため、名前は伏せさせていただくが、この「N測量」という悪徳業者が八丈島でダーティーな業務に手を染めていたのは事実のようだ。ソースとしてはアレだが、Yahoo! 知恵袋に「**この業者は全国的な詐欺グループであると八丈島の住民が言った**」と書いてある。

これと人骨事件は結びつかないだろうか。土地を扱う業者ということで、この「ナイル測量」という会社が——あっ！　名前出してもた！

ともかく、この有限会社ナ○ル測量が会社の所有する管理地の造成時ないし測量時に偶然人骨を発掘し、土地に「いわく」がつくのを嫌がって秘密裏に——という仮説。

どうだろうか。訴えられるだろうか。しかし、手前味噌ながら正直これも今ひとつ、「何かに欠けた仮説」であると言わざるを得ない。

悪徳業者が人骨を発見したとして、わざわざ火葬場まで持ってくる義理はない。そして、火葬場には鍵がかかっていたし、火葬炉の使用法を知っていたとも思えない。

だいいち、こういう悪徳会社は測量も造成もしないまま他者に売りつけることが多い。悪徳が悪徳であるがゆえ、**「造成で人骨を見つけた」**という可能性は低くなる。

疑ってすみませんでした！

●スピリチュアルな人たち説

発見された人骨は、ダンボール箱にして3箱分にも相当したという。島内に掘り起こした痕跡がないとすると、外部から持ち込んだと考えるのが自然ではあるのだが、単独でそれほどの量を運び込むのは手間がかかるし、目立つ。諸兄らは思うのでしょうね。

「やっぱ、人数が要るとなると……あれか。スピリチュアルな人たちの動員力か」と。

時は1990年代。新興宗教が隆盛を極め、そして淘汰を見せた時代だ。ちょうどオウム真理教によるさまざまな事件が起きていた時期で、ほかにもミイラ事件のライフスペースや加江田塾などが世間を賑わせていた。ここで、ある新興宗教団体に着目したい。

その教団は、全世界の公称信者数300万という巨大教団だ。これは名指しすると冗談ですまなくなる可能性があるので、伏せさせていただく。

信者数公称300万人と書いたが、何度も内部分裂を重ねており、枝葉教団まで含めるとその総数は数えきれない。オウム真理教の信者が1995年の強制捜査以前に公称1万人だった事実から考えると、その規模が桁違いであることがわかる。

その教団「X」は、「手かざし」「オーガニックな農業」が特徴的である。街頭で「あなたの健康と幸せをお祈りさせて下さい」と呼び止められた経験のある諸兄もおられるかもしれないが、それはおそらく教団Xの分派である。ちなみに、筆者も中学性のころに呼び止められた。

個人的な経験談ではあるが、ちょうど筆者のブログにそのときの回想があったので貼っておく。

あるとき、中学時代、僕が仲間との溜まり場だった路地裏に向かってる際、柳原可奈子によく似たオバさんに呼び止められた。
てっきりショタ趣味の貴腐人が、いたいけな美少年中学生を……と思ったんですが、彼女の第一声は「祈らせて下さい」
世間知らずだった松閣少年は考えた。
「ああ、しまった。おれ偉大すぎて、知らない間に神にまでなっちまった。あえて言おう、キリストとかショボイ。ブッダ？　ふふん」
そりゃあ、断りましたよ。信者とか俺には必要ない。後の世で崇拝されてこそ本物ですからね。でもオバちゃん粘ったねぇ。しつこいので、崇拝させてあげることにした。
オバちゃん俺に目を閉じさせて、手をかざした。
数分の時間が過ぎたと思う。俺に言わせりゃ、手をかざすのは俺の役目だと言いたかったが黙っていました。
中年柳原「どうでしたか？」
少年松閣「どうって？　何がっすか」
中年柳原「何か感じましたか？」
少年松閣「だるくなりました。あと頭も痛いし、腹も減りました。コーヒー牛乳が飲みたいです」
中年柳原「それはね、貴方の血が汚れているからですよ」
い、言うに事欠いて　このババァ！　神に対して失敬な！　でも堪える少年松閣。当時から批判には慣れっこでした。
少年松閣「僕の血は汚れているんですか？　でも、なんか格好いいですね呪われた血って。ジョジョのＤＩＯみたいで。知ってますか？　ジョジョ」
中年柳原「格好よくないですよ。あのね、悪い血だから浄化し……」
少年松閣「悪のほうがいいです。正義ってダサイっすよ！　戦隊モノとかでも怪人ひとりに対して、５人で襲いかかるんですよ？　正義って、勝つためならなんでも許されるんですか？　卑怯っす。怪人のほうが男らしいっすよ。……で、知ってるんですか？ジョジョ」
中年柳原「そういう話じゃなくてね」
少年松閣「大事な話ですよ。僕の血が汚れてるっていうのは、結局正義がショボイからじゃないんですか。多対一でボコられる怪人に同情する僕の気持ちは正義じゃないんですか？　で知ってますか？『ジョジョの奇妙な冒険』」

中年柳原「……もういい！」

議論を捨てて去ろうとする柳原の背中に、少年松閣はトドメの言葉を浴びせかけた。

少年松閣「知ってるんですか？　ジョジョ！　読んでね！」

のちに調べたところ、彼女は県内で精力的な活動を続けていた某宗教の勧誘員だったようだ。

なんだよ！　話が違う！　俺の信者じゃ無いのかよ！

どうも教団内部で、跡継ぎについてのお家騒動があったらしく、現在では複数に分裂しているらしい。

柳原は、どの勢力に帰属したのだろうか。

あのとき、ちゃんと僕が導いてあげるべきだったと、今でも悔やまれます。

ジョジョ読んだかなぁ……。


この教団Xの施設が八丈島にある。そして、この教団の原理主義者は「現代医療」を否定する。どんな病気も「**手かざしで治る**」という。投薬すら拒否し、何度かそれでトラブルにもなっている。

ライフスペースが「**シャクティパット**」と称する頭叩きで病気が治る——と主張していたのと似たようなモノだ。結果、ライフスペースは信奉者に適切な治療を受けさせず、ミイラにしている。

これと同じようなことが、教団X内部、ないしその枝葉組織で起こっていたとしたら？　どうだろうか。

手かざしの甲斐無く亡くなった遺体。その始末に困ったまま数年が経過し、ちょうど一連の「カルト事件」が起こった。事が発覚すれば、自分たちも「カルト」の誹りを受けかねない。それがゆえ、ミイラ化した遺体を八丈に持ち込み——。

と、なんだか強引な推測であるが、いろいろと調べてゆくと、その教団に関係するとおぼしき施設が八丈にいくつかあった。

表面上は教団とは無関係で、名前を聞いただけでは、一瞬公的な施設かと思えたが——出るわ、出るわ、怪しいつながり。

「**なんだよ！　なんでここまで強引に新興宗教に話を繋げようとするんだよ！　信教は自由だろ！**」と諸兄は憤るかもしれない。だが「スピリチュアル教団説」なら「密室」の謎に素直にアプローチできる気がする。調べてみれば、当時火葬場の鍵を持つ者は6人。

火葬場が密室であったことから「何者か」は侵入したあと、火葬炉を使用し、その後施錠して姿を消した。順当に考えれば鍵を持つ6人、あるいは過去に火葬場の鍵を持ったことのある人間をひとりずつ洗っていけば侵入者の特定はできたのではないか。

しかし結局、捜査は進展しないままコールド・ケースとなった。もし、この鍵にアクセスできた者のなかに、教団関係者がいたら？

「自分がやった」と言い出せば、いろいろな者を巻き込むことになる。

通常、関わる人間が多人数であれば多人数であるほど、事件の真相は露見しやすくなるが、それが強固な団結を持った集団なら——と妄想は膨らむ。

とはいえ、このスピリチュアルな人たち説でも、「**どうして放置した？**」などいろいろ疑問は残る。炉内に受け皿を置いていなかったことから、最初から火葬後は放置するつもりだったとも考えられる。

いよいよ、よくわからない。仮説すら上手く立たない。情けないったら、ない。

ひとつ、似たような事件を紹介しておく。

この八丈島の怪事件に先立つ1989年7月22日。

東京都新宿区戸山の建設現場から35体ほどの人骨が見つかった。この人骨も死後20年以上経過しており、所轄の警察では「事件性ナシ」として捜査を終了している。

この大量人骨事件でも、やはりさまざまな噂が持ち上がった。これは並木伸一郎先生の著作から引用させていただく。

そしてすぐに憶測されたのが、「人体実験の名残り」ではないか、というものだった。

というのも、人骨が発見された現場は昭和4年から二十年四月まで、軍医養成のための旧陸軍軍医学校があった場所で、士官候補生を対象とした軍医機関と東京第一陸軍病院も併設されており、さらには、同学校内には、中国大陸で細菌や毒ガスの人体実験を行ったとされる、あの「第七三一部隊」で知られる石井四郎軍医中将が主管する「陸軍防疫研究室」もあったからである。

（『謎の怪事件ファイルX日本篇』）

結局この事件でも、詳しい事実関係は判明せず、すべては闇の中だ。こういうのも調べてみると、案外、新事実が発見できるかもしれない。

骨たちは、どこからやってきたのか——

八丈島は流刑の島だった。

慈運法印《じうんほういん》という名の僧侶は、無実の罪で流されたことに対し、抗議の断食を行ない、そのまま無念の死を遂げた。

その後、彼の墓に植えられた2本のソテツに花が咲くと同時に、彼の赦免状が届いた。それからというもの、このソテツに花が咲くと吉報が届く予兆とされ、赦免花《しゃめんばな》と呼ばれるようになった。

宗福寺の赦免花。慈運法印の墓石とともに、今も境内にひっそりと花を咲かせる（写真：『八丈島流人銘々伝』）

実際のところ、ソテツはほぼ毎年花をつけるのだが、それをあえて赦免花と呼んでありがたがっていたところに、どこか悲哀を感じる。

八丈島はいいところだ。古くから唄われる「ショメ節」という歌にもある。

沖で見た時や鬼島と見たが、来てみりゃ八丈は情け島
黒い髪の毛　長さは背丈　可愛いあの子は　島育ち
こんなに恋しい　八丈をすてて　どこへ何しに　おじゃるやら

実際に流人たちは島民たちに尊敬され、手厚い保護（?）を受けていた。だがこんないい島でも、流人者たちは故郷に思いを馳せ、いつの日にか帰りたいという帰郷の念を持ちながら、やがてこの地に骨を埋めた。

きっと、無念のまま亡くなった者は多いだろう。流人のなかには墓石無き墓に葬られた者もいたかもしれない。だが少なくとも、発見された七遺骨は戦後のもの。流人のモノではない。

かくして、なんの解決も見出せないまま、情報を漁って新聞を眺めれば、ある記事が目に付いた。

■集団密入国から七ヶ月■

八丈島空港にほど近い、浄土宗開善院。仏壇の下に遺骨の入った木箱が並ぶ。

浜野文雄住職が箱の一つを開ける。中に添えられた封筒には、遺体から写した顔写真。町の火葬許可書には「本籍、住所、氏名不詳」とある。彼の〝名前〟は「八丈島一号」。それが「六号」まで続く。どれも身元不明の水死体として発見された。

カラー写真の顔は、荒波に流され岩にぶつかったのか、傷が目立ち痛々しい。年齢は二十代から四十代ぐらいまで様々だ。

《後略》

(『毎日新聞』1992年11月18日夕刊)

彼ら、八丈島一号～六号は、中国福建省から冷凍運搬船でやってきた。

密入国するため八丈島に上陸せんとし、運搬船から小舟に乗り換えたところで、大波に煽られ、あえなく溺死したと考えられている。

どうも、中国の犯罪組織で有名な「蛇頭」などがブローカーとなり、運搬船を行き来させていたようだ。

この運搬費は10万元が相場で、それは当時の中国で5人家族が10年間暮らせる金額に相当する。

その10万元のうち、手付け金4000元を借金で支払い、残りの渡航費は日本で働いて返済するというシステムであるらしい。借金まみれである。闇金ウシジマくんの世界である。

前述した犯罪組織で有名な「蛇頭」などのブローカーは仕事を速やかに終わらせるため、八丈沖に着きしだい、波が高かろうが、風が強かろうが、密航者を小舟に乗せ替える。

反抗すると腕を青竜刀で切り落とされ、小舟に投げ込まれるというのだから、乱世でござる。

南海タイムスを眺めれば「八丈島一号」の事件だけでなく、密航者による座礁や違法入国の記事が散見され、運搬船が結構な頻度でやって来ていることがわかる。摘発率は5～10パーセントだそうで、海上保安庁にはぜひ頑張ってほしい。

この「密入国者」が火葬場の七遺骨となったのではないか。

もしかしたら、「**八丈島七号～一三号なのではないか**」と、オカクロ特捜部は、浅はかにもそんな仮説を考えた。が、もちろん確証はつかめなかった。鍵の問題も引っかかってくる。

こうして結局、何もわからない。完全にお手上げである。事件はその後どうなったか。

大した情報ではないが、ネット上にはないので一応書いておく。

七柱の遺骨は発見されてからずっと署内で保管されていたが、1995年3月14日に町福祉課に引き渡された。そして同日中に福祉課によって改葬され、「八丈島一号」たちと同じ開善院に納骨された。

やはり誰の骨かはわからないため、骨壷に名前も書くことができず、結局町役場の整理番号だけが書かれた。骨壷は1年間本堂に置かれたのち、永代供養塔の下に埋葬されたそうだ。

名前がないまま供養されたのは、なんとも心苦しさを覚えてしまう。

仕方の無いことではあるが、少し悲しく思う。

たとえば、諸兄が身分証も持たずコミケに行って、溢れかえる人ごみであえなく圧死したとする。すると、身元不明である諸兄らは「**コミックマーケット89の始発組CCさくら専門サークル前1号**」とかいう名前で荼毘に付される。

どうだろうか。先祖や親に顔向けできるだろうか。

徹夜組でないだけ評価されるべきかもしれないが、そういうことじゃない。「**いまさらカードキャプターさくら二次かよ！**」というTwitter界隈からの心ない誹りも避けられまい。

不謹慎な冗談はともかく、事件は未解決に終わった。

諸説のどれかは真相に迫っているのか、そうでないのか。まったくもってわからない。

もし情報なり、仮説なりをお持ちの方はご連絡いただきたい。

ほとんど事件が風化した現状では、続報もきっと期待できまい。中途半端ではあるが、この記事がこの事件の最終報告になると思う。いろいろ調べて何かしら新発見があれば、名も無き7人の供養にもなるかもと思ったが、結局は拙い妄想を垂れ流したにすぎなかった。我ながら不甲斐ない。

最後にひとつ。

もしかしたら——骨たちは自分で帰郷してきたのかもし

れない。遠く、南方の島々で亡くなった兵士、あるいは異郷にて亡くなった者たちが、40年かけてようやく故郷に帰ってきたのかもしれない。どうせ諸説が不完全であるなら、こんな仮説も悪くないかな、と思う。

もしそうならば——おかえりなさい。

【参考資料】

●『八丈島の民話』（浅沼良次［編］／未来社／1965年）
●『八丈島流人銘々伝』（葛西重雄、吉田貫三／第一書房／1995年）
●『伊豆諸島を知る事典』（樋口秀司［編］／東京堂出版／2010年）
●『伊豆諸島民俗考』（坂口一雄／未来社／1980年）
●『怪奇探偵の実録事件ファイル　2』（小池壮彦／扶桑社／2000年）
●『午後六時ののろい』（日本児童文学者協会［編］／偕成社／1991年）
●『現代日本文学大系 20』（柳田国男／筑摩書房／1979年）
●『謎の怪事件ファイルX　日本篇』（並木伸一郎／二見書房／1996年）
●『死・葬送・墓制をめぐる民俗学的研究』（新谷尚紀／1998年）
●『ミサキをめぐる考察』（間崎和明／早稲田大学大学院社会科学研究科／2016年）
●『日本の改葬習俗と韓国の草墳』（八木透／佛教大学総合研究所／1995年）
●「瑣事加減　七人坊主」（http://d.hatena.ne.jp/samatsutei/20111013/1318515117）
●『南海タイムス』（1992年-1997年）
●『毎日新聞』（1992年11月18日付、1994年8月24日付）
●『読売新聞』（1994年8月24日付）
●『朝日新聞』（1994年8月25日付）
●『東京新聞』（1994年8月25日付）
●『週刊新潮』（1994年9月、2010年8月）
●『週刊現代』（1996年1月）

獣人ヒバゴン

——昭和の闇に消えた幻の怪物

謎の生物か、それともただの猿か

1970年。日本、広島、夏。中国地方の中央に位置する比婆郡西城町《ひばぐんさいじょうちょう》で奇妙な遭遇があった。

7月20日午後8時。同町油木地区に住む丸崎安考さん（当時31歳）が、仕事に使用する軽トラックで中国電力六の原調整池ダム付近を走行していたときのことだ。突然、見たこともない生物が現れ、丸崎さんの目の前を横切った。その生物は子牛ぐらいの大きさで、丸崎さんは一瞬ゴリラかと思ったという。

その怪物は丸崎さんのほうをじっと見つめながら、ゆっくりと歩行し、やがてキリキリとヒグラシの鳴く森の奥へと消えていった。どうやら谷に向かって下っていったようだった。

この遭遇事件の現場では、舗装された道路に残った濡れた足跡、そして怪物が向かったとおぼしき谷では、渓流に沿って草木が踏み倒されていたのを第三者が確認している。

これが最初の遭遇証言である。もちろん、町内ではその信憑性についての議論があったが、丸崎氏の人柄から「なんだかよく解らないが、何かあったのだろう」と判断された。

そして、事件は続いた。

丸崎氏の遭遇事件から3日後の7月23日、午後5時半過ぎ。やはり中国電力六の原ダム付近に住む農家の今藤実さん（当時43歳）が自宅近くの墓地で草刈りをしていたとき、何か物音がした。

夕暮れのなかに何かの気配を感じ、今藤氏が周囲を見回してみると、山の草深き茂み、そこに——怪物がいた。森の端から、じっと、今藤氏を見つめていた。

最初は人間かと思ったが、明らかに違う。今藤氏の証言によれば、邂逅したその怪物は人間の大人ほどの背丈で、頭部は大きく、顔そのものは異様ではあるが、どこか人間に似ていたという。今藤氏は「**たまげて、恐ろしくなって、家へ飛んで帰った**」という。

この第2の遭遇事件は、第1の遭遇事件から3日後であることと、現場が1キロの距離であったことから、「同一の怪物」によるものと判断された。

やはり、その信憑性について疑う者もいた。だが今藤氏は後の調査の際、現地でその状況を再現し、距離などの測定にも協力し、調査した役人に真剣な目で「**本当に、目撃したのだ。信じてほしい**」と訴えている。

この遭遇事件を境に、六野原ダム周辺、農村である柚木地区一帯——具体的には3キロ四方で怪物の目撃が多発し、大騒動となった。結局、この1970年の暮れまでに合計12件の目撃証言が寄せられている。

　これらの目撃証言については、『私が愛したヒバゴンよ永遠に　謎の怪物騒動から40年』に詳しい。これは一連の目撃事件の起こった翌年に西城町役場内に設立された「**類人猿係**」通称ヒバゴン係の係長だった見越敏宏氏によって自費出版された冊子だ。

　怪物は比婆山にちなんで「**ヒバゴン**」と名づけられ、続発する事件を重く見た町役場により類人猿対策委員会が設立され、初遭遇が起こった翌年にあたる1971年に前述の「類人猿係」が設立されている。

　この類人猿係は町の観光振興と、怪物の問い合わせに対

『私が愛したヒバゴンよ永遠に』（文芸社）から表紙のヒバゴン。書の副題が“ 謎の怪物騒動から40年”となっており、西城町類人猿係であった著者による2008年時点での事件の総括と思い出話が収められている。表紙は比婆山温泉に展示されているヒバゴンの油絵。目撃証言を総合して描かれた

する情報提供、現地案内、および目撃情報の収集と、探検隊への協力が主な業務とされた。ヒバゴンの目撃情報の詳細が残っているのはこの類人猿係の功績によるところが大きい。

　興味深いことに、この類人猿係は「迷惑料」なるものを目撃者に支給した。「**目撃者にたいし、取材へのご協力とご理解を頂くため**」とし、特別に予算を編成し町民の負担軽減にあてた。どうやら5000円程度が支給されたようだ。

　これをして、

「**金をもらえるってんなら、不届きモノが小金目当てに目撃証言をデッチ上げんじゃねぇの？**」

　と資本主義に毒された我々はついつい訝ってしまう。

　だが、（観光資源の金脈を掘り当てた役所の思惑はともかく）押し寄せるマスコミや好事家たちに町民が迷惑したのも事実であった。これは現代でも時を変え場所を変え、似たような営みが繰り返されているので特筆するまでもないだろう。

　目撃証言が金により無理やりカキ集められた——かのような印象は見当違いで、目撃証言は役場によってしっかり精査された。

　結局、騒動の収拾までに類人猿係に寄せられた目撃報告は100件を越え、設けられた基準をもとに精査された結

果、そのうち22件33人による証言が「**信憑性が高く、事実と認められる目撃証言**」とされた。その目撃証言から観察できる共通点は次のようになる。

- **身長が約1メートル50センチ～1メートル70センチ。体重が約80キロ～90キロであると推定される。**
- **顔は逆三角形で目が異様に鋭く、ギョロッとしている。**
- **体の全体が薄い黒に近い茶褐色の毛に覆われている。毛髪にあたる体毛が逆立っている。**
- **動作は緩慢で、人間を恐れず、危害を加えてくることもない。**

これらの共通項は「精査の基準」とも関連し、ちょっとした疑問点が浮上するがこれに関しては後述する。

この特徴に目を通し、「**なんだか、ヒバゴンって小さいな**」と意外に思った諸兄もおられるかもしれない。類人猿型未確認生物と言われて想起される他のUMA――いわゆる「ヒマラヤのイエティ」や「北米のビッグフット」はおおむね2～3メートルとされており、それらと比較したとき、ヒバゴンの1メートル50センチ～1メートル70センチは、なんだかこぢんまりとしている。

「中央アジアのアルマス」や「中国の野人」などと同じ小型類人猿型UMAとでも分類すべきかもしれない。とはいえ、それでもニホンザルなどと比較するとかなり大きいが。

話は逸れたが、広島のヒバゴンは1970年の目撃以降、日本中にその名が知れ渡り、物見遊山気分の好事家やアマチュア研究家が大挙して西城町に訪れた。

このなかには「新種発見」を目指した広島大学の学生探検隊や、高価なミニヘリコプターを用意したアマチュア調査団体などもいたが、もちろん、成果はなかった。

西城町では「ヒバゴン人形」や「ヒバゴン団子」、当時のヒット曲をもとにした『ヒバゴン音頭』など、次々に便乗商品を生み出した。ちなみに「ヒバゴン丼」なる丼飯は現在でも庄原《しょうばら》市西城町で食べることができる。発見された多数の足跡や諸説を燃料に、ヒバゴンは1970年代初頭に一大ウェーブを築きあげた。

だが、1970年代も半ばになると、目撃証言は激減し、加熱していたブームは一気に収束へと向かった。1975年には西城町がヒバゴン騒動終息を宣言し、それと同時に「類人猿係」を廃止している。かくして、西城町に静かな夏が戻った。

その後も、同じ広島県の久井町で「クイゴン」、山野町では「ヤマゴン」が目撃され、遠く岩手県では「ガタゴン」の足跡が発見された——が、これらは未確認動物好き界隈に分析されたり、議論されたりはしたが、結局ブームになることなくひっそりと歴史の影に消えていった。

ヒバゴンとはなんだったのか。

「**いや常識的に考えて、ただの猿だろ**」と冷静な意見を向ける諸兄もおられるだろう。

だが、情報を集めてゆくと、猿にしては説明できない点が多数浮上する。

ヒバゴンとはなんだったか。

諸説の検証も含め、もう一歩、昭和のオカルトムーブメントに踏み込んでみよう。

諸説紛糾——「やっぱり猿だろ!」

常識的な諸兄の「**いや猿だろ**」という冷めた予断のせいか、同じ日本産UMAであるツチノコと比較したとき、ヒバゴンは扱いが小さい。

それは関連書籍などを探せば一目瞭然で、ツチノコはさまざまな書籍が出版され、懸賞金や村おこし素材として近年でも話題が尽きない。

一方のヒバゴンは寂しい限りだ。いたって常識的な諸兄による「**いや猿だろ**」という半ば断定に近い推定のせいで、後追いの研究者、探求者が生まれていないせいかもしれない。

オカルト・クロニクル特捜部は以前、合コンの場で女性に「**ヒバゴンって知ってる?**」と聞いたことがある。彼女はツチノコは知っていたが、ヒバゴンは知らないと言う。あろうことか「**そういうの言う人、なんかキモイ**」とまで言う。「**なんだと! キモイのはお前だ! このメスヒバゴンめ!**」と激高しそうになったが、それはいい。

やはり「**いや猿だろ**」という予断によってUMAとしての扱いが小さいため、知名度も上がらないのだろう。

ヒバゴンを町おこしに使っている庄原市のキャラクター図を見ていただきたい。

庄原公式にも「**いや猿だろね**」ということになっているようで、諸兄は言うのでしょうね。

「**ほらやっぱ猿だろ**」

「**前から思ってましたが、どう考えても猿ですよ、猿**」

「**ケツ見ろよ、猿じゃん。猿だろ**」

うるさいな、猿だよ!

投げやりな冗談はともかく、詳しく調べていけば猿とい

庄原市のゆるキャラ『ヒバゴン』。猿である。猿の背後にいるのは同町のゆるキャラ『キョロやまくん』。キョロやまくん、キョロってます、かわいい（画像：庄原市）

う見解に疑問が浮上するのも事実。

公式キャラクターではヒバゴンの尻がいかにも猿の尻になっているが、目撃者はこの「尻ダコ」と呼ばれるモノがヒバゴンには無かったことを証言している。

そして本人が「**猿ではなかった。猿なら充分に見慣れている**」と繰り返し主張したにもかかわらず、「**いや猿でしょ？**」「**猿だったんでしょ？**」と言われ続けたため、その態度に腹を立ててそれ以降、証言を拒否した目撃者もいる。

しっかりとした検証もせず、目撃者を罵倒ないし否定する事が知性の証明だと思い込む輩のなんと多きことか。起こったことをありのままに話すに、我々の言葉はあまりにも足りない。

それがゆえに、無理やり似たモノに例えたり、カテゴライズして誤解を生むこともあろう。ここは冷静に分析してみよう。とりあえず、『ふるさとの四方山話』（芸備選書）に

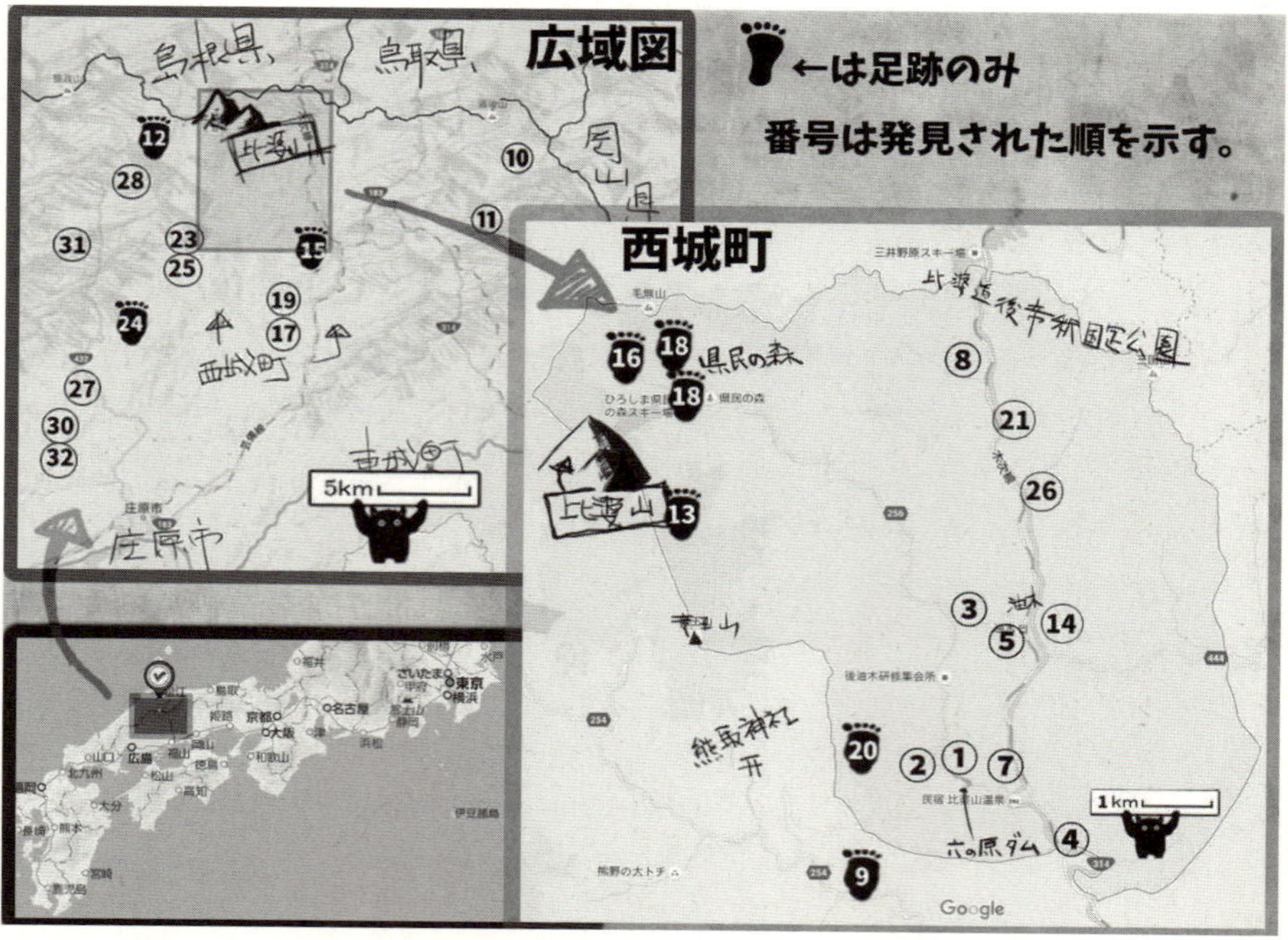

ヒバゴンについて特集した雑誌『げいびグラフ 第86号』の記事が再録されているので、それをもとに地図を作成した。右下の地図を見ていただきたい。

これらは西城町類人猿係による「**ヒバゴン騒動終息宣言**」が出される前年、1974年10月までの目撃例の集大成だ。「番号32番」が1974年10月11日で公式に最後の目撃例となっている。こうして見ると、意外と広範囲にわたって出没していたことがわかる。

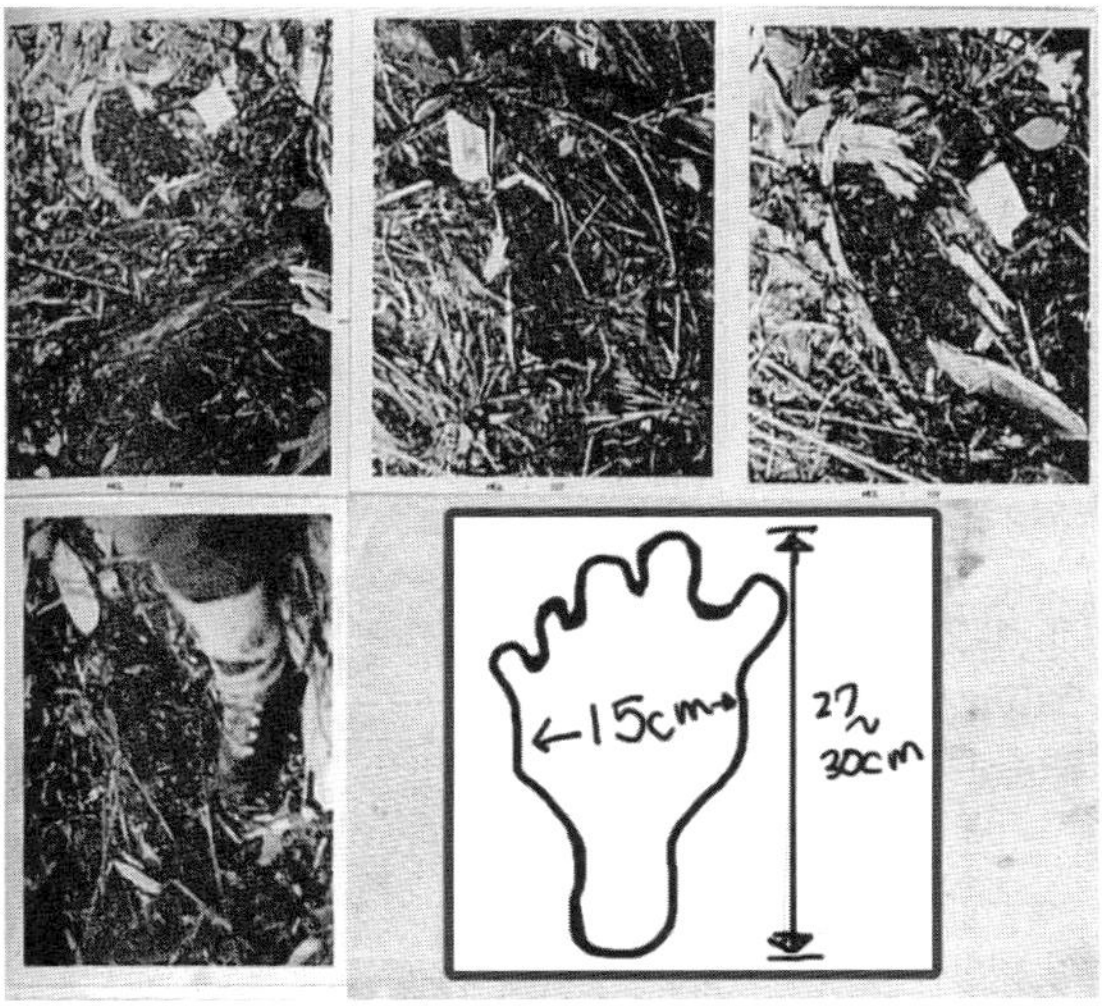

ヒバゴンの足跡とされるもの。正直、写真では足跡かどうかすら、イマイチよくわからない（写真：『日本の謎と不思議大全』）

しかし、島根はなんだ。どうなってるんだ。西城町を少し行けば島根県であるのに、ぜんぜんヒバゴンが訪れていない。島根県民は対ヒバゴン結界でも張っているのか。

一件だけ島根県下での目撃が報告されているが、なぜ広島県ばかり狙われているのか、まるでわからない。島根の結界はともかく、意外と足跡が多く発見されていることにも気づく。

掲載した画像では、類人猿係の資料に基づき足跡のサイズを「横15センチ、縦27~30センチ」としたが、15回におよぶ発見で得られた足跡のサイズには大きく幅があり、「横が7~23センチ、縦が14~30センチ」とモヤモヤするモノになっている。

足のサイズが多種多様という事実をして、真のビリーバーならば「ヒバゴンは多数いた！」と喜ぶかもしれないが、発見された足跡が本当にヒバゴンのモノか判断できない以上、我々にできることはモヤモヤすることだけである。もちろんイタズラも多数含まれるだろう。

「なんだよ！　なんでいっつも足跡とか中途半端なモンしか見つからないんだよ！　だいたい、ビッグフットでも足形の板で足跡作ってた罪深いオッサンがいたろ！　どうせ

コレもソレだ！　もっと痺れるような証拠はないのかよ！」

と諸兄はモヤモヤを通り越して、イライラするかもしれない。諸兄が痺れるかどうかは別として、ヒバゴンは写真に収められている。

ヒバゴン騒動の末期にあたる1974年8月15日、午前8時5分過ぎのこと。

西城町の隣町にあたる比和町《ひわちょう》在住の三谷美登氏が、母親と車で移動中、庄原市濁川町《にごりかわちょう》の県道を走っていたところ、道路の中央で四つん這いになったり、2本足で直立したりして歩いている怪物に遭遇した。車に気がついた怪物は近くにあった柿の木に飛びついた。それがヒバゴンだと気づいた三谷氏は、車から降り、約7〜8メートルの距離から写真を撮影した（左上の写真参照）。

三谷氏の撮影したヒバゴン。よくわからない
（写真：『日本の怪獣・幻獣を探せ！
――未確認生物遭遇事件の真相』）

だが、わからない。そもそも、どこまでがヒバゴンなのかもわからない。これが手元にあるなかで、もっとも解像度の高い写真であるのだが、それでもよくわからない。

事件史上初のヒバゴン写真は、こうした状況で撮影されたわけだが、当然ながら大論争が巻き起こった。

そして、専門家は写真が極めて不鮮明な写真であるにもかかわらず、被写体が怪獣でなくクマかサルであると、断定的なコメントを出したのである。さらに、実際にヒバゴンと遭遇した体験がある人々も、被写体の正体がヒバゴンかどうかに関しては否定的だった。

「あんなものじゃないですよ、私が見た怪物は。もっと鋭い目と大きくて真っ黒い鼻、異常に大きい耳を持った、ゴリラみたいなグロテクスなもので、あれににらみつけられたときは、鳥肌が立って手足が震えて、運転に支障をきたしたくらいです。私は山育ちでサルは見慣れていますから、写真に写っているあんな程度のものだったら、たまげやしないですよ」

（『未確認動物UMA大全』）

とりあえず画像の彩度やコントラストをいじくってみることにしたが……どうだろうか？

確かに不鮮明である。この写真は現物からして不鮮明だったらしく、現物を目にした日本フォーティアン協会会長、並木伸一郎御大をして、**「これだけではなんとも言えない」**という感想を吐露されている。

前記引用で「ヒバゴンじゃねぇよ(笑)」と証言しておられるのは、写真撮影の2ヶ月前にあたる1974年6月20日にヒバゴンを目撃した太田氏である。目撃からそれほど時間が経っていないこともあって、記憶や興奮は新鮮なのだろうと思う。が、不鮮明な写真を掲げ、サルやクマであると断ずるのが不誠実であるのと同じに、**「ヒバゴンでない」**と断定することもまた然りではなかろうか。

さしあたって言えることは、この写真がなんの証拠にもならない——ということ。これが大人の対応というモノだろう。しかし、大人になりきれないオカルト・クロニクルとしては、とりあえず画像の彩度やコントラストをいじくってみることにした。

すると、何か——浮かび上がったような、そうでないような、だいたいそんな感じになった（上の写真参照）。

こう？　どうだろうか。なんだか、何が正解かもわからない。こういう写真から、人は自分の信じる「正体」を見るのかもしれない。つまるところ、よくわからない。

その正体はなんだったのか。

サル、ゴリラ、チンパンジー、クマ。これらが正体であるとする説が大勢を占めたが、実のところ、そのどれらを正体と仮定しても齟齬が生まれる。ゆえに「動物の専門家」たちの間でも論争があった。

ここで一連の動物説を簡単に見てみよう。

●ニホンザル説

やはり猿だったんだよ、という説。ヒバゴンの容姿から、この説が最も有力視された。年老いた猿が群れを離れて徘徊している所を目撃された——ということになっている。

だが、ヒバゴンは最低でも150センチの身長があったとされ、それほど大きく成長したニホンザルは日本では現時点をもっても確認されていない。ゆえにサル説では「大型化した」という説明が付け足されることになる。

だが山暮らしに慣れている目撃者たちが口を揃えて「猿ではなかった」と証言しており、「猿だった」と決めつける外部の人間に憤慨してさえいる。

加えて、ヒバゴンは二足歩行でゆっくり歩き去ってゆくことが多かったが、ニホンザルは基本的に移動するときは四本足で歩き、二足歩行はしない。騒動初期である1970年の目撃例では、とくに猿を否定する要素が強い。

●ゴリラかオランウータン説

中～後期になると「ゴリラのようだった」と証言する目撃者が増えてくる。このころになると、拳を地面につけて歩くいわゆる「ナックルウォーク」をする所を見たとする証言も出てくる。

もしかしたら、動物園から逃げ出した大型類人猿が比婆山周辺に逃げ込んだのでは？　という至極まっとうな推測もあったが、近隣の動物園から動物が逃げ出した事実はなかった。

一連の騒動以前に、密輸入された30頭ほどのオランウータンが行方不明になっているという新聞報道があり（註：大元のソースは確認できず、時期も解らない。雑誌『花も嵐も』1991年9月号に「ボルネオから密輸入された30匹——」とある）、それらが目撃されたのでは？　という説もある。

だが、西城町周辺の年間平均気温は摂氏13℃未満であり、通常ゴリラやオランウータンなどの温かい地域に住む動物は冬を越せず死に絶える。つまり、4年にわたって比婆山周辺をうろつくことは常識的に考えて不可能である。

●クマに違いない説

クマであれば二足で立ち上がることも可能で大型動物でサイズ的にもあり得る。が、やはり移動の際、クマは四足歩行する生き物だ。

目撃者と遭遇したため、威嚇のために二本足で立ち上がった——というならわからないでもないが、ヒバゴンは別段目撃者を威嚇するでもなく、ただ二足歩行で歩き去っている。

そして西城町周辺ではクマの出没は皆無だった。ツキノワグマが中国山地にも生息していることは知られているが、

「顔」の形が類人猿とは大きく異なる。騒動後期の目撃例のいくつかは、クマかもしれない。

　こうしてそれぞれの説にヒバゴン像と上手くはまらない部分が存在し、このパズルはいまだに解けていない。もちろんヒバゴン目撃者のなかにも自らの見たモノを冷静に分析した者もいた。

　騒動末期の1974年7月15日の午前8時20分ごろに怪物を目撃した平田キミヨさんは言う。

「よく聞くヒバゴンかと思ったが、あれはサル。私をギョロリと見た時の歩き方といい、まったくサルと同じ。トシをとった大ザルのようだった」

　そんな声がある一方で、やはり目撃者の谷平覚さんは言う。

「いやいや、サルじゃねえ。ワシははじめ、うしろから見た。サルならタコがある。ソレが全然見えなかった」

　資料から、ある目撃者の少年の話を引用する。

> 　小学生の子どもといっても、貴重な目撃者であり、きまじめな子どもであると小学校から聞きましたので、目撃基準の判断としました。
>
> 　目撃後の出来事と感想を聞きました。
>
> **「学校へ行ったらみんなが言うたんよ。お前は嘘を言うとるんじゃないか、なんか他の生き物を見てびっくりして見間違ごうたんじゃろう」**
>
> 　と、なにか悪者みたいな扱いをされたと聞きました。
>
> **「僕は見たことを正直に話したのに。僕は何か悪いことでもしたの？　あんな話をしなければよかったよ。もうあの話はしたくないよ」**
>
> 　と、彼の言葉から痛切な後悔の念が感じられたことは、残念でたまりませんでした。
>
> 　一人でも良いから、彼の目撃したことを真剣に耳を傾けて聞いてやれなかったことを悔やんでいます。
>
> （『私が愛したヒバゴンよ永遠に　謎の怪物騒動から40年』）

これを機に、著者は「**目撃された方の立場に立って、目撃情報は真摯に慎重に扱うべき**」と心に刻んだという。

　こうして収集された目撃証言であるが、全体を通して俯瞰してみると、どうもヒバゴンのイメージに一貫性が感じられない。これは「ヒバゴン騒動」と「ヒバゴンという存在」を分けて考えるべきなのかもしれない。

　現存するヒバゴンを扱ったウェブサイトで最も権威ある

「謎の怪獣　ヒバゴンはどこへ行ったのか?」さんでも、4年にわたるヒバゴン騒動を三期に分けて考えておられる。

　かくして現在に至るまでヒバゴンがなんだったのか、ヒバゴン騒動がなんだったのか、わかっていない。

「未知の猿人説」「忘れられた山の民説」「山に捨てられた奇形児説」「エイリアン・アニマル説」「町の陰謀説」「イタズラ説」——浮かび上がったそれらの諸説のなかに、真相に迫ったモノはあったのだろうか?

　これらの諸説を紹介しつつ、歴史的な角度からヒバゴン伝説に光を当ててみよう。

妖怪という側面から見た「ヒバゴン」

　近年、妖怪ブームがあった。

　言わずもがな、『妖怪ウオッチ』により人気に火が付き、妖怪関連本が凄まじい勢いで刷られたと聞く。

　ヒバゴンはどうだったろうか。このブームに乗れただろうか。乗れなかったか。そもそも、ヒバゴンの立ち位置はなんなんだ?

　では終焉の近いブーム終盤の徒花として、ヒバゴンを妖怪の類として見てみよう。


　日本で似た妖怪を挙げるなら、「狒々《ヒヒ》」「猩々《ショウジョウ》」「覚《サトリ》」「山童《ヤマワロ》」あたりが目につく。どれも山に住むと言われる妖怪であるが簡単に特徴だけ挙げておくと——

- **狒々：獰猛。人間を見ると大笑いし、唇が捲れて目まで覆う。**
- **猩々：様々な伝承により、イメージが複雑。猿っぽい何か。海にも出るらしい。**
- **覚：人の心を読む。「山彦」のモデルとなった説がある。**
- **山童：陸に上がった河童。**

　となっている。巨大すぎて候補には挙げなかったが、妖怪「山男」などは絶滅した類人猿のギガントピテクスがモデルになったという

鳥山石燕『今昔画図続百鬼』よりサトリの図

話もあり、それがヒマラヤのイエティなどと紐づけられて考察されている。

こうして、ヒバゴンのイメージに近いと思われる日本に伝わる妖怪を探してみたが、どうだろうか。

実はヒバゴンと呼ばれた生物は、過去には狒々と呼ばれていた——そう考えるとロマンがあるようにも思えるが、正直つまらない。オカクロ特捜部が妖怪に詳しくないだけに、話も広がらない。

そこで、ここはある民話から、ヒバゴン伝説に迫ってみよう。

●しっぺい太郎に知らせるな説

もしかしたら、ヒバゴンという存在は大昔から存在していたのではないか。そうであるならば、なんらかの民話として残っていないだろうか——と強引に調べを進めてみると、有名なある民話に突き当たった。「**しっぺい太郎の猿神退治**」だ。概要を書けば、次のような話だ。

ある旅の行者が山奥の村で、悲しむ村人たちと遭遇する。村人たちに話を聞けば、毎年秋祭りが近づくと年頃の娘がいる家に白羽の矢が立ち、その白羽の矢が立った家は、娘を山の社に生贄として差し出さねばならないのだという。そして、今日がその秋祭りの日であると。

行者は「**なんだよ！　神が生け贄を望むなんて、なんだか神の道に反するじゃないか！**」といつもの諸兄のごとく憤り、生贄を求めているのが本当に神であるかを調べてやろうと、社の下に潜り込んだ。夜も更けると、闇のどこかから三体の怪物が現れ、生贄っ娘を入れた棺を囲んで唄い、踊り始めた。

「**しっぺい太郎はおるまいな**」

「**近江の国の長浜の　しっぺい太郎はおるまいな**」

「**このことばかりは知られるな　しっぺい太郎に知られるな**」

となんとも説明臭い歌を歌う。これはダチョウ倶楽部セオリーに倣うなら、「しっぺい太郎を呼べ」ということだ。行者は空気を読んでその地名と名前を必死で覚えた。生贄っ娘は喰われた。

翌朝、行者は近江へ旅立った。ようやくで近江国へと辿り着いたが、近江の国をどれほど探しても「しっぺい太郎」という名の者は見つからない。

行者が諦めかけたころ、「**しっぺい太郎という犬ならいるよ**」という情報を得た。寺で飼われている山犬の子がしっぺい太郎という名であるという。そして、行者はしっぺい太郎を村へ連れて戻った。ちょうど、秋祭りの時期だった。

今年も村は暗い。やはり「白羽の矢が立った」からだ。そこで、生贄の棺にしっぺい太郎を押し込み、行者は去年と同じく社の下に隠れた。

秋祭りの夜が更けると、やはり闇のどこかから三体の怪物が現れ、棺を囲んで唄い、踊り始めた。

「しっぺい太郎はおるまいな」

「近江の国の長浜の　しっぺい太郎はおるまいな」

「このことばかりは知られるな　しっぺい太郎に知られるな」

その瞬間、棺からしっぺい太郎が飛び出した。

ジャーンジャーンジャーン、**「げえっ、しっぺい！」**

3対1の激しい戦いが始まり、しっぺい太郎は譲らず、怪物も退かなかった。

そうして朝が来ると、怪物の死体が社の前に転がり、しっぺい太郎は姿を消していた。怪物は醜く年老いた大きな狒々だった。

社の前にはしっぺい太郎の血が残っており、それが点々と近江の国へ向かって続いていた。

犬派のオカルト・クロニクルとしては、胸にこみ上げるモノがある話である。この民話は広く全国に伝わっており、それぞれ細部が違う。

しっぺい太郎が生き残ったものもあれば、死んでしまった話もある。個人的には右記の未確定な話が好みである。

民俗学者の小林光一郎氏の論文によれば、この猿神退治に似た構造を持った民話は全国に227話伝わっており、そのうち116話は怪物を退治するのが犬でなく「岩見重太郎 or 猟師」となっており、101話が「犬（山犬含む）」である（他は猫3話、神、狼、蟹、蜘蛛）。

退治される化け物は猿98話（狒々、狒々猿、マントヒヒ）がいちばん多く、ほかには狸、むじな、猫、鬼、蛇、狼、バッタ、蛸、いちょうの木、地蔵などがある。

バッタぐらい自分で倒せと言いたくなるが、それはいい。

ちなみに、犬の名も、「しっぺい太郎」「早太郎」が有名であるが、青森方面では「すつぺ太郎」、秋田は「素平太郎」。ほかにも「竹篦太郎」「すっぺえ太郎」「藤三郎」「めっけ犬」「べんべこ太郎」「カンマン太郎」などがある。

ともかく、全国に類似した話が伝わるこの猿神退治の伝説であるが、調べてみれば、比婆山のある中国山地に結構な数が集まっている。

左ページの図は小林光一郎氏によって『日本昔話集成』

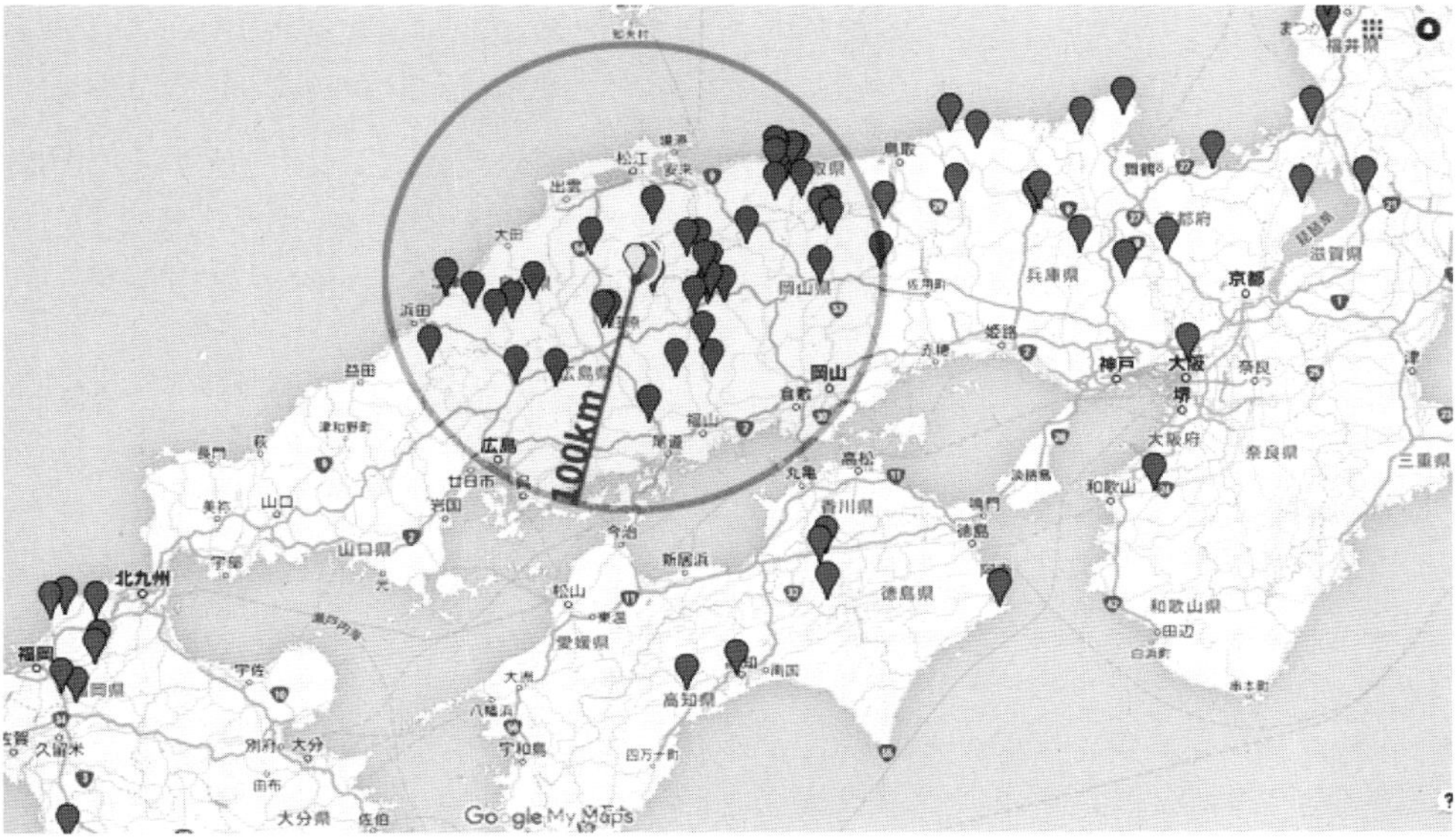

『今昔物語集』より猿神退治の図

『日本昔話大成』『日本昔話通観』から抽出された猿神伝説をもとにマッピングさせていただいた。図の円は、比婆山西城町を中心に半径100キロである。なんだか、中国山地に伝承が集中しているように思われないだろうか。山口県はどうなってるんだ。

もちろん、これは印象操作というもので、全国的に見ればこの中国山地だけに限って多いわけでなく、東北地方の奥羽山脈も中国山地に負けず劣らず集中している。中国山地と奥羽山脈の二大巨頭だ。

例によってオカクロ名物の牽強付会ではあるが、このふたつのエリアのいずれかが「猿神伝説」の発祥の地と考えることはできないだろうか。

ここで諸兄に思い出してほしい。

中国山地である広島で「ヒバゴン」が目撃されたように、奥羽山脈を擁する岩手県でも「ガタゴン」騒動があったことを。

もしかしたら、はるか昔、実際になんらかの「不可解かつ迷惑きわまる猿的な生き物」が中国山地と奥羽山脈に存在し、それらが伝承として残り、全国へと伝播していったのかもしれない。

そして、1970年代に、それらの残党がそれぞれ「ヒバゴン」だの「ガタゴン」として目撃されたのかもしれない。

実際に「猿神退治」のもとになったと思われる話が『今昔物語集巻二十六』に「**美作國神依猟師謀止生贄語**」として残されている。美作国といえば、現在の岡山県北部にあたる。

オカクロとしてはあまり重点を置いていないが、比婆郡には「**古《いにしえ》のピラミッド**」があるというオカルト話がある。

これは1934年（昭和9年）5月、中国新聞に記事が掲載され一部の好事家のハートをヒートさせた。

現在における広島県庄原市本村町にある「葦嶽山《あしたけやま》」がそうだ。

この葦嶽山は「どの角度から見ても見事な三角形」「ギザの三大ピラミッドより古い」、その山道や頂上に存在する巨石が「ドルメン（支石墓）」や「供物台」なのだという。

「竹内文書」から絶大な影響を受け、「ピラミッドのルーツは日本にある」と唱えた、オカルティスト・酒井勝軍

この説を発表したのが酒井勝軍というオカルト界隈に馴染みの深い人物である。酒井の主張によれば、葦嶽山はエジプトのそれとは違い、自然の地形を利用しながら半人工的に石や土を積み上げて建造されたものだそうだ。
ここは現在、パワースポットとして注目されており、観光地として整備もできている。ドルメンや供物台も見物できるそうなので、興味ある諸兄はどうぞ。
国産ピラミッドの真偽は置いておくとして、この葦嶽山は**UFOがたびたび目撃されることでも有名**だと『パワースポットニッポン』に書いてある。

そして、並木先生の著作によれば、ちょうどヒバゴン騒動が終焉にさしかかった1974年、この年の9月から11月にかけて、広島県の東部一帯でUFOフラップ（集中目撃）が起こっている。

庄原市の隣にあたる三次《みよし》市高杉町では1991年ミステリーサークルが発見されたことを『げいびグラフ』が報じている。

UMAにピラミッドに、UFO……広島は、いったいどうなってるんだ。

超常現象の調査で名高いジョン・A・キールは、ビッグフットとUFOが同時期に目撃されることを指摘し、そういったことが頻発する地域を「ウィンドウ」と呼んだが、この庄原市も「窓」なのかもしれない。

では、これら一連の奇妙な出来事を個別に考えるのではなく、一連の物語として捉えた場合どうだろうか。**つまり、はるか昔の中国山地。葦嶽山を本拠地とする猿神が存在していた。**

人をさらってはいかにも宇宙人らしく人体実験を行なっていた。

「白羽の矢」はUFOから照射されるなんらかの光線をあらわしていた——つまりヒバゴンは猿神だったんだよ！

（「図解：UFOでやってくるヒバゴン」参照）

アッモーレ！

どうだろうか。

嘘は大きければ大きいほどバレにくい、とアドルフ・ヒトラーは言ったと聞く。ヨタ話もこれぐらい巨大な大風呂敷を敷けばバレないかもしれない。

でもまぁ、ひとつの可能性としてね。こういうこと、あるかもね、ということで。

一応、猿神をしっぺい太郎が倒すバージョンも作っておいたので貼っておく。

冗談はこれくらいにして、もう少し現実的な目線でヒバゴンに迫ってみよう。

●未知の猿人説

一連の騒動に先立つ30年前、ある木こりの妻が大ザルとまぐわって子を産んだ。その子が行方不明のまま――という噂話が当時あった。

もちろん、デマである。言うまでもないが、人間とサルの間に子どもはできない。余談だが、過去旧ソ連である実験が行なわれた。

人間に最も近いゲノムを持つチンパンジーと人間の女性の間に子どもを作り、「超兵士」を作ろうというモノだ。自殺志願者の女性が被験体に名乗り出て、受精実験が繰り返し行なわれた。

実際には「超兵士計画」というのは都市伝説だったようだが、実験自体は行なわれ、そのすべてが失敗に終わっている。

「常識的な意味」での未知の猿人類なら、それが一般的に想起されるUMAヒバゴンと言うべきかもしれない――が証拠は一切ない。

『月刊ムー』400号記念号で「**ヒバゴンの死体発見か!?**」という記事があるが、ソース元が「ショック・サイエンス」シリーズで知られる飛鳥昭雄氏であるので、深くは触れない。

獣人ザナの例を引き合いに出すまでもなく、現時点で獣人が実在するという証拠らしい証拠はない。

とはいえ、「猿神＝零落した神」という考え方があり、その神が神らしい神なら、神話よろしく人間との間に子どもを――と散漫に考えたが、こういうのはちゃんとしたオカルトサイトに任せてオカクロでは触れない。

●山の民説

これも噂が流れた。昭和の初めごろ、ひとりの娘があやまちから身重になり、山へ隠れ住んだ。何日も村人による捜索が行なわれたが、結局見つからず――。

つまり、ヒバゴンはその娘の落とし子じゃねぇの？という話だ。

検証のしようがないが、一代で毛むくじゃらになるほど環境に適応できるのだろうか。多毛症ならあるいは――ではあるが。

同じようなものに、「戦時中に村で生まれた毛むくじゃらの子どもが逃げ出した説」がある。ほかにも「サンカ説」や「ホームレス説」などが散見されるが、どうだろうか。

ヒバゴン権威サイト「謎の怪獣ヒバゴンはどこへ行ったのか？」さんでは、「**まぁ、ないだろうね**」というスタンスのうえで「戦時中の生き残り兵説」に触れておられる。

　戦争の終結後、28年目にわたってグアムの密林で隠れ住んでいた横井さんは帰国後一大センセーションを巻き起こした。

　とはいえ日本の情報がまったく入らないグアム島ならともかくも、日本兵が日本国内で終戦に気づかず25年間も潜伏するとは思えない。いたとしたら、ヒバゴンより希少だ。

　ここで、オカクロとしても諸説にひとつの可能性を紛れ込ませておく。

　時は1970年代。学生運動、全共闘運動の最盛期である。新左翼と呼ばれる活動家たちがテロリズムによって世界を変えようとしていた時代だ。

　1967年に羽田事件が勃発。ヒバゴン騒動の前年1969年には「東大安田講堂事件」が起こっている。

　この時期に起こった左派による事件を羅列すると——

- **1969年　ピース缶爆弾事件**（爆弾による死者1名、子ども含む負傷者3名。未解決）。
- **1970年3月　よど号ハイジャック事件。**
- **1971年8月　朝霞自衛官殺害事件。**
- **1971年11月　渋谷暴動事件。**

　その後、多数の死亡者を出した連合赤軍による統括リンチ**山岳ベース事件**や**あさま山荘事件**に歴史がつながってゆく。

　ちょうど、ヒバゴンが初目撃される前年の1969年4月12日、中国山地を背にする岡山大学でも、活動家から投石を受けた機動隊員が死亡する事件が起こっている。

　1969年4月12日には、岡山大学において、学生の投石により機動隊員が頭部に直撃を受けて重傷を負い、同日夜に死亡する事件が起こった。

　これは岡山大学の学生による学生課長及び、教養部

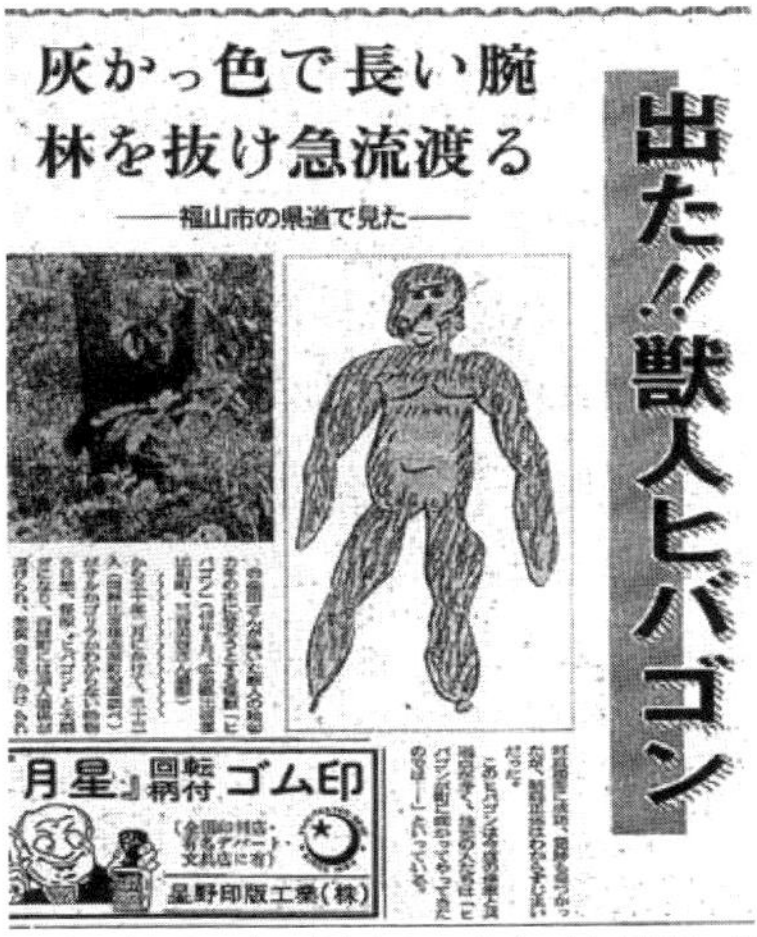
出た!! 獣人ヒバゴン
灰かっ色で長い腕
林を抜け急流渡る
——福山市の県道で見た——
『月星』回転鋼付 ゴム印
星野印版工業（株）

当時の新聞記事。「出た！ヒバゴン」と見出しが躍っているが、これは山野町で目撃されたため、のちにヤマゴンと命名される個体。西城町によるヒバゴン終結宣言から5年後の出来事ではあるが、露骨にそっち系UMAである
（読売新聞・1980年11月14日付）

教官に対する集団暴行傷害事件が発生し、大学長が学生十数名を告発したことに伴い岡山県警が強制捜査を実施していた際に起きた事件で、学生約150人は警察官に激しい投石を行い、執行を妨害。

その際、学生の投石により警察官多数が負傷をし、そのうち機動隊員の巡査が頭部に直撃を受けて重傷を負い、同日夜に死亡した。


（「日本の学生運動：Wikipedia」）


広島大学も学生運動が盛んで左派色が強かったと聞く。この中国地方の新左翼過激派が中国山地に「ベース」なり「アジト」なりを持っていた可能性はないだろうか。

そこで過激派が激化する警察の捜査から逃れたり、「革命」のための軍事訓練を行なったり、『都市ゲリラ教程』や『赤軍ゲリラ・マニュアル』を読んで具体的な闘争のノウハウを学び、パルチザンよろしくカモフラージュを身につけて移動していたところをヒバゴンと誤認された——。

ちょうど、ヒバゴンの目撃がパタリと止み、騒動が収束に向かっていった時期に、学生運動も下火になっている。

どうだろうか。反革命的言説として、オカクロも統括されるだろうか。


「**なんだよ！　せっかく山奥に潜伏してブルジョア国家の転覆を目指そうとしてるのに、なんで革命戦士が人里まで下りてくるんだよ！　お前の言説は甘えのあらわれだ！**」

と諸兄はゲバ棒を手に言うかもしれない。これに関して、当時大阪万博が開催中であった事実を指摘したい。

目撃が多発した西城町でも大阪万博に行くため家を空けていた者が多く、目撃者の数人は「留守番」だった。

つまり、革命戦士が万博の盛り上がりに乗じて「**活動資金集めの空き巣**」を行なおうとしていた可能性を考えてみたがどうだろうか。銀行強盗をしていたぐらいだから、空き巣ぐらいするのではないか——と考えたが、反革命的だろうか。

と、言ってはみたものの、中国山地にアジトがあったとする話は聞かないし、空き巣の話もつかめなかった。我ながら荒唐無稽と言わざるを得ない。

新左翼の皆さん、疑ったりしてすみませんでした。

作られたUMA——ヒバゴンという優しき生き物

最後に、この説に触れる。

●町の陰謀説

陰謀論である。ヒバゴン騒動は町によって仕組まれていた茶番である、とする。

これは噂の範囲を出ないからか、関連本やUMA本ではあまり触れられていない。噂大好きな週刊誌でも数行触れる程度だ。

ここは「謎の怪獣 ヒバゴンはどこへ行ったのか?」さんから引用させていただく。

情報

・誰が言い出したのかは定かではないが、ヒバゴンは、県民の森の宣伝を狙ったでっち上げであるといった噂があったようだ。

・ヒバゴン騒動の中心地となった県民の森は、県民憩いの場・青少年の教育の場として1968年（昭和43）に建設着手された。そして、最初のヒバゴン目撃が1970年（昭和45）7月、当時県民の森の造成工事も最終段階に進んでいたという。さらに、最初のヒバゴン目撃からピッタリ1年後となる1971年（昭和46）7月、県民の森がオープンしている。これは余りにもタイミングが良すぎ、計画的な陰謀めいたものを感じた人がいても決して不思議ではない。

・ヒバゴン騒動の結果として、比婆郡西城町は一気に知名度を高め、全国的にも有名になったことは間違いない。またその当時、西城町の町長さんが中央で陳情をした際、ほとんどが簡単に通ったらしい。もしも、本当に『町おこし』であったとしたら、狙い通り…いや、予想以上の大成功だったにちがいない。

疑問

・県民の森を売り出す目的で、意図的にヒバゴンのような危険性のある謎の生き物を登場させるだろうか?当時の新聞報道を見ても、ヒバゴン目撃者達は皆が恐怖心をいだいていることがわかる。こんな恐ろしい怪獣の存在は、場合によっては逆効果になる可能性もあるのでは…?

・1970年（昭和45）ヒバゴン目撃情報が相次いだ当時、『町おこし』といった意識を持った人がどれほどいたかについては、はなはだ疑問ではある。折しも、高度成長期・・・それほど『町おこし』といった意識は現在ほど高くなかったではないかと推定される。もしも仮に『町おこし』を狙ってヒバゴンが創作されたとするならば、予想以上の効果にその黒幕（張本人達）もビックリしたに違いない…？

・もしも仮に『町おこし』を狙った陰謀だったとすると、一体誰がこんなことを考え、実行したのだろうか？それによって、利益を得るものがいたのだろうか？

（「謎の怪獣 ヒバゴンはどこへ行ったのか？」）

管理人さんとしては、「信じたくない説」とされている。オカルト・クロニクルとしても、陰謀論というのはあまり触れたくない。

が、ここはひとつ「町の陰謀説」をぶってみよう。荒唐無稽な話になるが、資料から得られた事実を下敷きに書くので、これはこれで真剣にヨタ話として聞いていただきたい。

陰謀論では前記のように「県民の森」の集客目的でヒバゴン騒動が起こされた、とする。

実際にヒバゴン騒動の最中、来客者は16万、17万、18万人と年々増え大盛況だった。ほかにも類人猿温泉や、人形など関連するビジネスが町の収益を押し上げた。

これは町にとって喜ばしい事態だった。やって来る捜索隊も、探検隊も、好事家も、みながお金を落としていってくれるのだ。

『げいびグラフ 第86号』にこんなコメントが載っている。

「**サルの怪物が出た広島県の町長ですが、と私の方から言うようになりましてね。おかげで陳情もスムーズにいきまして**」

これは当時の町長の言葉である。

この町長はヒバゴン騒動の時期を含む10年間町長を務めていた。名はT氏としよう。氏は「青年の森」の建設計画が持ち上がる前に町長に就任しているが、このT氏はかなりの「豪腕」だった。

ヒバゴンという観光資源による「青年の森」の成功や、「スムーズにいく陳情」を背景にしてか、大きな建設計画をぶちまくった。西城町ではこの時期に道路や病院などが次々に建設されており、公共事業「ジャブジャブ」である。

一連のヒバゴン騒動は町全体でなく、この町長が画策したとは考えられないだろうか？　町長の息のかかった者による工作である可能性はないだろうか？

こんなことを言うのも根拠がある。

ヒバゴンにまつわる諸情報では触れられていないが、このT氏は1974年5月に**汚職で逮捕**されている。ちょうど、ヒバゴン騒動の末期だ。

毎日新聞1976年8月26日の記事によれば、業者からワイロを取りゴルフ場開発の便宜を図っていたようだ。

かくして10年におよんだT氏の町政は逮捕によって幕を閉じた形になる。

そしてその幕引きに続いて、類人猿係は閉鎖され、ヒバゴンもパッタリ現れなくなった。


もちろん、類人猿係が荷担したというわけでなく、おそらく市の職員のほとんどは茶番だと知らなかったと思われる。

「謎の怪獣　ヒバゴンはどこへ行ったのか？」さんでは、「**陰謀で誰が利益を得るのか**」と書かれているが、町長である。豪腕開発による開発業者ないし建設業者からの裏金だ。

そして「**町民が怖がっているのに、ヒバゴンをデッチ上げるだろうか**」とあるが、これも穿った見方をしたとき、奇妙なことに気づく。

ときの庄原警察署の署長が、ヒバゴンについて、次のような訓示を署員に述べていたことが、1973年4月の『週刊平凡』に書かれている。

「**人畜に被害が出ていないので万一発見してもむやみに実力行使せず、愛情を持って対処せよ**」

そして類人猿係でも山狩りなどを一切否定し、「**捕まえる気は一切無い。ヒバゴンは優しい生き物**」と公言している。

これは少し奇妙ではないだろうか。正体が何かもわからない存在を前にして、さも危険がないようなニュアンスのことを行政が言う。おりしも、「正体は『クマ』かもしれない」と専門家が新聞で語っているにもかかわらず。

「現状では被害はないが、これからもそうとは限らない——ゆえに予断を許さない。町民はくれぐれも注意されたし」

こちらは久井町で小学生の兄弟によって目撃されたクイゴン。左手に長さ1メートルほどの石斧を持ち、右手には石を握っており、「ホーホー」と叫ぶ（写真：『日本の幻獣・怪獣』）

これが正しい危機管理のあり方だとオカクロ特捜部などは思うがどうだろうか。

この陰謀論では、ヒバゴンは着ぐるみだったと想定する。となると、あまりにヒバゴンという存在の恐怖を煽り、いたずらに町民を武装させ撃たれてしまっては元も子もない。ゆえに、**温厚な生き物、優しい生き物、危害はない**、と喧伝する必要があった（もっとも、出現するタイミングと場所は任意に決められるため、茶番を行なう側として安全な時と場所を選ぶことはできたろうが）。

疑い始めるとキリがないが、「目撃証言の精査」も「意に沿ったイメージを保つための印象操作があった」と考えることもできる。

そもそも、人間を恐れない、畑をまったく荒らさない、といった特徴が野生生物としては特異すぎると言わざるを得ない。何をしに里まで下りてきたのかわからない。

目撃例すべてが着ぐるみによるモノでなく、実際にサルだった目撃例もあったかもしれない。ゆえに目撃者間でも「サル派」と「絶対に違った派」が生まれた。

そして、騒動末期を経て、ヒバゴンはパッタリ姿を消した。指示していた町長がその座を追われたため、話題作りという「役目」を終えたからだ。

どうだろうか。ないだろうか。

「青年の森」やほかの建設、土地の売買に関連する業者がわかれば、もう少し面白いことを書けたかもしれないが、手に入る資料ではこの程度の陰謀論をぶつのが限界だ。

いろいろ調べに広島まで行こうかと計画したが――交通費が捻出できず断念した。オカクロ特捜部は貧乏なプロレタリアートなのである。

ダラダラ書いているうちに冗長な原稿になってしまった。ヒバゴンは歴史の闇に消えていった。おそらく今後、その正体が判明することはないだろう。

ヒバゴンとはなんだったのか。

日本列島改造、急激な開発や自然破壊に対して警鐘を鳴らしに来たのだ、と言う人がいる。

山の神が住処を奪われて、文句を言いに来たのだ、と言う人もいる。

そうなのか、そうじゃないのか、そんなことは誰にもわからない。

各人が好き勝手に解釈するしかない。

１９６９年、ちょうどヒバゴンが目撃される前年、『毎日テレビ』でツチノコを特集した番組が放映された。

町長がそれを目にして「茶番を思いついた」――かは定かでないが、番組にはツチノコ愛好家で知られる作家・山本素石氏が出演し、ツチノコについてのさまざまなうんちくを披露したそうだ。

放送終了後、番組への反響は凄まじく、やがてツチノコブームがやってくる。1973年、やってきたツチノコブームのさなか、山本素石氏は一冊の本を上梓した。

タイトルは『逃げろツチノコ』。

ツチノコを探し求め、クラブまで発足させた山本素石氏が、どうしてこんなタイトルを？　と疑問に思ったが、内容にこうある。

ツチノコが騒ぎになって、賞金までかけられて、追いかけ回されているのが心苦しいと。ツチノコをダシにしたピエロにはなりたくないと。

> 私はもうツチノコを追いかけまい。しかし、ツチノコが棲みそうな山へは、動けなくなるまで行きつづけることだろう。そして、もしどこかでツチノコにめぐり逢えたとしたら、「**お前やっぱり生きとったのか。よかったな。誰かが捕まえに来よらんうちに、はよう逃げろよ**」とささやきかけることだろう。

ヒバゴンの一件でも、類人猿係に「捕まえないでくれ」という嘆願が多数寄せられたという。

さまざまな説を検証したが、こうして確固たる事実なり真相なりを追い求めるのも余裕のない浅ましいことなのかもしれない。だが浅ましいと自覚しつつも、知りたいという欲求に突き動かされてしまう。男っていつもそう。

ヒバゴンとはなんだったのか。

本当に不可解な生物だったのか。本当に優しい生き物だったのか。

もしかしたら、自分たちの都合の良いように解釈しているだけで、本当は全部間違っているかもしれない。

本当は、ヒバゴンはまだ出没しているのかもしれない。この日本のどこかで。

ある人は言った。

「**私たちは、怪物から逃げることのできた人たちの話だけを聞いているのではないか**」と。

【参考資料】

●『私が愛したヒバゴンよ永遠に　謎の怪物騒動から40年』（見越敏宏／文芸社／2008年）

●『未確認動物UMA大全』（並木伸一郎／学研パブリッシング／2012年）

●『日本の怪獣・幻獣を探せ！――未確認生物遭遇事件の真相』（宇留島進／広済堂出版／1993年）

●『謎解き超常現象3』（ASIOS／彩図社／201

２年）
●『生きもの秘境のたび―地球上いたるところにロマンあり』（高橋春成／ナカニシヤ出版／２００８年）
●『日本の謎と不思議大全 西日本編』（人文社／２００６年）
●『謎の動物の百科』（今泉忠明／データハウス／１９９４年）
●『パワースポットニッポン』（ヴォイス／２０１０年）
●『ふるさとの四方山話』（げいびグラフ編集部［編］／菁文社／２００２年）
●『赤軍ゲリラ・マニュアル』（レスター・グラウ、マイケル・グレス［編］／黒塚江美［訳］／原書房／２０１２年）
●『都市ゲリラ教程』（カリロス・マリゲーラ［著］／日本・キューバ文化交流研究所［編］［訳］／三一書房／１９７０年）
●『動物妖怪譚〈下〉』（日野巌／中央公論新社／２００６年）
●『ふるさとの伝説　四　鬼・妖怪』（宮田登［編］／ぎょうせい／１９９０年）
●『日本昔話通観 第20巻（広島・山口）』（稲田浩二、小沢俊夫［編］／同朋舎／１９７９年）
●『妖怪談義』（柳田国男／講談社／１９７７年）
●『読売新聞』（１９７１年10月21日付、１９７４年８月19日付、１９８０年11月14日付）
●『毎日新聞』（１９７４年５月25日付、１９７６年８月26日付夕刊、２０１５年１月20日付）
●『怪』（ＶＯＬ.００２９・２０１０年３月）
●『新潮45』（２００８年９月）
●『週刊平凡』（１９７３年４月５日号）
●『花も嵐も』（１９９９年９月）
●『週刊プレイボーイ』（１９９３年３月30日号）
●『月刊ムー』（２００５年１月号、２０１４年３月号）
●「謎の怪獣 ヒバゴンはどこへ行ったのか?」（http://f-page.o.oo7.jp/hiro/gon/）
●「日本の学生運動：Wikipedia」（https://ja.wikipedia.org/wiki/日本の学生運動#cite_note-2）

ファティマに降りた聖母

——7万人の見た奇蹟

3人の牧童の前に現れた謎の女性は「預言」を残した

1981年5月2日。ロンドンはヒースロー空港である事件が起こった。

ダブリン発のアイルランド航空に籍を置く旅客機が着陸態勢に入った直後、何者かにハイジャックされた。多くのハイジャック事件がそうであるように、犯人は人質の身柄と引き替えにある要求を出してきた。

それは金銭でなく、仲間の解放でもなく、「**ファティマ第3の預言を全世界に向けて公開せよ**」という前代未聞のものだった。犯人は元カトリック（トラピスト会派）の修道士、ローレンス・ダウニー（55）だった。

緊急対策本部が慌ただしく立ち上がったが、できることは多くない。

譲歩を引き出そう――あるいは要求を飲もうにも、ファティマ第3の預言はカトリックの総本山であるバチカンによって宮深くに秘匿されており当地イギリスはもとより、全世界でもその内容を知る者はいないからだ。ローマ法皇を除いて。

現場は騒然とし混乱もあったが、給油のために寄港したフランスの空港で看護師に扮した特殊部隊が突入し、事件はあっさりと解決を見た。

ほどなく、ハイジャック犯ローレンス・ダウニーは精神異常者だったと公式に発表された。この修道士、過去にはローマのカトリック教会に籍を置いていたが、1954年にメンタル上の理由から退会させられていた人物だった。

かくして「**ハイジャックは強迫観念にとらわれた異常者による犯行**」として歴史の闇に葬られ、忘れ去られていった。その強迫観念を生んだ「**第3の預言**」とはなんだったのか。

それはハイジャック事件から遡ること64年前、現代から約100年前にあたる1917年に起こった一連の出来事に端を発する。

1917年、ポルトガル。

このころ、歴史書は躍動感に溢れている。人々は史上初の世界大戦のさなかにあり、ロシアでは女性労働者によるストライキから二月革命が勃発し、ロシア最後の王朝ロマノフ家が倒れた。

血液を燃料として見たとき、それこそ何万バレルという単位で血が消費されていた時代だ。

そんな混乱の時代の5月13日。ポルトガルの寒村である
事件が起こった。その日、コバ・ダ・イリアの高台は雲ひとつなく晴れ渡っていた。

そこに、3人の牧童があった。ファティマの町に住むルシア（10）、フランシスコ（8）、ジャシンタ（7）の3人だ。

牧童たちがいつものように羊を放牧していると、晴天の空に突如として稲妻が閃いた。これは、まさに青天の霹靂というやつで、牧童たちは珍しい事態に揃って空を見上げた。

すると視界の端にあった古い樫の木の茂みに妙なモノが浮かんでいることに気づいた。

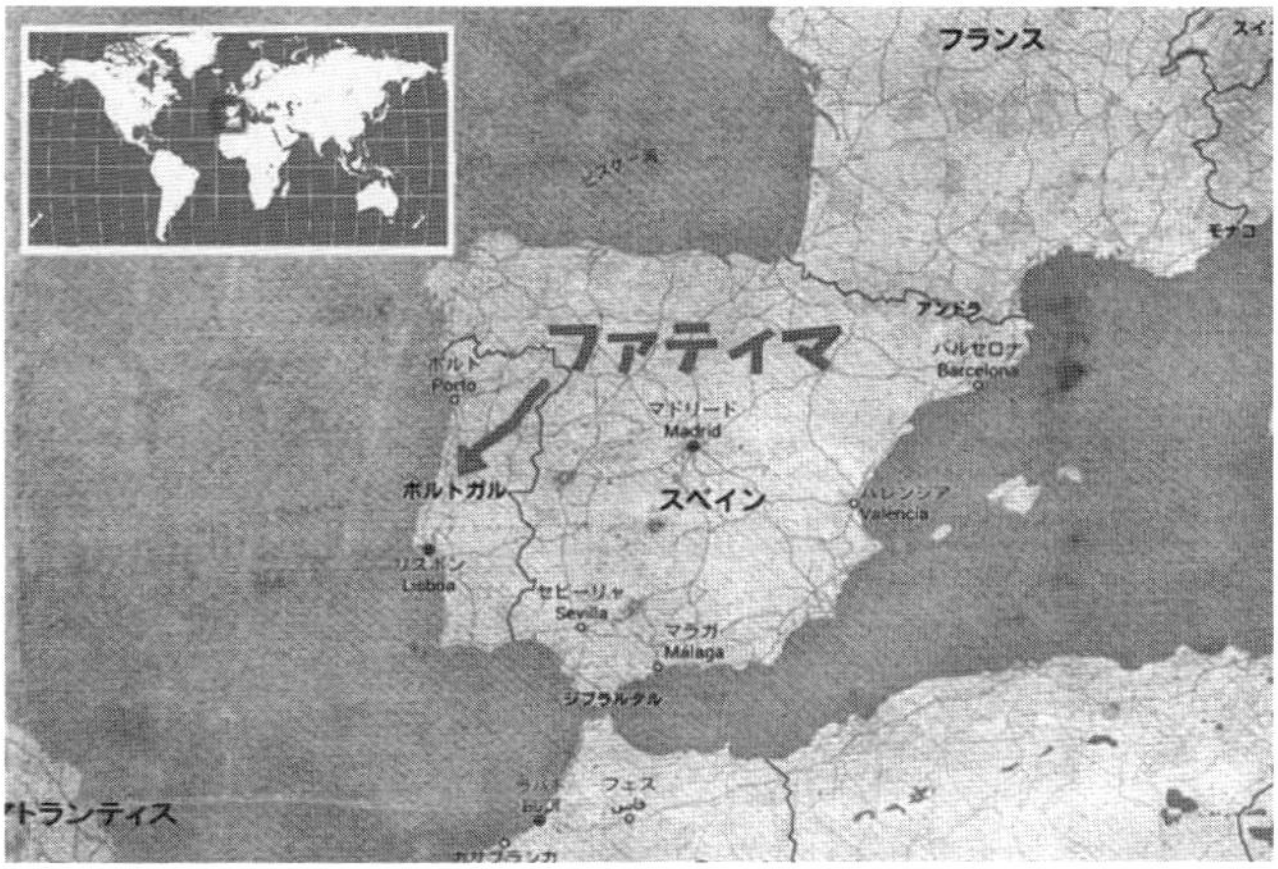

ファティマの3牧童。向かって左側から、
一番背の小さい女の子がジャシンタ（7）。中央がルシア（10）。
右側の少年がフランシスコ（8）。

それは光球だった。虹色の光を放つ球体だ。やがて光球は膨張し、変形し、女性の姿へと変わった。年のころにして18歳くらいに見えた。

不可解な状況に牧童たちが立ち尽くしていると、その女性はこう告げげた。

「**怖がることはありません**」

危害は加えない、怪しい者ではないと言う。だがルシアがどこから来たのかと聞くと、女性は「**天国から**」と言う。充分怪しいが、それはいい。

その女性は幼い牧童たちにいくつかの指示と、予告を行なっている。

- **10月まで毎月13日にここへ来るように。**
- **自分と出会ったことを誰にも言わないように。**
- **毎日かかさずロザリオの祈りを唱えるように。**
- **牧童3人は揃って天国へ行けるだろう。**

そして女性はフッと消えた。ルシア、フランシスコ、ジャシンタ。3人の牧童たちはその言いつけを守ろうとしたが、結局、いちばん幼いジャシンタが親に秘密を打ち明けてしまった。

親は「**嘘をつくなんて、とんでもない子だよ！**」と牧童たちを叱りつけ、さらには当地の神父に相談した。話を聞いた神父は「**なんだと！　嘘をつくなんてけしからん子だわ！**」とやはり子どもたちを叱った。

だが、13日になるたび聖母はコバ・ダ・イリアの高台に現れた。そして回を重ねるたびにヤジ馬感覚の者や難病を患った者が高台に集まった。

本人が宣言したとおり、聖母は10月13日まで7回に及んで出没し、いくつかの預言と、奇跡を起こした。

細かく書くと酷く冗長になるので、箇条書きで簡単に紹介しつつ甘めの寸評をつけてみよう。真偽については後述する。

- **ジャシンタとフランシスコはもうすぐ天国へ導かれる。だがルシアはもう少し現世で頑張りなさい。**

【寸評】的中。フランシスコは１９１９年4月（享年10歳）、ジャシンタは１９２０年2月（享年9歳）に病気で亡くなり、聖母に「アンタ、長生きするわよ！」と告げられたルシアは確かに長寿で、97歳まで生きて、２００５年2月に亡くなっている。

・第一次世界大戦はもうじき終わる。

【寸評】的中。ファティマでの聖母出現の翌年に当たる1918年11月11日にドイツが連合国との休戦協定に調印。

・人々が主に背き罪を犯し続けるなら、次の教皇の在位期間中にもっとひどい戦争が始まる。

【寸評】ズレてるけど、まぁ的中。預言がされた1917年に在位していたのはベネディクト15世で、「次の教皇」にあたるのはピオ11世。だが、ピオ11世の在位期間は1922年2月6日～1939年2月10日、そして第二次世界大戦の始まりであるポーランド侵攻が1939年9月1日となっており、この時分の教皇は「次の次の教皇」にあたるピオ12世。「半年」と「一代ぶん」のズレを誤差と評価するなら的中か。

・その大戦（第二次世界大戦）の前兆として、ヨーロッパに不気味な光が見えるだろう。

【寸評】的中。ポーランド侵攻の前年にあたる1938年、ヨーロッパの広範囲な地域で夜空に巨大なオーロラが観測された。これは非常に珍しい事態。空を覆ったソレは「炎のカーテン」のように見えた。『New York Times』の1938年1月26日付けの記事によれば、少なくとも英国、イタリア、スペイン、スイス、ポルトガル、ジブラルタル、フランス、バミューダ諸島ハミルトンなどでこの不気味な光が観測されたとある。

Aurora Borealis Startles Europe; People Flee in Fear, Call Firemen

Britons Thought Windsor Castle Ablaze—Scots See Ill Omen—Snow-Clad Swiss Alps Glow—Short-Wave Radio Halts

Special Cable to THE NEW YORK TIMES.

LONDON, Jan. 25.—The most brilliant display of an aurora borealis in fifty years held Britons spellbound over a wide area of this country tonight. From 6:30 to 8:30 P. M. the people of London watched two magnificent arcs rising in the east and west, from which radiated pulsating beams like searchlights in dark red, greenish blue and purple.

During this period all transatlantic radio communication was interrupted, and it was not until 11:30 A. M. that normal service was resumed. From an airplane the display looked like "a shimmering curtain of fire." A big spot had been noted on the sun during the week-end and some scientists anticipated that there would be an electrical disturbance of this kind.

One of the novel features of tonight's display was the vivid red glow. Londoners' last view of an aurora borealis was one night during a Zeppelin raid when it added terror to the dropping bombs.

Police stations, fire brigades and newspaper offices all over the country were inundated by calls tonight asking, "Where is the fire?". The phenomenon was seen as far south as Vienna, and in Holland crowds awaiting the birth of Princess Juliana's baby cheered it as a lucky omen.

Londoners Thought City Afire

By The Associated Press.

LONDON, Jan. 25.—The aurora borealis, rarely seen in Southern or Western Europe, spread fear in parts of Portugal and Lower Austria tonight, while thousands of Britons were brought running into the streets in wonderment. The ruddy glow led many to think half the city was ablaze. The Windsor Fire Department was called out in the belief that Windsor Castle was afire.

Superstitious folk of the Scottish lowlands shook their heads and declared the northern lights always spelled an ill-omen for Scotland.

The lights were clearly seen in Italy, Spain and even Gibraltar. The glow, bathing snow-clad mountaintops in Austria and Switzerland was a beautiful sight, but firemen turned out to chase non-existent fires.

Portuguese villagers rushed in fright from their homes, fearing the end of the world.

Short-wave radio connections between London and New York were disrupted by the electrical disturbance.

French and Swiss Alarmed

By The Associated Press.

GRENOBLE, France, Jan. 25.—A huge blood-red beam of light which scientists said was an aurora borealis of exceptional amplitude, tied up telephone systems in parts of France tonight and spread anxiety in numerous Swiss Alpine villages.

Emblazoned in the northern sky the light brought thousands of telephone calls to Swiss and French authorities asking whether it was a fire, war or the end of the world.

Scientists at the University of Grenoble said that a similar aurora borealis had not been seen in Western Europe since 1709.

Bermuda Witnesses Phenomenon

Special Cable to THE NEW YORK TIMES.

HAMILTON, Bermuda, Jan. 25.—A brilliant exhibition of an aurora borealis brought all Bermudians out of their homes at 8:15 o'clock tonight to witness the phenomenon, seen here only on the rarest occasions. The sky was brilliantly lighted with dark red streamers, flashing like searchlights. Many persons thought the light was caused by a ship afire at sea. Steamship agents took the precaution of checking with wireless stations to learn if there had been any S O S calls. The display lasted about three-quarters of an hour, the lights passing gradually into the north. It has been many years since such a phenomenon was witnessed here.

Canadian Land Lines Suffer

By The Canadian Press.

TORONTO, Jan. 25.—Aurora borealis rays, electrical disturbances in the ether, disrupted wire services throughout northern Ontario, northwest from Winnipeg and in the Toronto-Montreal-Ottawa area today.

Commercial telegraph wire chiefs described the rays as comparable to those of last Monday, said to have been the heaviest in ten years. Today's rays, however, did not affect carrier channels which were disrupted by the earlier trouble.

Effect On Radio Waning

Short-wave radio, after apparently emerging yesterday afternoon from one of the most severe disturbances felt in many months, suddenly went dead again between 6 and 7 o'clock last night, simultaneous with the appearance of an aurora borealis in many parts of Europe, in Canada and Bermuda. The trouble was laid to magnetic influences resulting indirectly, according to scientists, from sun spots and solar phenomena. They cause turbulences in the Heaviside Layer or "radio roof," and produce large "earth currents" that "clog the wires."

The magnetic storm's effect has been felt on transatlantic short radio waves for about eight days, but experts declared early yesterday that the end was in sight.

At its height a few days ago the disturbance was recorded by experts of RCA Communications as about 80 per cent as severe on the short waves as the storm of last April, which went into radio records as the most intense in 100 years.

With traffic blocked periodically on most short-wave channels between New York and Europe, the communication concerns shifted to waves of 5,000 meters or longer to force telephone and telegraph messages through.

The American Telephone and Telegraph Company revealed, however, that the trouble was concentrated largely over the Atlantic; no appreciable stoppage of short-wave traffic over the Pacific was encountered, it was said.

TAX LIENS AGAINST STARS | GANNA WALSKA BRIDE

ヨーロッパ上空に出現した不思議な光を報じる新聞記事。見出しには「オーロラに驚愕するヨーロッパ。人々は恐怖に逃げ回り、消防への電話が殺到」とある。

ロンドンでは午後6時30分から8時30分にわたって、上空に暗赤色と緑がかった青色の光が見られた。火事か、世界の終わりか、と民心が乱れた(『New york times』January. 26. 1938)

・ロシアは駄目。改心するように働きかけなければ、善良な人々が苦しむことになる。多くの国が滅びることになる。とはいえ最後に勝つのは我々の汚れ無き御心。

【寸評】なんとも言えない。「ロシアによって国が滅びる」に着眼したとき、ロシアは近年でも2014年のクリミア侵攻、2008年の南オセチア紛争などの軍事行動を行なっているが、滅ぼしたわけではない。この預言が時期を明確に指定していない以上、いくらでも恣意的な解釈ができる。

・あなたがたは聖ヨセフとイエスの姿を見るだろう。

【寸評】的中。7回目、最後の出現である10月13日のクライマックスに登場。幼子イエスを抱いた聖ヨセフが太陽の傍らに現れた。手で十字架の形を切った。ただし、7万人以上の群衆がいたが、聖ヨセフとイエスはルシアしか見ていない。

・あと、ここに聖堂を建ててね。

【寸評】建てました。

・教皇、暗殺されるってよ。

【寸評】非公開だった「第3の秘密」と言われる預言。公開されたのに、「こんなライトな出来事じゃないはずだ！」と誰も信じず、陰謀論の温床となった。一応、「空飛ぶ教皇」の異名を持つヨハネ・パウロ2世に対して1981年と1982年に暗殺未遂事件が起こされてはいるが、完遂はされていない。

雨のなか集まった7万人もの群衆が見た奇跡
――太陽の舞踏

最後の出現となった10月13日、しとしと降る雨のなか、集まった7万人の群衆は見た。

太陽がネズミ花火がごとく異常な回転を見せ始め、それに伴って周囲に光の矢を放った。それだけで終わらず、地表に対して急降下したり色彩を七色に変化させたりと、まさに奇跡としか言えない動きを約10分間にわたって見せた。この踊る太陽の放つ猛烈な熱で、雨に濡れていた群衆の服は乾いてしまった。

牧童の中心人物であったルシア自身はこの現象を目撃しておらず、手記でも触れていないが（註：この現象が起こっていたとき、ルシアは前述の「聖ヨセフとイエスの顕現」を見ていた）出版されたルシアの手記に注釈として当時の新聞記事が紹介されている。

少し長いがオー・ディア・ジョールノ紙の記事を引用する。


午后1時頃、雨はピタリとやみ、空を覆っていた雲は散り失せて、太陽が薄灰色の光を放って次第に暗くなるように見えた。

われわれは有明の月を見るように、ベールに包まれたこの珍しい太陽を見つめていた。すると真珠草の灰色の光線が銀の円盤のようにかわり、次第に大きくなって、突如太陽が雲の間から輝きはじめた。そしてたちまち灰色の光の円盤の中で火の車のように回転しはじめ、幾百条とも知れない光線が四方へ放たれ、回転するに従って光線の色が変化した。

雲も、地も、木も、岩も出現を見る3牧童も、これを見守る大群衆も黄、赤、青、紫、と次々に色どられていった。

太陽が一時回転を停止すると、再びさらに強い光を放って踊りはじめた。

そのうちに、また回転を停止したが、こんどは如何なる仕掛け花火の名人も想像することが出来ない不思議な花火を散らしながら、3度運動を開始した。

大衆が受けたこの印象をなんと表現できようか？ 観衆はただ恍惚として動かず、かたずを飲んでこの光景に見入っていた。すると、群衆は太陽が大空を離れてジグザグに跳ね返りながら、自分たちの頭上に飛びこんで来るのを見た。

『ああ！』と恐怖の叫びが一斉に起こった。すべてのものが聖書の預言にある世の終わりの光景を思い出したのであろう。

『奇跡だ！ 奇跡だ！』『私は神を信じます』『主よ、憐れんで下さい』『めでたし聖寵《せいちょう》（＊）充ち満てるマリアよ！』と口々に叫ぶ姿は壮烈たるものであった。

太陽の回転は中止時間も加えて10分間ぐらいだった。参加者は例外なしに1人残らずこの回転を目撃した。その中には信者もいれば信者でない者もいた。学者も、新聞記者も、自由主義者もたくさんいた。そして驚いたことには、数分前に雨でぬれ、泥にまみれた着物がすっかり乾いていたことだった。

（『ファチマの聖母の啓示
―現代の危機を告げる ルチア修女の手記』）

＊＝ガラサ。カトリックで、神の人間に対する救いの業をはじめ、無償で与える超自然の恵みをいう。プロテスタントでは恩寵・恩恵などという
（出典：デジタル大辞泉）

興味深いのが懐疑論者も目撃していることだ。懐疑論者で反宗教主義者だったオ・クロ紙の編集長アベリーノ・デ・アルメイダはこの奇跡に立ち会い、次のような所感を書き残している。

宇宙のあらゆる法則をやぶるこの事件は、当然、太陽がふるえ、動きだすことで始まった。

太陽は、農民の典型的な表現を借りるなら〝踊っている〟ように見え、現場の無数の人間は驚き、畏怖の念に打たれて見守るばかりだった。

今日ファティマで起こった出来事に、信心深い人たちは心から神を讃える大合唱を湧きあがらせた――事実わたしも、感銘を受けるに値する現象だと認めるにやぶさかではないし、教会の権威を無視する自由思想家も、宗教問題にまったく興味のない人びともひとしく感銘を受けたことだろうが、この出来事を〝太陽の死の舞踏〟と呼ぶのがふさわしいかどうかの結論を出すのはさしひかえよう。

この現象を信じない者にとっては、二度とないめずらしい出来事にすぎないだろうし、じかに目撃しなかった者にとっては、まったく信じがたい現象だろう。一大群衆がいっせいに雲の切れ間からのぞいた青空をふり仰ぎ、隣に立つ者が『奇跡だ、奇跡だ』と叫ぶのを聞く。そんな現象だったのだ。

のちの調査によって、この異常な太陽の動きは半径50キロの範囲で目撃されたといい、それを加味すれば実際の目撃者数はもっと多いのかもしれない。

このあまりにも多い人々の眼前で起こった「太陽の舞踏」、そして牧童たちに告げられた預言。これらをして「ファティマの奇跡」と呼ばれる。

だが、本当だろうか？

ファティマの一件に類似する事例を紹介しつつ、もう少しファティマの奇跡を掘り下げて考えてみよう。

なぜ「聖母」ばかりなのか――

そもそも、なぜ聖母なのか。

神などの概念を発明品だと考えている不信心なオカルト・クロニクルとしては、キリストが母親をパシリに使っている不道徳者に思えてならない。

「なんだよ！　俺は今週号のジャンプ買ってこいって言ったろ！　こりゃサンデーじゃねぇか！　読む連載ねぇじゃねぇか！」

聖母が現れた場所に建てられたアーチ。
のちにこの場所に聖堂が建てられることになる

と母親を足蹴にする自立できない息子――が想起される。コナンがあるだろう、コナンが。

カトリック界隈からの批判覚悟で言うと、「**罪深い人類に言いたいことがあるなら、母親じゃなく、自分で出向いて来い**」と言いたい。

怒られますかね？　怒られますよね。でもカトリック関係者には赦されなくとも、神なら赦して下さるでしょう。

反抗的な言動はともかく、記録を漁るとなぜか聖母ばかりだ。

カトリックの総本山であるバチカンが正式に「奇跡」として認めた事例だけでも22例。ファティマの事件以降では5例。地区司祭による認定、および未認定のものを数に入れれば250例はゆうに超える。

マリア顕現の研究で知られるシルヴィ・バルネイは、2000例を越えるとまで言う。カトリック界隈では19世紀から21世紀までの期間をして「マリアの世紀だ」とまで言う。

なんだか出現しすぎてありがたみが薄く感じられてしまうが、これはブームなのかもしれない。哲学者ジャン・ギトンによって、このマリア顕現、出現現象を指す言葉として「mariophanie」（マリアファニー）という造語が作られるほどだ。

もちろん、聖母だけでなくキリストが顕現している事例も報告されている――が、いまいちカーチャンの陰に隠れてしまっている印象がある。

ファティマの最終日にもキリストは一応顔を出してはいるのだが、幼子の姿で抱かれているだけ。他の事例でも似たようなもので、やはりインパクトに欠ける。

「なんだよ！　みんなの知ってる姿でババーンと出てこいよ！　なんで幼子の姿なんだよ！　俺の知ってる『きれいなラモス瑠偉』みたいな姿で出てこいよ！　さあ！」

と不信心な諸兄は不謹慎に憤るかもしれないが、そこらへんは宗教学の受け持ちであるのでオカクロでは触れない。

正直言えば、なぜ幼児の姿なのか一応気になっていろいろ読んではみたが、正直、よくわからなかった。だが、この幼子問題について、有識者による回答をいただいた。転載許可をいただいたので、左の関連Tweetをご参照いただきたい。

バチカンが認めたなかでも、奇跡の泉で知られるルルドやラ・サレットの聖母、ポンマンの聖母、そしてこのファ

フラン@HMM（女王陛下のモデラー）
@francescomgm
フォローする

@matukakAlt　初めまして。ディアトロフ峠事件を調べていて貴サイトを知りました。オカルトネタ好きなので今楽しく読ませてもらっています。ところでファティマ第3の予言のところで「なんで聖母なんだ。なんでイエスは幼児なんだ。知ってる人は教えて欲しい」と書かれてましたよね（続）

13:16 - 2016年12月25日

フラン@HMM（女王陛下のモデラー）
@francescomgm
フォローする

@matukakAlt　（承前）今更かもしれませんが中世史を学んだものとして少し説明いたしますと、中世ではキリストは人類の罪を厳しく断罪する厳父のイメージでした。そこで人間側から赦しを求めるため「とりなしの聖母」という考えが一般化します。（続）

13:18 - 2016年12月25日

フラン@HMM（女王陛下のモデラー）
@francescomgm
フォローする

@matukakAlt（承前）結果カトリック文化圏ではマリアの方が信仰を集めてしまいます。で、マリアが人類をかばう優しいお母さんなので、イエスは厳格な大人ではなく幼児時代のイメージで描かれることが多くなったわけです。こういうイメージは現在でもカトリック文化では一般的です（続）

13:22 - 2016年12月25日

フラン@HMM（女王陛下のモデラー）
@francescomgm
フォローする

@matukakAlt　ファティマの聖母もそういう伝統イメージの影響だと思います。なお「とりなしの聖母」については私の先生の書いた『地獄と煉獄のはざまで』という本をお勧めしておきます。中世の人たちが神をどんなふうに感じていたか、面白い説話がたくさん載ってますよ（長文失礼しました）

13:26 - 2016年12月25日

フラン@HMM（女王陛下のモデラー）
@francescomgm
フォローする

返信先：@matukakAltさん

あ、ちなみにカトリックに多くの守護聖人がいるのも「聖人は今は神の傍にいるけど元は人間なんだし、俺たちの願いを神にとりなしてくれるんじゃ？」という発想からです。ペスト流行が神の怒りとされた一方、その守護聖人セバスティアヌスが信仰されるのが一例です。

23:50 - 2016年12月25日

ティマあたりが有名である。

それぞれの事例に関しては「Wikipedia」に聖母の出現の項があり、概要を読むことができるので興味ある諸兄はどうぞ。

こうして有名無名を問わずそれぞれの事例を眺めてみれば、ある程度の共通点があることにも気づく。詳細に書いても項が冗長になるので、大ざっぱに分けて、４つ。

①多くの場合において、年端のゆかぬ子どもが初期の目撃者である。
②現れた聖母（ないし聖母っぽい存在）は人類に対して警告とちょっとした預言を行なう。あとロシア批判。
③子どもたち、あるいは群衆に難病の治癒を求められ、たまに応じる。全部は応じない。
④要求。「ロザリオの祈り（註：アヴェ・マリアを唱えながらキリストの生涯を黙想する祈り）」を強く求める。聖体拝受・聖体拝領などの儀式も推奨。聖堂も欲しがる。

これらの特徴をほとんどの事例に見ることができる。

よく言えば一貫性があり、悪く言えばワンパターンである。ゆえに網羅するには相当の根気を要する。


興味深いポイントとして、少なくない事例で聖母が「預言・予言」を行なっているということだ。預言に関してファティマの聖母ばかりがピックアップされ「**ファティマ！聖母の告げた恐るべき最終預言！**」などとサブタイトルが付けられがちな傾向があるが、ファティマ以外でも聖母は地道に預言活動を行なっている。

それはともかく、多くのマリアファニー事例で「ロシア」が批難されていることに違和感を感じる方もおられるかと思う。なんで聖母のくせに特定の国の悪口言うんだよ、と。

これは「**歴史的にカトリックと共産主義はいがみ合ってきた**」という政治的なバックグラウンドを知らなければ奇異に感じられるかもしれない。

ながらくカトリックは共産主義の標榜する全体主義や無神論を批判してきた。第二次世界大戦の末期には、ソ連嫌い、反共主義がいきすぎて、「オデッサ・ファイル」よろしく、教会ぐるみで戦犯であるナチス将校を南米へ逃がしている。ホロコーストの罪よりも、イデオロギーを優先した形になる。

とはいえ反共主義はカトリックに目立つというだけで、ほかを見回しても共産主義と親和性の高い宗教はほとんどない。それはもちろん共産主義が宗教そのものだから――なんて言ったら怒られますよ？

　ともかく、ファティマの聖母に関しても
「**ルシアは当時、貧しい寒村の小娘にすぎず、『ロシア』という国名さえ知らなかった。最初に聖母から『ロシア』という言葉が出たとき、それがどこかの女性の名だとルシアは勘違いした**」

　という説明がつけられるが、疑い深いオカクロとしてはここに微かな政治臭が感じられてならない。

　このファティマの奇跡。個人的にはさまざまな界隈——具体的にはカトリック界隈、新宗教界隈、オカルト界隈、商業オカルト界隈、陰謀論界隈、UFO log·ist界隈、が各メディアで好き勝手に解釈や憶測を織り込んだせいで、全体像がボヤケてしまっているように思われる。

「第3の秘密」はともかくも、「じゃあ第1、第2は？」と問われてキチンと明確に答えられる者がどれほどいるだろうか。

　ここからは、さまざまな界隈に飛び交うさまざまな言葉——恣意的な誇張や誘導的なデマを排し、できるかぎり客観的な立ち位置から剥き出しの「ミラクルズ・ファティマ」を見てみよう。

O MILAGRE DE FÁTIMA

Varios aspectos do povo ajoelhado e orando no momento de descobrir o sol e de se dar o fenomeno que tanto impressionou a multidão.

(Carta a alguem que pede um testemunho insuspeito).

Quebrando um silencio de mais de vinte anos e com a invocação dos longinquos e saudosos tempos em que convivemos n'uma fraternal camaradagem, iluminada então pela fé comum e fortalecida por identicos propositos, escreves-me para que te diga, sincera e minuciosamente, o que vi e ouvi na charneca de Fátima, quando a fama de celestes aparições congregou n'aquele desolado ermo dezenas de milhares de pessoas mais sedentas, segundo creio, de sobrenatural do que impelidas por mera curiosidade ou receosas de um logro... Estão os catolicos em desacordo sobre a importancia e a significação do que presencearam. Uns convenceram-se de que se tinham cumprido prometimentos do Alto; outros acham-se ainda longe de acreditar na incontroversa realidade de um milagre. Foste um crente

no vagalhão colossal d'aquele povo que ali se juntou a 13 de outubro. O teu racionalismo sofreu um formidavel embate e queres estabelecer uma opinião segura socorrendo-te de depoimentos insuspeitos como o meu, pois que estive lá apenas no desempenho de uma missão bem dificil, tal a de relatar imparcialmente para um grande diario, *O Seculo*, os factos que diante de mim se desenrolassem e tudo quanto de curioso e de elucidativo a eles se prendesse. Não ficará por satisfazer o teu desejo mas decerto que os nossos olhos e os nossos ouvidos não viram nem ouviram coisas diversas, e que raros foram os que ficaram insensiveis à grandeza de semelhante espectaculo, unico entre nós e de todo o ponto digno de meditação e de estudo ..

O que ouvi e me levou a Fátima? Que a Virgem Maria, depois da festa da Ascenção, aparecera a tres crianças que apascentavam gado, duas mocinhas e um zagalete, recomendando-lhes que orassem e prometendo-lhes aparecer ali, sobre uma azinheira, no dia 13 de cada mez, até que em outubro lhes daria qualquer sinal do poder de Deus e faria revelações. Espalhou-se a nova por muitas leguas em

当時の新聞『Ilustracao Portuguesa』。紙面には空を眺める群衆写真が目立つ（1917年10月29日付）

預言は本当に的中したのか

　前述した事例を見て諸兄は憤るかもしれない。

「**なんでなんの権力もない牧童とか子どものトコにばっか出るんだよ！　聖母も言いたいことあるならローマ法皇のとこに出ろよ！　そっちのが情報拡散早いだろ！**」

　250例も出現しておきながら、バチカンに認められたのはそのひと握りにも満たない。なんだか聖母の地道な啓蒙活動が無駄になっているように思えてならない。もしかしたら、出現する場所が悪いのでは？　と心配すらしてしまう。だがこれは「**ホワイトハウスの庭に着陸しないUFO**」にも同じことが言える。奥ゆかしいということにしておこう。

ともかく、このファティマの奇跡は長らく隠匿されてきたせいか、あるいはその神秘性のせいか、さまざまな界隈で言及されている。「スピリチュアル」な人たちも例外ではない。

資料を探してみれば、スピリチュアル・カウンセラーの江原啓之、チャネリングのレムリア・ルネッサンス、そして「**最高ですか！**」の福永法源というなんとも香ばしくも充実したラインナップ。

諸兄の好きそうな教団を挙げるなら――セックス教団として話題になったリトル・ペブル同宿会の母体であるリトル・ペブルもファティマ預言を絡めたり、聖母顕現を主張している。

さらに、オウム真理教の機関誌ヴァジラヤーナ・サッチャvol 5でも、「戦慄の世紀末大予言」と題した特集で、当時まだ未公開だったはずの第3の預言をサラリと引用したりしている。

霊言したり、チャネリングしたり、啓示を受けたり、エア引用したりと、好き放題である。いいかげんにしないとバチが当たりますよ？

ともかく、そのどれもが例外なく箸にも棒にもかからないモノであるが、ファティマがそれだけ注目度が高いということはわかる。

これらは「的中した第1と第2の預言」を信憑性の土台とし、続く第3の預言を自分たちの都合のいい方向へと誘導している。「そっち方面」の人たちにはさぞ使い勝手のいい道具だったのだろう。

が、そもそも第1と第2の預言は本当に的中していたのか？

気の短い諸兄は憤るのでしょうね。

「**なんだよ！　前ページでワザワザ寸評までつけて、的中！とかやってたじゃないか！　あれ嘘なのかよ！　知ってて嘘つくなんて、オカクロもけっきょく商業オカルトかよ！　もう誰も信じられない！　おれもニューエイジになって、宇宙から真理を受信してやる！**」と。

チャネリングはおよしなさい。ロクでもないモノ受信するから。

冗談はともかく、前記の預言を箇条書きしてつけた寸評だが、あの評価は決して嘘ではない。

ただし、あれが本当に事前に預言されたモノだったならば、だ。

これに関しては『検証 予言はどこまで当たるのか』でASIOSの本城達也氏による丁寧な検証がなされている。詳しくは同書や『バチカン・シークレット─教皇庁の秘められた二十世紀史』などを参照してもらうとして、結果から言えば「**すべて事後預言**」になる。

それまで頑なに預言の内容を秘していたルシアが、第1と第2の預言を明らかにしたのは1942年。事件から実に25年もの歳月が経ったあとだ。


しかしこの頃にはすでに、予言で言及のあった出来事は起きていた。

つまり、第1と第2の予言は事後予言なのである。これで的中したと言われても、「**事後ですからね**」としか答えようがない。


(『検証　予言はどこまで当たるのか』)


これに加えて、一緒に7回の聖母出現に立ち会ったフランシスコ、ジャシンタの両名は事件からほどなくして夭逝しており、ルシアの証言を裏づけることのできる関係者はいない。

敬虔なシスターとして生涯を終えたルシアの言葉に難癖をつけるのは気が引けるが、せめてそれぞれの出来事が起こる前に手記が出されていたならば、と悔やまれてならない。

では「戦慄の第3の預言」はどうか?

これは1944年に書かれ、2000年に「**これ以上の憶測と混乱を呼んではならぬ**」というバチカンの判断のもとに公開された。

元々は1960年に公表されるハズであったが、公開時期が延びに延び、それが憶測を呼びに呼び、「伝説」にコクと深みを増していった。

では少し長いが、2000年に教皇庁教理省によって公開された第3の預言を『ファティマ第三の秘密 - 教皇庁発表によるファティマ「第三の秘密」に関する最終公文書』より引用してみよう（読みやすいように改行を入れた以外は原文ママ）。

イエス、マリア、ヨセフ、

ファティマのコーワ・ダ・イリアにおいて、1917年7月13日に明らかにされた秘密の第3部。

レイリアの司教と聖母マリアを通してお命じになる神への従順な行為としてペンを執ります。

すでに述べたあの二つの啓示のあと、わたしたちは、マリアの左側の少し高い所に、火の剣を左手に持った1人の天使を見ました。この剣は、まるで世界を火で焼き尽くさんばかりに、火花を散らして光り輝いていました。

しかしその炎は、マリアが天使に向かって差し伸べておられた右手から発する輝かしい光に触れると消えるのでした。

天使は、右手で地を指しながら大声で叫びました。

「悔い改め、悔い改め、悔い改め」。

それからわたしたちには、はかりしれない光――それは神です――の中に、「何か鏡の前を人が通り過ぎるときにその鏡に映って見えるような感じで」白い衣をまとった1人の司教が見えました。

「それは教皇だという感じでした」。

その他にも幾人もの司教と司祭、修道士と修道女が、険しい山を登っていました。その頂上には、樹皮のついたコルクの木のような粗末な丸太の大十字架が立っていました。

教皇は、そこに到着なさる前に、半ば廃墟と化した大きな町を、苦痛と悲しみにあえぎながら震える足取りでお通りになり、通りすがりに出会う死者の魂のために祈っておられました。

それから教皇は山の頂上に到着し、大十字架のもとにひざまずいてひれ伏されたとき、一団の兵士たちによって殺されました。

彼らは教皇に向かって何発もの銃弾を発射し、矢を放ちました。同様に、他の司教、司祭、修道士、修道女、さらにさまざまな地位や立場にある多くの信徒たちが、次々に殺されていきました。

十字架の両腕の下には2人の天使がいて、おのおの手にした水晶の聖水入れに殉教者たちの血を集め、神に向かって歩んでくる霊魂にそれを注ぐのでした。

トゥイにて　1944年1月3日

（『ファティマ第三の秘密－教皇庁発表による
ファティマ「第三の秘密」に関する最終公文書』）

なんだこれは。すごいことを言っているようで、実は何も言ってない気もする。つまるところ、よくわからない。

教皇が十字架の立った山に登って、兵士に銃殺される。確かに予言と言われれば予言なのかもしれないが、時期も人物も明確でなく、ノストラダムスよろしくどうとでも解釈できる内容ではなかろうか。

少なくとも、聖母が預言を行なった1917年以降、殺された教皇はひとりもいない。

最大限好意的に解釈するならば、バチカンが主張したように1981年にヨハネ・パウロ2世が銃撃された事件を預言したモノと捉えることはできるが暗殺は未遂に終わったし、「**ほかの司教、司祭、修道士、修道女、さらにさまざまな地位や立場にある多くの信徒たちが、次々に殺されて**――」いない。

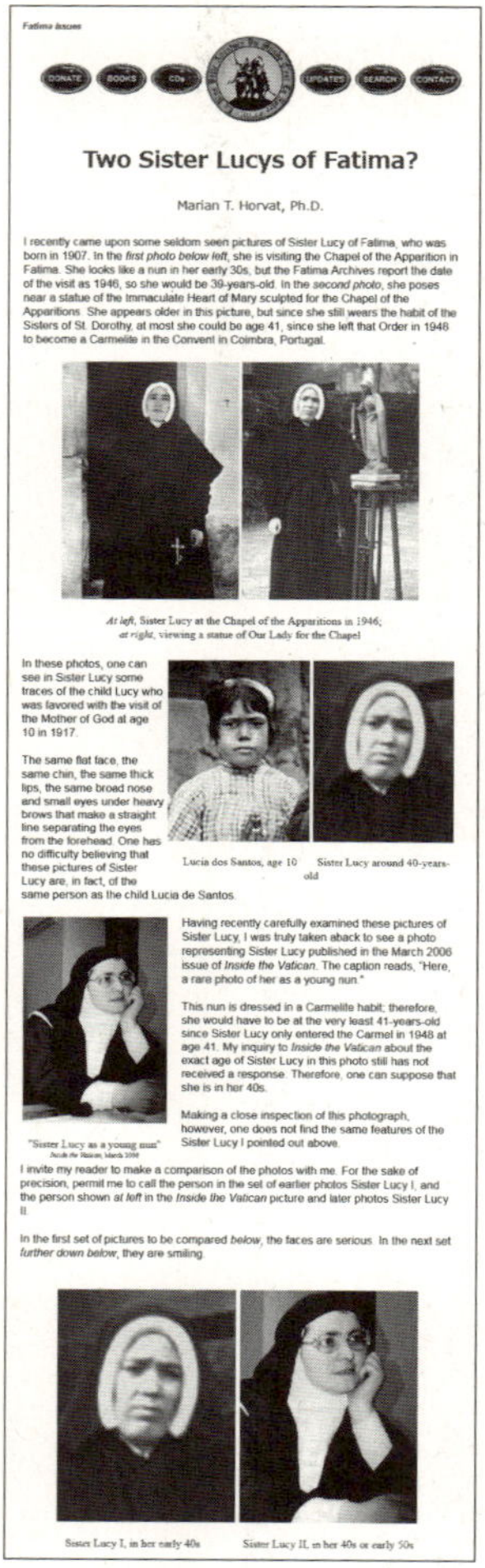

ルシア偽物説を検証するサイト

これを読んで、終末論的な内容を期待していた層が肩すかしを食らったことは想像に難くないし、ブッ飛んだ内容を霊言したり、チャネリングしたり、啓示を受けたり、エア引用していた層も知らんぷりはできない。

ということで、やはり陰謀論が育ってゆく。

「**ルシアが書いた全文ではない。大事な部分は公開されていない**」

「**ルシアが内容を否定した**」

「**恐ろしすぎる内容だから、隠蔽し続ける気だ！**」と。

ルシアが第3の預言の内容が自分の書いたモノと違う！と主張し、司法省を提訴→和解した――という話もまことしやかに語られていたが、その話のソースなり出所が判然とせず、どうにも陰謀論界隈から発生したデマ臭い。

陰謀論についてはたいして面白くないワリに資料集めが大変なので、オカルト・クロニクルとしては触れない。

ただひとつだけ反論しておくならば、ルシアは2000年、第3の預言の公開に先立って、教理省から派遣されたタルチジオ・ベルトーネ大司教による書簡の確認に、「**上記の第三部書簡は自分が書いたモノ**」であること、そして「**それが全部であること**」を認めている（ちなみに、1960年まで預言を公開するなと聖母が指示した――と「Wikipedia」を含めそこらじゅうのサイトに書いてあるがこれは誤り。1960年という期限はルシア自身が「なんとなく、勘で」決めた）。

これで終わるかファティマの戦慄預言！　と見せかけて、いやはや陰謀論は根強い。今度はルシア偽物説まであった。

なんかルシアの見た目、違うくね？　偽モンじゃね？　替え玉じゃね？　だったら「本物と認めた」とかナシじゃね？　ということだろうか。ちょっとワロタが深くは踏み込むまい。

ファティマについて触れるとき、フランシスコやジャシンタを差し置いて、ルシアが、ルシアが、という話題展開になりがちである。オカクロもそうである。

これをして、Perfume好きを公言しながらのっち、あるいはBABYMETAL好きを公言しながらユイメタルにしか言及しない者――を見るような心苦しさを諸兄は覚えるかもしれない。

「**なんだよ！　俺はフランシスコやジャシンタの話も聞きたいぞ！　とくに当時9歳のジャシンタの！　幼女！　幼女！**」と。

確かにふたりにも詳しく話を聞きたいところである。

フランシスコやジャシンタが何を見て、何を聞いたか、それを整理精査してゆけば預言に関しても違う見方ができたかもしれない。

だが、これは「**ルシアが唯一の生き証人**」であるうえに「**中心人物だった**」ワケでいまさらどうこうできるモノではない。

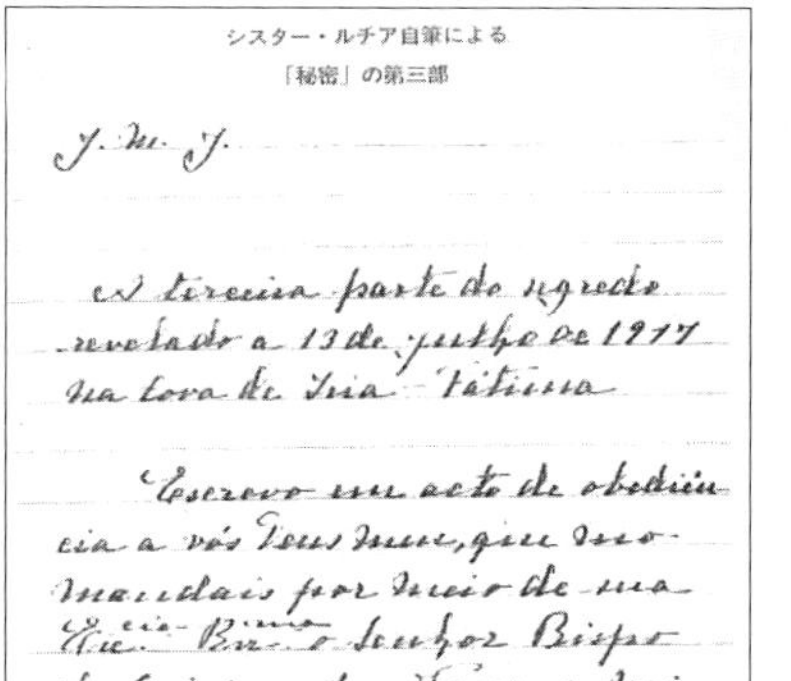
シスター・ルチア自筆による
「秘密」の第三部

J. M. J.

A terceira parte do segredo
revelado a 13 de julho de 1917
na Cova de Iria - Fátima.

Escrevo em acto de obediên-
cia a vós Deus meu, que mo
mandais por meio de sua
Ex.cia Rev.ma o Senhor Bispo
de Leiria e da Vossa e mi-
nha Santíssima Mãe.
Depois das duas partes
que já expus, vimos ao lado
esquerdo de Nossa Senhora

ルシア自身の手で書かれた預言の第三部冒頭。この内容に納得できない者たちは筆跡の鑑定まで行ない「ルシア本人のモノではない」と主張する。なんでも「ルシアI」と替え玉である「ルシアII」がいるのだとか（写真：「ファティマ第三の秘密 - 教皇庁発表によるファティマ「第三の秘密」に関する最終公文書』）

残念ながらほかのふたりは早くして亡くなり、「ふたりが体験した出来事を語った逸話」や「ふたりの人物評」も結局はルシアを経由して我々にもたらされているものだ。

一応地元の神父マヌエル・フェレイラによって、当時マリア顕現が起きた直後に3人への尋問が行なわれてはいるのだが、当時3人の牧童が預言については口を閉ざしていたため、結局詳細は1942年まで出てこなかった。

ルシアというフィルターを通し、かつ亡くなったふたりによる言質が取れない以上、「**ジャシンタはこんなビジョンを見た**」や「**フランシスコはこんな声を聞いた**」という伝聞にルシアによる「後づけ」が含まれる可能性が否めない。

聖母出現の1年前に3人の牧童の前に天使が現れていた——という話も同様だ。シスターを疑うのも心苦しいが、客観性の乏しさは指摘せざるを得ない。

だがファティマには大いに客観性のある奇跡もある——そう、7万人の見た「太陽の舞踏」だ。

「踊る太陽」とはどんな現象だったのか

聖母出現現象についていくつかの特徴を紹介したが、そうしたなかでもファティマが別格扱いされるのは「的中した」とされること、「隠匿された」こと、そして「踊る太陽」のせいだろう。

特に7万人が見たという太陽の舞踏は、その目撃者の数からしても威圧感と説得力を持って迫ってくる。個人的にはこの現象こそ「これぞ、ファティマの奇跡」という印象がある。

だが、根気よく調べてみれば、奇怪な動きをする太陽というのも決してファティマに限ったことではないことがわかる。

●事例1：ケリズィネンの聖母

1938年9月15～1965年10月1日。フランス フィニステール県ケリズィネン。

- 当時28歳のジャンヌ＝ルイーズ・ラモネのもとに聖母顕現。
- 58回の聖母出現、28回のキリスト出現。
- ルルドに似た泉発見の預言、その実現。黙示録的なメッセージ。
- 病治。
- **1963年12月8日、太陽の奇蹟的運動現象。**
- 白い花が雨のように降った。

・聖母が聖堂の建立を希望。
・ロザリオの祈りをはじめとしてさまざまな要求。聖体拝領など。
・他にも様々な不思議現象が起こる（註：書籍『聖母の出現―近代フォーク・カトリシズム考』によれば「光、写真、芳香、ホスチアの奇蹟」など）。

●事例2：メジュゴリエの聖母

1981年6月24日〜現在。ボスニア・ヘルツェゴビナの田舎町メジュゴリエにて6人（1人を除いて16歳から18歳）の前に聖母顕現。
・顕現から3日目には2000〜3000人の群衆が集まった。
・特種な事例。現れたマリアは平和を願うとともに、悪魔バッシング、共産主義バッシングを行なう。
・UFOは存在する！　となぜかマリアが主張。
・お触りアリの聖母。触ると金属っぽい触感。長いベールを民衆に踏まれ怒って消える。
・聖母が聖堂の建立を希望。
・数百人の巡礼者が銀の鎖やロザリオが金に変わったと主張。鑑定してもらうと、「中世にしかない金（？）だとわかった」
・**太陽が回転し、色が変化するのを数百人が目撃。**
・カトリックはこの顕現に否定的な立場をとった。もともと現地の司教区とフランシスコ会の間に対立があった。フランシスコ会の一部が奇蹟をもとに大規模な金儲けをしたので「聖母カルト化」と批難されている。目撃者の6人も金持ちに。

●事例3：カサノヴァ・スタフォーラの聖母

1947年6月4日〜1956年6月4日。当時7歳の羊飼いアンジェラ・ヴォルピーニの元に聖母顕現。
・毎月4日に聖母が現れ、合計85回の出現。
・聖母が聖堂の建立と聖地を要求。
・大きな奇蹟を約束。
・5つの秘密。
・**太陽の奇蹟的運動現象（1947年10月4日）目撃者数、5000〜6000人。**

これらは聖母の出現に太陽の異常運動を伴ったものであるが、あまり言及されることがない。あまりというか、まったく触れられない。3例とも教皇庁未公認ではあるが、ケリズィネンとカサノヴァ・スタフォーラに至っては「聖母の出現」の一覧にすら載っていない。

どちらもファティマに比肩し得る要素が詰め込まれているのに、歴史の闇に葬られている。

さしあたって我々にできることは、聖母と聖堂建設業者との間の癒着を疑うぐらいのことだ。とにかく、黙示録をチラつかせて、建てろと建てろと要求する。

冗談はともかく、「太陽の奇蹟的運動」に関して言えば、ファティマだけの専売特許ではなかったことはわかった。

もっと言えば、ティイ＝シュル＝ソル（1901年 フランス）、オンケルゼーレ（1933年 ベルギー）、ボナーテ（1944年 イタリア）、エスピ（1946年 フランス）、アックアヴィーヴァ・プラータニ（1950年 イタリア）、ヘーロルツバッハ（1949年 ドイツ）、フォイエルバッハ（1950年 ドイツ）、サンダミアーノ（1965年 イタリア）、トレフォンターネ（1982 イタリア）、キベホ（1983年 ルワンダ）などがある。唐突に中部アフリカのルワンダが混ざってるのが異色に感じられるが、こと「マリア顕現」に関しては日本を含めた世界中で目撃例がある。このキベホの事例ではルワンダ内戦の光景が見えたという。

詳細を挙げた前記の3事例については、バチカンは奇蹟として認定しておらず、懐疑的に調査する余地は充分に残されている。

ケリズィネンの聖母などは、ルルドなりファティマなり他の場所で起こった奇蹟がそっくり再現されるばかりで、目新しい現象がない――として「**ほかの奇蹟を知って、追随ないし模倣したのではないか**」と体験者に疑いの目が向けられている。

「**オリジナリティがないからパクリ、インチキ**」というのもいささか乱暴すぎる話ではあるが、詳細だけを見れば奇蹟のオンパレード、まさに「霊的ディズニーランド」であるのにバチカンには認められていない。むしろ、その未認定の事実から内情を推して知るべしなのかもしれない。

話を戻そう。

太陽が狂ったような急降下や回転を繰り返したという奇蹟的運動。これはなんだったのか。

先に引用した当事者たちの所感を読んでも、その異常と評された太陽運動がどのようなものだったのか、いまいちイメージがつきにくい。

しかし、さすがに1917年ということで、写真は撮られた。文明の勝利である（左ページの写真参照）。

どうだろうか。

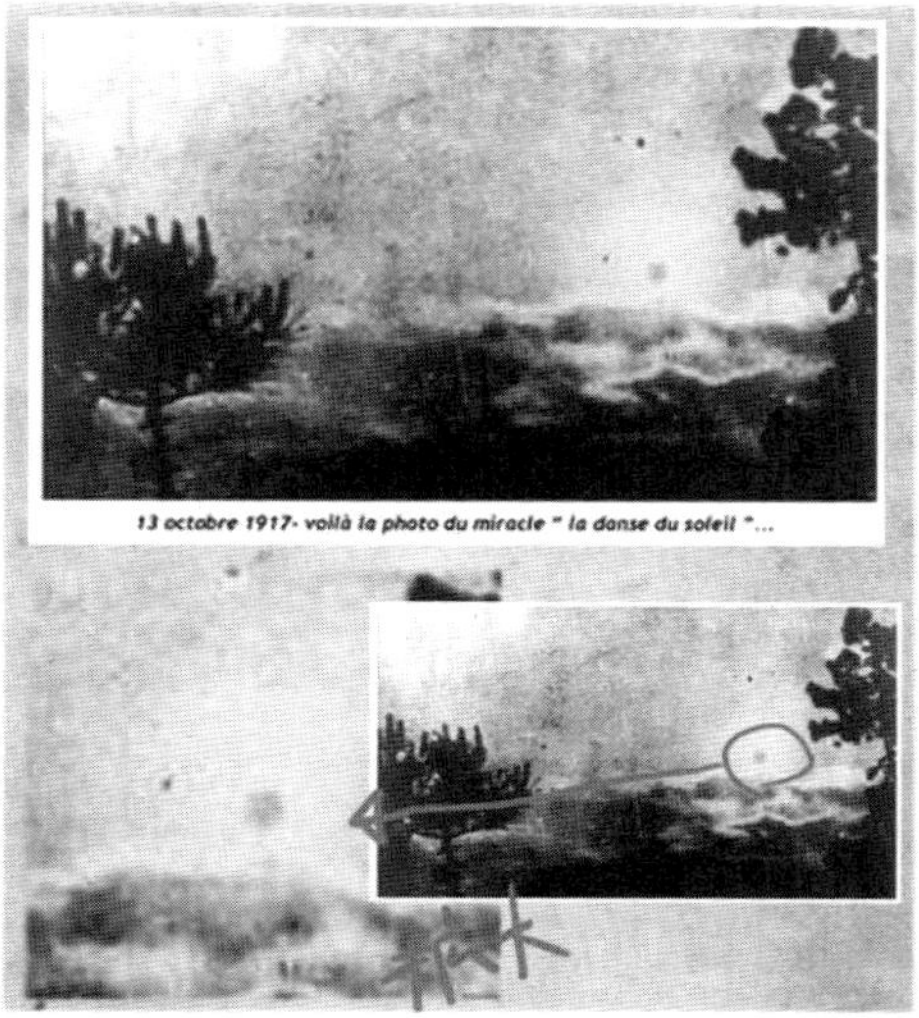

13 octobre 1917- voilà la photo du miracle " la danse du soleil "...

奇蹟的なダンスを踊っているようには見えないが、これが「太陽の舞踏」写真だ。

ここで極端に懐疑的な諸兄などは言うかもしれない。

「**ふっ。語るに落ちたなオカ番マツカク。このような写真は取り上げるに値しない。やはり貴様は商業オカルトの手の者だったか。約束どおり今日からこのサイトは我々諸兄連合とASIOSが仕切らせてもらう。貴様は公園でチャネリングでもしてろ**」と。

いつもながら手厳しい。

冗談はともかく、ネットで「ファティマ」を検索したとき、多くのオカルト系サイトでこの写真が「奇蹟の証拠写真」として貼られているので、目にしたことのある諸兄もおられるかと思う。

なんだか出自が怪しい写真であるのだが、地道に調べてゆけば、出所がローマ教皇庁の半公式新聞である『l'osservatore romano』であることがわかる。

わお、バチカンの半公式新聞って、じゃあこれってガチなやつじゃん！　やったね太陽！　証拠が増えるよ！　と簡単に喜んではいけない。

そもそも、何か違和感を感じる。太陽って、黒く写るのか？　舞踏の起こっていた時間は昼間だろ、太陽がギュイギュイ動いたとしてもあまりに角度が低すぎないか？――と。

そんな違和感はこの写真が発表された年代を知れば、さらに大きくなる。

こんな写真を見たら、てっきり当時の新聞か何かで報じられたモノだという錯誤が働きがちであるが、ファティマの奇蹟が１９１７年に起こったのに対し、この写真が公表されたのは１９５１年。１９１７年当時の新聞では触れられていない。奇蹟の認定に時間がかかったから公表が遅れたーーのだろうか？

じゃあ、誰が撮影したんだ？　と調べを進めてゆけば、この写真がかなりのいわく付きであることがわかってくる。『The Spokesman Review』、『The Milwaukee Sentinel』、『The Milwaukee Journal』などの新聞に興味深い記事が載っている。

記事によれば写真の撮影者はアントニオ・メンドーサという男で、この写真はそのアントニオの死後、彼の弟でカトリック教会の関係者であるジョアン・デ・メンドーサの手によってアントニオのコレクションから盗み出され、それが枢機卿教皇使節の手を経由して『l'osservatore romano』紙に渡った。この一連の出来事が1951年ごろである。

そしていちばん重要な事実が、この写真が1917年のファティマで撮られたモノではないということだ。

この写真は1921年、ファティマから25キロほど離れたバタリャで撮影された「日食の写真」であるということだ。それらがかなり早い段階で暴露されている。なんだか太陽が黒いのも納得である。

ちなみに、この写真をもとに熱心な考察を行なっていたオカルトサイトなどがあったが、なぜかオカクロ特捜部が落ち込んでしまった。ううむ。

しかし、写真はともかく7万人の目撃した太陽の奇蹟

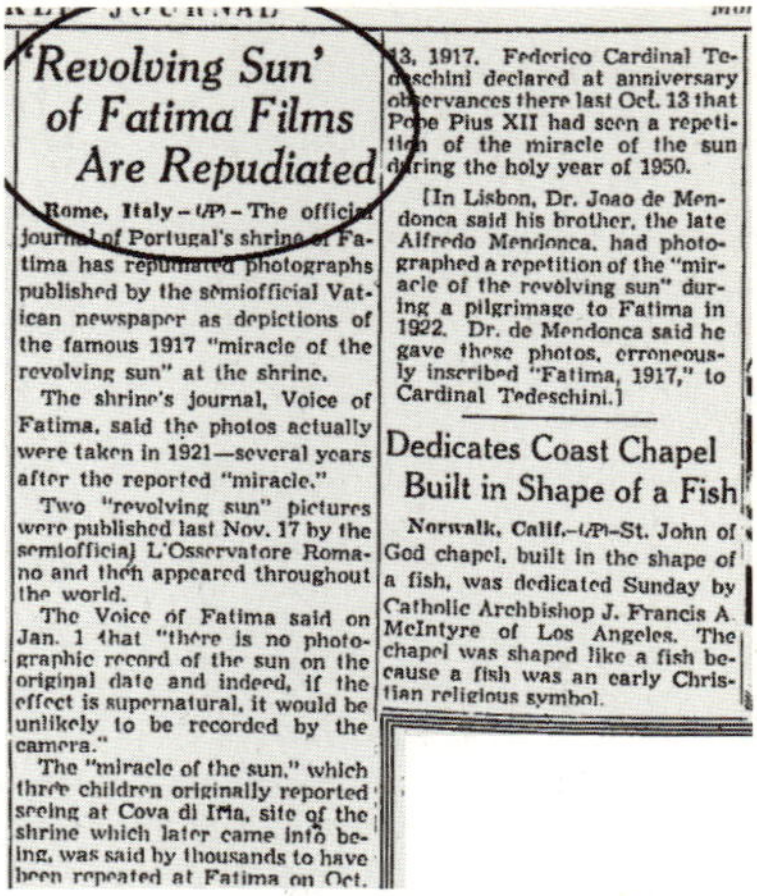

'Revolving Sun' of Fatima Films Are Repudiated

Rome, Italy –(AP)– The official journal of Portugal's shrine of Fatima has repudiated photographs published by the semiofficial Vatican newspaper as depictions of the famous 1917 "miracle of the revolving sun" at the shrine.

The shrine's journal, Voice of Fatima, said the photos actually were taken in 1921—several years after the reported "miracle."

Two "revolving sun" pictures were published last Nov. 17 by the semiofficial L'Osservatore Romano and then appeared throughout the world.

The Voice of Fatima said on Jan. 1 that "there is no photographic record of the sun on the original date and indeed, if the effect is supernatural, it would be unlikely to be recorded by the camera."

The "miracle of the sun," which three children originally reported seeing at Cova di Iria, site of the shrine which later came into being, was said by thousands to have been repeated at Fatima on Oct. 13, 1917. Federico Cardinal Tedeschini declared at anniversary observances there last Oct. 13 that Pope Pius XII had seen a repetition of the miracle of the sun during the holy year of 1950.

[In Lisbon, Dr. Joao de Mendonca said his brother, the late Alfredo Mendonca, had photographed a repetition of the "miracle of the revolving sun" during a pilgrimage to Fatima in 1922. Dr. de Mendonca said he gave these photos, erroneously inscribed "Fatima, 1917," to Cardinal Tedeschini.]

Dedicates Coast Chapel Built in Shape of a Fish

Norwalk, Calif.–(AP)–St. John of God chapel, built in the shape of a fish, was dedicated Sunday by Catholic Archbishop J. Francis A. McIntyre of Los Angeles. The chapel was shaped like a fish because a fish was an early Christian religious symbol.

SPOKESMAN-REVIEW Mon., March 10, 1952.

MIRACLE PHOTOS' VERITY DOUBTED

Paper Says Pictures Dated 1917 Were Taken Later

ROME, March 9. (AP)—The Shrine of Fatima's official newspaper says photographs published as showing the miracle of the "revolving sun" at Fatima, Portugal, in 1917 actually were taken several years later, "during an atmospheric effect at sunset."

The semiofficial Vatican newspaper L'Osservatore Romano published two such pictures last November 17. It described them as "rigorously authentic origin."

Fatima Pictures Reported Made Long After 'Miracle'

This is one of the two pictures at first said to have been taken in 1917 at Fatima during the "miracle of the sun". It was revealed Sunday the pictures were made in 1922.

太陽の舞踏写真を糾弾する3紙。
『The Spokesman-Review』(Mar.10.1952)、
『The Milwaukee Sentinel』(Mar.10.1952)、
「The Milwaukee Journal』(Mar.10.1952)

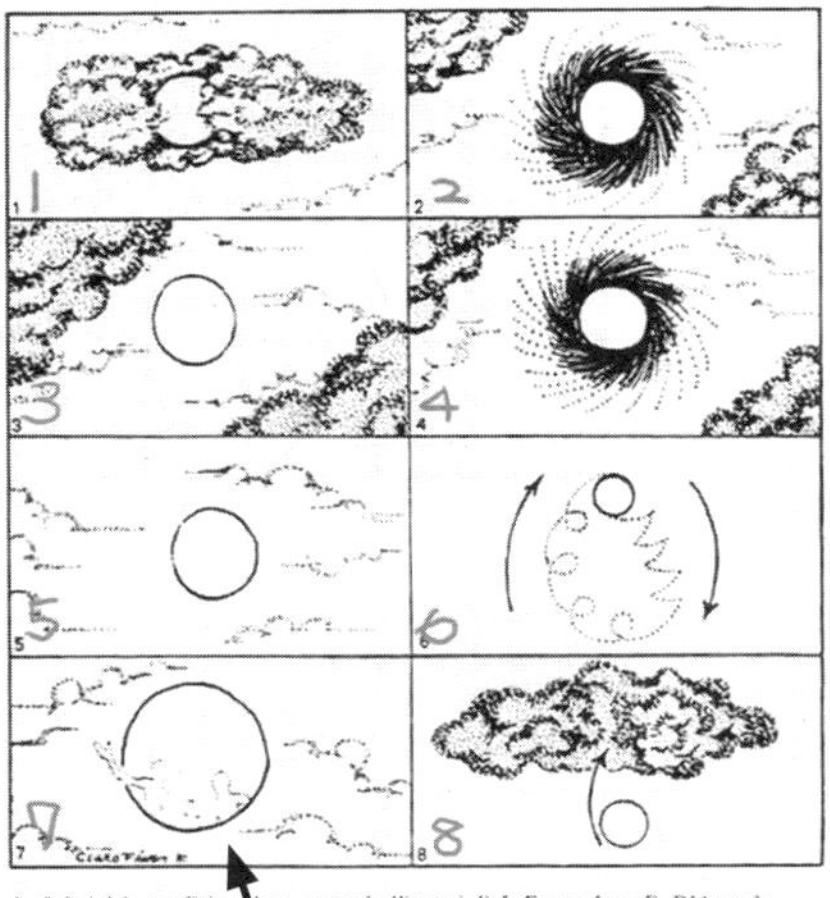

Le 8 fasi del «prodigio solare» secondo l'ipotesi di J. Fernandes e F. D'Armada.

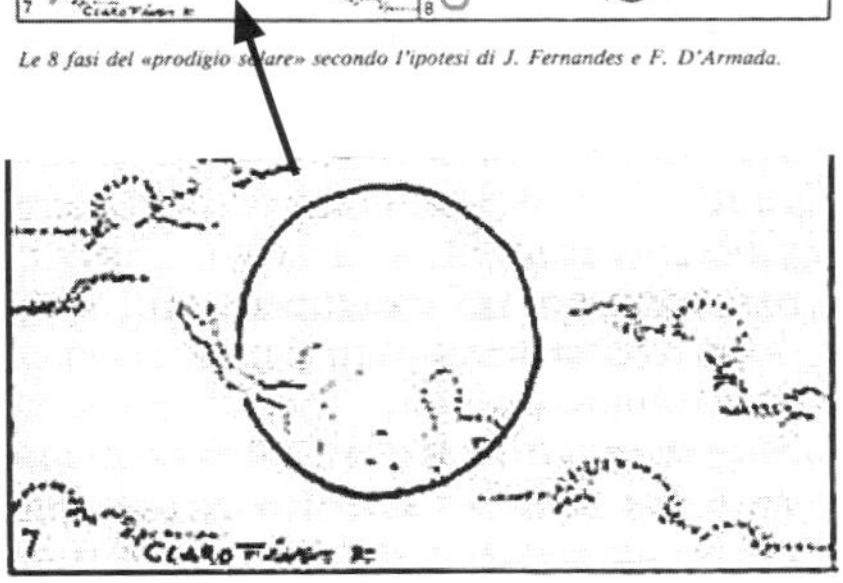

的運動は客観的事実だ。何かはあった。

今度はその運動を図解したモノを見てみよう（右の図解参照）。

どうだろうか。このような感じで太陽が動いたという。②や④が『回転する太陽』で⑥が『ギザギザに移動』なのだろう。

⑦にいたってはよく見れば太陽の中に誰かいる。

なんだこれは、ふざけるなよと思われるかもだが、これはおそらくルシアの見た「聖ヨセフとイエス」を表現したモノだろう。

それでもいまいちイメージが喚起されない、という諸兄は『The 13th Day』（2009）というファティマの奇蹟を扱った映画のワンシーンを観ていただきたい。この映画の終盤にて、太陽の舞踏が再現されている。

演出の流れを言うと、

〈豪雨の中、コバ・ダ・イリアの高台に人びと集結→雨が止む→聖母出現→太陽の舞踏→難病の病治現象→空から白い花びら（奇跡の起こっている瞬間だけカラー映像に変わる）〉

となっている。

映画を観ればわかるが、太陽が派手にグリグリ動き、凄まじいことになっている。集まった群衆を弾圧するために招集されていた兵士たちが、任務を忘れて祈り始めた——というのも無理からぬレベ

『The 13th Day』（2009）のワンシーン。
写真ではわかりづらいが、太陽がとんでもない動きをする

ルのインパクトである。

こんなのが目の前で起こったら、誰だってそうなる、諸兄だってそうなる。

この現象はなんだったのか。本当に奇蹟だったのか。あるいは違う何かだったのか。

諸説に触れながら、もう一歩踏み込んでみよう。

7万人の人々が目撃したものは、いったいなんだったのか

「7万人！　7万人！」と言うが、7万人とはどれぐらいの人数なのだろう？　いざ問われてみれば、オカクロ特捜部は「**なんとなく、たくさんっす**」ぐらいの著しく愚鈍な返答しか持ち合わせていない。

このままではオカクロにも諸兄にもよくないので、「7万人」に対してわかりやすい比較対象を見つけてきた。日本における各地域の有名ドームおよびライブ会場の収容人数だ。把握できたモノはアリーナ席込みの数値にしてある。

- 日産スタジアム：75,000人
- 新国立競技場【未】：68,000人
- 東京ドーム：55,000人
- 京セラドーム大阪（旧大阪ドーム）：55,000人
- 札幌ドーム：53,845人
- 広島ビッグアーチ（エディオンスタジアム広島）：50,000人
- 福岡ヤフオク！ドーム：38,500人
- 名古屋ドーム：40,500人
- 横浜アリーナ：17,000人
- 大阪城ホール：16,000人
- 日本武道館：14,471人
- ZEPP TOKYO：2,709人
- 後楽園ホール：1,655人

ちょうど満員の日産スタジアムからZEPP TOKYOと後楽園ホール満員ぶんの人数を引けば7万人になる。あるいは横浜アリーナの4倍は新国立競技場とファティマを足して2で割った数にほぼ等しい、と覚えておくと試験のときに「これオカクロでやったやつだ！」となるかもしれない。

冗談はともかく、カトリックの司祭であったジョン・デ・マルキ（John De Marchi）は、1943年〜1950年の7年間、ファティマで調査を行ない、『The Immaculate Heart,

『The True Story of Our Lady of Fatima』を上梓した。

これによると、この太陽の異常運動はファティマから遠く離れた場所でも確認されたとある。さらっと目を通した感じでは、詩人アルフォンソ・ロペス・ビエラの約40キロ遠方からの確認が最長距離だった。

では、いったん「奇蹟」であるという可能性を横に置いて、ほかで説明をつけようとしている諸説を見てみよう。

●オーロラじゃねぇの説

これは前述のデ・マルキの著作でも触れられている。オーロラのスペクタクルが太陽の舞踏を演出したのではないかということだ。

オーロラは「**北極光**」(northern lights) とも呼ばれるぐらいであるからして、さすがにポルトガルでは見られないだろう——という意見も聞こえてきそうだが、この可能性は排除すべきではない。

1938年にはファティマと負けず劣らずの低緯度であるローマでも観測されているからだ。イタリアのローマが北緯約41度、ポルトガルのファティマが北緯おおよそ39度(註:0に近づくにつれて赤道に近くなる)。ローマより低緯度なのでオーロラ説はちょっと厳しく感じられるかもしれないが、1770年9月17日に現在の北九州、長崎佐賀あたりでもオーロラが現れたことが40種の文献に残されている。その長崎と佐賀の緯度はおよそ北緯33。とても低い。珍しいからこそ、注目され、珍しいからこそ多くの文献に記録されたのだろう。

「**いやファティマの群衆も気づくだろ、オーロラならよう**」と諸兄は思うかもしれない。

だが、先に預言のついでに触れた1938年のヨーロッパ超オーロラでも、人々は「**世界の終わりじゃあ!**」と大騒ぎしている。

オーロラという大気現象の知識があったとしても、目にしたそれをオーロラだと認知できなければ炎のカーテンに見えても仕方がない。

たいそう赤かったそうだし、なんとなくオーロラかな?と気づいていたとしても「**世の末じゃあ!**」と無責任に騒ぎ立てたくなる気持ちはわかる。

しかし、ファティマでの出来事もオーロラだろうか?

「ずぶ濡れのまま野外にいても大丈夫な気温」で「真っ昼間」に「北緯39度でもはっきりと見られるオーロラ」——と冷静に条件を並べてみると、やはり厳しそうだ。そしてその日、ほかの地域での天候の異常は報告されていない。

●異常なのは太陽じゃなく群衆の眼説

物理学者のオーギュスト・ミーセンや懐疑論者のジョー・ニッケルなどが主張している。端的に言うと群衆の多くが「**日食網膜症**」の影響下にあった、とする説。

太陽を直視することで網膜の細胞が損傷を受け、視力低下を引き起こしたり視野の中央に暗点が残ったり、最悪の場合は失明することもある障害だ。子どものころに軽度のものを経験した人もいるのではなかろうか。日食と名が付いてはいるものの、裸眼で太陽を見ることでいつでも罹患することができる。

ファティマでは群衆たちが長時間太陽を注視していたため、網膜が損傷し、残像なり色彩の変化を体験した。皆、奇蹟を待っていた。なかには6時間もコバ・ダ・イリアの高台で待機していた者もいた。

ぼんやりと空を眺め、じわじわと彼らの網膜は傷ついた。そこで唐突にルチアが叫ぶ。「**太陽を見て！**」

瞬間、太陽を直視すると傷ついた網膜が奇妙な像を結ぶ。すぐに「**奇蹟だ！　奇蹟だ！**」と騒ぎ立てるモノが現れ、他の日食網膜症の影響にある者もそれを認めて声を上げる。

ここで集団心理が働き、「奇蹟の目撃」が情動感染した。

当日に起こったなんらかの気象現象、光学現象もそれらを少なからず演出したかもしれない——ということだ。

ミーセンは実際に「太陽の舞踏」が起こるかどうかを自らの眼で実験までしている。

「回転する太陽」「極度に肥大、ないし近づいてきた太陽」「ブレるように動く太陽」が起こるプロセスはミーセンの論文で詳しく解説されており、ほかの場所で起こった太陽の奇蹟にも言及されている。

真摯に向き合って、他の事例とも照らし合わせ、科学的根拠もある——だが、なんだかスッキリしない。

7万人のなかには懐疑論者も不信心者もいた。彼らはその場にあって、「**これ奇蹟っていうか、太陽見た時に目がクラクラするやつじゃん？**」と気づき、指摘しなかったのだろうか。現代と同水準の科学的知識はなくとも、子どものころに太陽ぐらいは見上げただろうに。

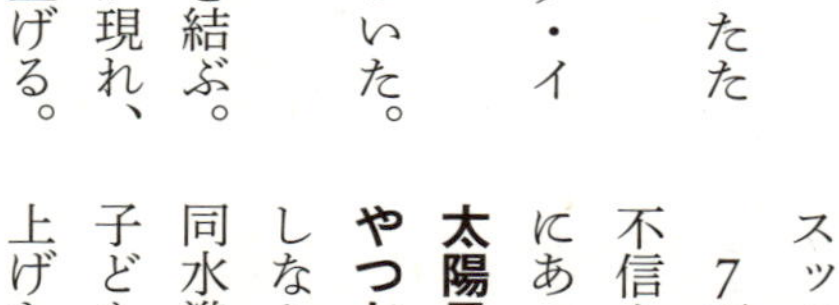

紫陽 我寧P
@shiyoganei
フォローする
オカクロ更新来てた！　『太陽の舞踏』は閃輝暗点の症状に似てると思うんだけど、7万人が片頭痛ってのはないわな…w
ファティマに降りた聖母——7万人の見た奇蹟 | オカルト・クロニクル
ファティマに降りた聖母——7万人の見た奇跡
牧童の前に現れた聖母は天を背負い、言った。これから言うことは、誰にも喋ってはなりません——。恐ろしい3つ預言を残し、遠からず訪れる牧童の死を予告し、そして集まった7万人の前...
okakuro.org
15:49 - 2016年5月6日

Twitterで興味深い指摘があった（右下の画像参照）。

閃輝暗点《せんきあんてん》

・片頭痛の前兆症状。まず、視覚障害が起きる。突然、視野の真中あたりに、まるで太陽を直接目にした後の残像のようなキラキラした点が現れる。視界の一部がゆらゆら動きだし、物がゆがんで見えたり、目の前が真っ暗になったり、見えづらくなる。

その後、みるみるうちに点は拡大していく。ドーナツ状にキラキラと光るギザギザしたガラス片や、ノコギリのふちのようなもの、あるいはジグザグ光線のような幾何学模様が稲妻のようにチカチカしながら光の波が視界の隅に広がっていく。これは無数の光輝く歯車のような点が集まり回転しているようでもあり、視界の大部分が見えなくなることもある。これらの視覚的症状は短時間に進行する。

・眼球の異常ではなく、ストレスがたまり、ホッとしたときにこの症状に見舞われることが多い。片頭痛の原因は、頭の血管が何らかの誘因で収縮し、その後異常に拡張すると共に血管壁に炎症・浮腫をおこすためと言われている。閃輝暗点が起こる原因は、脳の視覚野の血管が収縮し、一時的に血の流れが変化するためと考えられている。チョコレートやワインの飲食でなりやすいと言われている。

（「閃輝暗点：Wikipedia」）

Tweetで指摘されているとおり、7万人が頭痛持ちというのは考え難いが、一時的にソレを引き起こすなにかしら

さまざまな幻日。太陽から離れた場所に光源が見える。いちばん右はニュルンベルク年代記で描かれた幻日。英語で「sundog」。デンマーク語では「solhunde」（太陽犬）、スウェーデン語では「solvarg」（太陽狼）とイヌ科と結びつけられているようだ。太陽の飼い犬と考えたら、つかず離れずの距離にいるのがなんだか可愛い（写真：wikipedia:sandogs）

のバックグラウンド（麦角菌やガスなど？）が確認できれば説明がつくかもしれない。症状は確かに太陽の舞踏と酷似している。

●やっぱ大気光学現象だろ説

日食網膜症と双璧をなす説だ。なんらかの珍しい気象、光学現象が奇蹟に思えたのだろうとする。これは日食網膜症と複合されたりもする。

具体的にはジョー・ニッケルによって幻日、モック・サン、サンドッグなどと呼ばれる大気現象の可能性が指摘されている。

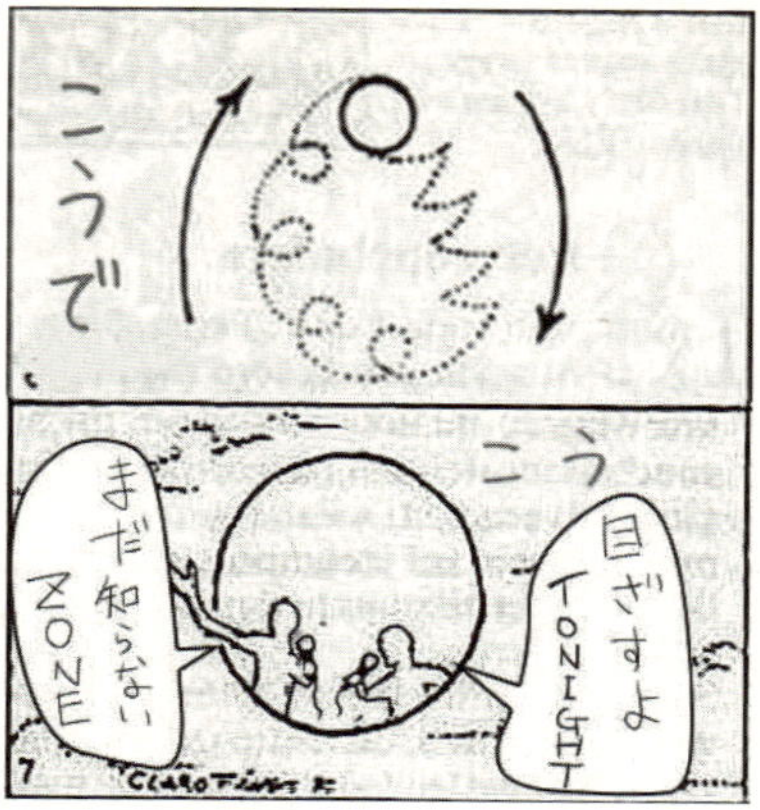

「いや、なんか凄いけど、ファティマのアレとは違うだろこれ」

と諸兄は訝しがるかもしれない。

確かに太陽犬は興味深い現象である。だが、「これがファティマのアレなのだ」と断定的に言われても、なんだか腑に落ちない。

だって（左上図解参照）、

こう、でしょう?

しかし実際に幻日現象を見たこともないのに、否定的に評するのも不誠実かもしれない——と思い、YouTubeに上げられている太陽犬現象をいくつか観察してみた。が、退屈だった。犬が全然動かないんだもの。もっとこう、グイグイ動いてほしい。

●未確認飛行物体説

近年、若者のUFO離れが騒がれて久しいが、ことファティマの奇蹟において、こと「太陽の舞踏」において、UFO説は（一部のコアな諸兄に）根強く支持されている。UFOと言われれば、条件反射で宇宙人を思い浮かべる人が多いだろうが、これは各メディアで繰り返し印象の紐づけが行なわれたためだろう。

その紐づけは一過性のブームを形成する事には成功したが、商業主義に後押しされた粗製濫造の果てに、コンテンツとしての寿命を縮め、大衆の飽きをも加速させた。結果として懐疑論者たちの儲かりもしない調査業務を増やしたにすぎない。

実際に「誤認を排除したあとに残ったＵＦＯ」がなんであるのか誰にもわかっていないはずだが、こと日本では「ＵＦＯ＝宇宙人の乗り物＝安っぽいオカルト話」という印象が到底払拭できないレベルにまで浸透してしまったように思われる。ＵＦＯ研究をしている科学者＝学会から見放されたエキセントリックな変人――と見なす向きも強い。

だが世界中で「ＵＦＯ事件」に分類される奇妙な事件は確かに起こっており、「宇宙人の乗り物である」という先入観を排してそれらを科学的に解明しようとする人たちもいる。

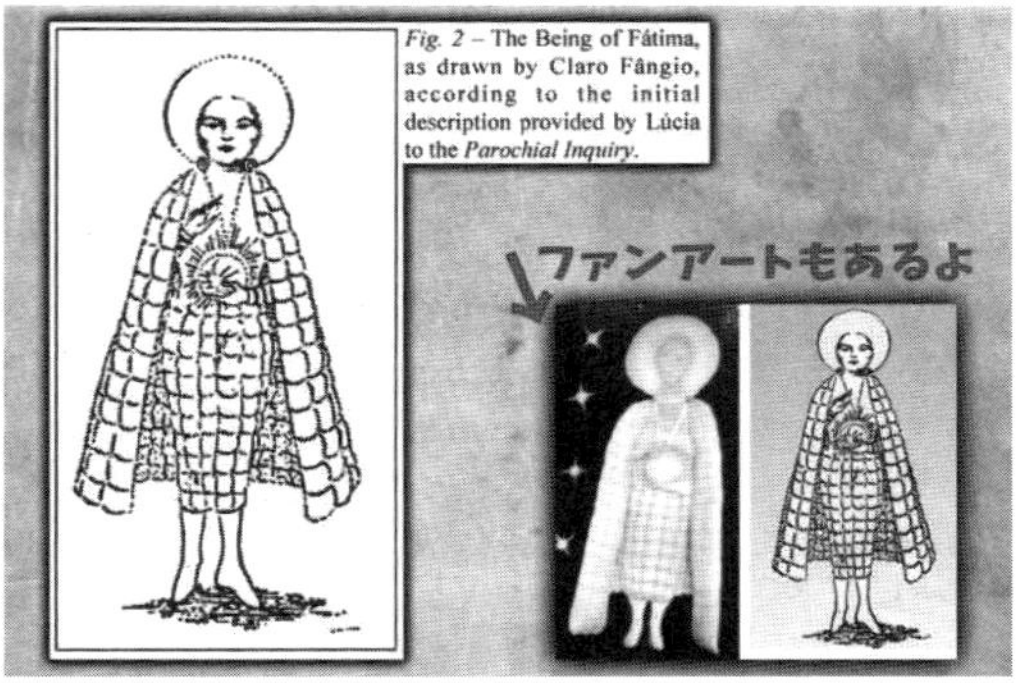

Fig. 2 – The Being of Fátima, as drawn by Claro Fângio, according to the initial description provided by Lúcia to the *Parochial Inquiry*.
ファンアートもあるよ

これが聖母だ！ の図。海外UFOファンサイトで目にすることができる。残念ながらイラストの出典元の特定は断念した。余談だが1978年にアルゼンチンに現れたヒューマノイドと似ているとの指摘もあった

本来ならここで天文学者であるジャック・ヴァレ博士やほかの研究者による調査、あるいはジョン・キールの『超地球人説』などに触れるべきなのだろうが、これらを説明するには冗長難解になりすぎるので別の機会に譲る。そもそも自分でも正しく理解できているのかわからない。

それらの「個々の事例を丹念に精査した結果、難解になってしまった話」に対して、「宇宙人だったに違いないんだよ説」はいたってシンプルだ。

言うまでもないが、この説では動く太陽をＵＦＯとし、聖母は搭乗員だったとする。

そしてルシアが書き残した聖母の姿の詳細をもとに、ファティマに現れた聖母のイラストが描かれた。

なんだかボーボボーだかレディー・ガガだか判然としないが、とにかく面白い格好をしていることはわかる。

そしてこれが（図解参照）、

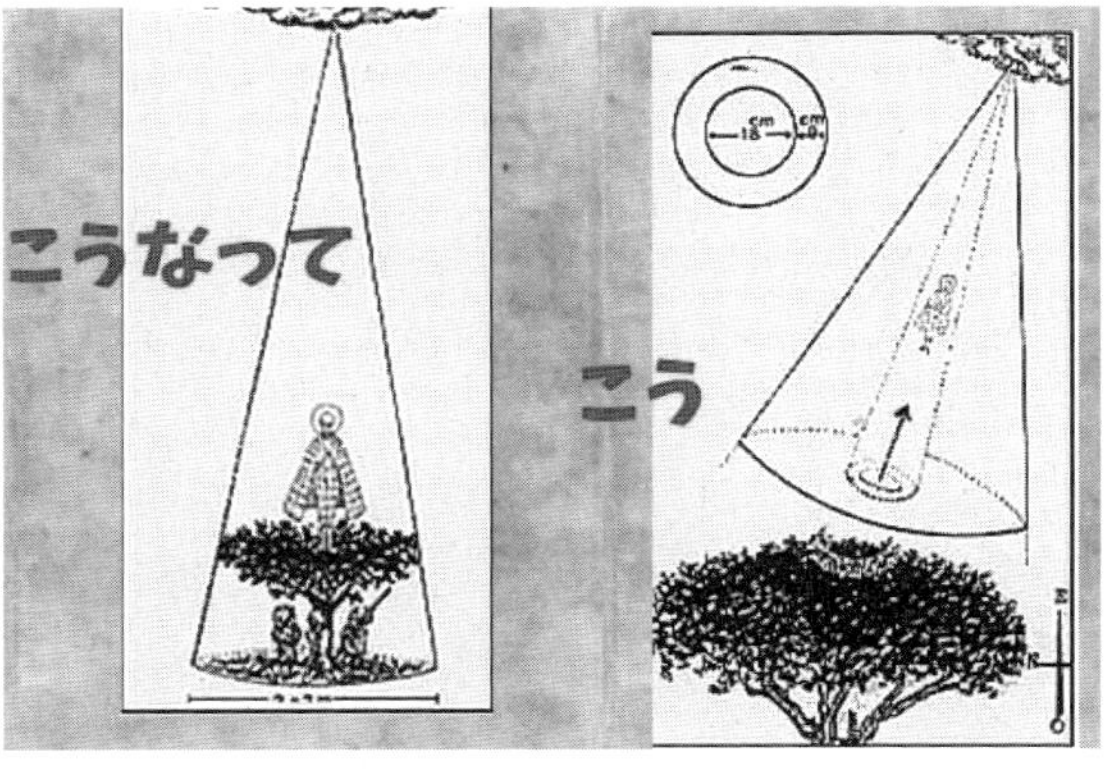

こうなって
こう

なんだこれは。

聖母をオモチャみたいにして、いいかげん怒られますよ？　冗談だか本気かわからない話はともかく、このファティマ太陽＝エイリアンクラフト説は結構人気があるようだ。だが例によって、ちゃんと説明がついているように見えて、全部宇宙人に丸投げしているだけとも言える。

しかしながら、「いや奇蹟だから」で説明を終わる宗教界隈、預言の利用にばかり執心したスピリチュアル新宗教界隈、「7万人の目がどうかしてたんだよ。解散」とする科学界隈と比較したとき、いちばん真摯な姿勢で太陽の舞踏を説明しようとしているのがUFO界隈に感じられる（もちろん箸にも棒にもかからないモノもあるが）。

ちなみに、この太陽の奇蹟を扱った「Wikipedia」（英）のノートで、UFO説を取り上げるかどうかの議論があったのだが、

「それは仮説ではなく、陰謀論だ」とバッサリ切り捨てられている。ううむ冷たい。

●ファンタスマゴリー説

これは人気サイト「超魔界帝国の逆襲」さんで取り上げられていた。

18世紀末、幻灯機と呼ばれるスライド映写機のルーツとなる機械が開発されると、それを用いて廃墟などで「幽霊出現ショー」が行なわれた。この見せ物がファンタスマゴリーと呼ばれたそうだ。

ファティマの奇蹟もこれを使用ないし応用したものではないか、という。「超魔界帝国の逆襲」さんから引用する。


一例として、1915年3月にポーランドのプシェミシルという要塞都市で、ロシアとオーストリア両軍の兵士と街の住民によって、聖母マリアとその子供キリストのビジョンが繰り返し上空に現れたのが目撃されているそうで、周辺にいた何千人もの証言がある事から、これらの物語は実質的に真実であるとも見なせるものの、一方で、防衛担当の役人が仕込んだ飛行機の投影装置を利用した事が考えられるそうです。

1917年11月17日付けのメカニックに関する人気雑誌でJ.E.マーフィーさんという人物が書いている報告によると、「ビジョンは常に夜に現れました。これは彼らが、雲が低地で覆われた場合にのみスクリーンとして機能する、ステレオプティコン（立体幻灯機）を飛行機に乗せて、雲の下700～1000フィートを

航空機を利用して映写する図
（写真：Haunted Ohio）

飛んで映像を投影していたという推測が出来る」という事らしいです。

（「超トンデモ通信Z：奇説・戦時中の聖母や天使の降臨は軍事戦略的なホログラムだった？」）

とても面白い説だ。好き。

だが昼間の雲に向かって飛行機でなく、地上からハッキリ見えるレベルの映像を投影するのにどれほどの出力が必要となるのか。

仮に技術的にもエネルギー供給的にもそれが可能だとして、高価であったであろう大出力の機械を折からの雨天の下に晒し、ただ雨が止むのを待っていたのだろうか。

「演出された奇蹟」というのは実に興味深いが、「演出」ならば「計画」も必要で、聖母の予告した10月13日にそれを成し遂げねばならない。もし雨天が続いた場合は照射を中止する予定だった――ならあるいはであるが。

●球電とかプラズマとか火の玉だったんじゃね説

「またお得意のソレかよ！」

と諸兄は憤るかもしれないが、薄い可能性を承知のうえで指摘しておきたい。

当日は雨天、のち曇天。球電につきものと言われる落雷の事実を裏づける記述は確認できなかったが、雲の中で雷が発生していた可能性もある。

そこから史上類を見ないほど巨大な球電が発生し、こう、複雑な動きを見せて、10分で消えた。

どうだろうか。

あるいは――。

ファティマに集まった群衆は風呂嫌いが多かった。

雨に濡れ、雑菌も繁殖した。その群衆から、こう、メタンガス的なガスだかなんだかが発生して、7万人ぶんのそれが上空に昇って、こう、何かのキッカケで発火して光球を形作った的な？

あるいは、その発生したガスがあまりにも強力で、吸引して、こう、ガンギマリのアッパーなフィーリングになって、こう――

すみませんでした。

●胸がパチパチするほど騒ぐ玉説

原理はよくわからないが、7万人ぶんの元気が、こう、なんというか、呼びかけに応じて、上空に集まって――

すみませんでした。

●むしろ、動いてたのは地球説

すみませんでした。

奇跡が起こったとする証拠は残念ながら一切無い

結局、諸説はあるものの、どうもハタと膝を打つようなスッキリ感が味わえない。カトリック界隈の勝ちだろうか。

極端に懐疑的な諸兄などは、

「**いやさ、全部宗教的トランス状態と集団ヒステリーが引き起こした出来事だろ。なんで群衆を映した写真が沢山あるのに、太陽だの奇蹟だのを映した写真が一枚もないんだよ。おかしいだろ**」

と至極まっとうに訝しがるかもしれないが、仰るとおりである。

せめてボケててもいいから、雲なり太陽なりを映した写真が一枚ぐらいあれば、と悔やまれてならない。

結局、「奇跡が起こった」とする証拠は一切無く、ただ証言の多さが信憑性を牽引している形だ。この出来事について網羅しようとカトリック解説からUFO論までさまざまな資料に目を通したが、文献だけでも凄まじい数が出版されていた。だが出版物の多寡で信憑性は判断できまい。

この原稿はそんな玉石混合の情報に惑わされ、ほとんど先人の足跡をなぞるだけの無駄足に終わった感があるが、今後ファティマに興味を持って真相を調査せんとする諸兄に情報の足がかりを提供できたと信じて涙を呑みたい。屍を越えていってほしい。

これを読んだあなた。どうか真相を暴いてください。それだけが私の望みです。

資料を眺めていて、少し興味深いのが「**エンゼルヘアー**」

についての話だ。

これは空から白い糸が降ってくる奇現象で、最近は話題にもならないが一時期はUFO現象と何らかの関係があるのではないかと考えられていた。

それがファティマの奇蹟のときにも降ってきたという話が――おもにUFO界隈で――しばしば言及される。

それだけなら「ふうん」で終わるが、面白いのはこのエンゼルヘアーがいつの間にか「**白い花**」に替わったという話だ。

祈りを捧げるジャシンタ。彼女は歌と踊りが上手く、情緒的な女の子だった。だが聖母に会ってからは、娯楽を罪と考えるようになり、それらの一切をやめてしまった。彼女はこの後、2年足らずで流行病に冒され9歳で亡くなる。埋葬されてから列福のため15年後30年後と2度掘り起こされたが、遺体に腐敗（特に顔）が見られなかったため、死してなお不朽体として担ぎ上げられた。女の子なんだから、こんなしかめっ面じゃなくせめて笑顔の写真を――と、かなり資料を漁ったが、結局、ジャシンタが笑顔で写っている写真は一枚も見つけることができなかった

これはジョン・A・キールが『Operation Trojan Horse』でサラッと書いている。興味が湧いて多くの引用元となっているジョン・デ・マルキの『The Immaculate Heart, The True Story of Our Lady of Fatima』を確認してみれば、確かに「花がふってきた」とある。

先に挙げた映画『The 13th Day』でもマルキ稿を参考にしたのか白い花だった。

そもそも、エンゼルヘアーが降ったという逸話そのものに信憑性があるのかどうかわからないが、本当にスリ替わったのなら、我々はどこに信憑性を求めればよいのか――と五里霧中である。

「**カトリックがUFO現象と神の存在を隔てるため、すり替えたのだ！**」と「UFO＝神」論者は糾弾するかもしれないが、これに取りかかると時間がいくらあっても足りないので見なかったことにする。

オカルト・クロニクルとしては、「ルシアの言に客観性なし」という視座からこの原稿を書いたが、実はルシア自身はそれほど突飛なことは言っていない。

預言うんぬんに関しても、周囲が派手に騒ぎ立てた結果、さまざまな憶測や解釈が生まれたにすぎない。

ルシアは敬虔な一カトリック教徒として、至極まっとうに生きた。彼女はファティマをネタに自分を神格化して新宗教を立ち上げなかったし、露骨な集金もしなかった。

きっと3人の牧童は何かを見たのだろうとオカクロ特捜部は思う。それが脳外の出来事か、脳内の出来事かはわからないが。

聖母顕現に立ち会った多くの子どもたちのなかには、のちに「**嘘でした**」と告白する者もいる。

「ポンマンの聖母」（註：1871年、フランスはポンマンで起こった聖母顕現事例。間近に迫った敵軍の撤退、戦争終結と徴兵された子どもたちの生還を預言した。バチカンの数少ない奇蹟認定事例のひとつ）を体験した主要人物のひとり、ジャン＝マリ・ルボセ（当時9歳）は半世紀後にそれまで語っていた体験報告を撤回している。

この事例でルボセは、最初に目撃した男の子の発言をなぞり、自らが行なった証言も体験も、それを反復したモノにすぎないと認めた。つまり自分は何も体験していないと。

それほど多くもない暴露事例を引き合いに出して、「**そらみろインチキだ**」と鬼の首を取ったかのように言うのは決して品のある行ないとは言えないが、我々はほかの出来事との共通点を指摘することができる。

それは、スピリチュアリズム。降霊会の「フォックス姉妹」を連想した諸兄も少なくないはずだ。彼女たちも子どものころに霊媒として祭り上げられ、大人になったのちにインチキを暴露している。

『聖母の出現―近代フォーク・カトリシズム考』で関一敏氏は、「パフォーマンスとオーディエンスの協同作業」が聖母出現事例やスピリチュアリズムの事例に見て取れることを指摘し、最後にこう結んでいる。

> この世ならぬものとの交流をはたした英雄的主人公は、この世への「帰還」という最大の試練に直面する。たとえば天理教教祖中山みきのように固有の表現媒体を獲得しえた存在は、それまでの生活体験を一個の新たな世界観へと練りあげるところにまで到達する。この場合、見者の帰還はそのまま教祖の誕生であった。
>
> 10代前半の子供たちは、どのようにして「帰還」しなければならなかっただろうか。
>
> （『聖母の出現―近代フォーク・カトリシズム考』）

かくして、ファティマの奇蹟はいくつかの謎を残したまま、事件から100年が経過した。

あの日、奇蹟に立ち会った者たちのほとんどが世を去り、信仰と議論と聖堂だけが残った。

そしてきっと、これからも誰かの思惑に添った「新しいファティマ第3の預言」が作られ、まことしやかに囁かれてゆくのだろう。

最後に、

「俺たちには人類の融和と平和と平等を訴えるくせに、聖母はカトリックにばかり肩入れしてる！　こんな不平等なことはない！」

と憤りを感じてしまうヒネくれた諸兄のために、メジュゴリエで取材を受けたあるカトリック司教の発言を引用してこの項を終わる。


「きりがない！　わしはひとりの日記を見た。聖母との対話が書かれているやつだ。戯れ言だらけだよ！　聖母マリアが、「司教たるこのわしの悪口をいっている。おまけに、フランシスコ会の連中に肩入れしている。聖母マリアがどの宗教も同じだとぬかしている。それから、聖母は自分の誕生日を変更していた。そのうち、無原罪の御宿りの日付けも変えるだろう」

（『奇蹟との対話』）

ワロタ。

【参考資料】

●『ファティマ第三の秘密―教皇庁発表によるファティマ「第三の秘密」に関する最終公文書』（カトリック中央協議会福音宣教研究室［訳］／カトリック中央協議会／2001年）
●『ファチマの聖母の啓示　現代の危機を告げる　ルチア修女の手記』（ヴィットリオ・ガバッソ、志村辰弥［共訳編］／ドン・ボスコ社／1992年）
●『バチカン・シークレット　教皇庁の秘められた二十世紀史』（ベルナール・ルコント［著］、吉田春美［訳］／河出書房新社／2010年）
●『THE TRUE STORY OF FATIMA　Father John de Marchi』
●『ファティマ第三の予言』（スティーブ・ベリー［著］、富永和子［訳］／エンターブレイン／2007年）
●『検証　予言はどこまで当たるのか』（ASIOS、菊

池聡、山津寿丸［著］／文芸社／２０１２年）
●『聖母の出現　近代フォーク・カトリシズム考』（関一敏／日本エディタースクール出版部／１９９３年）
●『奇蹟との対話』（ジョン・コーンウェル［著］、林陽［訳］／学習研究社／２００２年）
●『マリアの出現』（シルヴィ・バルネイ［著］、近藤真理［訳］／せりか書房／１９９６年）
●『ファチマのロザリオの聖母』（渡辺吉徳［編訳］／ドン・ボスコ社／１９５４年）
●「日本における「ファチマの聖母」に対する信心」（『声』９１７号）
●「時評　ファティマの予言」（『日本精神病院協会雑誌』１９８５年５月）
●『Operation Trojan Horse: The Classic Break through Study of UFOs』
●「奇説・戦時中の聖母や天使の降臨は軍事戦略的なホログラムだった?」（「超魔界帝国の逆襲」http://daimaohgun.web.fc2.com/fushigi/tondemo/15_11_15.html）
●「The Real Secrets of Fatima」（https://www.csicop.org/si/show/real_secrets_of_fatima）
●「'Miracle' Statue of Fatima」（https://www.csicop.org/sb/show/miracle_statue_of_fatima）
●「Apparitions and Miracles of the Sun」
●『地中海歴史風土研究史』（12巻／藤原 久仁子「マリア出現に見られる物語性」）
●『聖母マリア崇拝の謎「見えない宗教」の人類学』（山形孝夫／河出書房新社／２０１０年）
●「ヴァレ『見えない大学』を読む」（「又人にかけ抜かれけり秋の暮れ」（http://macht.blog.jp/archives/1039487379.html）
●「The Pope's Fatima fraud」（http://www.vatileaks.com/vati-leaks/the-popes-fatima-fraud）
●「聖母の出現」（https://ja.wikipedia.org/wiki/聖母の出現）
●「Miracle of the Sun」（https://en.wikipedia.org/wiki/Miracle_of_the_Sun）
●「ファティマの聖母」（https://ja.wikipedia.org/wiki/ファティマの聖母）
●「ufoplanet.ufoforum」（http://ufoplanet.ufoforum.it/headlines/articolo_view.asp?ARTICOLO_ID=9714）
●「L'ASPETTO UFOLOGICO DEI PRODIGI DI

FATIMA」(http://www.eugeniosiragusa.it/ufofatima.html)

●「ファチマの聖母マリア・ファチマの真実」(http://www.d-b.ne.jp/mikami/maria.htm)

●『脳はいかにして〝神〟を見るか 宗教体験のブレイン・サイエンス』(アンドリュー・ニューバーグ、ユージーン・ダギリ、ヴィンス・ローズ〔著〕、茂木健一郎〔監訳〕、木村俊雄〔訳〕/PHP研究所)

●「19世紀フランス聖母出現考察:ルルドとポンマン」(関一敏)

●茨城工業高等専門学校研究彙報19「エンゼル・ヘアーの起源と本性について」

●『週刊Xゾーン』(33)

赤城神社「主婦失踪」事件

──「神隠し」のごとく、ひとりの女性が、消えた

極めつけの怪事件

1998年。群馬県を拠点に発行される地方紙『上毛新聞』5月5日付けの社会面に小さな記事が掲載された。ともすれば見落とされてしまいそうなベタ記事。その控えめなスペースのささやかな見出しにはこうある。

「**参拝の主婦　行方不明**」

触れられた内容も決して多くはない。おととい5月3日、三夜沢赤城神社に参拝に訪れていた千葉県の主婦が行方知れずになっていること。家族から大胡署に通報があり、同署が消防と合同で百人態勢で山の捜索を行なったこと。そして、見つからなかったこと。

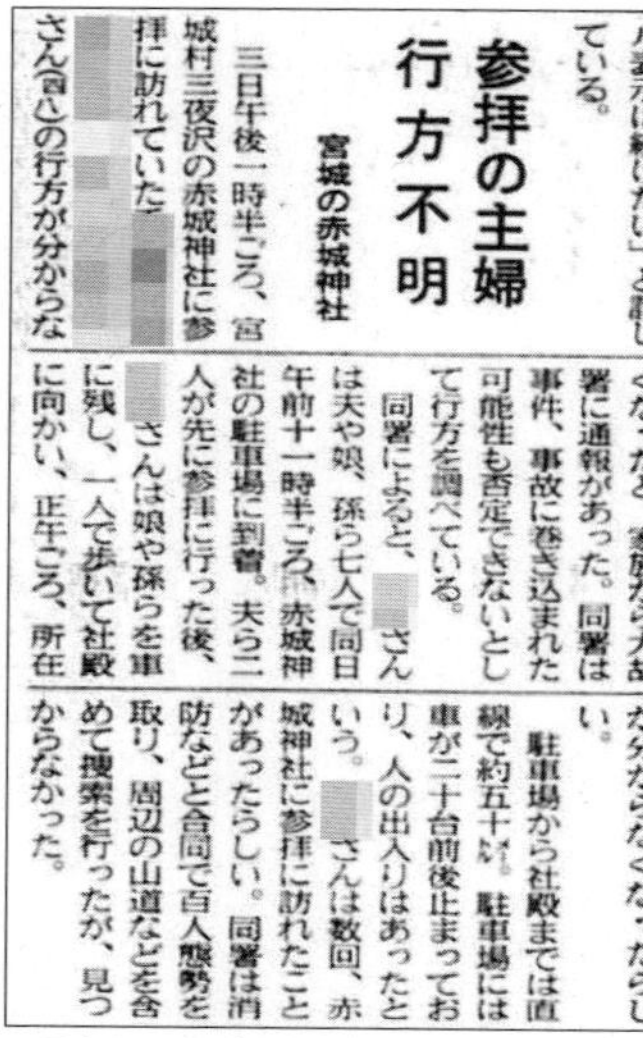
ル表示は続けたい」と話している。

参拝の主婦
行方不明
宮城の赤城神社

三日午後一時半ごろ、宮城村三夜沢の赤城神社に参拝に訪れていた[illegible]さん(61)の行方が分からなくなったと、家族から大胡署に通報があった。同署は事件、事故に巻き込まれた可能性も否定できないとして行方を調べている。

同署によると、[illegible]さんは夫や娘、孫ら七人で同日午前十一時半ごろ、赤城神社の駐車場に到着。夫ら二人が先に参拝に行った後、[illegible]さんは娘や孫らを車に残し、一人で歩いて社殿に向かい、正午ごろ、所在が分からなくなったらしい。

駐車場から社殿までは直線で約五十メートル。駐車場には車が二十台前後止まっており、人の出入りはあったという。[illegible]さんは数回、赤城神社に参拝に訪れたことがあったらしい。同署は消防などと合同で百人態勢を取り、周辺の山道などを含めて捜索を行ったが、見つからなかった。

N子さんの失踪を報じる当時の新聞
（上毛新聞・1998年5月5日付）

よくある迷子だ、よくある遭難だ、すぐに見つかる。事件の始まりに居合わせた者たちにはそんな予断があっただろう。実際に山林での迷子も遭難も決して珍しいことではない。だが、違った。2018年5月3日、失踪から20年経っても彼女は見つからなかったし、帰らなかった。今をもってなお、その生死すら定かでない。

記事を書いた記者、捜索に携わった者、そして家族。その誰もが、この出来事が世紀をまたいで20年も語り継がれるとは考えもしなかったろう。それも、極めつけの怪事件として。

101円を握りしめ神社の敷地から消えた女性。なんの前触れもなく、なんの音沙汰もなく、なんの手がかりもなく、消えた。「神隠し」事例――赤城山主婦失踪事件。あの日、神域で何があったのか。

事実関係

なぜ「神隠し」などという、いささかに不穏で、いくぶん神秘的な表現が使われたのか。これは、この事件を構成する要素があまりにも不可解であったためだ。そして当地には古くからいくつかの「神隠し伝説」が伝わっていた。まずは事実関係から見直してみよう。

1998年5月3日、日曜日。

のちに謎の失踪を遂げることとなるN子さんは、GWを利用して家族とともに夫Tさんの実家がある群馬県太田市新田町を訪れていた。とくに予定もないまま、7名――N子さん、夫のTさん、娘Y枝さん、Y枝さんの子でありN子さんの孫にあたる赤ん坊、そして叔父、叔母、義母で過ごしていたところ、花屋の店内で義母がある思いつきを口にした。

「赤城神社の花も綺麗らしいわよ、皆で行ってみましょうよ」

義母がフラワーショップ内を飾る花々から連想したのかは定かでないが、三夜沢にある赤城神社はツツジの名所として有名だった。そしてちょうど事件のあった5月初旬が見ごろとされていた。そうして一家は義母の思いつきに任せて春の雨がパラつくなか乗用車と軽トラの2台に分乗し、三夜沢赤城神社へと向かった。

午前11時30分ごろ、一行は同神社の駐車場に到着。境内に霊水が湧くことでも知られていたため、夫のTさん、そして叔父のふたりは雨のなか境内の水汲み場へと向かった。

このときN子さんを含む5人は停車した車の中で待機している。

まもなく、孫――赤ん坊を抱いていたN子さんはその子を娘のY枝さんに預け、「**せっかく来たのだから、お賽銭をあげてくる**」と告げいったん車外へと出た。しかし、賽銭を忘れたことに気づくと、すぐに戻り、財布から「101円」を取り出している。このとき、N子さんの所持品と呼べそうなものはこの「101円」だけで、バッグはもちろん財布、携帯電話も車に残している。そうして賽銭を握りしめたN子さんは、もう1台の車――軽トラに分乗していた叔母から赤い傘を受け取り、それをさすとそのまま拝殿へと続く脇道を上

N子さんが失踪した群馬県の三夜沢赤城神社

がって行った。

このときのN子さんの服装は、眼鏡、赤い傘にピンクのシャツ、黒ないしグレーのスカートにハイビスカスのあしらわれた青のサンダルという、いささかに目立つイデタチだった。そしてN子さんは耳が悪く、普段は補聴器を使っていたのだが、このとき、補聴器は鞄のなかに入れっぱなしでその鞄ごと車に置いたままだった。

ちょうど夫と叔父が水飲み場へ着いたころ、娘のY枝さんは抱いていた赤ん坊がぐずり出したので車の外へ出てあやし始めた。そこで奇妙な光景を目にすることとなる。

車のそばから何気なく神社の方へ目を向けると、参道から大きくそれた場所にN子さんがいた。何をするわけでもなく、ただ西の方角に向かって立ちつくしていた。

奇妙に感じたものの、抱いていた赤ん坊が激しく泣いたため、Y枝さんは子どものほうへ視線を落とし、あやしつけ、もう一度N子さんのいた方へと視線を向けたが——もうそこにN子さんの姿はなかった。それが最後に見たN子さんの姿だった。目を離したのはたかだか数十秒だったという。

やがて水飲み場から夫と叔父が戻ってきたが、ふたりとも往路や境内でN子さんの姿を一切見ておらず、「**何かあったのでは**」と急いで境内、そして目撃した場所付近を探したがN子さんはどこにも見当たらなかった。そうして姿が見えなくなってから1時間半ほど経った午後1時半、家族は所轄の大胡署へ届け出た。

同日午後4時、警察消防の合同となる80名からの捜索隊が組織され、付近一帯の捜索が開始された。このときの捜索は警察犬はもちろん、後日にはヘリコプターまで出動する大がかりなものとなったが、N子さんの発見はもちろん、その痕跡あるいは遺留品のひとつさえ見つけることができなかった。まるで、人ひとりが春の風に溶けたかのようだった。

N子さんが自発的に失踪するような心当たりは家族にはなく、事件に巻き込まれたとしても痕跡がまったく見当たらない。わずか数十秒で人が消えた——これをして「神隠し」と表現されたのも決して大げさな表現ではなかった。

その後、事件と関連するかどうかは別として、家族のもとに何本かの無言電話がかかってきている。市外局番から発信元は鳥取県米子市、そして大阪だった事までは判明したが、それ以外は何もわからなかった。

TVメディアによる周知

手がかりのひとつも発見されないまま年月は過ぎた。家族は当初、毎週のように群馬に足を運んでその行方を捜し、その後は毎年N子さんが失踪したGW後半に三夜沢や前橋市内でチラシを配りN子さんの目撃情報を募っていた。だがその行方はようとして知れず、失踪から8年経った2006年、最後の手段としてTVメディアの力に頼った。その番組名は『TVのチカラ』。番組名からして当時最盛期だったTVメディアのチカラを誇示するもので、この番組内で事件が紹介されることにより「赤城神社主婦失踪事件」が世の中に広く認知されることとなる。

番組では「透視的中率90パーセント」をウリとする超能力者ゲイル・セントジョーンによる超能力捜査などが行なわれたが、重視すべきはソレではなく、「ホームビデオのテープ」だ。

これはN子さんが失踪した7ヶ月後にテレビ朝日に送られてきたもので、『TVのチカラ』に先だって1998年の報道番組で公開されたものである。その内容は「N子さんが失踪した当日、同時刻に赤城神社境内を撮影した」ものだった。このビデオに何か失踪の手がかりになるようなモノが映っているのではないか。誰もがそう考えた。

映像には拝殿、そして数人の参拝客が映っており、そのなかの女性がひときわ目をひく。ピンクのシャツを着て、赤い傘をさした女性——まさに失踪時のN子さんと酷似した装いの女性が映っており、その女性が画面右側から現れ、拝殿にお参りし、画面右側に去って行く。

ホームビデオで撮られ、N子さんではないかと勘違いされた中年女性。赤い傘にピンクの上着と失踪時のN子さんとほとんど同じ装いをしている。家族による映像確認によって別人であるとされた
(画像：『TVのチカラ』より)

拝殿から水汲み場方面を撮した映像。画面右端に移るふたりの人物。この傘をさした人物がN子さんではないかと疑われた。映像では傘差人がもうひとりの人物に傘を差し出すような仕草を見せる
（画像：『TVのチカラ』より）

だが、この映像は1998年の時点で「別人である」と家族により判断された。服装は失踪時のN子さんに酷似しているモノの、まったくの別人であり期待された「手がかり」とはならなかった。

そこで『TVのチカラ』が注目したのは、その「別人」が映ったあとのカットだ。映像は撮影方向を拝殿（北）から水汲み場方向（南）へと変えているのだが、その画面右端に「傘をさした人物」が映っていた。ほんの一瞬の映像ではあるが、その人物が自ら手にしている傘を別の人物にさしてあげようとしている瞬間が録画されていた。

不鮮明かつほんの一瞬の映像ではあるが、番組、そして家族はこの「傘をさした人物」こそがN子さんではないかと考え、専門家による映像の解析を行なっている。その結果、**「傘の色は赤の可能性が高い」**とはされたが、映っている人物がN子さんであるという確証までは得られなかった。今回、一から調べ直した結果、これらの映像に関して思うところが出てきたが、これに関しては後述する。

伝説

当地の歴史を遡ればN子さん失踪の140年ほど前の「神隠し」事例を見つけることができる。これは上州前橋松平家の藩主馬術指南役であった皆川市郎平が病の床にあったにもかかわらず不可解な失踪を遂げたケースだ。

伝えられる話によれば、1858年（安政5年）、正月ごろから健康を崩し、病床に伏せていた皆川市郎平が、3月26日未明になって唐突に姿を消した。何が起きたかもわか

らないまま市郎平の家族は藩府に事情を説明し、お役御免の期限を延長してもらいつつ必死に市郎平を捜したが、何処を探せどその行方はようとして知れず、捜索は徒労に終わった。やがて解雇の期限が迫ったころ——ちょうど失踪から2ヶ月ほど経った5月12日の逢魔が時、市郎平の妻の実家で「ドサッ」と何かが落ちた音がした。何事かと確認しに行くと、土間に市郎平が倒れているのを発見した。

いったい何が起こったのか？　のちに市郎平が語ったところによれば、失踪の当日、病床にあった市郎平が部屋で安静にしていると、どこからともなく彼の名を呼ぶ声が聞こえた。あたりを見回せば総髪でネズミ色の服を着た怪しげな男が市郎平を見つめていた。

その男が「**病気を治してやるから起きろ**」というので、わけもわからないまま布団から這い出して縁側まで出たところで意識が途切れた。覚えているのは旅をしていたこと。伊豆、沼津、箱根、日光そして四国という広範囲にわたって灰色服の男と歩いて旅をしたこと。これはその道程にして何百キロにも及ぶ長旅であったが、不思議と疲れなどは一切感じなかった。腹が減ると灰色服が懐から食べ物や煙草を出して与えてくれるし、汗をかけば手拭いまでくれる。そんなきめ細やかなサービスに市郎平は★を4つぐらいつけて「**リピしたいです**」とかレビューしたかった。川はそのまま歩いて渡れたし、瀬戸内海を渡る際には空も飛んだ。やがて、ふと目に入った一軒の家が気になったのでそこに入ってみると——旅は終わった。そこが妻の実家、旅の終着点だった。失踪から戻った市郎平が所持していた「煙草、道中銭、手拭い」は現在でも子孫にあたる皆川家に保存されている。

当時、この奇妙な旅は結局、「天狗」による神隠しだったと推測された。赤城山は強い法力を誇る「杉ノ坊」なる大天狗がいたとする伝承もあり、麓では天狗信仰の痕跡を現

八幡宮にて、うち捨てられた石碑。天狗信仰の痕跡

代でも見つけることができる。

しかしながら、読者諸兄は「神隠し」と聞くとその神秘性に俄然興味を示すくせに、実際に霊性——天狗や隠し神の仕業だ、などと挑戦的なことを書こうものならすぐさま手のひらを返し、口汚く罵倒するのである。ワガママなことではあるが、その心情は理解したい。現実的な可能性に触れもせず、すぐ超常的な何かに解決を求めるのは不誠実であり、無責任であり、知的怠慢とも言える。利点を挙げるなら「書き手が楽でコストもかからない」ということぐらいである。

では楽をせず、コストをかけ、現実的な可能性を洗い直してみよう。

痕跡を追って

当日。買い物の途中、祖母の思いつきにより一家は正午前に赤城神社へ到着した。

夫、叔父のふたりは清水の湧く水汲み場を目指して脇道を上がり、それから間もなくN子さんが駐車場を出て、ふたりが通ったのと同じ脇道を上がっていったのを娘のY枝さんが目にしている。

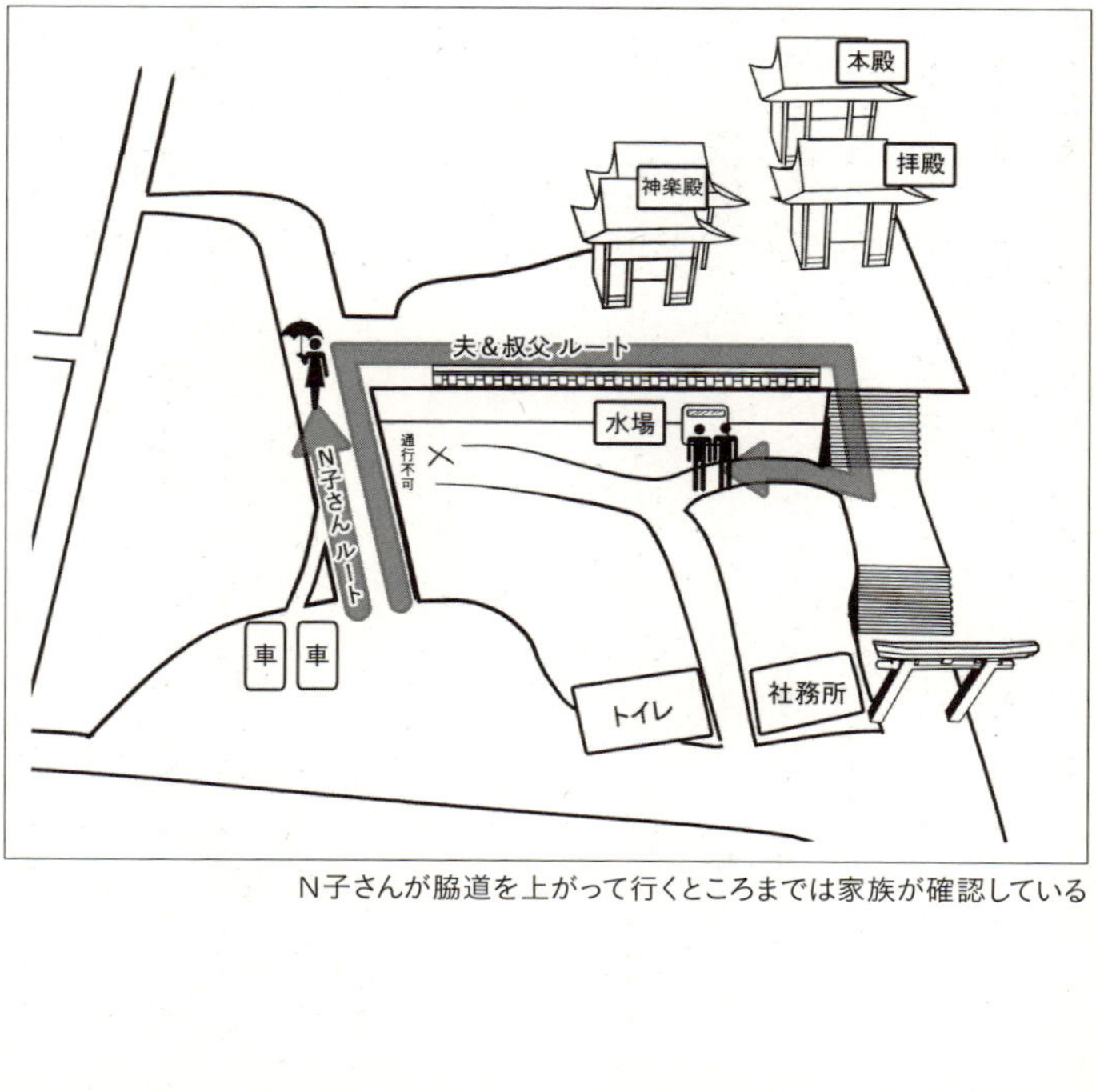

N子さんが脇道を上がって行くところまでは家族が確認している

「なぜふたりが境内に向かったときに、一緒に行かなかったんだ？」と疑問を抱く諸兄もおられるかもしれない。せっかく神社に来たのに、N子さん、長女、叔母、そして言い出しっぺの祖母までもが車に残っていたのは不自然じゃないか、と。

推測になるが、これは一行にとって「三夜沢赤城神社への参拝」が主目的ではなかったためと考えられる。義母がツツジの名所であるから見に行こう――と提案したことは前述したが、この「ツツジの名所」は実際には三夜沢までの道路沿い、道程がそうなのであって、いざ神社に着いてみてもその駐車場・境内にツツジはほとんど見られない。筆者は取材で一家が神社を訪れたのと同じ時期に現地を訪れたが、神社内外を見回せどツツジはチラホラと咲いているのが確認できるだけで名所と呼べるほど繁殖していない。これは神社内に林立する杉の高木に日光を遮られ低木であるツツジの成長が阻害されるためだ。

神社へ向かう県道16号線沿いに群生しているツツジ。遊歩道などもあり、車を止めて撮影する人、散策する人を見かけることができる

つまり、発案者である義母にとっても一家にとっても、赤城神社への参拝は「オマケ」――ツツジ見物の終着点でしかなく、折りからの雨の中わざわざ車を降りてまで参拝するモチベーションが無かったためだろう。ゆえに車に残った。

そこで、気まぐれかどうかは別として、N子さんが参拝することに決めたのは確かで、抱いていた子を娘に預け、一度車を出て、賽銭101円を取りに戻り、別の車に分乗していた叔母から赤い傘を受け取り、そのまま脇道を上がって行った――。間もなく、激しくぐずり始めた子をあやすために娘Y枝さんは車外に出て、そこで妙な場所に佇んでいるN子さんを目撃する。それが最後の目撃だった。

赤い傘をさしたN子さんは参道から外れた場所で何をするでもなく、ただひとり、ただぼんやりと西方を見つめて

Nさんが目撃された、最終目撃地点。
なぜこんな場所にN子さんはぼんやり立っていたのか？

いた――という。そしてY枝さんが数十秒目を離した隙にN子さんは消えた。夫と叔父は行きと同じルートを使って駐車場へ戻っているが、このときN子さんのことは見ていないし、すれ違ってもいないし、「最終目撃地点のN子さん」にも気がついていない。

N子さんのいた位置は境内から20メートルほど離れた場所で、そのあたり一帯が神社の神域にあたる。そこは腐葉土や枯れ枝が積もる斜面――登るにあたって脇道から道らしい道もなく、ほとんど山中と言っても差し支えない。伝えられる失踪時の特徴である「サンダル履き」でたどり着くには少々骨が折れる場所である。境内側から見ると、立ち並ぶ杉によりやや見通しは悪いが、誰かが立っていて見えない位置ではない。

なぜこんな場所にN子さんはぼんやり立っていたのか？　もちろんこれは解明されておらず、さまざまな推測しか存在しない。そして、もうひとつの不可解な点――この場所からN子さんはどこへ消えたか？　これこそが当事件における最大の謎である。

●自発失踪説

あの日、三夜沢で何が起こったのか――結局のところ怪事件マニアたちの関心はその一点に集中し、彼らの推理欲は大別するとふたつの意見に結実する。つまり、「自発説」と「偶発説」だ。自発説では文字どおり、N子さんは自身の自由意志によって失踪を遂げたのだ、とするもので、具体的には誰とも知れぬ愛人との駆け落ち、あるいは疲れに起因ないし世を儚んでの家出が疑われる。一方の偶発説はなんらかの事故、ないし事件に巻きこまれた可能性を疑う。

いずれの説にしても事実をもとに吟味してゆくと上手くハマらないピースや無理筋の説明が生まれ、今日まで論者同士はその説の不備を指摘し合うことで互いの溝を深掘りする作業に終始してきた。溝があろうともソレが真摯な議論の結果であるなら有益な積み重ねだと言えるが、残念ながら、間違った情報や論者の勝手な思い込みをもとに推理が繰り返されたこともあり、その溝も歪で浅い。「**そんな対立ホントにあるのかよ!**」と訝る諸兄もおられるかもしれないが、なくはないと思わないこともない。

ともかく、賢明で冷静な我々にできることは、真摯に、そして丁寧に揚げ足を取ることであるからして、ここは諸説にひとつずつケチをつけてみよう。

まず、愛人と逃避行——これが自発失踪説のなかでも主要な割合を占める。愛人と示し合わせて、赤城神社の境内から遠くいずこかへ逃避行。失踪当時の48歳という年齢を考慮せずとも、この説には少し無理がある。言うまでもないが、タイミングの問題だ。たとえば、諸兄に——現実的とは言えないが——仮に家族にも知られていない秘密の愛人がいたとして、その愛人とともに新しい人生を目指さんとして、わざわざ家族旅行の途中にその決行時期を設定するだろうか。これは林修ですら「**今じゃない**」と止めるほどタイミングが悪い。

そして、前述したように赤城神社への参拝は義母の提案により失踪当日に偶然決まっている。さらに、N子さんひとりで境内に向かえるとも限らない。あの日、あの正午、拝殿へ向かうN子さんに向かってY枝さん、あるいは義母や叔母が「**わたしも一緒に行く**」と言い出せば、人知れず姿を消すのは容易ではなくなる。さらに、家族7名のうち実に5名が車に残っていたことから、それほど長時間にわたって赤城神社に滞在する予定はなく、すぐに出立するつもりであったことも推察できる。となると、N子さんの立場からすれば、自分が失踪すると、すぐに騒ぎになりたちまち捜索が開始されることは明白であり、見つかった場合、ひた隠しにしてきた愛人の存在までバレるというリスクを負う。実際、失踪発覚から4時間後には80人体勢の捜索が開始されている。捜索は徒労に終わったが、アクションは速かった。

つまり失踪時の状況はいくつもの偶然が重なって成立した、いわば可能性の「ゆらぎ」が生んだシーンにしかすぎず、N子さんひとりが狙って作り出せるモノではなかった。この点からして「計画性」には疑問符がつきまとう。

かくして逃避行説においてN子さんは高度に計画的かつ用心深く慎重な人物であるのに、その一方でひどく無計画で短絡的な人物でもある、という大きな矛盾を内包した人物として描写されてしまうワケである。

「いやさ、愛人と携帯電話でやりとりして、現在地とか抜け出す場所とか頻繁に打ち合わせしてたかもしれないだろ」という強引な主張もあるかもしれない。だが考えてもみて欲しい。携帯で愛人と頻繁にやりとりし、偶発的なイベントに対応しながら失踪のタイミングをはかっていたなら、その痕跡は携帯電話に文面として、あるいは通話記録として、さらには「失踪前の不審な行動」として家族の記憶にも残る。TVに出演し、最終的に超能力者に深々頭を下げてサイキック捜査を依頼するまで追い詰められた家族が、残された携帯電話から手がかりを得ようとしないと考えるほうが無理があるだろう。

加えて、事件のポイントとして語られがちなミステリアスな賽銭「101円」問題がある。少なくない人がこれを「事件を解き得るヒント」として重大に扱うむきがあるが、個人的には大した意味はないと考える。重視したいのは「一度車外に出たのに、また戻ってきて賽銭101円を手にした」という点だ。この行為から少なくともN子さん本人は車内での宣言通どおり参拝するつもりだった、と推定することができる。愛人が雨の山中なりで待っているのに、わざわざ「偽装参拝」のためだけに賽銭を取りに戻るだろうか――と。娘Y枝さんによる「最終目撃地点付近から奥へ向かった山道」が待ち合わせ場所であったとすると、参拝のために拝殿を経由すると大きく遠回りすることになる。実際に境内でN子さんを目撃した者もいないことからN子さんは脇道から境内・拝殿方面には行かず、そのまま最終目撃地点に向かったと仮定するほうが移動にかかる時間なども考慮しても無理が生じない。

この「101円」に関しては、「旅立ちを意味する」とか「神は色のついた硬貨を嫌う」などのさまざまな意見があるようだが、神道に不勉強で意図される意味はよくわからない。ただ、駆け落ち説が真相だと仮定したとき、ここまでまったく痕跡も手がかりも残さない難事をやり遂げたN子さんが、わざわざ失踪のヒントを残すものだろうかと疑問には思う。ドラマチックではあるが。

こうして考えてゆくと、愛人との駆け落ち説よりも、さっぱりモテない諸兄に愛人がいるという冗談のほうがよほど現実的であると言えそうだ。

　ただひとつ、考慮しておくべき点として「警察犬による追跡」が挙げられる。警察犬は最終目撃地点から山道を通り、墓地横に出るルートを辿っている。当日、停車スペースに不審な車が停まっていたという情報も警察に寄せられているため、あるいはソレが愛人の車であった——と考えることもできる。しかしながら、警察犬は雨天ではその能力が減退するという話があり、犬がただ捜索に加わった者たちに合わせて道を辿っただけ——という可能性も決して低くはない。

　ともかく駆け落ちが現実的でないとすると、自発説のなかでもっとも説得力を持つのが自殺説である。

　現金や生活必需品を置き去りにしているにもかかわらず、その後、さまざまな行政処理や医療行為などによって所在が明らかにならないのは、そこで生きるのをやめたから——という可能性だ。自殺を惹起する要因は人それぞれであるが、家族の知らないところで健康問題や人間関係に悩み、追い詰められていた可能性も否定はできない。そうして訪れた観光地、パワースポットともされる静謐《せいひつ》な聖域、そこには日常と非日常のコントラストがあった。だがその対比がN子さんの気疲れをも鮮明にする。まもなくGWが終われば、また好ましからざる日常が戻ってくる——そうして現実逃避。茫然自失のままフラリと森へ山へと足を向け、人目につかない場所で死を迎えた。

　この説には補強材料がある。失踪の2日後にあたる5月5日、最終目撃地点から直線距離2キロの場所にある不動の滝林道入口にてN子さんによく似た服装をした人物が目撃されている。この人物も西の方を向いて、ただぼんやりと立っていたのだという。目撃報告を受け大胡署は7日になって不動の滝・柏川周辺を捜索しているが、これも空振りに終わっている。失踪時のN子さんのイデタチが人の目

最終目撃地点から直線距離2キロの場所にある不動の滝林道入口。失踪の2日後、ここでN子さんによく似た服装をした人物が目撃されている

をひきやすい色彩だったためか、この場所以外にも20件近くの目撃報告が大胡署に寄せられているが、ここから事件が進展することもなく、本人だったかどうかも定かでない。

茫然自失のN子さんがアテなく山中をさまようちに不動の滝へ——というストーリーはいかにも想像しやすいが、この説の弱点をいくつか挙げるなら、警察犬やヘリコプターまで動員された大規模な捜索で、遺体はおろか遺留品のひとつも見つかっていないことだろう。折からの雨でぬかるんだ山道をサンダル履きで捜索の網を外れるほど遠くまで行けたのかという疑問も生じる。

ほかには病気の可能性も広義での自発説だと言えるだろう。なんらかの原因により自らに関する記憶を失い、どこへ行けば良いのかわからないまま失踪する——という解離性遁走などが挙げられる。N子さんは拝殿に向かう途中で一時的な記憶喪失に陥り、さまよっているうちに事故ないし事件に巻き込まれた——となると、次に挙げる「偶発説」とややオーバーラップする部分はあるが、失踪の始まりは本人に起因するので自発説に含めておく。

ちなみに「**道に迷って最終目撃地点へ**」という可能性はほとんどなさそうだ。最終目撃地点は拝殿に向かわんとする者が迷い込むような場所ではなく、N子さんは失踪当日以前にも何度か三夜沢赤城神社を訪れている。

●偶発的な事件・事故に巻き込まれた可能性

本人に起因するものでないとすれば、偶発的な事故、そして事件に巻き込まれた可能性が高くなる。この赤城神社の主婦失踪ケースではN子さん本人にこれといって失踪する理由は見当たらず、失踪時の不可解な状況を鑑みて事件に巻き込まれたとする可能性が事件直後から強く疑われていた。

想定されるストーリーはいたってシンプルである。なんらかの事情により、N子さんは最終目撃地点まで足を運び、そこで襲われるなり誘拐されるなどのトラブルに巻き込まれたというものだ。

偶発説の一環として、ゲイルによる超能力捜査も見ておこう。

こと未解決事件に関しては超能力・霊能力者たちが飯の種にするため緊急来日しがちであり、この事件でもやはり的中率90パーセントという触れ込みの霊能力者ゲイル・セントジョーンが緊急来日している。

懐疑的、ないし理性的な諸兄は「**もういいよ、こういうのは。いつも『岩が見える』とか『水が見える』とか『彼**

女は苦しんだ』とか『強い思念を感じる』とか『3という数字が頭から離れない』とか、あとからどうとでも解釈できるコト言うだけじゃん。それで外れた霊視部分は翌週以降カットして放送するんだろ？　視聴者をナメるんじゃないよ」と辛辣に評すかもしれない。

霊能力者を自称する者に対しての世間の目は厳しく、高額の謝礼を取る霊能力者・占い師たちを詐欺師扱いする向きもあり、「ヤツらは『こちら側のどこからでも開けられます』袋と同じぐらい嘘つきだ」という批判もある——が、「こちどこ袋」に関しては確かに開くこともある。

各方面に敵を作りそうな冗談はともかく、このケースに関して、ゲイルは霊視といういささか非現実的な方法ではあるが、かなり現実的なストーリーを語っている。

それによれば、N子さんは拝殿へと続く脇道を上がっていた道中で若い男Aに声をかけられた。男Aは「男Bがケガをして動けない、手を貸して欲しい」と言う。N子さんはその言葉を信じ、誘導されるまま最終目撃地点について行った。着いてみれば、そこにはなるほど、男Bが倒れており、男Aが手を貸しても起き上がれない様子——。

娘Y枝さんが目撃したのは、この瞬間だった。男たちは地面に倒れたり膝をついたりと低い姿勢であったため、Y枝さんの立ち位置からはN子さんしか見えなかった。N子さんは男Aの指示に従い、ふたりで男Bを挟むカタチで肩を貸し、移動を手伝った。そうして拝殿から逆方向にある山道方面へ行き、やがて墓地横に出る。舗装された道路脇には男たちの車が停車しており、その車へ男Bを乗せようとした瞬間に車内へと引きずり込まれ、そのまま誘拐された——とする。

事実かどうかは別として、この霊視を「現実的」と評した理由は、このストーリーならばこの事件に関するいくつかの不可解な点を（それほど）無理なく説明できるからだ。

まず、偶発説のネックとなるのが、「なぜ最終目撃地点にいたか」である。はっきり言えば、この地点は見晴らしが良いわけでも、見物しておくべき何かがある場所でもない。

それがゆえに偶発説では「**なぜ参道から離れた場所に立っていたのか**」という点がネックになりがちなのだが、ゲイルは「**良心に訴えかけ誘い込む**」という手口を霊視することによって、その問題を解決している。そして、「**男たちは低い姿勢であった**」と設定することで、N子さんしか見ていない娘Y枝さんの証言に沿う形に仕上がっている。

偶発説のもうひとつの難題は「悲鳴と遺留品」だ。最終目撃地点は境内から十数メートルほどで、林立する杉の古木により多少視線は通りにくいが、悲鳴が聞こえない距離ではない。試しに筆者が最終目撃地点から大声を出してみると、境内にいた観光客は周囲を見回し明らかに声の元を探した。

「**ちょマテヨ、悲鳴が追いつかないほど電撃的に襲ったかもだろ**」とか諸兄は言うかもしれない。たしかに、口を塞いだり意識を失わせたりは可能だろう。だが反抗が予想される状態――あるいは反抗せずとも意識がない人間を痕跡なく「運搬」するのはよほどの体力か人員が必要になる。当日N子さんは傘をさし、サンダル履きだった。電撃的な襲撃があったとして、いちばんに現場に残されそうな傘、そして簡単に脱げそうなサンダル、そして眼鏡が見つかっていない事実は重視すべきだろう。犯人がそれらをのちほど回収した、ないし誘拐のさなかに犯人グループが逐一回収していた、と考えることもできる。が、「証拠を残さないよう慎重に誘拐する、中年女性に性的関心がある同志たちが、まぁ人の来ない場所に陣取って暴行のチャンスをうかがう」ならあるいは――ではあるがどうも現実的とは言いがたい。

暴行目的で車内までさらうなら、最初から街中を適当に流してターゲットを物色し、見つけ次第横づけした車に連れ込む方が楽だろう。最終目撃地点から「怪しい車」の停まっていた場所まではかなり距離もある。

現地住民の話によれば、当地では失踪事件以前に老婆を狙ったレイプ事件などがあったといい、かならずしも性犯罪の可能性を排除すべきではないが――現場の状況を鑑みるに、このケースに関してはその線は薄いように思われる。

ゲイルの霊視では性目的ではあるものの、最終目撃地点まで引き込むこと、そして悲鳴も遺留品も残さず誘拐できること、という2点からは現実的ではあった。抜群の霊能力を持つのか、事前調査に力を入れたのかは定かでないが、事件を掘り下げて考えたときに生じるいくつかの問題点をクリアしていることは確かだ。

しかし残念ながら最後は尻窄みである。霊視によれば、犯人グループのアジトに連れ込まれ乱暴されたN子さんは、その後三夜沢にほど近い場所で解放され、意識が朦朧としているうちに山に迷い込み、そこで亡くなったとしている。もちろんその場所は霊視で特定できておらず、いまだに遺留品のひとつも見つかっていない。例によって、資料からプロファイルできる「途中のストーリー」までは細部まで霊視できるのに、いちばん大事な部分はモヤだか邪悪な思念だとかに邪魔されてまったく見えない――という灰色決着となる。これで許されるなら、我々も霊視業界に参入して荒稼ぎを画策したいトコロではあるが、許されてはいない。

霊視はともかく、本当に「レイプ犯急襲」や「ツキノワグマによる襲撃」などの偶発的な事件事故にN子さんが巻き込まれたなら、ここまで手がかりや遺留品の一切が見つからないのは不自然であり、その点においては「**本人の足で車まで歩いた**」とするゲイルの霊視は、N子さんが最終目撃地点にいたこと、そして悲鳴がなかったことにもシンプルにアプローチできるストーリーだとはいえる。

ちなみに、N子さんが失踪した日は連休の最中、かつ翌日に地域のお祭りが予定されていたこともあり、祭り準備の関係で普段より多くの人たちが境内にいた。それでもやはり最終目撃地点まで足を踏み入れる者はまれであったろうし、そこで「待ち伏せ」を行なうのはあまりにも非効率に思える。

向こう側

理詰めで考えて解決するなら世話はない。自発説にせよ偶発説にせよ「N子さん」ないし「犯行におよんだ何者か」が必ずしも合理的に行動したとは限らず、我々第三者には計り知れない理外の理のもとで行動した可能性は決して低くない。

では、常識ではかれない、なにかほかの要因が事件を引き起こしたとしたらどうだろう。

まがりなりにも「神隠し」という神秘的な表現が使われる事件であるなら、常識を逸脱したところに原因を探してみたくもなる。当地の噂話まで調査範囲を拡げてみれば、「**いつだか、橋の上を歩いていた女子高生が、目撃者の目の前でフッと消えた**」という話があった。まるで異次元だの異世界だのに迷い込んだかのような――興味をそそる話ではあるが、この話に関しては時期も場所も明確でなく、誰が消えて誰が目撃したのかすら判然としないので都市伝説の類と考えるべきだろう。

異世界という観点からみれば、三夜沢から下った伊勢崎には竜宮伝説も伝わっている。「**海のない県で竜宮かよ！**」と諸兄は反射的に拒絶反応を示すかもしれないが、伝わっているものは仕方がない。とはいえやはり海ではなく、川の淵などから竜宮へ行けたようだ。『群馬県史 資料編 27』によれば、阿感坊という男が不注意から川にナタを落とし、回収するために水に潜ると、なんだか竜宮に着いた。そのまま、リピしたいほど気分良く3日ほど滞在し元の場所へ戻ってみたら3年経っていた――というものだ。例によって竜宮で玉手箱を持たされたが、コレには特に意味はなかったようで「老化促進」も死ぬこともなく、阿感坊は竜宮のことを知りたがった殿様に責められ、口を割ろうと——秘密を漏らさんとしたその瞬間に、ぽっくり死んだらしい。

阿感坊が持って帰ってきた玉手箱は子孫である斎藤氏のもとに、そして潜ったとされる宮古町の川辺には現在、竜宮を祀った神社が建てられている。神社の境内には我々の喚起するイメージどおりの「海亀に乗って釣竿を持った浦島太郎」像が置いてあり、ふと口ずさみたくなった者向けに童謡『浦島太郎』の歌詞が書かれた看板まで立てられている。

ストーリーになかった海亀はどこから来て、ナタはどこへ行ったのか。よくわからないが、観光資源をめぐる大人の事情が見え隠れする。ここらへんは深く首を突っ込むと宮子町自治会に消される恐れがあるので見なかったことにする。

こうして「異世界=竜宮」という観点から見ると、赤城主婦失踪事件もにわかに幻想的になるが、残念ながら竜宮伝説は全国津々浦々に伝わっており決して珍しいものではない。軽く調べただけでも広義での竜宮伝説は群馬だけで12箇所前後あり、これは群馬県下におけるスターバックスの店舗数15に迫るものがある。ちっともありがたみがない。

伊勢崎には竜宮伝説が伝わっている。
龍宮神社の境内にある浦島太郎像

もうひとつ興味深いものとしては、やはり三夜沢から20分ほど下った麓のあたりで起こったという奇妙な体験が挙げられる。これは柏木沢と呼ばれる地域で起こった出来事で、『月刊ムー』の2002年7月号に「群馬 神隠し村の謎」と題された記事が載っている。これは別段「赤城主婦失踪」に絡んだ記事ではないが、興味深い記載が見てとれる。

記事によれば、1988年、友人たちとドライブしていたAさんが前橋市から榛名山へ向から道すがら柏木沢を通りかかったところ、通り慣れている道であるにもかかわらず道に迷った。前橋市内にある「フランシスコ前」と呼ばれる交差点から、少し走ったあたりで「**キーンという、空気を切り裂く金属音**」が微かに聞こえたが、気にせずそのまま走行し、左手に見えた神社を通り過ぎ、また左手に見えた違う神社を通り過ぎ、また違う神社を通り過ぎ——と、やたら神社を通り過ぎたあと、ようやく同乗していた友人が「**同じところを回っている**」と言い出した。車には4人乗っていたが、みな違和感は感じていたらしく、どうやら迷ったらしいぞと抜け出る道を探した。だが見つからない。

八幡神社の境内にある天狗信仰の石碑には「大天狗」と刻まれている

近隣の人に道を教えてもらおうとするも、誰もいない。先ほどまでは珍しくもなかった民家が、なぜかまったく見当たらない。ぐるぐると同じ場所を繰り返し巡っているのは間違いないが、奇妙なことに少しずつ景色の細部が変化していたらしい。

「**二度と出られないんじゃないか**」と怖くなり、なんとか抜け出そうと違う道を選んでも、やはり元の神社に戻ってきてしまう。困り果てていたところ、ふと、お地蔵さまが道の端に立っているのに気がついた。それまでは無かったハズなのにと不可解に思ったその瞬間、お地蔵さまの傍から「白い物体」が飛び出てきた。それは体験者には「白狐」に見えた。その「白い何か」が現れたと同時にまた「金属音」が聞こえ、景色が一変して、元に戻った——そんな話になる。

『ムー』ではライターによる現地取材が行なわれ、体験者の言うところの点在した神社が「赤城若御子神社」と「八幡宮」だったであろうと推定しているが、3ヶ所目の神社は該当するものが見当たらなかったとしている。『ムー』ではこのケースをして「天狗」と絡めて推理を発展させているが、たしかに八幡神社の境内には天狗信仰の石碑が残されている。

柏木沢で言えば、もうひとつ興味深い怪事件が起こっている。これは上毛新聞1976年11月4日付、そして群馬読売新聞が前代未聞の珍事として報じ、オカルト界隈諸兄に邪な眼差しで注目された。端的に概要に触れると、1976年11月2日、一晩のうちに柏木沢周辺地域の庭石という庭石に傷がつけられていることに住民が気づいた。それは深さ2センチほどの「引っかき傷」のようなもので、600メートル四方の約200個にものぼる庭石にその傷が確認された。金属で強く・鋭く引っかけば確認されたような傷をつけることは可能と考えられたが、被害に遭ったひとりである橋本さん宅の庭石は、土に埋もれている部分にまで傷が続いており、何が起きたのか理解のしようがなかった。そんななか「**ただごとではない！**」と考えた住民が新聞記者に相談したことで、この事件が紙面に掲載されるという流れとなる。紙面では群馬大学の須川助教授のコメントも掲載されたが、その原因も動機も犯人もわからずじまいに終わっている。未解決事件である。

この引っかき傷事件の数ヶ月後に出版された雑誌『UFOと宇宙』1977年2月号が、この事件をして「**UFOは石を食べていた!?**」と我々の心をかき乱さんばかりの、過激な記事を掲載している。

ただひとつ、これは推測でしかないのだが、UFOのしわざではないか、というのである。何でもかでも、この種の事件が起こると、原因に困ってUFOのせいにしたがる風潮がなくもないが、この事件の場合には、それなりの根拠がある。

（『UFOと宇宙』No. 22）

自嘲か自省かはわからない——「ふふっ」となる文はともかく、文中にある「根拠」は、騒ぎが起こる前日にあたる11月1日夜に当地の住民である佐藤ふじ江さん（56）が体験した出来事を指す。ふじ江さんは前日夜、自室の窓のアルミサッシの上部が異常に明るく照らされていることに気づいた。そのときは「**とても明るい月夜だなぁ**」と思ったという。体験は以上である。これが根拠である。

その後、この騒ぎの犯人はということになって、このふじ江さんの目撃が有力となり、UFOということになった。

原因に困ってUFOのせいにしたがる風潮がなくもない

ことはわかった。このケースでは「水に濡れない地面」の存在も確認されており、興味深い点はあるものの、このあたりの分析は国内のUFO愛好家団体「Ｓｐファイル友の会」さんあたりにお任せしたいと思う。

こと赤城主婦失踪事件に関して、赤城山周辺でのUFO目撃情報をどれだけ挙げようと「**UFOによるアブダクション・ケースである**」という主張は支持を得られそうにないが、自発説の派生として「憑きもの説」なども思いつく。少しだけこれに触れてみよう。

柏木沢で「白狐」らしき存在を見たという話は前述したが、群馬では憑物、特にオサキ狐やムジナが人に憑く、ないし化かすという逸話が多く採取されている。さらに狐は憑いてもすぐ離れるが、ムジナはバカであるせいでなかなか離れないともされている。　憑物バナシは非科学的であるうえに差別を生んだりとさまざまな問題を内包しており、全国的な傾向として昭和中期以降「加速度的に事例が減った」こともあり、民俗学者たちの関心も減少の一途を辿っている。こんなご時世ではあるが、民俗学者である後藤忠夫氏による書籍『群馬の憑きもの オサキ伝承を中心にして』に目を通せば、昭和57年（１９８２年）に群馬界隈を対象に行なわれたアンケートの回答に興味深い記述を見つけることができる。

アンケートはいくつかの設問に群馬各地方の住民が答えるもので、それをそれぞれ読み進めていくと、前橋市のEさんの回答には「**中年の女性につく**」とある。そしてFさんの回答には「**何がなんだかわからなくなり、知らない道をあてもなく歩いて行ってしまう。そしてとんでもない方まで行ってしまって家人をびっくりさせる**」とあり、今回扱っているケースとの類似点を無理矢理見つけることができる。館林市のAさんの「**人につくと信ぜらる。家出して走り行き、速くて追いつけず――**」うんぬん。

事件とはまったく関係ないが、同書の記述から「憑かれし者の症状」として興味深いモノをピックアップすると、「**狂乱的な言行をし――**」「**ヒステリーのように、一方的に言いつのったり黙りこくったりし、他人の言うことが通じない**」「**欲深くなる**」「**そわそわした挙動にて気味悪い**」――ということになっており、オカクロ特捜部としては読者諸兄の憑物を疑うほかない。今まで誰にも気づいてもらえず、たいそう苦しんだでしょう。お憑かれさまでした。近いうちによくわからん先割れの竹みたいな道具でしこたま叩いて、唐辛子で死ぬほどいぶして、楽にしてあげますからね。

お寒い冗談はともかく、群馬では１９２６年にある男が

「憑きもの落とし」と称してふたりの家族を凄惨な死に至らしめる事件も起こっており、土地柄として憑物が根ざしていた事実はあるようだ。それらのほとんどが先天的ないし後天的な障害、あるいは精神的な病に起因したモノと推察するのがいたって常識的な判断であるが、強引に今回の主婦失踪ケースに当てはめることもできる……。

　とはいえ、コレで納得し、解決の印を押せるほど現代人はロマンチストではない。まともな大人からは、「トンデモ」だの「ビリーバー」——非科学的な無知蒙昧人物との誹りも受けよう。もう少し現実的な仮説を考えてみよう。

ホームビデオをもう一度

　ここで位置関係もふくめ、当日同時刻に撮影されたというホームビデオの映像に立ち戻ってみよう。映像では、

- **「よく似た服装はしているモノの別人」**の女性——以降、便宜上「フェイクおばさん」とする。

「N子さんではないか?」とTVのチカラが煽った。

- **「赤い傘を誰かに差してあげる人物」**——便宜上「傘差人」が映っている。撮影された方角と位置を図に示したが、

「フェイクおばさん」は拝殿前、「傘差人」は水汲み場の近くにいた。

「フェイクおばさん」に関しては、映像を確認した家族によって「別人である」と断を下されたが、一方の「傘差人」は家族もN子さんではないか、と疑った。

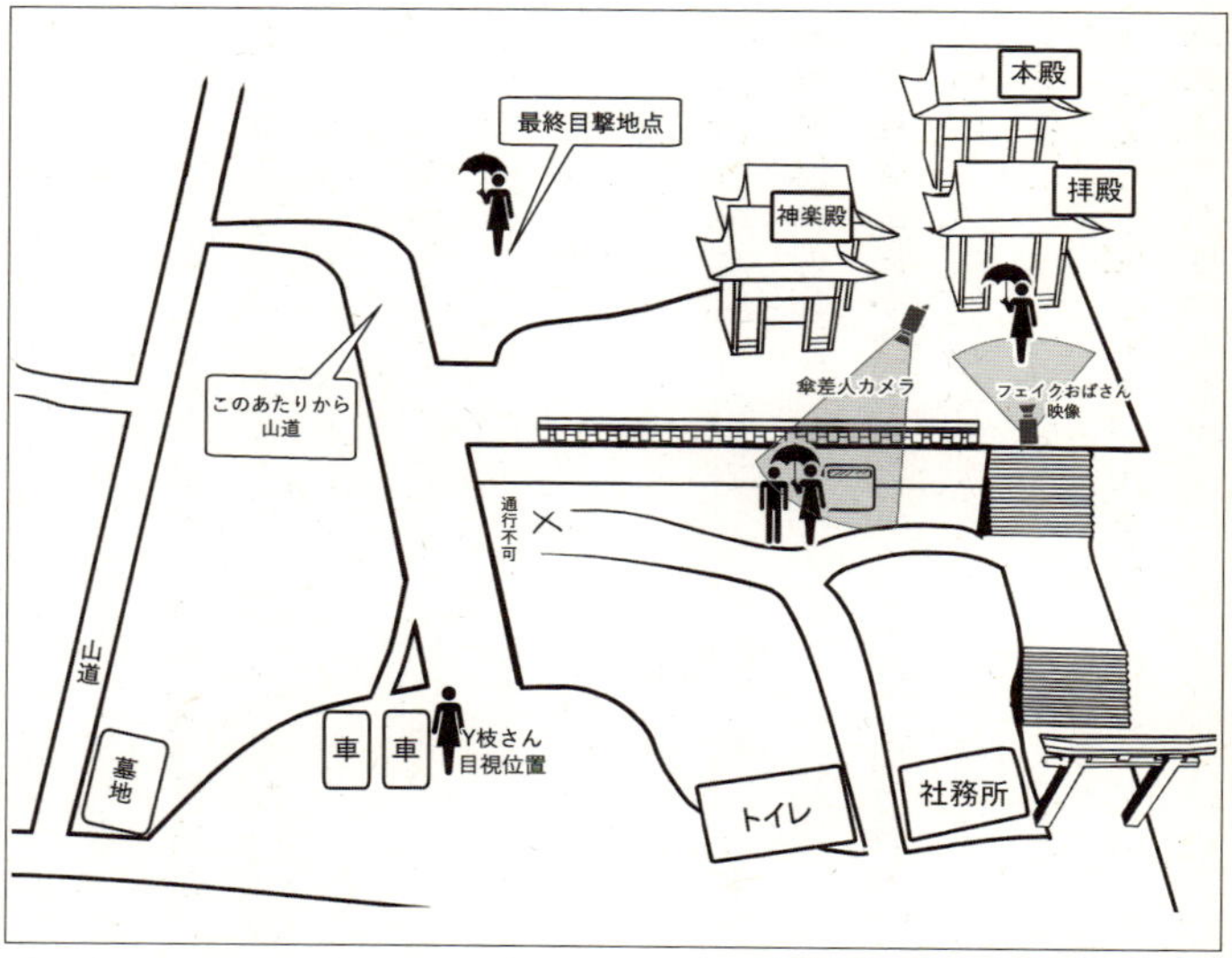

それぞれの位置関係を示した図

この「傘差人」という要素をして、「傘差人」が傘をさしてあげた相手は誰か、なぜ傘差人ことN子さんがここにいたのか——などと事件のミステリーを深める要素として、あるいは「事件の鍵」として言及され、これをもとに考察を重ねる者も少なくない。

だが、調査してみると「傘差人」について腑に落ちない点がいくつか浮かび上がった。

ホームビデオの映像。画像左側に映っているのがN子さんと疑われた「傘差人」画像右側の人物に傘を差し出す一瞬の映像

まず、この映像が失踪と同時刻に撮られたという前提で、映っているのが本当にN子さんならば、水汲み場へ向かうルート上で夫や叔父などとスレ違う、遭遇していてしかるべきだが、その事実はない。他方、脇道からは水汲み場へ続く最短ルートが存在しており、ここを通れば夫や叔父と遭遇することはないが、この道は当時から柵により封鎖され通行不可能となっており、身軽な状態ならともかく、雨の日に、傘を差して、サンダル履きにスカートという条件下でN子さんが無理に柵を越えるようなショートカットを試みるとも考え難い。加えて「最終目撃地点にいたN子さん」という要素と時間・位置が整合し難い。

そして「傘」。『TVのチカラ』が映像解析によって「**傘差人の傘は、赤い傘らしい**」と判定したが、映像を見れば傘差人の上着はそれよりも明らかに暗い。ともすれば傘差人の毛髪と同色の黒にも見える濃暗色である。N子さんが失踪時に身につけていたのはピンクのシャツであり、そうなると赤い傘よりはるかに暗く映るのは理屈に合わない。「差し出す」行為を行なった瞬間も服色にはほとんど変化が見られないため、傘の生み出す影で暗色に見えたとするにも無理がある。

さらに現地で確認すると、水汲み場と拝殿のある場所は石垣による段差が設けられてあり、その高さは約155センチ前後だった。N子さんの身長が156センチほどであることを念頭にもう一度映像を確認してみると、そこには肩から上が映った傘差人がいる。現場となる水汲み場の足場は駐車場方向へ向かって15度程度の下り坂となっており、石垣から離れれば離れるほど傾斜により155センチ以上の高低差が生まれる。かくして撮影された場所、距離、角度などを考慮しても156センチのN子さんが映像のように映り込むのは無理があり、おそらく傘差人は履き物による底上げを入れて170センチ前後の人物であろうと推定される。以上のことから傘差人はN子さんではなさそうだ。

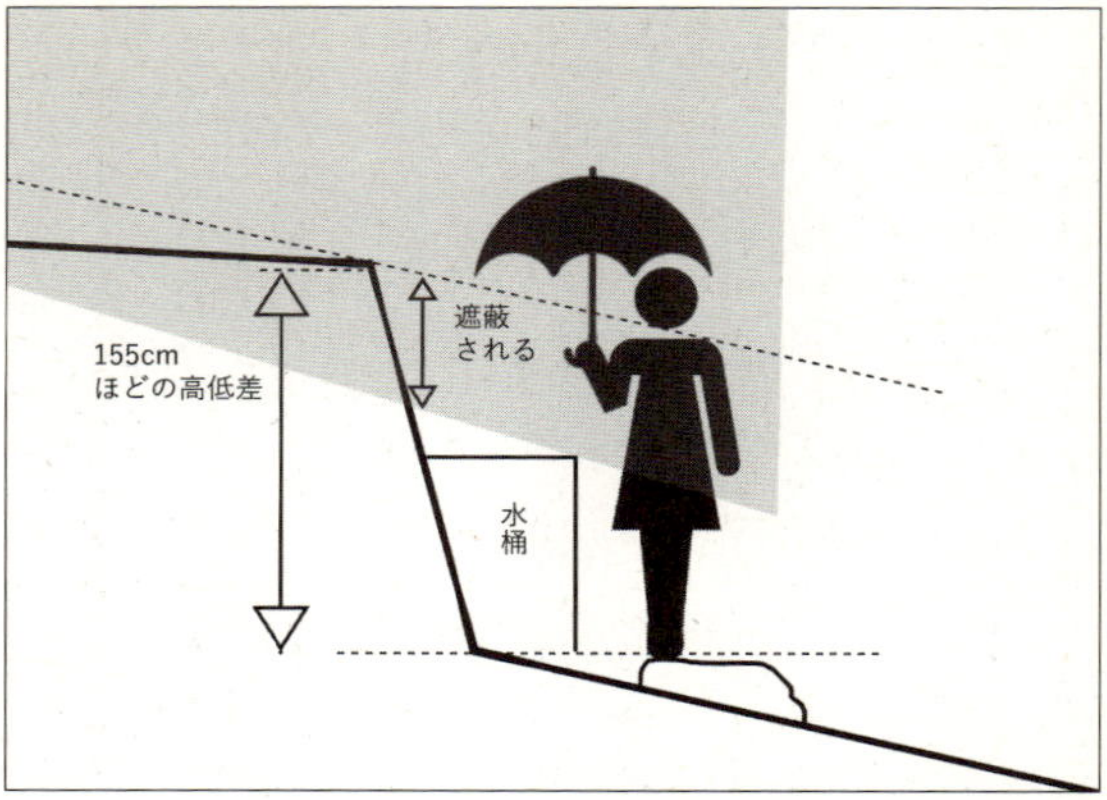

石垣の高さはN子さんの身長とほぼ同じ。「傘差人」映像のようにN子さんが映り込むには少なくとも、身長が170センチほどになるか、撮影者が高所から見下ろす形で斜めに水汲み場を撮る必要がある。前者は言うまでもなく、後者に関しても他配置物の写り込み具合から否定される。ちなみに事件後に石垣の上に玉垣が設置されたことにより、現在ではさらに見通しが悪くなっている

疑り深い諸兄は「いや工事とかで地形が変わった可能性もあるだろ。昔は段差が130センチぐらいしかなかったとか」などと例によってネチっこく揚げ足を取ってくるかもしれない。確かにその可能性も捨てるべきではない——が、神社関係者に話を聞けば、少なくともこの20年、水汲み場には一切工事の手は入っておらず、踏み台のようなモノが設置されたこともないとの事だった。

普通に考えれば現地でロケを行なった『TVのチカラ』スタッフも、この石垣高低差問題や服の明暗問題に直面して「N子さんと考えるのは妥当ではない」と思い当たったのではないか？　などと疑問に思うが、そこらへんは大人の事情というやつかもしれない。番組内では「**傘差人は水汲み場から数メートル南方に立っていたのではないか**」——つまり石垣から離れ、もう少し駐車場よりに立っていたことにし、石垣遮蔽問題の解決をひそかに図っているが、水汲み場からは駐車場に向かって断続的に斜面が続いていること、そして映り込んだ像の対比・遠近感という2点から、その解決が妥当だとは思えない。

ちなみに霊視にあたったゲイルも傘差人映像を確認して「**これはN子さんではない**」と断言している。理屈はよくわからないが霊的な力もそう言っているのでそうなのである。

「フェイクおばさん」そして「傘差人」がN子さんでないとすると、いままで重視されてきたホームビデオ映像はほとんど意味をなさない存在となる。が、「当日、同時刻、同所」で撮られた映像であることは軽視すべきでない要素であり、これをもとに、今までまったく言及されてこなかった可能性を指摘することができる。

それは「娘Y枝さんが見た、最終目撃地点のN子さん」の真偽についてだ。

Y枝さんは失踪する直前のN子さん——ぼんやりと最終目撃地点に立ち、西方を眺めていた——を見た。その後、数十秒でN子さんは姿を消した。この「数十秒」に関して、『TVのチカラ』が興味深い検証を行なっている。番組では娘Y枝さんが目撃した地点から、N子さんが西方（山道の方角）へ歩いて行ったと仮定して、概ね何秒で見えなくなるか——という検証を行なった。検証ではN子さんと同じ姿格好をしたスタッフが大木に遮られ23秒でいったん見えなくなり、26秒で再び木の陰から現れ、39秒で完全に見えなくなった。赤い傘は薄暗いなかでもよく目立つものの、大木によって断続的に視界が遮られて見失いがちになるため、山道を登っていったとする一連の説を補強する要因とでき

N子さんと同じ姿格好をした協力者と最終目撃地点に立つ協力者。
とにかく遠い。山林の風景のなかで「赤」が目立つため、誰かがいることはわかるが……

る。

ところが、現地に足を運んで気がついたことがある。それは、距離だ。

現場に立ってみれば、娘のY枝さんが目撃した地点からN子さんの立っていたとされる地点が想像よりも遠かった。検証のため、N子さんと同じ姿格好をした女性に協力してもらい、最終目撃地点に立ってもらったが、「誰か」を同定するにあたって材料にできるのは「薄暗いなか、うっすら見える傘の色」ぐらいしかない。「100メートル離れた薄暗い場所」に立つ人物の「顔」が判別しがたいのは言うまでもない。

Y枝さんが目撃したのは本当にN子さんだったのだろうか？

こうなってくると、これまで論ずるに値しないとされてきた「フェイクおばさん」のくすんだ存在感がにわかに輝きを増す。もしかしたら、Y枝さんが目撃したN子さんはフェイクおばさんだったのではないか——そんな仮定が浮かび上がる。

フェイクおばさんを写した映像を確認すれば、彼女は拝殿にお参りしたあと、傘をさして、画面左にあたる神楽殿方向へとフェードアウトしてゆく。彼女の向かった神楽殿方面には現在は剣聖・上泉信綱の木造を祀った祠があるが、当時は特に見物しておくべき何物もなかった。だがまったく人目を引かないが神楽殿の裏手にはちょっとした階段があり、それを登って行くと階段や斜面に沿って小さな祠や

映像から切れて以後のフェイクおばさんの仮定ルート。
最終目撃地点から境内に戻ろうとすると、道がないため元来た道を引き返すのが妥当

石像が点在している。そして、その道を上がりきると山——である。そこから道らしい道もない場所、少し開けたスペースを西方へ十数メートルほど歩けば、N子さんの最終目撃地点に至る。

　フェイクおばさんは神楽殿横まで来て、点在する小さな祠に気がつき、それらを見ておこうと簡素な階段を上がり、やがて少し開けた場所へ至った。どうやら脇道方面へ下る道もなく、来た道を引き返すしかないらしい、とボンヤリ考えたり、粘り強く別道を探しているところを遠くからY枝さんが目撃し、その酷似した装いからN子さんと誤認した——と考えると、どうだろう。

神楽殿裏の階段。正面の階段を上がって、突き当たりを右方向に上がり、さらに左方向へ斜面を上がる形で道がある。そこから先は整備されていない最終目撃地点

　こう推定すると、このケースから「用もないはずの場所でボンヤリと西方を眺めていたN子さん」というミステリアスな部分を排除することができ、いくつかの仮説における「強引な説明」も必要なくなる。

　結果、N子さんは最終目撃地点には近寄らず脇道をそのまま上がっていった、ないし脇道でなんらかのトラブルに巻き込まれた——と考えるほうがシンプルでいい。さりとてコレが「謎の失踪」を解き得る鍵となるかは別問題になるが。

　そして、翌日以降に不動の滝や柏川の周辺で目撃された「赤い傘をさした女」がただの観光客、フェイクおばさんだった——という可能性も同時に浮上し、また真相が遠ざかる。フェイクおばさん暗躍しすぎである。調査も捜査もしたけどわからないことだらけ、もう輪になって踊ろう。

忘れられた事件

　いまから40年ほど前、ちょうど前述の柏木沢のあたり、現群馬県高崎市で起こったある事件について触れよう。

9月21日の夜、38歳になる主婦、加藤八重子さんはふたりの子どもたちと自宅でテレビを見ていた。その夜、夫は夜勤で家におらず、子どもたちは午後22時過ぎに就寝した。何気ない日常の、何気ない一幕だった。そうして迎えた翌早朝午前5時半過ぎ、部屋から八重子さんの姿が消えていることに娘さんが気づいた。

現金、履き物、鞄など日常的に持ち歩く物品および彼女の衣類はすべて自宅内に残されており、なんら変わったところのない部屋の中からパジャマを着た八重子さんの姿だけが消えていた。彼女が寝ていた掛け布団は、まるで誰かに引きずり出されたかのように真ん中だけが膨らみ、放置されていた。

自宅、それも寝室で失踪という不可解な出来事だった。履き物などが残されていたこと、パジャマを着た本人だけが消えていることから、自発的な失踪は考えにくく、警察は事件性を疑い夫はもちろん、当時小学生だった娘さんまでが取り調べを受けるハメとなった。だが何も出ない。結局八重子さんは40年経った今も所在不明のままである。

不可解なケースである。これをして「Ｔｈｅ 神隠し」と表現しても決して過言ではない。

実はこのケース、民間機構「特定失踪者問題調査会」――つまりは「北朝鮮拉致問題」の被害者とされる人たちを集めた、いわゆる「ゼロ番台リスト」に含まれている事例である。ゼロ番台には、拉致された疑いがあると考えられている失踪者２００人近くが名を連ねている。

「**またお前はソレかよ**」とオカルト・クロニクルの熱心な読者は言うかもしれない。筆者は『坪野鉱泉肝試し失踪事件』を扱った記事で、北朝鮮による拉致の可能性を取り上げた。これは心霊スポットに出向いたふたりの女性がなんの痕跡もなく車ごと行方不明になったケースで、失踪時の状況および地理的条件から北朝鮮による拉致の可能性を排除すべきでない――という結論に至った。今回取り上げている赤城の失踪事件においても坪野のケース同様「特定失踪者リスト」にこそ加えられていないものの、その可能性は捨て置くべきではないと考える。

群馬という県は工作船が接岸する日本海にも面しておらず、坪野のように拉致被害が多発した「大町ルート」にも面していない。ゆえに赤城のケースではその可能性が軽んじられる傾向にあるが、他の事件――北朝鮮による拉致事件とされたケースとの共通点は少なからず存在する。

まず、言うまでもなく「神隠し」などと表現されるほどの不可解な失踪状況だ。なんの前触れも痕跡もなく、消える——。前述した群馬・自宅寝室主婦失踪ケースにしてもそうだったが、拉致問題の象徴的存在である横田めぐみさん失踪事件をサンプルに挙げても、当時、失踪しためぐみさんをめぐって「営利誘拐か性目的の連れ去り」を疑った新潟中央署による、まさに「総動員」220名の大捜索でもまったく行方がつかめず、失踪翌日には機動隊760名も投入されたが、痕跡のひとつも、物証のひとつも発見できなかった。当時の捜査主任は「**まったく手がかりのない不思議な事件。昔の言葉でいう神隠しだった**」と感想を吐露している。警察犬による追跡でも足取りが通学路でフッと途絶えていた。

加えて、拉致被害家族のもとには「**不審な電話**」がかかってくることが少なくない。拉致濃厚とされた失踪者のなかで、確認できただけでも33名のもとに失踪後に無言電話や謎めいた所在確認の不審電話がかかっている。今回のケース——赤城主婦失踪事件の発生した1998年だけを取り上げても、この年に拉致された菊池寛史さん、林雅俊さん、渋谷浩邦さんの家族のもとに不審電話が何度もかかっている。このころになると、電話機に発信元の番号が表示される「番号通知」が世間一般で広く利用され始めていたため、赤城のケースでは無言電話の発信元が群馬から遠く離れた「米子」「大阪」からであったことが判明している。興味深い符合としては、鳥取県米子にある皆生日野川河口は、朝鮮総連の幹部であった韓光熙が著した『わが朝鮮総連の罪と罰』で告白されている工作員接岸ポイントのひとつである。

無言電話が何を意図したものかは判然としないが、象徴的存在である横田家にも奇妙な電話がかかっている。めぐみさんの母、早紀江さんは次のような「脳裡に残る電話」を受けている。

「もわーんと静かな中、たまに遠くから女性のアナウンスが聞こえるの。飛行場かデパートの中のよう。ただ、いくら耳をすましても声は小さく、しかも日本語ではないようでした」。「めぐみちゃん、めぐみちゃんなの」。母の懸命な呼びかけにも無言のまま数十秒で切れた。哲也さんも振り返る。「僕自身、無言電話を5~6回取りました。今でも電話が鳴るたび正直、いい気持ちがしないんです」

(『祈り――北朝鮮・拉致の真相』P24)

70~90年代、当時は「北朝鮮による拉致」などというのは根も葉もない噂話、無責任な陰謀論として片づけられており、それに加えて新潟は半島への帰還事業の要所でもあったこともあり、このような陰謀論はほとんど「タブー」として扱われていた。どれだけその可能性を声高に訴えようと「**疑惑にすぎない**」だの「**デッチ上げ**」だの「**つまらない創作で陰謀論**」だのという否定的な見方をされることが多かった。これらの否定的な意見はのちに批判を浴びることとなる土井たか子をはじめとする、旧社会党勢力（現社民党ほか分散）によるものだったが、1997年にめぐみさん事件が注目され、国会で取り上げられるまでに発展して、ようやく「目の前の危機」として世間一般に認識される流れとなる。

しかし、仮に赤城主婦失踪事件が北朝鮮拉致案件だったとしても、いくつかの疑問は残る。

群馬という違和感

まず、なぜ日本海沿岸でもなく、「大町ルート」沿いでもない群馬で？　と訝る諸兄もおられるかと思う。たしかに拉致の「メッカ」とは言えない場所ではある。だが、群馬県に関して特定失踪者問題調査会の代表である荒木和博教授が自身のブログで興味深い指摘をしている。

群馬県は金丸・田辺訪朝団で有名な田辺誠・元社会党委員長の地元でもあります。様々な意味で北朝鮮との関係も深く、後に原敕晁さんを拉致して成り代わる（註：いわゆる背乗り）北朝鮮工作員辛光洙が高崎や前橋のパチンコ屋に身を隠していたこともありました。

このところ色々な情報が出てくる中で、日本人協力者、特に社会党ないし社会党系労組にいた北朝鮮シンパの活動が注目されています。

（荒木和博ＢＬＯＧ）

探せば他の都道府県でも「関連」を見つけることはできるだろうし、やや強引とも思えなくもないが、「群馬が工作員・工作拠点の空白地帯」ではなかった――とは言えそうだ。荒木教授は産経新聞の取材に、群馬が「メッカ」で知られる新潟と隣接していること、辛光洙が同県に潜伏していた期間にどういった活動をしていたかが、まったくの不明であることから、群馬県下に拉致や工作活動の拠点があったとしてもおかしくないと答えている。

少しだけ興味深い点として、2003年ごろに問題となった変造硬貨騒ぎがある。これは韓国の500ウォン硬貨を削り、日本の500円硬貨と自販機に誤認させることにより差額を得る違法行為だ。拠点と関連するかどうかは――わからないが、この500ウォン硬貨が高崎市と前橋市の自販機から90枚見つかったことを当時の上毛新聞が報じている。

なぜN子さんが?

そもそもの問題として、「**なぜ拉致するのか**」という根本的な部分への疑問を抱かれる諸兄もおられるだろう。リスクを冒して要人でもない一般市民をさらったところでいったいなんの利益があるのか、と。これに関しては横田めぐみさんを工作員の養成施設で見たとする証言をし、拉致問題に重要な契機をあたえた元北朝鮮工作員の安明進が自身の暴露本にて触れたモノが参考になる。

日本に侵入した時は可能なかぎり日本人を拉致してくることが、彼らに与えられたもう一つの任務でもあったからだ。

そうして日本人を拉致してきては、韓国や日本、東南アジアの国々に侵入させるスパイの教育係とする。当局は彼らに日本語教育を担当させたり、日本の文化や風習、地域的特性を教えさせて、スパイに日本人化教育を施すのである。

(『北朝鮮拉致工作員』P196)

さらって本国へ連れ帰る――これが任務の一環であり、ターゲットは誰でも良かった。ただ例外もある。さんざん指摘されてきたことではあるが、興味深いことに「拉致濃厚」とされている失踪者たちを調べてゆけば、ある時期において拉致行為に「テーマ」が存在していたことがわかる。たとえば、前述の「自宅寝室から消えた加藤八重子さん」のケースでは、テーマは「電話」だ。彼女は電電公社(現NTT)の職員であり、あまり触れられてこなかったが彼女の同僚も八重子さんが失踪する数年前に謎の失踪を遂げている。ほかの「電話」絡みでは、同じく電電公社の職員だった市川修一さん、さらに電話交換手の資格を持っていた加藤久美子さん、電話交換手だった生島孝子さんなどがおり、ゼロ番台リスト以外の非公開リストにも「電話」に関係する仕事に就いていた人は少なくない。

ほかのテーマでは「印刷」「看護」「元自衛官」などが指

摘されており、嘆息してしまうところでは本国からの要求に基づく「花嫁候補」などもあった。

　そうして工作員がいざ拉致を行なわんとする際には、「拉致専用袋」とも評せる専用の革袋やナイロン袋が用意されていた。元工作員の安明進が、九一五病院と呼ばれる北朝鮮の施設で研修したのは強力な麻酔薬を用いた拉致の方法で、布地に染み込ませた麻酔薬をターゲットに嗅がせることにより即座に気絶させる。麻酔薬は通常「使い捨ておしぼり」のようになっており、厚手のビニールで包装することにより中身は見えない。また15度以上の温度で溶ける錠剤も使用されたという。これは必要に応じて保管用プラケースから取り出して布にくるむと、体温ですぐさま融解し「おしぼり」ができあがるという便利グッズになっている。スパイ映画の世界である。


気を失った人間を拉致用の袋に入れるのは、そんなに難しいことではない。普通の人が歩いていたり眠っていたりする時にはとても入らないように見えるが、気を失った人を拉致用袋に押し入れると、小さな豚一頭のように縮まってしまうのだ。

また失神させたあとスパイが担ぎやすくするために、手と足を縛る場合もある。相手の手足を縛ったあと肩に担ぎ、その上に風呂敷をかぶせれば、まるでリュックを背負って登山している人のように見えるのである。

（『北朝鮮拉致工作員』P198）


富山県高岡市での拉致未遂事例では、たしかに工作員とおぼしき数名がカップルに「袋」をかぶせて強引にさらおうとした。これは未遂に終わったが、ここからやや手口が洗練されて麻酔薬を使うようになったのかもしれない。

　もしかしたらN子さんは拝殿へ向かう脇道で、薬剤で昏倒させられたのかもしれない。そのため悲鳴を上げることもなく、袋に詰められた。サンダルだの傘だのという事件性を匂わせるわかりやすい痕跡も回収され、来た道を引き返す形で――袋をソレと気づかない娘Y枝さんの横を堂々と通って――拉致されたのかもしれない。なんらかの「テーマ」に沿って、なんらかの「意図」をもって。出所はハッキリしないが、N子さんの家族が帽子を深く被った3人組とすれ違った、という話もある。

　ちなみに民間団体「予備役ブルーリボンの会」が行なった拉致実験では、「道を尋ねるふり→車で連れ去り」までの所要時間はわずか20秒だった。人は、一瞬で消える。

では赤城ケースN子さんに合致する「テーマ」が何かあったか、と問われれば——情けなくも、わからないとしか答えようがない。ただ、年齢や性別、そして場所などの条件から判断し機械的に「拉致の可能性」を排してしまうのは賢明ではなさそうだ。

20年の孤独

なんらかの事件に巻き込まれたとする偶発説のなかで、「すぐに脱げそうなサンダル」だの「赤い傘」が今日に至るまで発見されていないことを説明しようとすると、拉致説が妥当とは思われるが、それでも「**わざわざ三夜沢で待ち伏せるか**」という点において、いささか説得力に欠ける。仮にN子さんがテーマに則したターゲットだったとしても、あるいは「誰でも良かった」にしても、あまりにも非効率である。

ほかの可能性に言及し始めると、また冗長記事となるので差し控えるが、ひとつだけ触れるとすれば、N子さんが失踪する4ヶ月前に起こった、ある未解決事件だ。

これは1月14日、群馬県高崎市で起こった一家殺害事件。一目惚れを発端として一家の長女にストーカー行為をはたらいていた男が、思い込みをこじらせて彼女の家に乗り込み、一家3人を殺害した。その男——小暮洋史は殺人容疑で全国に指名手配されたが、なんの手がかりもないまま、今年で20年経過した。

この小暮洋史、一家を殺害したあと、黒のシルビアで国道50号線を前橋市方面へ逃走し、迷走するように21日に同県太田市、埼玉県熊谷市のあたりを通行したのが確認されて以後、行方はつかめていない。この小暮が事件の直前、知人に「**警察に見つからず死ぬ方法がある**」と語り、本人の銀行口座にも金銭の動きがなかったことから、警察は自殺の可能性もあると見て、県内外の湖沼など20箇所を捜索した——が小暮はおろか車さえもいまだに見つかっていない。

この男が、死に場を求めて赤城山に潜伏していた可能性はなかったか。死のうとするも死にきれず、山中に潜伏し、食糧、ないしそれに換えられる金品を狙ってN子さんを——なども考えたが、根拠薄弱、妄言の類いである。

日本では毎年8万5000人前後の人たちが失踪している。少なくとも、統計として残されている1956年以降で8万人を切った年は一度もなく、当たり年——最も多かった1983年で約11万5000人が行方不明になった。そう、日本では神隠しは珍しくないのだ、ここは人が消える国――。などと商業オカルト媒体で書かれそうな数字ではあるが、実際のところ警察庁の資料によれば行方不明者届の受理から1週間以内にその大多数が帰宅ないし所在確認されている。手元にあるうちで最新の統計にあたる2016年度を見てみれば、行方不明者84,850人に対し、83,865人――実に98・8パーセントが所在確認されていることになる。

20年前、1998年の行方不明者のなかで結局所在が確認されなかった12,985人。このなかにN子さんがいる。統計から見える失踪の原因・動機は例年ほとんど変わらず、認知症を含む疾病関係、そして家庭関係がそれぞれ20%前後、事業職業関係が10%と約半数を占めており失踪の過半数が自発的なモノだったことがわかる。他には恋愛絡みの異性関係で2%前後、で犯罪関係は0・7パーセント前後となっており、意外なことではあるが、こと失踪案件において事件絡みはおしなべて少ない。これらの内訳――「原因」は我々人間が人間である以上、過去も現在も大きく変わるモノではないだろう。

民俗学者の小松和彦氏は、神隠しを扱った著作のなかで過去の神隠し事例を紹介し、その「社会的機能」について指摘している。誰かが失踪したさい、神隠しの原因を「外」つまりは天狗なり異界なりの「あちら側」に求め、真相をまるごとヴェールで覆ってしまうことにより、誰も――もちろん本人も失踪の責を負わないシステムであったと。こうした「不問の文化」によって「**悪いのはあちら側**」とされ、不可解な失踪から戻っても本人の居場所は失われない。失踪したまま戻ってこない者たちの家族も「**異界に行っているだけ**」「**いつか帰ってくる**」「**神のそばから私たちを見守っていてくれる**」と耐えがたい喪失感を柔らかく癒やしていった。これは旧い時代の「優しや」「思いやり」だったのかもしれない。

現代は「**ふと、疲れを感じ、よく晴れた日――会社とは逆方向の電車に乗って海を見にいった**」あるいは「**ふと、遠くへ。人間関係から切り離されたところへ**」――が許される時代ではない。その「**ふと**」は反社会的だと無責任だと糾弾され、遅刻にも欠勤にも、はてには苦痛や疲れにまで「理由」が必要とされる社会だ。不出来で幼稚な我々に代わって責任を負ってくれる、悪者になってくれる天狗たちは、近代化とともにどこかへ行ってしまった。

こうして自発説だ、偶発説だのとヴェールを剥がすために『理由』や『原因』を書きつらねて追求するのも、余裕も思いやりもない、浅ましい行為かもしれない。我々が独善に基づいてアレコレ追求することにより、N子さんの「**戻ってこれる場所**」をソレと気づかず奪っている可能性――を反省すべきかもしれない。特に諸兄は。

2008年5月3日。毎年行なわれていた境内でのチラシ配りがこの日を最後に打ち切られた。失踪から10年。節目の年だった。家族はひとつの区切りとして家裁にN子さんの失踪宣告を申し立て、この春に認められた。この時点で長い年月を経たため、公的には死亡と見なされることとなる。

自宅にはまだN子さんの持ち物がそのままの状態で残してあり、「**いつかひょっこり戻ってくるんじゃないか**」と夫のTさんは信じている。失踪者家族の日常は「待つ」だけではない。探し、全方向に何度も頭を下げ、聞き込み、時には様々なモノに立ち向かう。「**もしかしたら、今も助けを必要としているのではないか**」そう考え、いても立ってもいられない気持ちに駆られる日もあるが、できることは決して多くなく、ただ自分を責める。そうやって10年が過ぎた。

「**本当に終わってしまう気がするから**」と、告別式も行なわれず、祭壇も置かれなかった。ふたり増えたN子さんの孫たちは、祖母の顔を知らない。

あの日、三夜沢赤城神社で何があったのか。結局、何も明らかにはならなかった。ここまであれこれと可能性を探ってきたが、この行為も所詮、前時代の日本人が「外」に原因を求めたように、天狗の代わりに工作員を代入して納得しようとしているだけなのかもしれない。

N子さんが失踪した翌日には、三夜沢で地域の祭りが行なわれる予定だった。もしかしたら、祭りに参加するため『あわてんぼうのサンタクロース』よろしく、早めに現地に到着した「神」が気まぐれにN子さんを隠したのではないか。そして天狗にさらわれたり、異界に迷い込んだ者たちのほとんどがそうであったように、衣食住という現世の煩わしさから解放され、案外楽しく暮らしているのではないか。そうしていつか、思いがけない帰宅を果たす日が来るのではないか。

こんな、ささやかな現実逃避を「**荒唐無稽である**」と批難するのは簡単なこと。そうやって我々は天狗を殺した。荒唐無稽でも無責任でも非科学的でも――帰りを待ち続ける家族から「**もしかしたら**」のひとつを奪うぐらいなら、ビリーバーだと嗤われるほうが、きっといい。

【参考資料】

●『TVのチカラ』（「群馬 48歳熟年妻失踪」）
●『上毛新聞』（1998年5月5日付、9日付、13日付、2003年5月3日付、4日付、2006年5月4日付、2008年5月4日付）
●『朝日新聞』（群馬朝刊・1998年5月5日付、9日付、2008年5月4日付）
●『週刊大衆 増刊』（2012年5月27日号）
●『群馬県史』（資料編27 民俗3 27巻、資料編26 民俗2 26巻）
●『群馬の憑きもの オサキ伝承を中心にして』（後藤忠夫［編］／後藤忠夫／1986年）
●『謎解き超常現象』（ASIOS／彩図社／2009年）
●『神隠しと日本人』（小松和彦／角川書店／2002年）
●『祈り―北朝鮮 拉致の真相』（新潟日報社・特別取材班／講談社／2004年）
●『拉致 異常な国家の本質』（荒木和博／勉誠出版／2005年）
●『北朝鮮拉致工作員』（安明進［著］、金燦［訳］／徳間書店／1998年）
●『消えた277人』（毎日ワンズ編集部［編著］／毎日ワンズ／2007年）
●『わが朝鮮総連の罪と罰』（韓光熙［著］、野村旗守［取材構成］／文藝春秋／2002年）
●『平成28年における行方不明者の状況』（警察庁）
●『月刊ムー』（2002年7月号、2003年11月号）
●『UFOと宇宙』（1997年2月号）1977年2月号
●「荒木和博BLOG」（http://araki.way-nifty.com/）

［謝辞］
本稿の執筆にあたり、事件を取り上げた『TVのチカラ』の貴重な映像を快く提供して頂いたASIOS本城達也代表に深く感謝いたします。氏の協力なくして本稿の映像検証をなし得ることはできず、感謝の念にたえません。本当にありがとうございました。

あとがき

本来なら、巻末には誰か著名な人物による解説がつくのだろう。

この本がいかに素晴らしく、いかに斬新で、いかに知的で思慮深いか――「この本を手にとったアナタは実にラッキーだ」という旨のことを読者に訴えかけ、お得感を演出してくれる。著者は照れくさく思いながらも、誰だって褒められるのは嫌いではないから、もっと言ってと催促さえしたい気分。読者はよくわからないまま解説著名人のネームバリューに圧倒され、いま読者諸兄が手にしているこの本が、さも本当に素晴らしいモノであるかのように錯覚してくれるかもしれない。これはいわば「虎の威を借る狐」メソッドである。が、残念ながら筆者は界隈の爪弾き者であって、キャリアに傷がつくことを恐れて立派な人物は誰も解説を引き受けてくれないので自分で書くしかない。ミジメな気持ちである。

さりとて、いまさら冗長な各記事について冗長な解説を自分で書くなど野暮の極みでしかないし、必要なことは記事内に盛り込んでいるので、書けることなどささやかな裏話や愚痴、苦労話しかなく――こんなモノは人様に聞かせられる話ではない。

記事のほとんどがすでにサイトで公開されたもの、あるいはムック本に掲載されたものであるから、一部の読者諸兄は新しい記事がないとして不満に感じるかもしれない。感じるだけに飽き足らず、ネットで低評価のレビューを書いて溜飲を下げようと画策するかもしれない。残念ながら筆者にソレを止めることはできない。できるならやるかもしれないけれど、やり方もわからない。こうなると低評価をつけた方には呪詛によってしかるべき報いを受けてもらうしかないが、仮に呪詛が成功しても、このような行為は懐疑派からしこたま懐疑され、下った「報い」が偶然の産物だと看破されてしまう。

本当は未公開の記事をいくつか追加し、「本物のお得感」を得てもらいたかった。読者によし、出版社によし、著者によし、という三方よしが理想であったが、どうにも調査・執筆が間に合わず、出版社と著者だけが甘い汁を吸う結果となったのは事実である。だが諸兄が懐を痛めて出してくれた、半ば施しとも表現できる利益は、今後の調査費用に充てるので、決して無駄にはしないと約束したい。

泥臭い話になるが、調査にはお金がかかる。適当に話をでっち上げて荒稼ぎした占い師や超能力者、ないし自称専門家は多いが、信奉派懐疑派を問わず、真面目に調査し、資料を探し、取材し——と真剣に取り組んでいる者の多くが調査費用そして時間の捻出に四苦八苦している現実がある。否、あると思う。

少なくとも、こと未解決事件に関していえばそれを扱う専門誌もないために調査・取材にあてられるレベルの収益を得るのは困難な時代であり、界隈で優秀な人物がときおり本を出しては多くもない——赤字を補填するに及ばない程度の印税を手にするだけなのである。そしてほとんどの場合、それは低評価レビューの洗礼を受け著者は悲嘆に暮れるのである。呪詛は主にこういう境遇の者から生み出されたに違いない。かくして、なるべくしてなった結果ではあるが、もう界隈には自腹調査を主とする物好きしか残っていない。

だからもし、価格をものともせず、低評価のレビューをくぐり抜け、ようやくこの本を手にした幸運な読者のなかで、怪事件ないし未解決事件に興味を持たれた殊勝な方はご自身でもぜひ気軽に調査してみてほしい。暇なときにでも関連する資料をかき集め、当時の新聞を読みあさり、時には現地に赴いて話を聞くのもよいかもしれない。

インターネットの発達に伴い、「何か」を知ろうとするとき、我々は過去のどの時代のどの調査者よりも有利な位置から始めることができる。もちろんそれはネット黎明期に熱っぽく語られた「集合知」、その理想的な姿ではなくなってしまっているけれど、それでも無数のヒントは得ることができる。当該ケースについて触れた書籍を見つけることもできるし、信頼に足る有識者の呟きを見つけることもあるかもしれない。そしてその逆もしかり。いかに多くのデマが生み出され、横行し、定着しているか——をも目の当たりにすることにもなる。

文の構成だけを変えたリライト記事とコピーが検索結果の大半を占め、似たり寄ったりの記事の最後には「いかがでしたか?」——と嘘を嘘と見抜ける人でもインターネットを使うのはめんどくさい時代となった。だが調査の足がかりにはなる。

そうしてさまざまな方面から調べた結果・情報を吟味し精査し、かくして得られた情報をひとつの形にし、公開してみてほしい。それには計り知れない価値がある。事件は日に日に風化し、情報は加速度的に失われてゆく。どんなささやかな情報でも後世にさえ正しく伝われば、我々より優秀な誰かの頭脳を刺激し、永遠とも思われる闇に新たな光が差し込むかもしれない。

本音を言えば、自分で調べるより誰かが調べてくれたモノを読む方が筆者も楽なのである。

最後になったが、無礼きわまる筆者の取材・調査に快く協力、ないし指導してくださった各方面・各界隈の有識者の方々、読者の方々、地域住民の方々、司書の方々、そして円周率よりも起承転結に乏しい筆者の文章をどうにか読めるレベルにまで整えてくださった編集の小塩氏、ほか書籍にかかわったすべての方に深く感謝したい。もちろん買ってくれたあなたや、「ダラダラあとがき書いて文量の水増ししようとしてるんじゃねぇのか」と底意地悪く訝る諸兄にも。

——次に会うのが法廷でないことを願いつつ。

松閣オルタ

【付記】

＊本書は、〝懐疑と肯定のハザマで世界のオカルト事件をアーカイブし、研究するサイト〟「オカルト・クロニクル」(https://okakuro.org/)の原稿を加筆・再構成したものです。なお、サイト未掲載の原稿の初出は次のとおり。

●「人間の足首」が次々と漂着する〝怪〟――セイリッシュ海の未解決ミステリー事件(『怪奇秘宝 戦慄編』2017年2月)
●「謎多き未解決事件」――京都長岡ワラビ採り殺人事件(『怪奇秘宝 山の怪談編』2017年8月)
●赤城神社「主婦失踪」事件――「神隠し」のごとく、ひとりの女性が、消えた(書き下ろし)

また、紙幅の関係で本書に掲載できなかった原稿は次のとおり(順不同。2018年8月1日時点)。

●神のいないエデン――フロレアナ島のアダムとイブ
●フローレンス・フォスター・ジェンキンス―世界一有名な無名歌手
●誰も知らない、世界最長の物語―ヘンリー・ダーガーの秘密
●東京ローズ――誰が伝説の魔女だったか
●サンジェルマン伯爵――時空の旅人
●アンジェリン 不可解なる看板娘の恐怖
●コーラル・キャッスル いつか、彼女と住むための城―エドワード・リーズカルニン
●アメリカに皇帝がいた――ジョシュア・ノートン1世
●ケイティ・キング 美人霊媒の呼び出す美人幽霊
●ダニエル・ダングラス・ホーム 19世紀最大の霊媒
●フォックス姉妹 降霊会のスーパースターとその真実

●バネ足ジャック―スプリンガルドと呼ばれた男
●神のいないエデン――フロレアナ島のアダムとイブ
●ワイオミング事件――真実はフィクションの中に
●毒ガスの香る町――消えた怪人マッド・ガッサー
●緑色の子供――ウールピットの怪事件
●青ゲット殺人事件――都市伝説となった事件
●Tamam Shud事件――謎の男と謎の暗号
●ジェヴォーダンの獣――ベートは何処へ行ったか
●悪魔の蹄跡　いまだ未解決の怪事件
●万病を治すルルドの泉　認められた奇跡
●サン・メダール教会―狂信者に起こる奇跡
●ジャージーデビル――闇に消えた13番目の子
●ラピュタは本当にあったのか―空飛ぶ城塞伝説
●偽汽車で行こう――消えた幻の列車
●神隠し――ここは、人の消える国
●ペイシェンス・ワース　本物のゴースト・ライター
●キツネの送りびと――ゴーマンストン子爵家の守護者
●幽霊飛行船騒動――謎の搭乗員たち
●オーロラ墜落事件――テキサスに眠る何か
●イーグル・リヴァー接近遭遇　～異星人のパンケーキ事件～
●画家だって第三種接近遭遇する――レジャー星人ハウピ村事件
●バイク強盗星人　広がりすぎた反核の波
●パン屋VS宇宙人　ピュイ・ド・ドーム事件
●ヘッチャラ星人―サンタ・イザベル事件
●ヤクート死の谷の謎―永久凍土に眠る大鍋
●プマプンク遺跡――失われたオーバーテクノロジー
●ドゴン族　知るはずのない天体知識を知る部族

松閣オルタ
……まつかく・おるた

怪事件専門ルポライター。フォーティアン。Webサイト『オカルト・クロニクル』(http://okakuro.org/)主筆。奇現象・怪事件研究家。会社員として企業に勤務するかたわらオカルト事象、未解決事件などの資料を収集。主な著作に『ダメージ保存の法則〜松閣に学ぶ人生のヒント〜』(未訳未出版)など。

オカルト・クロニクル

2018年9月7日初版発行

著者 —— 松閣オルタ ©2018
発行人 —— 江澤隆志
発行所 —— 株式会社洋泉社
〒101-0062 東京都千代田区神田駿河台2-2
TEL.03-5259-0251

印刷・製本所 —— サンケイ総合印刷株式会社
装幀・本文デザイン —— 長久雅行

乱丁・落丁本はご面倒ながら
小社営業部宛にご送付下さい。
送料小社負担にてお取替致します。

SBN978-4-8003-1543-4
Printed in Japan

洋泉社ホームページアドレス http://www.yosensha.co.jp/